Das Doppelbesteuerungsabkommen der Bundesrepublik Deutschland mit der Republik Korea

Europäische Hochschulschriften
Publications Universitaires Européennes
European University Studies

Reihe II
Rechtswissenschaft

Série II Series II
Droit
Law

Bd./Vol. 3997

PETER LANG
Frankfurt am Main · Berlin · Bern · Bruxelles · New York · Oxford · Wien

Chung-Wha Suh

Das Doppelbesteuerungsabkommen der Bundesrepublik Deutschland mit der Republik Korea

Fassung vom 10. März 2000

PETER LANG
Europäischer Verlag der Wissenschaften

Bibliografische Information Der Deutschen Bibliothek
Die Deutsche Bibliothek verzeichnet diese Publikation in der Deutschen Nationalbibliografie; detaillierte bibliografische Daten sind im Internet über <http://dnb.ddb.de> abrufbar.

Zugl.: Saarbrücken, Univ., Diss., 2004

D 291
ISSN 0531-7312
ISBN 3-631-52723-3

www.peterlang.de

Meinen Eltern und
meiner Schwester

Geleitwort

Gegenstand der vorliegenden Arbeit ist das am 10. März 2000 in Berlin unterzeichnete „*Abkommen zwischen der Bundesrepublik Deutschland und der Republik Korea zur Vermeidung der Doppelbesteuerung und zur Verhinderung der Steuerverkürzung auf dem Gebiet der Steuern vom Einkommen und vom Vermögen*", das mit seinem Inkrafttreten nun an die Stelle des ersten DBA-Korea vom 14. Dezember 1976 getreten ist.

Die Arbeit stellt im Schwerpunkt die Frage nach der Interpretation und der Zweckmäßigkeit dieses Abkommens als bilateraler Maßnahme zur Vermeidung der internationalen Doppelbesteuerung und seine hieraus folgende Bedeutung für die Besteuerung deutscher Geschäftsaktivitäten und der Arbeitsausübung in der Republik Korea. Diese Fragestellung verdient besondere Beachtung auch deshalb, weil die wachsende wirtschaftliche Bedeutung Koreas im Zuge der weltweiten Verflechtung der Wirtschaftsbeziehungen einen stetigen Ausbau des Wirtschaftsverkehrs zwischen beiden Staaten erwarten läßt. Besonders hervorzuheben sind die Darstellungen der durch das DBA-Korea vom 10. März 2000 berührten Bereiche des koreanischen Steuerrechts. Angesichts der mangelnden Verfügbarkeit von Quellen zum koreanischen Recht in westlicher Sprache sind diese Darstellungen für die Rechtsvergleichung sehr wertvoll und stellen zugleich eine hervorragende deutschsprachige Informationsquelle dar. Die Verbindung der dogmatischen Aspekte des Rechts der Doppelbesteuerungsabkommen mit dem nationalen (Steuer-)Recht der Staaten wie auch mit der Bedeutung des Abkommens für den bilateralen Wirtschaftsverkehr – insbesondere im Vergleich zu dem vorangegangenen DBA-Korea von 1976 - jedoch ist es, aufgrund welcher die vorgelegte Dissertation als ein Pionierwerk besondere Anerkennung verdient.

Saarbrücken, im Mai 2004 *Professor Dr. Rudolf Wendt*

Geleitwort

Frau Chung-Wha Suh ist ihre Dissertation vorzüglich gelungen. Sie hat das bestehende Doppelbesteuerungsabkommen zwischen der Bundesrepublik Deutschland und der Republik Korea – DBA Korea – dargestellt, analysiert sowie juristisch bewertet. Sie wählt den Blickpunkt eines in Deutschland ansässigen Steuerpflichtigen und unterstellt ihm, dass er aus Quellen in der Republik Korea Einkünfte aller in Deutschland denkbaren Klassifikationen erzielt (§ 2 EStG).

Die Verfasserin schichtet die hier erheblichen Rechtsebenen ab. Sie nimmt die völkerrechtlichen Grundlagen der Doppelbesteuerungsabkommen auf, zum Beispiel die Wiener Vertragsrechtskonvention, geht der Normenkonkurrenz als Ursache von Doppelbesteuerung nach und vertieft diesen Begriff; sie stellt die Rechtsentwicklung zu diesem Thema dar und greift dazu auf die – noch junge – Geschichte der Doppelbesteuerung zurück; ein besonders lesenswerter, wenngleich nicht für den steuerlichen Alltag aktueller Teil. Dieser Abschnitt leitet auf das DBA Korea als nationales deutsches Recht über.

Die Arbeit definiert Doppelbesteuerung auch als wirtschaftliches Phänomen und Hemmnis im Handel zwischen der Bundesrepublik Deutschland und der Republik Korea; aufgezeigt werden die wirtschaftlichen Interessegegensätze, die sich jedem Doppelbesteuerungsabkommen ablesen lassen. Sie entnimmt dem Völkerrecht auch das autonome Verständnis der Inhalte eines jeden DBA, was für deren Auslegung erheblich ist; der erforderliche Abgleich des DBA Korea mit der innerstaatlichen Normenhierarchie und die Transformation der Vereinbarung vom Völkerrecht in nationales deutsches Recht sind präzise und sorgfältig dokumentiert abgehandelt.

Auf die Verteilung der Besteuerungshoheiten zwischen beiden Staaten geht Frau Suh ein, nachdem sie den Geltungsbereich des Abkommens beschrieben hat. Dem Aufbau des DBA Korea und dessen Verteilungsnormen ist die umfassende Darstellung der Einzelheiten des Abkommens, ihres Stoffes und der gefundenen Lösungen gewidmet, und diese Vorlage unterscheidet sich in ihrer Tiefe und Breite vorteilhaft von den üblichen Niederlegungen. Auch die Klauseln zu den weiteren Zwecken eines DBA über die Verteilung der Besteuerungshoheit hinaus wie Diskriminierungsverbote, Verständigungsverfahren und den Informationsaustausch finden sich durchaus kritisch, aber klar und präzise dargestellt.

Die Verfasserin hat eine gelungene „Anleitung für das Recht der Doppelbesteuerungsabkommen“, vermittelt am Beispiel des DBA Korea, vorgelegt; die Arbeit verdient eine breite Leserschaft.

Frankfurt am Main, im Mai 2004

Professor Dr. Gerhard Laule
Präsident
Deutsche Vereinigung für
Internationales Steuerrecht
German Branch of the
International Fiscal Association
(I.F.A.)

Vorwort

Die vorliegende Arbeit hat im Wintersemester 2003/2004 der Rechts- und Wirtschaftswissenschaftlichen Fakultät der Universität des Saarlandes als Dissertation vorgelegen. An dieser Stelle möchte ich all jenen meinen Dank aussprechen, deren Unterstützung zur erfolgreichen Fertigstellung dieser Arbeit beigetragen hat. In erster Linie danke ich Herrn Professor Dr. Rudolf Wendt für seine umfassende Betreuung. Die Hilfe, die ich hierbei erfahren durfte, war mir wesentlicher Beistand sowohl bei der fachlichen Ausarbeitung der Arbeit als auch in Angelegenheiten, die über die rein fachliche Diskussion hinausgingen. Herrn Professor Dr. Gerhard Laule danke ich für die Übernahme des Zweitgutachtens und die wertvollen Hinweise und Anregungen, mit welchen er den wissenschaftlichen Fortgang dieser Arbeit wesentlich gefördert hat.

In Frau Gudrun Brückmann, Frau Dr. Heike Jochum und Herrn Dr. Michael Elicker fand ich stets hilfsbereite Ansprechpartner. Auch dafür sei herzlich gedankt.

Zu danken habe ich auch Herrn Florian Schuffner und Herrn Dr. Dietrich F. R. Stiller. Herrn Florian Schuffner danke ich für sein Vertrauen zur Zeit meiner Tätigkeit für die Korean-German Chamber of Commerce & Industry in Seoul, Korea. Ohne diese Erfahrung wäre die vorliegende Arbeit nicht entstanden. Herrn Dr. Dietrich F.R. Stiller danke ich für die Unterstützung, die er mir insbesondere zu Beginn der Arbeit gewährt hat. Mit seiner ausgewiesenen Korea-Expertise wird er mir stets Vorbild sein.

Mein besonderer Dank gilt aber meinen Eltern, Herrn Sang-Hun Suh und Frau Suk-Za Kim. Ihrem immerwährenden Beistand und Ihrer liebevollen Fürsorge verdanke ich sehr viel. Schließlich ist es auch der Verdienst Ihrer Erziehung und klugen Wertevermittlung, die mir das Verständnis für ein Leben in beiden Kulturen in praxi erst ermöglicht haben.

Frankfurt am Main, im Mai 2004 *Chung-Wha Suh*

Inhaltsverzeichnis

Literaturverzeichnis

Aigner, Hans-Jörgen: Die verdeckte Gewinnausschüttung im DBA-Recht, IStR 2003, S. 154 – 157.

Amann, Robert: Dienstleistungen im internationalen Steuerrecht, München 1998.

Becker, Heike: Die Industrialisierung der Republik Korea unter besonderer Berücksichtigung des Leihkapitalimports, Berlin 1989.

Becker, Helmut: Funktionsnutzen oder Erwirtschaftungsgrundsatz, DB 1990, S. 392 – 395.

- Die Besteuerung von Betriebsstätten, DB 1989, S. 10 – 16.

Beez, Peter: Wirtschaftliche Entwicklung in Südkorea: Wachstum als Folge eines Reformprozesses, Hamburg 2000.

Berndt, Ralph / Sander, Matthias: Betriebswirtschaftliche, rechtliche und politische Probleme der Internationalisierung durch Lizenzerteilung, in: Handbuch Internationales Management, hrsg. v. Klaus Macharzina, Michael-Jörg Oesterle, 2. Auflage 2002, Wiesbaden, S. 602 – 624.

Birk, Dieter: Steuerrecht, 5. Auflage 2002, Heidelberg.

- § 2 AO, in: Abgabenordnung – Finanzgerichtsordnung: Kommentar, begr. v. Walter Hübschmann, Band I (§§ 1 bis 4 AO), 10. Auflage 1995, Stand: 176. Lfg. März 2003, Köln.

Bleckmann, Albert: Begriff und Kriterien der innerstaatlichen Anwendbarkeit völkerrechtlicher Verträge, Berlin 1970.

- Grundprobleme und Methoden des Völkerrechts, Freiburg, München 1982.

- Grundgesetz und Völkerrecht, Berlin 1975.

Brodmann, Walter: Wettbewerbswirkungen unterschiedlicher Steuersysteme im internationalen Handel unter besonderer Berücksichtigung der Besteuerungsverhältnisse in der Schweiz, der Bundesrepublik Deutschland und in Frankreich, St. Gallen 1974.

Brünink, Jan-Hendrik: Das Verhältnis der Normen des Außensteuergesetzes zu den Doppelbesteuerungsabkommen, München 1997.

Bühler, Ottmar: Von der Struktur des internationalen Steuer- und Wirtschaftsrechts, NJW 1956, S. 889 – 892.

- Prinzipien des Internationalen Steuerrechts, 2. Auflage 1965, Amsterdam.

Bülow, Erich: Gesetzgebung, in: Handbuch des Verfassungsrechts der Bundesrepublik Deutschland, hrsg. v. Ernst Benda, 2. Auflage 1994, Berlin, New York, S. 1459 - 1498.

Burmester, Gabriele: Begriff und Funktion des Steuergutes im Steuerrecht, StuW 1993, S. 221 - 230.

- Grundlagen internationaler Regelungskumulation und -kollision, unter besonderer Berücksichtigung des Steuerrechts, Baden-Baden 1993.
- Die Anrechnungsmethode im deutschen Steuerrecht, in: Die Methoden zur Vermeidung der Doppelbesteuerung, hrsg. v. Wolfgang Gassner, Michael Lang, Eduard Lechner, Wien 1995, S. 241 - 268.
- Zur Systematik internationaler Minderbesteuerung und ihrer Vermeidung, in: Außensteuerrecht, Doppelbesteuerungsabkommen und EU-Recht im Spannungsverhältnis, Festschrift für Helmut Debatin, hrsg. v. Gabriele Burmester, Dieter Endres, München 1997, S. 55 - 79.

Dauner, Gerhard: Die Grundsätze der internationalen Besteuerung von Lizenzeinkünften, München 1984.

Dautzenberg, Norbert: Anmerkung zur Entscheidung des EuGH vom 30. April 1996, IStR 1997, S. 638 - 640.

Debatin, Helmut: Grundzüge der Abkommen zur Vermeidung der internationalen Doppelbesteuerung, Freiburg i.Br. 1963.

- Auslegungsmaximen zum Internationalen Steuerrecht, AWD 1969, S. 477 - 486.
- Das Verbot steuerlicher Diskriminierung, DStZ/A 1970, S. 129 - 136.
- Der deutsch-schweizerische Steuervertrag, DB 1972, S. 1939 - 1945.
- Replik bis zu Klaus Vogels Fragen des Internationalen Steuerrechts, DB 1986, S. 510 - 513.
- Zum Grundverständnis der Doppelbesteuerungsabkommen, RIW 1988, S. 727 - 729.
- Das Betriebsstättenprinzip der deutschen Doppelbesteuerungsabkommen, Teil I, DB 1989, S. 1692 - 1697.
- Das Betriebsstättenprinzip der deutschen Doppelbesteuerungsabkommen, Teil II, DB 1989, S. 1739 - 1744.
- StÄndG 1992 und „Treaty-Override", DB 1992, S. 2159 - 2163.

Diehl, Wolfram: Qualifikationskonflikte im Außensteuerrecht, FR 1978, S. 517 - 526.

Ditz, Xavier: Gewinnabgrenzung zwischen Stammhaus und Betriebsstätte – Neue Entwicklungen auf Ebene der OECD unter besonderer Berücksichtigung des E-Commerce, IStR 2002, S. 210 – 216.

Dorn, Herbert: Der deutsch-italienische Doppelbesteuerungsvertrag, StuW 1926, S. 97 – 118.

- Das Recht der internationalen Doppelbesteuerung, Vierteljahresschrift für Steuer- und Finanzrecht, Berlin 1927, Heft I.

Dubberke, Frank: Die steuerliche Behandlung von Engineering im Zusammenhang mit Großanlageprojekten im Ausland, IStR 1996, S. 662 – 664.

Dürrschmidt, Gisela: Die Einkunftsarten im Steuerrecht der Bundesrepublik Deutschland und im Recht der Doppelbesteuerung – eine vergleichende Analyse -, Erlangen, Nürnberg 1975.

Ebenroth, Thomas / Ok, Moo Seok / Auer, Thomas / Borrmann, Matthias: Probleme des Technologietransfers von Deutschland nach Korea, RIW 1994, Beilage zu Heft 5, S. 2 - 12.

Ebling, Klaus: Unilaterale Maßnahmen gegen die internationale Doppelbesteuerung bei den Steuern vom Ertrag, Mainz 1970.

- Die internationalen Steuerverträge als Instrument der Ausschaltung internationaler Doppelbesteuerung, DStR 1976, S. 333 – 340.

Echterhölter, Rudolf: Die Europäische Menschenrechtskonvention im Rahmen der verfassungsmäßigen Ordnung, JZ 1955, S. 691 – 693.

Eckert, Ralf: Rechtsschutz gegen „Treaty-Overriding", RIW 1992, S. 386 - 388.

Eilers, Stephan: Das Steuergeheimnis als Grenze des internationalen Auskunftsverkehrs, Köln 1987.

Escher, Felix: Die Methoden zur Ausschaltung der Doppelbesteuerung, Bern, Stuttgart 1974.

Feuerbaum, Ernst: Der Betriebsstättenbegriff bei Bausausführungen, Montagen und ähnlichen Tätigkeiten, DB 1977, S. 2401 – 2403.

Fichtelmann, Helmar: Die Anwendung des Progressionsvorbehalts der Doppelbesteuerungsabkommen, StuW 1966, Sp. 159 - 164.

Fink, Jörn Ulrich: Gewinnzurechnungsmethoden im Verhältnis zwischen inländischem Stammhaus und ausländischer Betriebsstätte, RIW 1988, S. 43 – 51.

Fischer-Zernin, Justus: Deutsches „Treaty-Overriding" im Entwurf zum Steueränderungsgesetz 1992, RIW 1992, S. 49 - 53.

- Internationale Ertragsteuern und Welthandelsordnung (GATT/WTO), Köln 1996.
Flick, Hans: Das Erfordernis der Subjektidentität bei Doppelbesteuerungsnormen, StuW 1960, Sp. 330 – 350.
- Recht und Gerechtigkeit im Internationalen Steuerrecht, FR 1961, S. 171 – 173.
- Gleichheit von Steuergegenstand und Bemessungsgrundlage im Internationalen Steuerrecht, StuW 1968, S. 679 – 684.
- Steuerliche Gefahren für den Anlagenbau im Ausland, DStR 1977, S. 253 – 255.
Frotscher, Gerrit: Die körperschaftsteuerliche Übergangsregelung nach dem Steuersenkungsgesetz, BB 2000, S. 2280 – 2292.
- Internationales Steuerrecht, München 2001.
Geiger, Rudolf: Grundgesetz und Völkerrecht, 3. Auflage 2002, München.
Gersch, Eva Maria: § 2 AO, in: Abgabenordnung, einschließlich Steuerstrafrecht, Kommentar, begr. Franz Klein, Gerd Orlopp, 6. Auflage 1998, München.
Gloria, Christian: Die Doppelbesteuerungsabkommen der Bundesrepublik Deutschland und die Bedeutung der lex-fori-Klausel für ihre Auslegung, RIW 1986, S. 970 – 978.
- Das steuerliche Verständigungsverfahren und das Recht auf diplomatischen Schutz, Berlin 1988.
Görl, Maximilian: Die freien Berufe im Internationalen Steuerrecht der Bundesrepublik Deutschland, München 1983.
Haiß, Uta: Gewinnabgrenzung bei Betriebsstätten im Internationalen Steuerrecht, Neuwied, Kriftel 2000.
Harenberg, Friedrich E. / Irmer, Gisbert: Die Besteuerung privater Kapitaleinkünfte, 3. Auflage 2003, Herne, Berlin.
Heinicke, Wolfgang: §§ 1 und 49 EStG, in: Einkommensteuergesetz, Kommentar, hrsg. v. Ludwig Schmidt, 21. Auflage 2002, München.
Herdegen, Matthias: Art. 25 GG, in: Grundgesetz, Kommentar, Maunz/Dürig, Kommentar zum Grundgesetz, Band III (Art. 20 a bis 53 GG), Stand: 41. Lfg. Oktober 2002, München.
- Völkerrecht, 2. Auflage 2002, München.
Hintzen, Lothar: Die Anerkennung ausländischer Personengesellschaften nach deutschem Steuerrecht, DStR 1971, S. 327 – 334.
- Zur Qualifikation ausländischer körperschaftsteuerpflichtiger Personengesellschaften, StuW 1974, S. 319 – 326.

- Das Doppelbesteuerungsabkommen der Bundesrepublik Deutschland mit der Republik Korea, RIW 1977, S. 695 – 704.

Ipsen, Knut: Völkerrecht, 4. Auflage 1999, München.

Jacobs, Otto H.: Internationale Unternehmensbesteuerung, 4. Auflage 1999, München.

Jarass, Hans D.: Die Erklärung von Vorbehalten zu völkerrechtlichen Verträgen, DÖV 1975, S. 117 – 124.

- Art. 25 und 59 GG, in: Grundgesetz für die Bundesrepublik Deutschland, hrsg. v. Hans D. Jarass, Bodo Pieroth, 6. Auflage 2002, München.

Jeong, Dae-Geun: Konzernrechtliche Aspekte bei Unternehmensgründung und –beteiligung in Südkorea, RIW 2002, S. 908 – 912.

Joos, Christian: Die Erbringung von technischen Dienstleistungen unter steuer-lichen Gestaltungsüberlegungen, in: Handbuch der internationalen Steuerplanung, hrsg. v. Siegfried Grotherr, Herne, Berlin 2000, S. 481 – 512.

Kaligin, Thomas: Wann kippt eine passive Repräsentanz in eine aktive Betriebsstätte um?, RIW 1995, S. 398 – 400.

Kelsen, Hans: Das Problem der Souveränität und die Theorie des Völkerrechts, 2. Auflage 1928, Tübingen.

Kempen, Bernhard: Art. 59 GG, in: Das Bonner Grundgesetz, Kommentar, hrsg. v. Christian Starck, Band II (Art. 20 bis 78 GG), 4. Auflage 2000, München.

Kerath, Andreas: Maßstäbe zur Auslegung und Anwendung von Doppelbesteuerungsabkommen unter besonderer Berücksichtigung des Verständigungsverfahrens, Hamburg 1995.

Kewenig, Wilhelm: Bundesrat und auswärtige Gewalt, ZRP 1971, S. 238 – 243.

Kimminich, Otto: Das Völkerrecht in der Rechtsprechung des Bundesverfassungsgerichts, AöR 93 (1968), S. 485 – 537.

Kleineidam, Hans-Jochen: Rechtliche und organisatorische Voraussetzungen der Gewinnermittlung bei Auslandsbetriebsstätten, IStR 1993, S. 141 – 144.

Kluge, Volker: Zur unmittelbaren Anwendung von DBA-Vorschriften bei der Gewinnermittlung, StuW 1975, S. 294 – 305.

- Die Anerkennung ausländischer Gesellschaften im deutschen Steuerrecht, DStR 1976, S. 365 – 369.
- Das Internationale Steuerrecht, 4. Auflage 2000, München.

Knechtle, Arnold: Grundfragen des internationalen Steuerrechts, Basel, Stuttgart 1976.

Knobbe-Keuk, Brigitte: Qualifikationskonflikte im Internationalen Steuerrecht der Personengesellschaften, RIW 1991, S. 306 – 316.

Koenig, Christian: Art. 25 GG, in: Das Bonner Grundgesetz, Kommentar, hrsg. v. Christian Starck, Band II (Art. 20 bis 78 GG), 4. Auflage 2000, München.

Krabbe, Helmut: Maßnahmen gegen unangemessene Gesellschafterfremdfinanzierung und das Recht der DBA, RIW 1984, S. 127 – 130.

- Länderteil Dänemark, in: Doppelbesteuerung, Kommentar zu allen deutschen DBA, hrsg. v. Helmut Debatin/Franz Wassermeyer, Band II (Ägypten bis Griechenland), Stand: 88. Lfg. Dezember 2002, München.

- OECD-Musterabkommen 2000, IStR 2000, S. 196 – 201.

- Verständigungsverfahren, IStR 2002, S. 548 – 551.

- OECD-Musterabkommen 2003, IStR 2003, S. 253 – 257.

Krause, Michael: Internationale Doppelbesteuerung – Ursachen und Lösungen -, Institut „Finanzen und Steuern“ e.V., Institutsschrift Nr. 405, Bonn 2003.

Kruse, Wilhelm: § 2 AO, in: Abgabenordnung – Finanzgerichtsordnung, Kommentar zu AO 1977 und FGO (ohne Steuerstrafrecht), hrsg. v. Klaus Tipke, Wilhelm Kruse, Band I (§§ 1 bis 154 AO), 16. Auflage 1996, Stand: 99. Lfg. November 2002, Köln.

- § 175 a AO, in: Abgabenordnung - Finanzgerichtsordnung: Kommentar zur AO 1977 und FGO (ohne Steuerstrafrecht), hrsg. v. Klaus Tipke, Wilhelm Kruse, Band II (§§ 155 bis 368 AO), 16. Auflage 1996, Stand: 99. Lfg. November 2002, Köln.

Kunig, Philip: Völkerrecht und staatliches Recht, in: Völkerrecht, hrsg. v. Wolfgang Graf v. Vitzthum, 2. Auflage 2001, Berlin, New York, S. 87 – 159.

- Die Quellen des Völkerrechts aus der Sicht des Grundgesetzes, Jura 1989, S. 667 – 670.

Krüger, Roland: Die feste Einrichtung bei der Ausübung der selbständigen Arbeit, IStR 1998, S. 104 – 109.

Lang, Joachim: Systematisierung der Steuervergünstigungen, Berlin 1975.

Lang, Michael: Hybride Finanzierungen im Internationalen Steuerrecht, Wien 1991.

- Die Vermeidung der Doppelbesteuerung und der doppelten Nichtbesteuerung als DBA-Auslegungsmaxime?, IStR 2002, S. 609 – 613.

Langbein, Volker: Doppelbesteuerungsabkommen im Spannungsfeld zwischen nationalem Recht und Völkerrecht, RIW 1984, S. 531 – 540.

Larenz, Karl: Methodenlehre der Rechtswissenschaften, 3. Auflage 1995, Berlin, Heidelberg, New York, Barcelona, Budapest, Hong Kong, London, Mailand, Paris, Tokyo.

Laule, Gerhard: How Domestic Anti-Avoidance Rules Affect Double Taxation Conventions, IFA Congress Seminar Series, Band 19 C, The Hague, London, Boston 1995.

- Genußschein, Doppelbesteuerungsabkommen und die Praxis der deutschen Finanzgerichte, IStR 1997, S. 577 – 582.

- Grenzen internationaler Steuergestaltung im Lichte der Rechtsprechung des EuGH, IStR 2003, S. 217 – 222.

Lechner, Eduard: Befreiungsmethode und Einkommensermittlung, in: Die Methoden zur Vermeidung der Doppelbesteuerung, hrsg. v. Wolfgang Gassner, Michael Lang, Eduard Lechner, Wien 1995, S. 137 – 171.

Lee, Don-Ho: Konzernverrechnungspreise als Problem der Steuerpolitik Koreas, Hamburg, 2001.

Lee, Sun-Jae: Der Aufstieg der Industrie Koreas in der Weltwirtschaft – Die „Skalenerträge-Politik“ und ihre Konsequenzen für den Handel mit der EG -, Frankfurt am Main 1998.

Leisig, Jürgen: Die Klage auf Einleitung eines Verständigungsverfahrens nach Art. 25 Abs. 2 OECD-MA, IStR 2002, S. 114 – 119.

Leisner, Walter: Abkommensbruch durch Außensteuerrecht?, RIW 1993, S. 1013 – 1020.

Löwenstein, Ulrich / Looks, Christian: Betriebsstättenbesteuerung: Inboundinvestitionen, Outboundinvestitionen, Steuergestaltungen, Branchenbesonderheiten, München 2003.

Lornsen, Birgitt: Unilaterale Maßnahmen der Bundesrepublik Deutschland zur Ausschaltung der internationalen Doppelbesteuerung bei der Einkommen- und Körperschaftsteuer, Frankfurt am Main, Bern, New York, Paris 1987.

Maßbaum, Michael: Aktuelle Entwicklungen zur Künstler- und Sportlerbesteuerung, in: Nationale und internationale Dimensionen des Steuerrechts, Symposium zum 60. Geburtstag von Professor Dr. Jörg Manfred Mössner, Herne, Berlin 2002, S. 257 – 278.

Maunz, Theodor: Art. 59 GG, in: Grundgesetz, Kommentar, Maunz/Dürig, Kommentar zum Grundgesetz, Band IV (Art. 53 a bis 88 GG), Stand: 41. Lfg. Oktober 2002, München.

Menck, Thomas: Die koordinierte Durchführung von Doppelbesteuerungsabkommen, IWB 1987 Gruppe 2, Fach 10, S. 627 – 634.

- Internationale Amtshilfe in Steuersachen, DStZ/A 1971, S. 57 – 64.

Menzel, Eberhard: Zur Revision des Grundgesetzes: Die Regelungen über die Auswärtige Gewalt, DÖV 1971, S. 528 – 540.

Mersmann, Wolfgang: Internationale Doppelbesteuerung, in: Handbuch der Finanzwissenschaften, Band IV, hrsg. v. Fritz Neumark, Wilhelm Gerloff, 2. Auflage 1965, Tübingen, S. 89 – 135.

Ministry of Finance and Economy: Korean Taxation 2002, Seoul 2002.

- Korean Taxation 2003, Seoul 2003.

Morgenthaler, Gerd: Die Lizenzgebühren im System des internationalen Einkommensteuerrechts, Heidelberg 1992.

Mössner, Jörg Manfred: Die Methoden zur Vermeidung der Doppelbesteuerung – Vorzüge, Nachteile, aktuelle Probleme, in: Grundfragen des Internationalen Steuerrechts, hrsg. v. Klaus Vogel, Köln 1985, S. 135 – 169.

- Steuerrecht international tätiger Unternehmen, 2. Auflage 1998, Köln.

Müller, Klaus Dieter: Regelungen nach dem Kassenstaatsprinzip in Doppelbesteuerungsabkommen, IStR 1993, S. 318 – 320.

Münch, Harald: Betriebsstättenbegründung durch Überwachung von Bau- und Montagetätigkeiten, RIW 1995, S. 930 – 933.

Nieland, Michael Theodor: Doppelbesteuerungsabkommen als Problem innerstaatlicher Rechtssetzung, Frankfurt, Bern, New York, Paris 1989.

Partsch, Karl Josef: Die Anwendung des Völkerrechts im innerstaatlichen Recht, Bericht über die Arbeit einer Studienkommission der Deutschen Gesellschaft für Völkerrecht, Heft 6, Karlsruhe 1964.

Petereit, Axel: Die sog. switch-over-Klausel in den deutschen Doppelbesteuerungsabkommen, IStR 2003, S. 577 – 586.

Piltz, Detlev J.: Die Personengesellschaften im internationalen Steuerrecht der Bundesrepublik Deutschland, Heidelberg 1981.

- Besteuerungsvergleich Tochtergesellschaft vs. Betriebsstätte, in: Internationale Betriebsstättenbesteuerung, hrsg. v. Detlev J. Piltz, Harald Schaumburg, Köln 2001, S. 1 – 24.

Portner, Rosemarie: Doppelbesteuerungsabkommen – Uneingeschränktes Quellenbesteuerungsrecht bei Abzugsfähigkeit von Vergütungen auf gewinnabhängige Finanzierungsinstrumente, IStR 1996, S. 409 – 411.

- Betriebsstätte durch grenzüberschreitende Internet-Transaktionen?, IStR 1998, S. 553 – 557.

Prang, Klaus-Martin: Die Vertragspolitik der Bundesrepublik Deutschland beim Abschluß von Doppelbesteuerungsabkommen, Frankfurt am Main, Bern 1982.

Preuninger, Reinhard: Rechtsprobleme des Funktionswandels deutscher Doppelbesteuerungsabkommen – dargestellt an Abkommen mit Industrieländern, Entwicklungs- und Staatshandelsländern, Ludwigshafen 1980.

Recknagel, Christian: Zur Einkunftsabgrenzung zwischen international verbundenen Unternehmen in Fällen der Arbeitnehmerentsendung, Hamburg 2002.

Remmert, Martin: Betriebsstättenbesteuerung in Korea, IWB Gruppe 2, Fach 6, S. 29 – 36.

Richter, Heiner: Abrechnung oder Abzug der ausländischen Steuer - Ermittlung kritischer Werte zu § 34 c Abs. 1 und 2 EStG, BB 1999, S. 613 – 616.

Riegler, Bernhard / Salomon, Klaus: Begrenzung des Besteuerungsrechts von Deutschland als Quellenstaat bei Dividenden und Zinsen, DB 1990, S. 2550 – 2556.

- Der Dividenden- und der Zinsbegriff nach den Doppelbesteuerungsabkommen der Bundesrepublik Deutschland, DB 1991, S. 2205 – 2208.

Ritter, Wolfgang: Neugestaltung der beschränkten Steuerpflicht für ausländische Schiff- und Luftfahrtunternehmen, DStZ/A 1971, S. 16 – 18.

- Das Prinzip Rücksicht – zu den internationalen Grenzen der Steuerhoheit, BB 1984, S. 1109 – 1115.

Rodi, Michael: Das Kassenstaatsprinzip im nationalen und internationalen Steuerrecht, RIW 1992, S. 484 – 490.

Rojahn, Ondolf: Die Auslegung völkerrechtlicher Verträge in der Entscheidungspraxis des Bundesverwaltungsgerichts, in: Völkerrechtlicher Vertrag und staatliches Recht vor dem Hintergrund zunehmender Verdichtung der internationalen Beziehungen, hrsg. v. Rudolf Geiger, Baden-Baden 2000, S. 123 - 144.

- Art. 25 und 59 GG in: Grundgesetz-Kommentar, hrsg. v. Philip Kunig, Band II (Art. 20 bis 69 GG), 5. Auflage 2001, München.

Rudolf, Walter: Völkerrecht und deutsches Recht, Tübingen 1967.

Rüsken, Reinhardt: § 33 AO, in: Abgabenordnung, einschließlich, Steuerstrafrecht, Kommentar, begr. v. Franz Klein, Gerd Orlopp, 6. Auflage 1998, München.

Rust, Alexander: Ermöglichen Diskriminierungsverbote eine Organschaft über die Grenze?, IStR 2003, S. 658 – 661.

Sauren, Marcel M. / Schultze, Monika: Der Konflikt zwischen § 2 a EStG und den Doppelbesteuerungsabkommen, RIW 1989, S. 553 – 557.

Schanne, Marcus: Doppelbesteuerungsabkommen und innerstaatliches Steuerrecht, Frankfurt am Main, Berlin, Bern, New York, Paris, Wien 1999.

Schaumburg Harald: Das Leistungsfähigkeitsprinzip im internationalen Steuerrecht, in: Die Steuerrechtsordnung in der Diskussion, Festschrift für Klaus Tipke, hrsg. v. Joachim Lang, Köln 1995, S. 125 – 151.

- Die Befreiungsmethode im deutschen Steuerrecht, in: Die Methoden zur Vermeidung der Doppelbesteuerung, hrsg. v. Wolfgang Gassner, Michael Lang, Eduard Lechner, Wien 1995, S. 269 – 306.
- Internationales Steuerrecht, 2. Auflage 1998, Köln.
- Der Bezug von Dividenden aus dem Ausland (Streubesitz und Schachteldividenden), in: Internationales Steuerrecht, hrsg. v. Michael Streck, Deutsches Steuerberaterinstitut, Bonn, Berlin 2000, S. 13 – 93.
- Grundsatzfragen der Betriebsstättenbesteuerung, in: Internationale Betriebsstättenbesteuerung, hrsg. v. Detlev J. Piltz, Harald Schaumburg, Köln 2001, S. 65 – 83.

Scheffler, Wolfram: Besteuerung der grenzüberschreitenden Unternehmenstätigkeit, München, 1997

Schweitzer, Michael: Staatsrecht III, 7. Auflage 2000, Heidelberg.

Seer, Roman: Grenzen der Zulässigkeit eines treaty-overridings am Beispiel der Switch-over-Klausel des § 20 AStG (Teil I), IStR 1997, S. 481 – 486.

Seibold, Sabine: Neuere Entwicklungen auf dem Gebiet der deutschen Steuerabkommen, IStR 1998, S. 649 – 657.

Seidl-Hohenveldern, Ignaz: Völkerrecht, 9. Auflage 1997, Köln, Berlin, Bonn, München.

Sieker, Karsten: Betriebsstättengewinn und Fremdvergleichsgrundsatz, DB 1996, S. 110 – 113.

Song, Ho-Young: Die Verselbständigung der juristischen Person im deutschen und koreanischen Recht, Osnabrück 1999.

Sonntag, Karl: Aspekte der Besteuerung des internationalen Anlagenbaus in der Republik Korea (Südkorea), IWB Gruppe 2, Fach 6, S. 51 – 60.

- Die Behandlung von „Engineering im Rahmen der Besteuerung internationaler Großprojekte", IStR 1996, S. 463 – 465.

Spitaler, Arnim: Die Einschränkung des Betriebsstättenprinzips im zwischenstaatlichen Steuerrecht, RIW 1956, S. 69 – 72.

- Das Doppelbesteuerungsproblem bei den direkten Steuern, 2. Auflage 1967, Köln.

Steinberger, Helmut: Entwicklungslinien in der neueren Rechtsprechung des Bundesverfassungsgerichts zu völkerrechtlichen Fragen, ZaöRV (48) 1988, S. 1 – 17.

Stiller, Dietrich F.R.: Ausländische Investitionen in der Republik Korea nach dem Foreign Investment Promotion Act, RIW 1999, S. 283 – 290.

Streck, Michael: Körperschaftsteuergesetz: mit Nebengesetzen, Kommentar, 5. Auflage 1997, München.

Teichner, Karl: Die Verständigung - Ein Versuch zu ihrer rechtssystematischen Einordnung, StuW 1965, S. 343 – 358.

Tipke, Klaus: Der Grundsatz der Steuergerechtigkeit, in: Besteuerung von Einkommen, hrsg. v. Joachim Lang, Nadja Bozza, Berlin 2000, S. 9 – 32.

- Steuerrecht, 17. Auflage 2002, Köln.

Triepel, Heinrich: Völkerrecht und Landesrecht – unveränderter Nachdruck der Ausgabe Leipzig Hirschfeld 1899 – Aalen 1958.

Tuschhoff, Gisela: Die Ratifikation völkerrechtlicher Verträge durch den Bundespräsidenten unter Berücksichtigung der Bedeutung des Vertragsgesetzes, Mainz 1976.

Verdross, Alfred / Simma, Bruno: Universelles Völkerrecht, 3. Auflage 1984, Berlin.

Vogel, Klaus: Die Verfassungsentscheidung des Grundgesetzes für eine internationale Zusammenarbeit: Ein Diskussionsbeitrag zu einer Frage der Staatstheorie sowie des geltenden deutschen Staatsrechts, Tübingen 1964.

- Theorie und Praxis im Internationalen Steuerrecht, DStR 1968, S. 427 – 434.
- Doppelbesteuerungsabkommen und ihre Auslegung (Teil I), StuW 1982, S. 111 – 124.
- Doppelbesteuerungsabkommen und ihre Auslegung (Teil II), StuW 1982, S. 286 – 301.
- Steuerumgehung nach innerstaatlichem Recht und nach Abkommensrecht, StuW 1985, S. 369 – 381.
- Diskussion, 2. Teil, in: Grundfragen des Internationalen Steuerrechts, hrsg. v. Klaus Vogel, Köln 1985, S. 259 – 274.
- Die Besteuerung von Auslandseinkünften, in: Grundfragen des Internationalen Steuerrechts, hrsg. v. Klaus Vogel, Köln 1985, S. 3 - 31.
- Zu einigen Fragen des Internationalen Steuerrechts, DB 1986, S. 507 – 509.
- Doppelbesteuerungsabkommen der Bundesrepublik Deutschland auf dem Gebiet der Steuern vom Einkommen und vom Vermögen, Kommentar auf der Grundlage der Musterabkommen, 3. Auflage 1996, München.
- Internationales Steuerrecht, DStZ 1997, S. 269 – 281.

Vogel, Klaus / Lehner, Moris: Doppelbesteuerungsabkommen der Bundesrepublik Deutschland auf dem Gebiet der Steuern vom Einkommen und Vermögen, 4. Auflage 2003, München.

Voss Jochen / Voss, Ursula: Steuerbelastungsrechnung bei Anwendung des Progressionsvorbehalts, DB 1992, S. 645 – 648.

Wassermeyer, Franz: Die Auslegung von Doppelbesteuerungsabkommen durch den Bundesfinanzhof, StuW 1990, S. 404 – 412.

- Anmerkungen zu einem Grundsatzurteil zu § 34 c EStG, FR 1991, S. 680 – 683.
- Anmerkung zum Beschluß des Bundesfinanzhofs vom 1. Oktober 1992, I B 42 und 43/92, IStR 1992, S. 103 – 104.
- Die Auslegung völkerrechtlicher Verträge, in: Doppelbesteuerungsabkommen und nationales Recht, hrsg. v. Jörg M. Mössner, München 1995, S. 19 – 27.
- Der Künstlerbegriff im Abkommensrecht, IStR 1995, S. 553 – 557.

- Anmerkung zum sogenannten „Pipeline"-Urteil des Bundesfinanzhofs vom 30. Oktober 1996, II R 12/92, IStR 1997, S. 149.
- Der Wirrwarr mit den Aktivitätsvorbehalten im deutschen Abkommensrecht, IStR 2000, S. 65 – 70.
- Dealing-at arm's length-Prinzip, in: Internationale Betriebsstättenbesteuerung, hrsg. v. Detlev J. Piltz, Harald Schaumburg, Köln 2001, S. 25 – 42.
- Doppelbesteuerung, Kommentar zu allen deutschen DBA, hrsg. v. Helmut Debatin/Franz Wassermeyer, Band I (Kommentierung zum OECD-MA), Stand: 88. Lfg. Dezember 2002, München.
- §§ 1, 7 und 8 AStG, in: Außensteuerrecht, Kommentar, hrsg. v. Franz Wassermeyer, Detlev J. Piltz, Band I (§§ 1 bis 9 AStG), 6. Auflage 1999, Stand: 50. Lfg. November 2002, Köln.
- § 34 c EStG, in: Außensteuerrecht, Kommentar, hrsg. v. Franz Wassermeyer, Detlev J. Piltz, Band III (§§ 34 c bis 34 d EStG, KStG u.a.), 6. Auflage 1999, Stand: 50. Lfg. November 2002, Köln.

Weber, Ernst: Ist eine steuerliche Umqualifizierung der Erträge aus Fremdfinanzierungen in verdeckte Gewinnausschüttungen gegenüber Doppelbesteuerungsabkommen wirksam ? Bonn 1981.

Weber-Fas, Rudolf: Völkerrecht und Steuerhoheit, RIW 1979, S. 585 – 587.
- Staatsverträge im internationalen Steuerrecht, Tübingen 1982.

Weigell, Jörg: Das Verhältnis der Vorschrift des § 2 a EStG zu den Doppelbesteuerungsabkommen, RIW 1987, S. 122 – 140.

Wendt, Rudolf: Zur Vereinbarkeit der Gewerbesteuer mit dem Gleichheitssatz und dem Prinzip der Besteuerung nach der Leistungsfähigkeit, BB 1987, S. 1257 – 1265.
- Abschaffung und Ersetzung der Gewerbesteuer aus verfassungsrechtlicher und verfassungspolitischer Sicht, BB 1987, S. 1677 – 1685.
- Reform der Unternehmensbesteuerung aus europäischer Sicht, StuW 1992, S. 66 – 80.
- Spreizung von Körperschaftsteuersatz und Einkommensteuerspitzensatz als Verfassungsproblem, in: Staat – Wirtschaft – Steuern, Festschrift für Karl Heinrich Friauf zum 65. Geburtstag, hrsg. v. Rudolf Wendt, Wolfram Höfling, Ulrich Karpen, Martin Oldiges, Heidelberg 1996, S. 859 – 888.

Wendt, Rudolf / Elicker, Michael: Für die volle Einbeziehung der kommunalen Finanzkraft in den Länderfinanzausgleich, DÖV 2001, S. 762 – 771.

Wilke, Kay-Michael: Lehrbuch des internationalen Steuerrechts, 6. Auflage 1997, Herne, Berlin.

Wolff, Eckhard: Länderteil Korea, in: Doppelbesteuerung, Kommentar zu allen deutschen DBA, hrsg. v. Helmut Debatin/Franz Wassermeyer, Band III (Großbritannien bis Liberia), Stand: 88. Lfg. Dezember 2002, München.

Wohlschlegel, Hanspeter: Doppelbesteuerungsabkommen: Treaty-Override und Grundgesetz, FR 1993, S. 48 - 50.

Yae, Byung-Hwan: Die Handelsbeziehungen zwischen Deutschland und Korea nach dem Zweiten Weltkrieg, Stuttgart 1997.

Zuleeg, Manfred: Abschluß und Rechtswirkung völkerrechtlicher Verträge in der Bundesrepublik Deutschland, JA 1983, S. 1 – 6.

\- Art. 24 und 59 GG, in: Kommentar zum Grundgesetz für die Bundesrepublik Deutschland, Reihe Alternativkommentare, hrsg. v. Erhard Denninger, Wolfgang Hoffmann-Riem, Hans-Peter Schneider, Eckhart Stein, Band II (Art. 18 bis 80 a GG), 3. Auflage 2001, Stand: 2. Lfg. August 2002, Neuwied, Kriftel.

Einleitung

Die Zunahme der weltweiten Verflechtung der Wirtschaftsbeziehungen in den vergangenen Jahren läßt sich gleichfalls auf den Wirtschaftsverkehr der Bundesrepublik Deutschland und der Republik Korea übertragen. Ihren Beginn haben die bilateralen Außenwirtschaftsbeziehungen im Handels-, Friedens- und Schifffahrtsvertrag vom 27. November 1883 zwischen dem Deutschen Reich und dem Königreich Choson. Seit diesem Zeitpunkt waren - und sind – Deutschland und Südkorea um den steten Ausbau ihrer Wirtschaftsbeziehungen bemüht.

Die zunehmende Verflechtung führt nicht nur zu erheblichen Konsequenzen auf den Gebieten der Güter-, Finanz- und Arbeitsmärkte beider Staaten, sondern hat zudem Bedeutung auf steuerlichem Gebiet. Bei Erfolg können grenzüberschreitende Wirtschaftsbeziehungen zu steuerlichen Überwirkungen führen und zwar dergestalt, daß aus Sicht der Einkommensbesteuerung das zu versteuernde Einkommen einer internationalen Doppelbesteuerung unterliegt. Die aus internationaler Doppelbesteuerung folgenden negativen Auswirkungen sind evident sowohl mit Blick auf die wirtschaftliche wie auch die rechtliche Bewertung dieser besonderen Form der fiskalischen Mehrbelastung. Es liegt daher im wohlverstandenen Interesse der Staaten, internationale Doppelbesteuerungen zu vermeiden. Im Vordergrund der Staatenpraxis stehen die bilateralen Abkommen zur Vermeidung der Doppelbesteuerung auf dem Gebiet der Steuern vom Einkommen und vom Vermögen (DBA), von denen die Bundesrepublik Deutschland gegenwärtig 88 abgeschlossen hat (Stand: Januar 2004). Damit verfügt die Bundesrepublik Deutschland über ein weltweit sehr dichtes Netz an DBA. Der erstmalige Abschluß eines DBA mit der Republik Korea erfolgte am 14. Dezember 1976. Die auf diplomatischem Wege geführten Verhandlungen über einen Neuabschluß endeten am 10. März 2000 mit der Unterzeichung des Abkommens *„zwischen der Bundesrepublik Deutschland und der Republik Korea zur Vermeidung der Doppelbesteuerung und zur Verhinderung der Steuerverkürzung auf dem Gebiet der Steuern vom Einkommen und vom Vermögen"* in Berlin, Deutschland. Dieses Revisionsabkommen vom 10. März 2000 liegt der vorliegenden Arbeit als Untersuchungsgegenstand zugrunde.

Die Zielsetzung der Arbeit ergibt sich aus der Notwendigkeit, internationale Doppelbesteuerungen zum Schutz vor nachteiligen Folgen für die inländische Volkswirtschaft zu vermeiden. Ziel ist es, den Regelungsgehalt, die Sinnhaftigkeit und Zweckmäßigkeit des Revisionsabkommens vom 10. März 2000 als bilateraler Maßnahme zur Vermeidung der internationalen Doppelbesteuerung und seine hieraus folgende Bedeutung für den deutsch-koreanischen Wirtschaftsverkehr – insbesondere im Vergleich zum bisherigen DBA-Korea von 1976 - zu untersuchen. Die Untersuchung erfolgt aus Sicht eines in Deutschland Ansässigen und behandelt daher schwerpunktmäßig die Frage der Besteuerung deutscher Geschäftsaktivitäten und der Arbeitsausübung in der Republik Korea*.

Hieraus geht folgender Untersuchungsaufbau hervor: Die Untersuchung beginnt mit einer grundlegenden Betrachtung, da die praktische Rechtsanwendung die Kenntnis insbesondere der Einbindung des Revisionsabkommens vom 10. März 2000 in die deutsche Rechtsordnung voraussetzt. Der erste Teil erfolgt somit unter der besonderen Berücksichtigung staats- und völkerrechtlicher Aspekte, wobei der völkerrechtliche Ansatz die vorherige Erörterung findet. Denn wenn die allgemeinen DBA auch dem Internationalen Steuerrecht zuzurechnen sind, so liegen ihr Entstehungstatbestand und ihre Verpflichtungswirkung doch zunächst im Völkerrecht. Daran anknüpfend folgt im zweiten Teil die kritische Würdigung des Revisionsabkommens vom 10. März 2000 als bilateraler Maßnahme zur Vermeidung der Doppelbesteuerung, in deren Mittelpunkt die Analyse der abkommensrechtlichen Verteilungsnormen steht. Zu Beginn dieses Untersuchungsteiles erfolgt jedoch eine Erörterung der Doppelbesteuerungsproblematik, da nur dem Phänomen der internationalen Doppelbesteuerung selbst das Ziel entnommen werden kann, an dem das Revisionsabkommen vom 10. März 2000 zu messen ist. Der Untersuchung der abkommensrechtlichen Verteilungsnormen schließt sich die Frage der Vermeidung der Doppelbesteuerung durch die Bundesrepublik Deutschland als (Wohn-)Sitzstaat an. Schließlich erfolgt eine Analyse der weiteren Abkommenszwecke, um auf die allgemeine Bedeutung des Steuerabkommens für den deutsch-koreanischen Wirtschaftsverkehr schließen zu können. Eine zusammenfassende Gesamtbetrachtung des Revisionsabkommens vom 10. März 2000 und das Schlußwort beenden sodann die Untersuchung.

* Unter Berücksichtigung der koreanischen Gesetzgebung bis zum 31. Dezember 2003.

Teil 1: Charakterisierung des Revisionsabkommens als internationaler Steuervertrag

Wie bei allen allgemeinen DBA auf dem Gebiet der Steuern vom Einkommen und vom Vermögen[1] handelt es sich bei dem zwischen der Bundesrepublik Deutschland[2] und der Republik Korea[3] am 10. März 2000 in Berlin unterzeichneten Revisionsabkommen um einen völkerrechtlichen Vertrag[4], dessen Ziel und Zweck sich aus seiner Umschreibung von selbst ergeben: Ziel und Zweck sind die Vermeidung der internationalen Doppelbesteuerung[5] im Verhältnis der am Vertragsschluß beteiligten Staaten Deutschland und Korea[6]. Die für die völkerrechtlichen Verträge geltenden formellen Rechtsregeln finden somit uneingeschränkt Anwendung; Zustandekommen, Ratifikation und Inkrafttreten des Revisionsabkommens bestimmen sich nach den Regelungen des „*Wiener Übereinkommens über das Recht der Verträge*" (WÜRV)[7] vom 23. Mai 1969[8]. Da die unproblematische Qualifikation der Rechtsnatur des Revisionsabkommens vom 10. März 2000 keiner weiteren Erörterung bedarf, soll im Anschluß die Frage behandelt werden, wie sich das völkerrechtliche Abschlußverfahren aus deut-

---

1 Die allgemeinen DBA sind abzugrenzen von den Sonder-DBA, namentlich den Abkommen auf dem Gebiet der Erbschaftsteuer, auf dem Gebiet der Einkünfte aus See- und Luftfahrt wie auch den Abkommen betreffend die Kraftfahrzeugsteuer, dazu auch *Kay-Michael Wilke*, Lehrbuch des internationalen Steuerrechts, 6. Auflage 1997, Herne, Berlin, Rdnr. 269.

2 Im weiteren Verlauf der Untersuchung wird das Land kurz als „Deutschland" angesprochen.

3 Im weiteren Verlauf der Untersuchung wird das Land kurz als „Korea" bzw. „Südkorea" angesprochen.

4 Vgl. auch *Gerrit Frotscher*, Internationales Steuerrecht, München 2001, § 2, Rdnr. 4; *Volker Kluge*, Das Internationale Steuerrecht, 4. Auflage 2000, München, Rdnr. 2; *Harald Schaumburg*, Internationales Steuerrecht, 2. Auflage 1998, Köln, § 3, Rdnr. 3.10; *Klaus Tipke*, Steuerrecht, 17. Auflage 2002, Köln, § 2, Rdnr. 40; *Klaus Vogel*, Doppelbesteuerungsabkommen der Bundesrepublik Deutschland auf dem Gebiet der Steuern vom Einkommen und vom Vermögen, 3. Auflage 1996, München, Einl., Rdnr. 28; *Wilke*, Lehrbuch des internationalen Steuerrechts, Rdnr. 275.

5 Die ausführliche Analyse dessen, was unter dem Phänomen „internationale Doppelbesteuerung" zu verstehen ist, findet sich an späterer Stelle der Untersuchung.

6 Die volle Bezeichnung der allgemeinen DBA lautet „Abkommen zur Vermeidung der Doppelbesteuerung", vgl. auch *Helmut Debatin*, Grundzüge der Abkommen zur Vermeidung der internationalen Doppelbesteuerung, Freiburg 1963, S. 5.

7 Auch Wiener Vertragsrechtskonvention genannt, vgl. *Knut Ipsen*, Völkerrecht, 4. Auflage 1999, München, Vor § 9, Rdnr. 5.

8 Vgl. BGBl. II 1985, S. 926 – 960, für Deutschland am 20. August 1987 in Kraft getreten, BGBl. II 1987, S. 757.

scher Sicht im einzelnen gestaltet. Die Behandlung des Abschlußverfahrens dient auch dem besseren Verständnis der sich hieran anschließenden Fragestellung nach den Voraussetzungen einer Anwendung des Revisionsabkommens vom 10. März 2000 auf deutscher Seite, da der innerstaatliche Geltungsgrund nach deutschem Staatsrecht auf die Art der zur Durchführung zu bringenden völkerrechtlichen Normen Bezug nimmt[9].

Kapitel 1: Völkerrechtliches Vertragsabschlußverfahren

In der Praxis des Völkerrechts haben sich zwei Abschlußverfahren herausgebildet, derer sich die Völkerrechtssubjekte zur Aushandelung des Vertragstextes und zur Herbeiführung ihrer völkerrechtlichen Bindungswirkung bedienen[10]. Es handelt sich um das einfache (einphasige) und das zusammengesetzte (mehrphasige) Verfahren, die sich danach voneinander unterscheiden, ob die staatlichen Organe, denen die Aushandelung des völkerrechtlichen Vertrages obliegt, den verbindlichen Vertragsabschluß selbst herbeiführen können (dann einfaches bzw. einphasiges Verfahren) oder ob es hierfür der Mitwirkung anderer staatlicher Organe bedarf (dann zusammengesetztes bzw. mehrphasiges Verfahren)[11]. Die diesbezügliche Entscheidung trifft das Staatsrecht der jeweiligen Vertragsstaaten[12]. Für Deutschland folgt hierzu aus Art. 59 Abs. 2 Satz 1 Grundgesetz (GG), daß völkerrechtliche Verträge, *„welche die politischen Beziehungen des Bundes regeln oder sich auf Gegenstände der Bundesgesetzgebung beziehen"*, der Zustimmung oder Mitwirkung der jeweils für die Bundesgesetzgebung zuständigen Körperschaften in Form eines Bundesgesetzes bedürfen. Soweit es sich bei den völkerrechtlichen Verträgen, welche gemäß Art. 59 Abs. 2 Satz 1 1. Alt. GG die politischen Beziehungen des Bundes regeln, um Abkommen han-

---

9 Siehe *Rudolf Geiger*, Grundgesetz und Völkerrecht, 3. Auflage 2002, München, § 29 I; *Karl Josef Partsch*, Die Anwendung des Völkerrechts im innerstaatlichen Recht, Bericht über die Arbeit einer Studienkommission der Deutschen Gesellschaft für Völkerrecht, Heft 6, 1964, S. 19 ff; *Philip Kunig*, Die Quellen des Völkerrechts aus der Sicht des Grundgesetzes, Jura 1989, S. 667 - 670 (669); *Michael Schweitzer*, Staatsrecht III, 7. Auflage 2000, Heidelberg, Rdnr. 418.

10 Vgl. auch *Schweitzer*, Staatsrecht, § 3, Rdnr. 143; *Alfred Verdross/Bruno Simma*, Universelles Völkerrecht, 3. Auflage 1984, Berlin, S. 450; *Vogel*, DBA, Einl., Rdnr. 29 ff.

11 Vgl. auch *Geiger*, Grundgesetz und Völkerrecht, § 20 III 1 und 2; *Matthias Herdegen*, Völkerrecht, 2. Auflage 2002, München, § 15, Rdnr. 9 f.; *Ipsen*, Völkerrecht, § 10, Rdnr. 7; *Schweitzer*, Staatsrecht, § 3, Rdnr. 143.

12 Vgl. auch *Geiger*, Grundgesetz und Völkerrecht, § 32 I; *Kunig*, Quellen des Völkerrechts, Jura 1989, S. 669; *Schweitzer*, Staatsrecht, § 3, Rdnr. 143.

delt, die „*die Existenz des Staates, seine territoriale Integrität, seine Unabhängigkeit, seine Stellung oder sein maßgebliches Gewicht in der Staatengemeinschaft*" berühren[13], sind die auf die Vermeidung der internationalen Doppelbesteuerung gerichteten Steuerabkommen[14] regelmäßig nicht als in diesem Sinne politische Verträge anzusehen[15].

A. Revisionsabkommen als völkerrechtlicher Vertrag, der sich auf Gegenstände der Gesetzgebung bezieht

Die Frage, ob Gegenstände der Bundesgesetzgebung betroffen sind, folgt nicht aus der bloßen Zugehörigkeit des völkerrechtlichen Vertragsinhaltes zu einer Gesetzgebungskompetenz des Bundes; insofern ist die Aufteilung der Gesetzgebungskompetenzen zwischen Bund und Ländern in den Art. 70 ff. GG nicht von entscheidender Bedeutung[16]. Ausschlaggebend ist, ob die Exekutive als für den Bereich der Außenpolitik im Bund zuständiges Organ[17] den völkerrechtlichen Vertrag mit eigenen Kompetenzen erfüllen kann oder ob hierfür ein Vollzugsakt unter Mitwirkung der gesetzgebenden Körperschaften erforderlich ist[18]. Dieses ist insbesondere dann der Fall, wenn anzunehmen ist, daß der betreffende Vertragsinhalt, gedacht als innerstaatliche Regelung anstelle eines internationalen Abkommens, materiell zu den Gegenständen der Legislative und nicht der Exekutive zu zählen ist (Wesentlichkeitstheorie)[19]. Vornehmliches Ziel des Revisi-

---

13 Vgl. auch BVerfGE 1, S. 372 ff. (381); *Hans Jarass* in: Grundgesetz für die Bundesrepublik Deutschland, hrsg. v. Hans D. Jarass, Bodo Pieroth, 6. Auflage 2002, München, Art. 59, Rdnr. 12; *Kunig*, Quellen des Völkerrechts, Jura 1989, S. 669; *Schweitzer*, Staatsrecht, § 3, Rdnr. 100.

14 Ergänzend zu „allgemeine DBA" finden sich die Bezeichnungen "Internationaler Steuervertrag" in *Klaus Ebling*, Die internationalen Steuerverträge als Instrument der Ausschaltung internationaler Doppelbesteuerung, DStR 1976, S. 333 - 340 (333), sowie „Internationales Steuerabkommen" in *Rudolf Weber-Fas*, Staatsverträge im internationalen Steuerrecht, Tübingen 1982, S. 60.

15 Vgl. auch *Ebling*, Internationale Steuerverträge, DStR 1976, S. 33, *Weber-Fas*, Staatsverträge, S. 63.

16 Vgl. auch *Ondolf Rojahn* in: Grundgesetz-Kommentar, hrsg. v. Philip Kunig, Bd. II, 5. Auflage 2001, München, Art. 59, Rdnr. 23; *Jarass* in: Jarass/Pieroth, GG, Art. 59, Rdnr. 13.

17 Nach Art. 32 GG.

18 Vgl. auch BVerfGE 1, S. 372 ff. (388); *Rojahn* in: v.Münch/Kunig, GG-K, Bd. II, Art. 59, Rdnr. 25; *Jarass* in: Jarass/Pieroth, GG, Art. 59, Rdnr. 13.

19 Vgl. auch BVerfGE 1, S. 372 ff. (389); *Rojahn* in: v.Münch/Kunig, GG-K, Bd. II, Art. 59, Rdnr. 25; *Jarass* in: Jarass/Pieroth, GG, Art. 59, Rdnr. 13.

onsabkommens vom 10. März 2000 ist, die internationale Doppelbesteuerung im Verhältnis zwischen Deutschland und Korea zu vermeiden[20]. Hierfür vereinbaren die Vertragsstaaten im Abkommenstext[21], zu welchem auch Schlußprotokolle und etwaige Briefwechsel[22] zu zählen sind[23], unter Berücksichtigung ihrer nationalen Steuersysteme regelmäßig die gegenseitige Abgrenzung ihrer innerstaatlichen Steueransprüche, um Überschneidungen und damit die für internationale Doppelbesteuerungen ursächlichen Kollisionsfälle präventiv zu verhindern[24]. Hierdurch grenzen sich die allgemeinen DBA als bilaterale Maßnahmen deutlich von den unilateralen Maßnahmen der Staaten ab, deren Wirkungsweise zur Vermeidung der Doppelbesteuerung grundsätzlich repressiver Art ist[25]. Die am Abschluß eines DBA beteiligten Staaten einigen sich inhaltlich über die ihnen kraft staatlicher Souveränität zustehende Steuerhoheit und schaffen infolge der vereinbarten Besteuerungsprinzipien und Methoden[26] eine Einschränkung ihrer souveränen Hoheit, die im Ergebnis eine *Beschränkung* bzw. einen *Verzicht* auf die Anwendung des innerstaatlichen (Steuer-)Rechts zur Folge hat[27].

---

20 Vgl. oben Einleitung.

21 Die der Vereinbarung eines Abkommenstextes vorhergehenden diplomatischen Verhandlungen werden aufgrund der Sachnähe typischerweise durch das Bundesministerium der Finanzen, vertreten durch den Bundesminister der Finanzen bzw. durch einen Verhandlungsführer, wahrgenommen. Die Teilnahme Vertreter anderer Bundesministerien, insbesondere des Auswärtigen Amtes, kommt je nach Notwendigkeit in Betracht, dazu auch *Vogel*, DBA, Einl., Rdnr. 29.

22 In diesen werden oftmals Verhandlungsergebnisse niedergelegt, die aus verschiedenen Gründen vom Haupttext abgesetzt werden sollen, beispielsweise, weil diese als weniger wichtig eingestuft werden, dazu *Vogel*, DBA, Einl., Rdnr. 31.

23 Vgl. auch *Frotscher*, Internationales Steuerrecht, § 2, Rdnr. 6; *Kluge*, Internationales Steuerrecht, Rdnr. R 1; *Schaumburg*, Internationales Steuerrecht, § 16, Rdnr. 16.33; *Vogel*, DBA, Einl., Rdnr. 31.

24 Weitere Ausführungen hierzu erfolgen im weiteren Verlauf der Untersuchung.

25 Vgl. auch *Klaus Ebling*, Unilaterale Maßnahmen gegen die internationale Doppelbesteuerung bei den Steuern vom Ertrag, Mainz 1970, S. 76; *Birgitt Lornsen*, Unilaterale Maßnahmen der Bundesrepublik Deutschland zur Ausschaltung der internationalen Doppelbesteuerung bei der Einkommen- und Körperschaftsteuer, Frankfurt, Bern, New York, Paris, 1987, S. 27.

26 Die „Methoden" beschreiben die technische Art und Weise einer „Maßnahme", Doppelbesteuerungen zu vermeiden. Während die Maßnahmen somit die rechtliche Form der Vermeidungsbestimmung bezeichnen, beziehen sich die Methoden auf den Inhalt derselben, vgl. auch *Schaumburg*, Internationales Steuerrecht, § 14, Rdnr. 14.15.

27 Vgl. *Helmut Debatin*, Zum Grundverständnis der Doppelbesteuerungsabkommen, RIW 1988, S. 727 – 729 (728); *Ebling*, Internationale Steuerverträge, DStR 1976, S. 337; *Frotscher*, Internationales Steuerrecht, § 5, Rdnr. 1; *Kluge*, Internationales Steuerrecht, Rdnr. R 20; *Schaumburg*, Internationales Steuerrecht, § 16, Rdnr. 16.7; *Rudolf Weber-Fas*, Völkerrecht und Steuerhoheit, RIW 1979, S. 585 – 587 (585); *Vogel*, DBA, Einl., Rdnr. 26.

Insoweit verpflichten sich Deutschland und Korea, nur diejenigen Steuern zu erheben, die das Revisionsabkommen vom 10. März 2000 den jeweiligen Vertragsstaaten mittels der Verteilungsnormen zur Besteuerung zuweist. Dies gilt auch, soweit sich die Beschränkung der Anwendung des innerstaatlichen Steuerrechts auf die *Höhe* des jeweiligen innerstaatlichen Steueranspruches bezieht. Angenommen, bei dem Revisionsabkommen vom 10. März 2000 würde es sich um kein internationales Abkommen, sondern um eine innerstaatliche Regelung handeln, greift der Abkommensinhalt mit der Beschränkung bzw. dem Verzicht auf die Anwendung des innerstaatlichen Steuerrechts materiell eindeutig in die Steuergesetzgebung und damit in den Bereich der Legislative ein. Die Exekutive ist damit nicht in der Lage, den völkerrechtlichen Vertrag selbständig zu erfüllen, sondern benötigt die Mitwirkung der gesetzgebenden Körperschaften. Hieraus folgt, daß das Revisionsabkommen vom 10. März 2000 der parlamentarischen Mitwirkung der gesetzgebenden Körperschaften in Form eines Bundesgesetzes bedarf, Art. 59 Abs. 2 Satz 1 GG, infolgedessen die Gesetzgebungsorgane des Bundes im Rahmen eines ordentlichen Gesetzgebungsverfahrens nach Art. 76 ff. GG auch förmlich zu beteiligen sind[28].

Die parlamentarische Mitwirkung muß zu einem Zeitpunkt *vor* Eintritt der völkerrechtlichen Verbindlichkeit des Vertragswerkes auf internationaler Ebene erfolgen. Das erforderliche Gesetz, das sogenannte „*Vertragsgesetz*"[29], welches vom Bundespräsidenten auszufertigen und zu verkünden ist[30], trägt insoweit dem Kontrollbedürfnis der Legislative für den Bereich der Außenpolitik Rechnung. Hierdurch wird die Exekutive, das heißt die Bundesregierung, an internationalen Vertragsabschlüssen im Namen des Bundes gehindert, deren Erfüllung ohne die Mitwirkung der gesetzgebenden Körperschaften nicht garantiert werden kann. Da ein solches Handeln der Bundesregierung der Reputation Deutschlands in der Staatengemeinschaft nicht unwesentlich schaden würde, statuiert das Grundgesetz in Art. 59 Abs. 2 GG ausdrücklich die Notwendigkeit der par-

---

28 Vgl. BVerfGE 1, S. 396 ff. (410); *Jarass* in: Jarass/Pieroth, GG, Art. 59, Rdnr. 15; *Rojahn* in: v.Münch/Kunig, GG-K, Bd. II, Art. 59, Rdnr. 15.

29 Daneben finden sich auch die Bezeichnungen „Zustimmungs- bzw. Transformationsgesetz", vgl. auch *Jan-Hendrik Brünink*, Das Verhältnis der Normen des Außensteuergesetzes zu den Doppelbesteuerungsabkommen, München 1997, S. 4. Zwar beschreibt der Begriff des Zustimmungsgesetzes die Hauptfunktion dieses Bundesgesetzes treffender als o.g. Begriff des Vertragsgesetzes, nämlich die Zustimmung zum Vertragsabschluß durch den Bund. Die Bezeichnung „Vertragsgesetz" ist dennoch vorzuziehen, um eine Verwechselung mit dem sonst innerhalb des Bundesgesetzgebungsverfahrens üblichen Begriff des Zustimmungsgesetzes in Abgrenzung zum Einspruchsgesetz zu vermeiden, ebenso *Rojahn* in: v.Münch/Kunig, GG-K, Bd. II, Art. 59, Rdnr. 27.

30 Nach Art. 82 GG.

lamentarischen Zustimmung in Form des Vertragsgesetzes als Ausdruck eines kontrollierenden Gegengewichtes in einem funktionengegliederten Staat. Dies gilt um so mehr, als es der Exekutive mit verbindlichen Abkommensschlüssen im Namen des Bundes möglich ist, die Entschließungsfreiheit des Gesetzgebers einzuschränken[31].

Das Vertragsgesetz zu dem Revisionsabkommen vom 10. März 2000 ist in dem „*Gesetz zu dem Abkommen vom 10. März 2000 zwischen der Bundesrepublik Deutschland und der Republik Korea zur Vermeidung der Doppelbesteuerung und zur Verhinderung der Steuerverkürzung auf dem Gebiet der Steuern vom Einkommen und vom Vermögen*" vom 10. Juli 2002 zu sehen[32]. Mittels dieses Bundesgesetzes haben Bundesrat[33] und Bundestag ihre parlamentarische Zustimmung zu einem verbindlichen Abschluß des Revisionsabkommens vom 10. März 2000 auf internationaler Ebene erklärt. Dem Vertragsgesetz vom 10. Juli 2002 kommt jedoch *nicht* die Funktion zu, die völkerrechtliche Verbindlichkeit des Revisionsabkommens vom 10. März 2000 auf internationaler Ebene herbeizuführen. Hierfür bedarf es *weiterer* Verfahrensschritte, die dem Erlaß des Vertragsgesetzes bereits rein zeitlich gesehen nachfolgen müssen. Diese Feststellung findet ihre Bekräftigung darin, daß eine parlamentarische Zustimmung, deren Zweck darin besteht, besonders schwerwiegende politische Entscheidungen nicht der Exekutive zu überlassen, nur dann erklärt werden kann, wenn das völkerrechtliche Vertragswerk seine Verbindlichkeit auf internationaler Ebene noch nicht erlangt hat. Anderenfalls käme die parlamentarische Zustimmung einer bloßen formellen Mitwirkung gleich, die dem Rechtsgedanken der Funktionenteilung des Art. 59 GG widerspräche und insofern in ihrer Bedeutung auch als sinnentleert anzusehen wäre[34].

---

31 Vgl. auch *Wilhelm Kewenig*, Bundesrat und auswärtige Gewalt, ZRP 1971, S. 238 – 243 (242); *Rojahn* in: v.Münch/Kunig, GG-K, Bd. II, Art. 59, Rdnr. 18; *Weber-Fas*, Staatsverträge, S. 62.

32 BGBl. II 2002, S. 1630 - 1651.

33 Der Zustimmung des Bundesrates bedarf es, da das Aufkommen aus den dem sachlichen Geltungsbereich des Revisionsabkommens unterfallenden Steuern, wie u.a. die Einkommen- und die Körperschaftsteuer, gemäß Art. 106 GG - ganz oder zum Teil - den Ländern oder Gemeinden zusteht, Art. 105 Abs. 3 GG.

34 In diesem Sinne ebenso *Rojahn* in: v.Münch/Kunig, GG-K, Bd. II, Art. 59, Rdnr. 32 a.

B. Abkommensschluß auf internationaler Ebene

Der Abkommensschluß auf internationaler Ebene erfolgt grundsätzlich durch Ratifikation, das heißt durch Unterzeichnung der besonderen Vertragsurkunden und deren Austausch[35], Art. 14 Abs. 1 WÜRV. In einer Ratifikationsurkunde gibt der für die völkerrechtliche Vertretung des Bundes zuständige Bundespräsident[36] bzw. eine mit entsprechender Vollmacht ausgestattete andere Person die formelle Erklärung ab, daß Deutschland als Vertragsstaat gewillt ist, den in der Urkunde wiedergegebenen Text, einschließlich der Protokolle und Briefwechsel als Bestandteile des Vertragswerkes, vertragsgemäß einzuhalten und sich völkerrechtlich für endgültig gebunden hält[37]. Mit dem Austausch der Ratifikationsurkunden tritt die völkerrechtliche Verbindlichkeit ein, Art. 16 WÜRV, mit welcher das völkerrechtliche zusammengesetzte Vertragsabschlußverfahren seinen Abschluß findet[38]. Der Ratifikation bedarf das Revisionsabkommen vom 10. März 2000 ausdrücklich, Art. 29 Abs. 1 RevDBA[39]. Zur Abgabe der hierfür erforderlichen formellen Zustimmung durch den Bundespräsidenten ermächtigt das Vertragsgesetz vom 10. Juli 2002 (Ermächtigungsfunktion des Vertragsgesetzes[40]), ohne daß dieses zugleich eine Verpflichtung des Bundespräsidenten zur Abgabe der Zustimmung beinhaltet[41].

Mit der parlamentarischen Ratifikation durch das Vertragsgesetz vom 10. Juli 2002 und dem am 30. Oktober 2002 in Seoul, Südkorea, erfolgten Austausch der Ratifikationsurkunden[42] ist das Revisionsabkommen vom 10. März 2000, einschließlich des Protokolls, für beide Vertragsstaaten völkerrechtlich endgültig verbindlich geworden. Gemäß Art. 29 Abs. 2 RevDBA trat das Revi-

---

35 Vgl. auch *Verdross/Simma*, Völkerrecht, S. 453.

36 Nach Art. 59 Abs. 1 GG.

37 Vgl. auch Art. 9 WÜRV.

38 Vgl. auch *Ipsen*, Völkerrecht, § 10, Rdnr. 17; *Erhard Menzel*, Zur Revision des Grundgesetzes: Die Regelungen über die auswärtige Gewalt, DÖV 1971, S. 528 - 540 (531); *Schweitzer*, Staatsrecht, § 3, Rdnr. 157.

39 Art. 29 Abs. 1 RevDBA lautet „Dieses Abkommen bedarf der Ratifikation; die Ratifikationsurkunden werden so bald wie möglich in Seoul ausgetauscht".

40 Vgl. auch BVerfGE 1, S. 396 ff. (410); *Jarass* in: Jarass/Pieroth, GG, Art. 59, Rdnr. 16; *Rojahn* in: v.Münch/Kunig, GG-K, Bd. II, Art. 59, Rdnr. 14; *Schweitzer*, Staatsrecht, § 3, Rdnr. 176; *Gisela Tuschhoff*, Die Ratifikation völkerrechtlicher Verträge durch den Bundespräsidenten unter Berücksichtigung der Bedeutung des Vertragsgesetzes, Mainz 1976, S. 91.

41 Vgl. auch *Jarass* in: Jarass/Pieroth, GG, Art. 59, Rdnr. 16; *Rojahn* in: v.Münch/Kunig, GG-K, Bd. II, Art. 59, Rdnr. 29.

42 Vgl. auch IStR-Länderbericht 2002, Heft 23, S. 2.

sionsabkommen an dem Tag in Kraft, der auf den Austausch der Urkunden folgte, mithin zum 31. Oktober 2002. Wichtiger als dieser Zeitpunkt ist indes der Zeitpunkt des *Anwendungsbeginns*, das heißt derjenige Grenz- oder Schwellenzeitpunkt, von dem an die zeitlich nach ihm verwirklichten Sachverhalte nach den Regeln des Steuerabkommens zu beurteilen sind[43]. Dieser kann grundsätzlich mit dem Inkrafttreten eines DBA zusammenfallen, soweit die Vertragsstaaten nichts Gegenteiliges vereinbart haben. Denn die Vertragsstaaten sind völkerrechtlich frei, den Beginn der Anwendung eines allgemeinen DBA nach ihrem Gutdünken zu vereinbaren[44]. Für das hier vorliegende Revisionsabkommen vom 10. März 2000 ist der Zeitpunkt des Anwendungsbeginns in Art. 29 Abs. 2 Buchst. a) und b) RevDBA indes ausdrücklich festgelegt worden: Danach findet das Revisionsabkommen in beiden Vertragsstaaten Anwendung zum 1. Januar des auf das Inkrafttreten folgenden Jahres, in concreto seit dem *1. Januar 2003*. Das dem Revisionsabkommen vom 10. März 2000 vorangegangene DBA-Korea vom 14. Dezember 1976[45] fand hierdurch zeitgleich seine Ablösung und wird nur noch angewandt auf die Steuern, die für die Zeiträume bis zum 31. Dezember 2002 erhoben werden, Art. 29 Abs. 3 RevDBA. Mit der im Revisionsabkommen vm 10. März 2000 vereinbarten ausdrücklichen Regelung des Anwendungsbeginns folgt Deutschland seiner gegenwärtigen Abkommenspolitik[46].

Anzumerken bleibt, daß das Vertragsgesetz, das mit dem in einer Anlage niedergelegten Abkommenstext im Bundesgesetzblatt II veröffentlicht wird, zwar üblicherweise bestimmt, daß es mit dem Tage nach seiner Verkündung in Kraft tritt[47]. Das bedeutet zunächst aber nur, daß die Zustimmung zur Ratifikation durch den Bundespräsidenten wirksam erteilt worden ist[48]. Solange der völkerrechtliche Vertrag selbst noch nicht in Kraft getreten ist, erscheint die Vertragserfüllung durch das innerstaatliche „In-Geltung-Setzen" des Steuerabkommens als ungerechtfertigte Vorleistung, die im Ergebnis abzulehnen ist[49].

---

43 Vgl. auch *Vogel*, DBA, Art. 29/30, Rdnr. 9.

44 Vgl. auch *Vogel*, DBA, Art. 29/30, Rdnr. 9.

45 BGBl. II 1978, S. 192; BStBl. I 1978, S. 149, das am 4. Mai 1978 in Kraft getreten ist, BGBl. II 1978, S. 861; BStBl. I 1978, S. 230.

46 Zur Abkommensübersicht siehe *Vogel*, DBA, Art. 29/30, Rdnr. 14.

47 Siehe dazu auch Art. 2 Abs. 1 des Vertragsgesetzes vom 10. Juli 2002: „Dieses Gesetz tritt nach seiner Verkündung in Kraft".

48 Vgl. auch *Rojahn* in: v.Münch/Kunig, GG-K, Bd. II, Art. 59, Rdnr. 36; *Tuschhoff*, Ratifikation völkerrechtlicher Verträge, S. 86.

49 In diesem Sinne ebenso *Rojahn* in: v.Münch/Kunig, GG-K, Bd. II, Art. 59, Rdnr. 36.

Kapitel 2: Innerstaatlicher Geltungsgrund des Revisionsabkommens

Es stellt sich nun die Frage, wie das Revisionsabkommen vom 10. März 2000 als völkerrechtlicher Vertrag zu qualifizierende Rechtsquelle seine innerstaatliche Anwendbarkeit auf deutscher Seite erlangt. Wie eingangs bereits ausgeführt, gestaltet das deutsche Staatsrecht die Voraussetzungen der innerstaatlichen Rechtsanwendung völkerrechtlicher Normen in Abhängigkeit ihrer Art[50]. Danach erweisen sich die vorgesehenen rechtstechnischen Maßnahmen zwar als unterschiedlich, stimmen jedoch dahingehend überein, daß die Übernahme der völkerrechtlichen Normen in den Bereich der staatlichen Rechtsordnung und die Herbeiführung ihrer innerstaatlichen Geltung einen Geltungsgrund bzw. eine Übernahmevorschrift voraussetzt[51]. Das deutsche Staatsrecht unterscheidet zwischen den in Art. 25 Satz 1 GG angesprochenen *„allgemeinen Regeln des Völkerrechts"* und dem von diesen abzugrenzenden *„sonstigen"* Völkerrecht[52]. Fraglich ist nun, ob das Revisionsabkommen vom 10. März 2000 den vorgenannten allgemeinen Regeln oder aber dem sonstigen Völkerrecht unterfällt. Die Entscheidung hierüber beantwortet die Frage nach dem innerstaatlichen Geltungsgrund des Revisionsabkommens vom 10. März 2000 bzw. seiner Bestimmungen, denn der Übernahme bedarf jeder einzelne Völkerrechtssatz[53].

A. Vertragsgesetz vom 10. Juli 2002

Soweit es sich bei den allgemeinen Regeln des Völkerrechts im Sinne des Art. 25 Satz 1 GG um Rechtsvorschriften handelt, die von der *„überwiegenden Mehrheit der Staaten"*[54] bzw. von der *„weitaus größeren Zahl der Staaten"*[55] – nicht notwendigerweise auch von Deutschland[56] - als verbindlich anerkannt

[50] Vgl. oben Einleitung.
[51] Vgl. auch BVerfGE 73, S. 339 ff. (375); *Geiger*, Grundgesetz und Völkerrecht, § 32 I.
[52] Vgl. auch BVerfGE 6, S. 309 ff. (363); *Jarass* in: Jarass/Pieroth, GG, Art. 25, Rdnr. 2; *Rojahn* in: v.Münch/Kunig, GG-K, Bd. II, Art. 25, Rdnr. 10, wobei bei der Frage nach dem sonstigem Völkerrecht kein Rückgriff auf die üblichen Kategorien der völkerrechtlichen Rechtsquellenlehre erfolgt.
[53] Vgl. auch *Jarass* in: Jarass/Pieroth, GG, Art. 25, Rdnr. 1.
[54] So BVerfGE 15, S. 25 ff. (34).
[55] So BVerfGE 16, S. 27 ff. (33).
[56] Vgl. auch *Rojahn* in: v.Münch/Kunig, GG-K, Bd. II, Art. 25, Rdnr. 8; *Manfred Zuleeg* in: Kommentar zum Grundgesetz für die Bundesrepublik Deutschland, hrsg. v. Erhard Denninger u.a., Neuwied, Kriftel, Bd. II, Art. 24, Rdnr. 17.

werden[57], ist das Revisionsabkommen vom 10. März 2000 mit seinem ausschließlich an die Vertragsstaaten Deutschland und Korea gerichteten Abkommensinhalt zur Vermeidung der internationalen Doppelbesteuerung nicht als eine allgemeine Völkerrechtsregel im Sinne des Art. 25 Satz 1 GG anzusehen. Eine Änderung erfährt diese Feststellung auch nicht durch die Tatsache, daß völkerrechtliche Verträge als Rechtsquellen des Völkerrechts objektives Recht setzen. Die Rechtsetzung im objektiven Sinne kann nur als ein partikuläres Völkerrecht mit ausschließlicher Geltung für die Vertragsstaaten verstanden werden und nicht in einem universellen Sinne mit Geltung für alle Staaten der Welt[58]. Demnach ist der innerstaatliche Geltungsgrund des Revisionsabkommens vom 10. März 2000 nicht in der Geltungsanordnung des Art. 25 GG zu sehen, die insoweit als pauschal und im voraus erteilte Ermächtigung zu qualifizieren ist[59], sondern es gelangt die Sonderregelung zur Anwendung, welche das Grundgesetz für das nach der obigen Abgrenzung zu den sonstigen Normen des Völkerrechts zu zählende Völkervertragsrecht enthält: Art. 59 GG[60].

Diese Verfassungsbestimmung erlangte bereits Bedeutung innerhalb des völkerrechtlichen Abschlußverfahrens insoweit, als diese den Abschluß des Revisionsabkommens vom 10. März 2000 als einem völkerrechtlichen Vertrag, der sich auf Gegenstände der Bundesgesetzgebung bezieht, auf internationaler Ebene an die parlamentarische Zustimmung in Form eines Vertragsgesetzes knüpfte, Art. 59 Abs. 2 Satz 1 GG[61]. Darüber hinaus ermächtigt das aus der Notwendigkeit der parlamentarischen Mitwirkung zustande gekommene Vertragsgesetz vom 10. Juli 2002 den Bundespräsidenten zur völkerrechtlichen Ratifikation des Revisionsabkommens[62]. Die Wirkung eines Vertragsgesetzes ist indessen nicht auf die Ermächtigungsfunktion beschränkt. Eine derartige Beschränkung hätte zur Folge, daß das Vertragsgesetz allenfalls als staatsleitender Akt in Gesetzesform, nicht jedoch als ein Gesetz im materiellen Sinne angesehen werden könnte. Das aufgrund von Art. 59 GG zustande gekommene Vertragsgesetz ist mithin

---

57 Vgl. auch *Jarass* in: Jarass/Pieroth, GG, Art. 25, Rdnr. 5; *Rojahn* in: v.Münch/Kunig, GG-K, Bd. II, Art. 25, Rdnr. 6.

58 Ebenso *Weber-Fas*, Staatsverträge, S. 61.

59 Vgl. auch *Geiger*, Grundgesetz und Völkerrecht, § 31 III 1; *Christian Koenig* in: Das Bonner Grundgesetz, hrsg. v. Christian Starck, Bd. II, 4. Auflage 2000, München, Art. 25, Rdnr. 44; *Verdross/Simma*, Völkerrecht, S. 544.

60 Vgl. *Geiger*, Grundgesetz und Völkerrecht, § 31 II; *Jarass* in: Jarass/Pieroth, GG, Art. 25, Rdnr. 2; *Otto Kimminich*, Das Völkerrecht in der Rechtsprechung des Bundesverfassungsgerichts, AöR 93 (1968), S. 485 – 537 (502 f.); *Rojahn* in: v.Münch/Kunig, GG-K, Bd. II, Art. 59, Rdnr. 36; *Verdoss/Simma*, Völkerrecht, S. 544.

61 Vgl. oben Kapitel 1, A.

62 Vgl. oben Kapitel 1, B.

als der obligatorische Akt zu qualifizieren, dessen es im Gegensatz zur vorweggenommenen allgemeinen Geltungsanordnung des Art. 25 GG bedarf, um die einzelnen Bestimmungen der völkerrechtlichen Verträge in die innerstaatliche Rechtsordnung zu übernehmen. Hierdurch wird deren innerstaatliche Geltung sowie Verbindlichkeit gegenüber den staatlichen Organen[63] herbeigeführt[64]. Das Vertragsgesetz vom 10. Juli 2002, mit welchem Bundesrat und Bundestag ihre Zustimmung zu dem Abkommensschluß erklärt haben, führt somit zur Übernahme des Revisionsabkommens vom 10. März 2000 in die deutsche Rechtsordnung. Dieses ist als der innerstaatliche Geltungsgrund anzusehen, aufgrund dessen das Revisionsabkommen und seine Bestimmungen als Recht im Sinne von Art. 20 Abs. 3 GG und Bestandteil der verfassungsmäßigen Ordnung im Sinne von Art. 2 Abs. 1 GG von den Verwaltungsbehörden und Gerichten verbindlich zu beachten ist. Der Beginn der innerstaatlichen Geltung bemißt sich nach dem Zeitpunkt der völkerrechtlichen Verbindlichkeit des Revisionsabkommens und damit nach dem Zeitpunkt des *Inkrafttretens* gemäß Art. 29 Abs. 2 RevDBA; entscheidend sind die Ratifikation des Revisionsabkommens und der hierauf erfolgte Austausch der Ratifikationsurkunden[65]. Dieser Zeitpunkt ist indessen *nicht* mit dem in Art. 29 Abs. 2 Buchst. a) und b) RevDBA ausdrücklich geregelten Zeitpunkt der materiellen Anwendbarkeit gleichzusetzen[66].

Abschließend bleibt somit festzuhalten, daß dem Vertragsgesetz vom 10. Juli 2002 eine *Doppelfunktion* zukommt: Die nach außen gerichtete Ermächtigung des Bundespräsidenten zur Herbeiführung der völkerrechtlichen Verbindlichkeit Deutschlands gegenüber Korea durch Ratifikation und die nach innen gerichtete Herbeiführung der innerstaatlichen Geltung der Bestimmungen des Revisionsabkommens fallen uno actu zusammen. Für die abkommensberechtigten Steuerpflichtigen, denen ein Anspruch auf die tatsächliche Gewährung der im Steuerabkommen gewährten Entlastungen zusteht (Steuerentlastungsanspruch)[67], stellen sich die abkommensrechtlichen Regelungen jedoch nicht als in ihren Vor-

---

[63] Dies sind insbesondere die Gesetzgebung, die Regierungen, die Verwaltungsbehörden und die Gerichte, vgl. auch *Koenig* in: Das Bonner Grundgesetz, Bd. II, Art. 25, Rdnr. 3; *Rojahn* in: v.Münch/Kunig, GG-K, Bd. II, Art. 25, Rdnr. 2.

[64] Vgl. auch BVerfGE 1, S. 396 ff. (410); *Geiger*, Grundgesetz und Völkerrecht, § 32 II 1; *Jarass* in: Jarass/Pieroth, GG, Art. 25, Rdnr. 2; *Rojahn* in: v.Münch/Kunig, GG-K, Bd. II, Art. 59, Rdnr. 36; *Schweitzer*, Staatsrecht, § 4, Rdnr. 445; *Tuschhoff*, Die Ratifikation völkerrechtlicher Verträge, S. 91; *Verdoss/Simma*, Völkerrecht, S. 544.

[65] Vgl. oben Kapitel 1, B.

[66] Vgl. oben Kapitel 1, B.

[67] Die ausführliche Analyse des persönlichen Geltungsbereiches des Revisionsabkommens erfolgt im weiteren Verlauf der Untersuchung.

aussetzungen darlegungs- und beweispflichtige Steuerbegünstigungen dar[68]. Hierbei gilt es sorgfältig zwischen dem Revisionsabkommen vom 10. März 2000 und dem Vertragsgesetz vom 10. Juli 2002 zu trennen. Das Revisionsabkommen vom 10. März 2000 bildet *nicht* die Rechtsgrundlage der innerstaatlichen Besteuerung, da dem Völkerrecht anerkanntermaßen als zwischenstaatlich ausgestaltete Rechtsordnung unmittelbare Durchgriffswirkungen in die innerstaatlichen Bereiche der verpflichteten Staaten grundsätzlich unbekannt ist[69]. Vielmehr wird bei der Besteuerung der im Inland steuerpflichtigen Personen nur das Vertragsgesetz vom 10. Juli 2002 angewendet[70].

B. Transformationstheorie oder Vollzugslehre?

Wenn in der normativen Wirkung der Vertragsgesetze nach Art. 59 Abs. 2 Satz 1 GG bezüglich der Geltungsbegründung im innerstaatlichen Bereich auch Einigkeit besteht, so gilt dies nicht hinsichtlich der Frage des dogmatischen Geltungsgrundes. Fraglich ist demzufolge auch der dogmatische Geltungsgrund des Vertragsgesetzes zu dem Revisionsabkommen vom 10. Juli 2002. In der Auseinandersetzung hierzu werden verschiedene Auffassungen vertreten, die in engem Zusammenhang mit den verschiedenen Lehren über das Verhältnis des Völkerrechts zum staatlichen Recht zu sehen sind[71].

Nach der auf *Heinrich Triepel*[72] zurückgehenden Transformationslehre bewirkt der innerstaatliche Geltungsgrund, daß das Völkerrecht seine Eigenschaften verliert und in neues nationales Recht umgegossen – transformiert - wird mit der Folge, daß das Völkerrecht nunmehr als nationales Recht gilt. Das Vertrags-

---

68 Vgl. auch *Frotscher*, Internationales Steuerrecht, § 2, Rdnr. 11; *Kluge*, Internationales Steuerrecht, Rdnr. S 370; *Thomas Menck*, Die koordinierte Durchführung von Doppelbesteuerungsabkommen, IWB 1987, Fach 10, Gruppe 2, S. 627 – 634 (627).

69 Vgl. auch *Jarass* in: Jarass/Pieroth, GG, Art. 25, Rdnr. 2; *Koenig* in: Das Bonner Grundgesetz, Bd. II, Art. 25, Rdnr. 3; *Schweitzer*, Staatsrecht, § 4, Rdnr. 418; *Verdross/Simma*, Völkerrecht, S. 539.

70 Vgl. auch *Kluge*, Internationales Steuerrecht, Rdnr. R 4; *Franz Wassermeyer*, Anmerkung zum Beschluß des Bundesfinanzhofs vom 1. Oktober 1992, I B 42 und 43/92, IStR 1992, S. 103 – 104 (103).

71 Vgl. auch *Frotscher*, Internationales Steuerrecht, § 2, Rdnr. 7; *Bernhard Kempen* in: Das Bonner Grundgesetz, Kommentar, hrsg. v. Christian Starck, Bd. II, 4. Auflage 2000, München, Art. 59, Abs. 2, Rdnr. 82; *Kluge*, Internationales Steuerrecht, Rdnr. R 3; *Rojahn* in: v.Münch/Kunig, GG-K, Bd. II, Art. 59, Rdnr. 33.

72 *Heinrich Triepel*, Völkerrecht und Landesrecht, Aalen 1958.

gesetz wirkt diesbezüglich als „*Transformator*", der ein nationales Spiegelbild der völkerrechtlichen Regelung hervorbringt. Es erfolgt eine „*Verdoppelung*" der Rechtsquellen insoweit, als in der innerstaatlichen Geltungsanordnung der Erlaß eines mit dem Text des völkerrechtlichen Vertrages übereinstimmenden innerstaatlichen Gesetzes parallel zum Vertrag zu sehen ist. Wenn die Materie des völkerrechtlichen Vertrages somit völkerrechtlich und auch innerstaatlich in gleichlautender Weise geregelt wird, so sind doch Geltungsbereich und Geltungsgrund nach erfolgter Transformation jeweils verschieden. Das Vertragsgesetz fördert „*einen vom Völkerrechtssatz irgendwie abhängigen, aber ihm an Inhalt ungleichen Rechtssatz*" zu Tage[73]. Diese Theorie geht eindeutig zurück auf die Grundüberzeugung des Dualismus, wonach Völkerrecht und nationales Recht grundsätzlich unverbunden nebeneinander stehen wie zwei sich nicht berührende Kreise. Der Regelung des Völkerrechts unterliegen die Rechtsbeziehungen der Völkerrechtssubjekte, während das nationale Recht die rechtlichen Beziehungen der ihrer Rechtsordnung jeweils unterworfenen Subjekte regelt[74]. Völkerrechtliche Normen als solche können folglich keine Geltung in der innerstaatlichen Rechtsordnung für sich beanspruchen; sie bedürfen eines Aktes staatlicher Organe, der die Umformung in innerstaatliches Recht bewirkt. Schon frühzeitig legte sich die Rechtsprechung auf die Transformationstheorie fest[75].

Aber auch nach der Vollzugslehre[76], die zunehmend Verbreitung findet[77], bedürfen völkerrechtliche Normen für ihre Verbindlichkeit im innerstaatlichen

---

73 *Triepel*, Völkerrecht, S. 112.

74 Während die Vertreter eines strikten Dualismus eine strenge Trennung von Völkerrecht und nationalem Recht befürworten, erkennen die Vertreter des gemäßigten Dualismus zwar auch eine Trennung von Völkerrecht und nationalem Recht an. Allerdings stehen sich beide Rechtsordnungen rechtlich nicht beziehungslos gegenüber, sondern können durchaus wechselseitig aufeinander verweisen. Das Völkerrecht ist dem nationalen Recht zwar übergeordnet, doch zeigt dies keine Auswirkungen auf die innere Rechtsordnung; im Außenverhältnis sind die Staaten verpflichtet, ihre Rechtsordnung völkerrechtskonform zu gestalten, vgl. dazu auch *Ignaz Seidl-Hohenveldern*, Völkerrecht, 9. Auflage 1997, Köln, Berlin, Bonn, München, Rdnr. 540; *Weber-Fas*, Staatsverträge, S. 67 f.

75 Z.B. BGHZ 11, S. 135 ff. (138); BGHZ 16, S. 207 ff. (211); BVerwGE 3, S. 58; BVerwGE 5, S. 153 ff. (161); BVerwGE 35, S. 262 ff. (265); BVerwGE 87, S. 11 ff. (13).

76 Zur Terminologie vgl. auch *Matthis Herdegen* in: Grundgesetz, Kommentar, Maunz/Dürig, Bd. III, München, Art. 25, Rdnr. 36; *Schweitzer*, Staatsrecht, Rdnr. 312 weist darauf hin, daß die „Vollzugslehre" auch als Synonym für die „Adoptionstheorie" gebraucht wird.

77 Vgl. hierzu *Kempen* in: Das Bonner Grundgesetz, Bd. II, Art. 59, Abs. 2, Rdnr. 90. Nach der Auffassung *Vogels* hat die deutsche Völkerrechtslehre die Transformationstheorie aufgegeben und sich der Vollzugstheorie zugewandt, in: DBA, Einl., Rdnr. 42.

Bereich eines Rechtsaktes. Dieser ist in der innerstaatlichen Geltungsanordnung zu sehen, der als bloßer Vollzugsbefehl fungiert und den Völkerrechtsnormen als solchen die innerstaatliche Geltung vermittelt, ohne daß zugleich eine innerstaatliche Rechtsquelle entsteht (Monismus[78]). Dem völkerrechtlichen Vertrag wird nach dieser Lehre die Zugehörigkeit zur Völkerrechtsordnung trotz seiner innerstaatlichen Geltung belassen und daher beruhen die für innerstaatlich vollziehbar erklärten Völkerrechtsnormen auch weiterhin auf ihrem völkerrechtlichen Geltungsgrund. Zum Geltungsgrund des Völkerrechts tritt der Vollzugsbefehl lediglich ergänzend hinzu, um den staatlichen Organen die Anwendung im innerstaatlichen Bereich zu eröffnen. In dem Theorienstreit zwischen Dualismus und Monismus kann die Vollzugstheorie einer der Auffassungen nicht eindeutig zugeordnet werden; die Theorie scheint vielmehr mit beiden kompatibel[79]. Das *Bundesverfassungsgericht* hatte sich zunächst ausdrücklich der Transformationstheorie angeschlossen[80]. Indes spricht das Gericht in neueren Entscheidungen vom *„generellen"* bzw. *„innerstaatlichen"* Rechtsanwendungsbefehl, den das Vertragsgesetz erteilt, so daß einigen Beobachtungen des Schrifttums zufolge[81]

---

78 Der Monismus verfolgt den zum Dualismus theoretischen Gegenansatz und geht von einer grundsätzlichen Einheit des Völkerrechts mit dem nationalen Recht aus; beide Materien sind Bestandteil einer einheitlichen Universalrechtsordnung mit einem Vorrang des Völkerrechts. Das nationale Recht ist damit im Gegensatz zur dualistischen Grundüberzeugung keine eigenständige Rechtsmaterie, sondern lediglich ein Ausfluß dieser Universalrechtsordnung, vgl. auch *Alfred Verdross,* Die Verfassung der Völkerrechtsgemeinschaft, Wien, 1926, § 12, S. 34 ff.; *Hans Kelsen,* Das Problem der Souveränität und die Theorie des Völkerrechts, 2. Auflage 1928, Tübingen, § 34, S. 139 ff. Während der (der Staatenpraxis widersprechende) radikale Monismus jede völkerrechtswidrige Anordnung auch innerstaatlich für nichtig hält, gilt nach dem gemäßigten Monismus im innerstaatlichen Bereich zunächst das nationale Recht ohne Rücksicht auf etwaige Völkerrechtswidrigkeit, jedoch nur solange, bis dem vorrangigen Völkerecht seine Geltung verschafft wird, vgl. auch *Seidl-Hohenveldern,* Völkerrecht, Rdnr. 540 f.; *Weber-Fas,* Staatsverträge, S. 67 f.

79 Vgl. auch *Philip Kunig,* Völkerrecht und staatliches Recht, in: Völkerrecht, hrsg. v. Wolfgang Graf v. Vitzthum, 2. Auflage 2001, Berlin, New York, 2. Abschnitt, Rdnr. 40; *Kempen* in: Das Bonner Grundgesetz, Bd. II, Art. 59 Abs. 2, Rdnr. 89, demnach die Belassung des innerstaatlich vollziehbaren Völkervertragsrecht und das Völkerrecht dem monistischen Ansatz entspricht.

80 Z.B. BVerfGE 1, S. 396 ff. (411): Das Vertragsgesetz hat „die Bedeutung, dem Inhalt des völkerrechtlichen Vertrages Geltung als innerstaatliches deutsches Recht zu verleihen (Transformation)".

81 Vgl. *Geiger,* Grundgesetz und Völkerrecht, § 32 II 2, *Christian Gloria,* Das steuerliche Verständigungsverfahren und das Recht auf diplomatischen Schutz, Berlin 1988, S. 38; *Helmut Steinberger,* Entwicklungslinien in der neueren Rechtsprechung des Bundesverfassungsgerichts zu völkerrechtlichen Fragen, ZaöRV 48, 1988, S. 1 – 17 (4); die sich insbesondere auf folgende Entscheidungen beziehen: BVerfGE 46, S. 342 – 404; BVerfGE 90, S. 286 – 394.

hieraus die Abkehr des *Bundesverfassungsgerichts* von der Transformationslehre und die Zuwendung hin zur Vollzugstheorie zu folgern ist.

Es bleibt damit festzuhalten, daß die Transformationstheorie dem völkerrechtlichen Vertragswerk neben seiner Eigenschaft als Rechtsquelle des Völkerrechts eine zweite Natur als innerstaatliche Rechtsquelle verschafft[82], während nach der Vollzugslehre der völkerrechtliche Charakter des Vertrages erhalten bleibt. Die Vollzugslehre kommt damit auch in konsequenter Weise zur Unterwerfung des völkerrechtlichen Vertrages unter ein völkerrechtliches Normregime, derweil die Transformationstheorie das Vertragsgesetz trotz der angenommenen Umwandlung in nationales Recht keinem vorrangig innerstaatlichen Normregime unterwirft, sondern es in bestimmten Fragen dem völkerrechtlichen beläßt[83]. Dies ist der wesentliche Unterschied der Transformationstheorie zur Vollzugslehre und infolgedessen gelangen beide Theorien oftmals auch zu übereinstimmenden Ergebnissen; die Bedeutung des Theorienstreites hat sich damit erheblich reduziert[84]. Gleichwohl führen beide Auffassungen - jedenfalls potentiell - zu unterschiedlichen Sichtweisen, wie in der noch zu behandelnden Fragestellung der Rangbestimmung und der Frage der Abänderbarkeit der innerstaatlich anwendbaren völkerrechtlichen Rechtsquelle durch späteres nationales Recht zu sehen sein wird, so daß an dieser Stelle zunächst zu fragen ist, ob der Transformationstheorie oder der Vollzugslehre der Vorzug zu geben ist.

Dem Wortlaut des Art. 59 Abs. 2 Satz 1 GG läßt sich keine Entscheidung zugunsten der Transformationstheorie oder der Vollzugslehre entnehmen. Das Grundgesetz wollte sich ausweislich seiner Entstehungsgeschichte bewußt we-

---

82 Allein in diesem Zusammenhang erscheint es auch gerechtfertigt, von der „doppelten Rechtsnatur“ der DBA-Bestimmungen bzw. ihrem „Doppelcharakter“ zu sprechen, wie es beispielsweise *Marcus Schanne*, Doppelbesteuerungsabkommen und innerstaatliches Steuerrecht, Frankfurt am Main, Berlin, Bern, New York, Paris, Wien 1999, S. 21 getan hat, nicht jedoch, wenn der Geltungsanordnung die Wirkung eines Vollzugsbefehls zukommen soll. In diesem Fall behält das DBA seinen Charakter als völkerrechtliches Vertragswerk, die Geltungsanordnung verwandelt das Vertragswerk gerade nicht in eine innerstaatliche Rechtsquelle. Das Vertragswerk bekommt durch die Geltungsanordnung keine „zweite Natur“, sondern diese Anordnung bezieht sich allein auf die innerstaatliche Vollziehbarkeit des völkerrechtlichen Vertrages, vgl. auch *Kunig* in: Graf Vitzthum, Völkerrecht, 2. Abschnitt, Rdnr. 111.

83 Vgl. auch *Schweitzer*, Staatsrecht, § 2, Rdnr. 425; *Manfred Zuleeg*, Abschluß und Rechtswirkung völkerrechtlicher Verträge in der Bundesrepublik Deutschland, JA 1983, S. 1 – 6 (6).

84 Vgl. *Kunig* in: Graf Vitzthum, Völkerrecht, 2. Abschnitt, Rdnr. 111; *Jarass* in: Jarass/Pieroth, GG, Art. 25, Rdnr. 1; *Zuleeg*, Völkerrechtliche Verträge, JA 1983, S. 6.

der für die eine noch für die andere Theorie entscheiden[85] und läßt demzufolge beide Deutungen zu[86]. Als wesentlicher Einwand gegen die Transformationstheorie wird vorgetragen, diese könne die wechselseitige Abhängigkeit des völkerrechtlichen Vertrages zum betreffenden Vertragsgesetz nur unzureichend erklären, insbesondere finde sie keine ausreichende Begründung dafür, daß die innerstaatliche Geltung des völkerrechtlichen Vertrages erst mit dessen völkerrechtlicher Verbindlichkeit eintrete und nicht bereits mit dem Inkrafttreten des Vertragsgesetzes. Ebenso vermöge die Theorie den automatischen Verlust der innerstaatlichen Geltung im Falle der Vertragsbeendigung durch Kündigung, Rücktritt etc. nicht befriedigend darzulegen, ohne daß es der Aufhebung des Vertragsgesetzes bedürfe[87]. Um angesichts dieser dogmatischen Schwächen angemessene Ergebnisse zu erzielen, müsse die Theorie zu systemwidrigen Hilfskonstruktionen[88] greifen und sei demzufolge auch abzulehnen. Die Vollzugslehre hingegen vermeide derartige Inkongruenzen und sei dogmatisch leistungsfähiger, da nach ihrer Auffassung das Völkervertragsrecht auch im innerstaatlichen Bereich der Völkerrechtsordnung unterfalle, insbesondere bezüglich Beginn, Dauer, Beendigung etc., und damit im selben Rechtsraum verbleibe. Dies gewährleiste eine überzeugende Koordinierung der völkerrechtlichen Rechtslage mit der innerstaatlichen, und zudem erfolge aufgrund der Beibehaltung des völkerrechtlichen Geltungsgrundes keine Durchtrennung des Systemzusammenhanges zwischen beiden Texten[89].

Im Ergebnis kann die Vollzugslehre allerdings nicht überzeugen, da sie einer gerichtlichen Überprüfung der völkerrechtlichen Verträge - genau genommen nicht der Verträge selbst, sondern nur der Vertragsgesetze als Akte öffentlicher Gewalt - entgegensteht. Sowohl die verfassungsgerichtlichen Normenkontrollverfahren nach Art. 93 Abs. 1 Nr. 2 und 2 a GG, die Verfassungsbeschwerde gemäß Art. 93 Abs. 1 Nr. 4 a GG wie auch die verwaltungsgerichtliche Revision gemäß § 137 Abs. 1 Nr. 1 VwGO setzen das Vorliegen von Bundes- und Landesrecht voraus, wobei unter Bundes- bzw. Landesrecht alle formellen Gesetze, das heißt von der Legislative im ordnungsgemäßen Gesetzgebungsverfahren er-

---

85 Zur Entstehungsgeschichte des Art. 59 GG in: Jahrbuch des öffentlichen Rechts der Gegenwart (JöR n.F.), hrsg. v. Gerhard Leibholz, Hermann v.Mangoldt, Tübingen, 1951, Bd. I, S. 413 – 416.

86 Vgl. auch *Geiger*, Grundgesetz und Völkerrecht, § 32 II 2; *Schweitzer*, Staatsrecht, § 2, Rdnr. 34 f.; *Seidl-Hohenveldern*, Völkerrecht, Rdnr. 411.

87 Vgl. auch *Seidl-Hohenveldern*, Völkerrecht, Rdnr. 569.

88 So insbesondere *Gloria*, Verständigungsverfahren, S. 43.

89 Vgl. auch *Vogel*, DBA, Einl., Rdnr. 42.

lassenen Gesetze, zu verstehen sind[90]. Maßgeblich ist insoweit die Form, in welcher der staatliche Wille erklärt wird, gleichwie was der Inhalt des gesetzgeberischen Willens ist[91]. Nach der Vollzugstheorie bleibt Völkervertragsrecht jedoch innerstaatlich Völkerrecht und wird durch den Vollzugsbefehl im innerstaatlichen Bereich lediglich für vollziehbar erklärt, während die Transformationstheorie zu dem Ergebnis kommt, daß die völkerrechtlichen Verträge durch die Transformation in *„Bundesrecht“* umgegossen werden. Durch die Transformation wird mithin revisibles Recht geschaffen und damit auch den Anforderungen an die *„formellen Gesetze“* nach dem Grundgesetz entsprochen[92]. Der Vorzug der Transformationstheorie hilft jedoch nicht darüber hinweg, daß es bei den oben dargestellten dogmatischen Schwachpunkten, insbesondere der Abhängigkeit des völkerrechtlichen Vertrages zum betreffenden Vertragsgesetz, bleibt.

Daher kann nur eine gemäßigte Transformationstheorie[93] in Betracht gezogen werden, die sowohl auf dem Boden der Transformation steht als auch die Besonderheiten des transformierten Rechts gegenüber dem sonstigen innerstaatlichen Recht zu berücksichtigen vermag. Der Rechtsakt der Transformation steht folglich unter der aufschiebenden bzw. der auflösenden Bedingung[94] der Verbindlichkeit des völkerrechtlichen Vertrages auf internationaler Ebene und ist damit nur cum grano salis[95] zu verstehen. Der Systemzusammenhang zwischen beiden Texten wird gewahrt und das transformierte Recht bedarf nun keiner Verleugnung seiner völkerrechtlichen Herkunft mehr. Dieser Theorie liegt ein gemäßigter Dualismus zugrunde, demzufolge zunächst von einer Trennung zwi-

---

90 Vgl. auch BVerfGE 2, S. 307 ff. (312); BVerfGE 4, S. 157 ff. (162); BVerfGE 17, S. 208 ff. (209 f.); BVerfGE 29, S. 348 ff. (358); BVerwGE 44, 156 ff. (160).

91 Vgl. auch BVerfGE 4, S. 157 ff. (162).

92 In diesem Sinne ähnlich *Ondolf Rojahn*, Die Auslegung völkerrechtlicher Verträge in der Entscheidungspraxis des Bundesverwaltungsgerichts, in: Völkerrechtlicher Vertrag und staatliches Recht vor dem Hintergrund zunehmender Verdichtung der internationalen Beziehungen, hrsg. v. Rudolf Geiger, Baden-Baden 2000, S. 123 – 144 (124).

93 Vgl. auch *Albert Bleckmann*, Grundgesetz und Völkerrecht, Berlin 1975, S. 286 und 289; *Theodor Maunz* in: Grundgesetz, Kommentar, Maunz/Dürig, Bd. IV, München, Art. 59, Abs. 2, Rdnr. 34; *Schweitzer*, Staatsrecht, § 4, Rdnr. 432; *Tuschhoff*, Ratifikation völkerrechtlicher Verträge, S. 81, die von der „modifizierten“ Transformationstheorie spricht.

94 Vgl. auch *Schweitzer*, Staatsrecht, § 4, Rdnr. 434; *Franz Wassermeyer* in: Doppelbesteuerung, Kommentar zu allen deutschen DBA, hrsg. v. Helmut Debatin, Franz Wassermeyer, Bd. I, Stand: 88. Lfg. Dezember 2002, München, MA Vor Art. 1, Rdnr. 11.

95 Vgl. auch *Weber-Fas*, Staatsverträge, S. 70, der von einer rein „rechtswissenschaftlich“ und nicht „naturwissenschaftlich“ gedachten Transformation spricht.

schen dem Völkerrecht und dem nationalem Recht auszugehen ist[96]. Indes stehen sich beide Rechtsordnungen nicht beziehungslos gegenüber, sondern verweisen wechselseitig aufeinander mit einer dem Völkerrecht logisch und historisch vorausgehenden Souveränität der Staaten. Der staatlichen Hoheitsgewalt können Schranken aufgrund des Völkerrechts auferlegt werden, was nichts anderes bedeutet, als daß den souveränen Staaten die Möglichkeit freien Handelns zukommt, sofern das Handeln vom Völkerrecht nur nicht verboten ist[97].

Im Ergebnis ist der gemäßigten Transformationstheorie der Vorzug zu geben und das Revisionsabkommen vom 10. März 2000 somit als in die deutsche Rechtsordnung transformiert anzusehen. Die Transformation stand zunächst unter der aufschiebenden Bedingung der völkerrechtlichen Verbindlichkeit des Revisionsabkommens vom 10. März 2000, die nach dem Austausch der Ratifikationsurkunden am 31. Oktober 2002 eingetreten ist. Das Vertragsgesetz vom 10. Juli 2002 bildet den Entstehungsgrund dem Inhalt des Revisionsabkommens vom 10. März 2000 entsprechenden deutschen Steuerrechts, welches als Bestandteil der Rechtsordnung bei der inländischen Besteuerung der abkommensberechtigten Steuerpflichtigen verbindlich zu beachten ist[98].

Kapitel 3: Rang des Revisionsabkommens in der innerstaatlichen Normenhierarchie

Mit der festgestellten Geltung und Verbindlichkeit des Revisionsabkommens vom 10. März 2000 im innerstaatlichen Bereich stellt sich nunmehr die Frage seines Ranges, um zu einer gesicherten Rechtsanwendung im innerstaatlichen Bereich zu gelangen. Die Untersuchung wendet sich daher an dieser Stelle staatsrechtlichen Aspekten zu, da das Völkerrecht keine Aussagen darüber trifft,

---

96 Wobei der gemäßigte Dualismus mit seinen Ergebnissen dem gemäßigten Monismus sehr nahe kommt. Der Theorienstreit zwischen beiden Auffassungen reduziert sich allein auf die Frage, ob das staatliche Recht eigenständig ist (Dualismus) oder aber eine Ableitung bzw. Ausfluß des Völkerrechts darstellt (Monismus), vgl. dazu auch *Gloria*, Verständigungsverfahren, S. 30; *Andreas Kerath*, Maßstäbe zur Auslegung und Anwendung von Doppelbesteuerungsabkommen unter besonderer Berücksichtigung des Verständigungsverfahrens, Hamburg 1995, S. 8.

97 Vgl. auch *Albert Bleckmann*, Grundprobleme und Methoden des Völkerrechts, Freiburg, München 1982, S. 189 ff.; *Kerath*, Maßstäbe, S. 8; *Weber-Fas*, Völkerrecht und Steuerhoheit, RIW 1979, S. 585.

98 Vgl. oben Kapitel 2, A.

wie die Staaten ihre völker(vertrags-)rechtlichen Pflichten erfüllen[99]. Statt dessen bleiben Durchführung und Vollzug der „*Sorge*" der Staaten selbst überlassen[100]. Es obliegt damit der alleinigen Verantwortung des deutschen Gesetzgebers, den transformierten Bestimmungen des Revisionsabkommens vom 10. März 2000 eine bestimmte Rangstufung innerhalb der innerstaatlichen Normenhierarchie zuzuweisen.

A. Rangbestimmung durch das Vertragsgesetz

Der auf das Völkervertragsrecht bezogenen Sonderregelung des Art. 59 GG kommt auch in der Frage der Rangstufung besondere Bedeutung zu: Danach teilen die völkerrechtlichen Verträge den Rang des jeweiligen Vertragsgesetzes, welches sie in das innerstaatliche Recht überführt hat[101]. Da es sich bei den Vertragsgesetzen um im ordentlichen Gesetzgebungsverfahren nach Art. 77 ff. GG zustande gekommene einfache (förmliche) Bundesgesetze handelt, folgt hieraus für die völkerrechtlichen Verträge, daß diese nach erfolgter Transformation in die innerstaatliche Rechtsordnung den Rang einfacher förmlicher Bundesgesetze erhalten[102]. Zu diesem Ergebnis gelangen sowohl Transformationstheorie wie auch Vollzugslehre, wenn auch auf unterschiedlichen Wegen. Nach der Transformationstheorie ist eindeutig, daß der Rang des transformierten Rechts denjenigen des Transformators teilt. Die Vollzugslehre, welche die Entstehung von Normen des innerstaatlichen Rechts durch die Übernahme gerade ablehnt und in dem Vertragsgesetz nur einen innerstaatlichen Anwendungsbefehl sieht, unterliegt jedoch der Notwendigkeit, das Verhältnis des für den innerstaatlichen Vollzug freigegebenen Völkerrechts zum nationalen Recht gesondert zu

---

99 Vgl. oben Kapitel 2, A.

100 *Weber-Fas* spricht daher auch von den allgemeinen DBA als von „einem komplexen Normengeflecht in der Gemengelage von Völkerrecht und nationalem öffentlichen Recht", in: Staatsverträge, S. 32.

101 Vgl. auch *Erich Bülow*, Gesetzgebung, in: Handbuch des Verfassungsrechts der Bundesrepublik Deutschland, hrsg. v. Ernst Benda, 2. Auflage 1994, Berlin, New York, S. 1459 – 1498 (1472); *Jarass* in: Jarass/Pieroth, GG, Art. 59, Rdnr. 19; *Kempen* in: Das Bonner Grundgesetz, Bd. II, Art. 59 Abs. 2, Rdnr. 92; *Kunig* in: Graf Vitzthum, Völkerrecht, 2. Abschnitt, Rdnr. 113; *Rojahn* in: v.Münch/Kunig, GG-K, Bd. II, Art. 59, Rdnr. 37; *Zuleeg* in: Kommentar zum Grundgesetz, Bd. III, Art. 59, Rdnr. 25.

102 Vgl. auch BVerfGE 31, S. 145 ff. (178); *Geiger*, Grundgesetz und Völkerrecht, § 32 II 4; *Ipsen*, Völkerrecht, § 74, Rdnr. 47; *Seidl-Hohenveldern*, Völkerrecht, Rdnr. 567, 592 f.; *Rojahn* in: v.Münch/Kunig, GG-K, Bd. II, Art. 59, Rdnr. 37; *Zuleeg* in: Kommentar zum Grundgesetz, Bd. III, Art. 59, Rdnr. 25.

bestimmen. Da der innerstaatliche Anwendungsbefehl nach der gegenwärtigen Praxis regelmäßig als Gesetzesbeschluß ergeht, kann eine Pflicht zur Befolgung der völkerrechtlichen Vertragsnormen keinesfalls einen höheren Rang einnehmen und bekleidet demzufolge gleichfalls einfachen Gesetzesrang[103].

Immerhin finden sich verschiedentlich Auffassungen des Schrifttums, den völkerrechtlichen Verträgen zum Zwecke ihrer umfassenden Sicherung bzw. zur Gewährung höchstmöglicher Effektivität innerhalb der innerstaatlichen Rechtsordnung eine Vorrangstellung vor den sonstigen Bundesgesetzen einzuräumen (Übergesetzesrang)[104]. Doch läßt sich dem allgemeinen Völkerrecht kein Rechtssatz dahingehend entnehmen, daß Völkervertragsrecht ipso iure Vorrang vor innerstaatlichem Gesetzesrecht habe[105], zumal die Frage der Rangstufung als Aspekt der innerstaatlichen Durchführung und des innerstaatlichen Vollzugs nach obiger Feststellung ausdrücklich den Vertragsstaaten vorbehalten ist[106]. Darüber hinaus geht auch die Annahme fehl, aus der Entscheidung des Grundgesetzes für eine völkerrechtsfreundliche Öffnung Deutschlands zu internationaler Zusammenarbeit und Verständigung[107] bzw. aus der Pflicht zur völkerrechtsfreundlichen Auslegung[108] ergebe sich ein höherer „*Wertrang*" der völkerrechtlichen Verträge und daher eine Überordnung über das nationale Recht, die überdies verfassungsrechtlich gesichert wäre. Dieser Auffassung ist zwar zuzugeben, daß ein dahingehender Auslegungsgrundsatz ebenso wie die diesem Grundsatz zugrundeliegende Völkerrechtsfreundlichkeit des Grundgesetzes[109] - deutlich in der Präambel und in den Art. 24 f. GG zum Ausdruck kommend[110] - grundsätzlich anzuerkennen ist. Diese Anerkennung kann jedoch nicht dazu führen, daß rechtsmethodisch betrachtet als Auslegungsergebnis stets von einem Vorrang der völker(vertrags-)rechtlichen Normen vor den Rechtsnormen des nationalen Rechts auszugehen ist. Daß der nationale Gesetzgeber die Verfügungsmacht über den Bestand der Rechtsnormen auch dort behält, wo eine zwischenstaatli-

---

103 Vgl. auch *Kunig* in: Graf Vitzthum, Völkerrecht, 2. Abschnitt, Rdnr. 113; *Schweitzer*, Staatsrecht, § 4, Rdnr. 449.

104 Dazu *Rudolf Echterhölter*, Die Europäische Menschenrechtskonvention im Rahmen der verfassungsmäßigen Ordnung, JZ 1955, S. 691 – 693 (691).

105 Dazu *Weber-Fas*, Völkerrecht, RIW 1979, S. 587.

106 Vgl. oben Kapitel 2, A.

107 Dazu *Klaus Vogel*, Die Verfassungsentscheidung des Grundgesetzes für eine internationale Zusammenarbeit, 1964, S. 10.

108 Vgl. auch *Seidl-Hohenveldern*, Völkerrecht, Rdnr. 550 ff.; *Weber-Fas*, Staatsverträge, S. 75 ff.

109 Vgl. auch BVerfGE 74, S. 358 ff. (370); *Bleckmann*, Grundgesetz und Völkerrecht, S. 278.

110 Vgl. auch *Bleckmann*, Grundgesetz und Völkerrecht, S. 298.

che Vertragsbindung besteht, ist ausdrücklich anerkannt worden[111]. Die starke völkerrechtsfreundliche Tendenz des Grundgesetzes kann daher nicht so weit gehen, daß ein mit einem früheren völkerrechtlichen Vertrag kollidierendes Gesetz als verfassungswidrig anzusehen ist. Entscheidend gegen die Annahme eines Übergesetzesranges der völkerrechtlichen Verträge spricht, daß das Grundgesetz, dem die Überordnung völkerrechtlicher Normen an sich nicht unbekannt ist, diese in Art. 25 GG ausdrücklich auf die allgemeinen Regeln des Völkerrechts bezieht. Zu diesen ist das Völkervertragsrecht aus oben genannten Gründen nicht zu zählen[112]. Mit der im Grundgesetz erfolgten Regelung, sprich der in Art. 25 Satz 2 1. Halbsatz GG festgelegten Vorrangstellung für die allgemeinen Völkerrechtsregeln, bringt der Verfassungsgeber erkennbar zum Ausdruck, daß ihm an einer verfassungsrechtlichen Überordnung des sonstigen Völkerrechts und damit des Völkervertragsrechts nicht gelegen war. Dieses gilt es in entscheidender Weise zu berücksichtigen. Im übrigen scheitert jedwede Einflußnahme über Art. 25 GG auf die Rangstufung des transformierten Völkervertragsrechts daran, daß Art. 59 Abs. 2 GG für die völkervertraglichen Regelungen als speziellere Norm vorgeht und eine Umwandlung des Völkervertragsrechts über den Grundsatz pacta sunt servanda[113] in allgemeine Regeln des Völkerrechts grundsätzlich nicht in Betracht kommt[114]. Die Annahme eines höheren „*Wertranges*" der völkerrechtlichen Verträge ist damit ebenso abzulehnen wie eine Umsetzung derselben als „*bevorzugtes Bundesrecht*".

Hieraus läßt sich für die Rangbestimmung des Revisionsabkommens vom 10. März 2000 zunächst der Schluß ziehen, daß dieses entsprechend dem Rang des Vertragsgesetzes vom 10. Juli 2002 einfachen Gesetzesrang bekleidet und in der innerstaatlichen Normenhierarchie gleichberechtigt bzw. gleichrangig neben den sonstigen innerstaatlichen Bundesgesetzen steht. Aus der Gleichrangigkeit der Gesetze folgt, daß regelmäßig die allgemeinen Kollisionsregeln zur Anwendung gelangen[115], insbesondere diejenige des Vorrangs der spezielleren Norm vor der allgemeineren, „*lex specialis derogat legi generali*" - oder umgekehrt „*lex generalis posterior non derogat legi speciali priori*" -, und der jüngeren vor

---

[111] So insbesondere BVerfGE 6, S. 309 ff. (362 f.).

[112] Vgl. oben Kapitel 2, A.

[113] Nach Art. 26 WÜRV.

[114] Vgl. auch *Kimminich*, Völkerrecht in der Rechtsprechung des Bundesverfassungsgerichts, AöR 93 (1968), S. 501.

[115] Allgemein zur Normenkonkurrenz siehe auch *Karl Larenz*, Methodenlehre der Rechtswissenschaften, 3. Auflage 1995, Berlin, Heidelberg, New York, Barcelona, Budapest, Hong Kong, London, Mailand, Paris, Tokyo, S. 155 ff.

der älteren, „*lex posterior derogat legi priori*“[116]. Inwieweit die allgemeinen - und im besonderen die vorgenannten Kollisionsregeln - Bedeutung erlangen für den Rang des transformierten Revisionsabkommens – genauer: dem für die Besteuerung im innerstaatlichen Bereich entscheidenden Vertragsgesetz vom 10. Juli 2002[117] - im Verhältnis zu den sonstigen Bundesgesetzen des Vertragsstaates Deutschland wird nachstehend behandelt.

B. Vorrang nach der Abgabenordnung

§ 2 der Abgabenordnung (AO) erklärt in seiner Überschrift den „*Vorrang völkerrechtlicher Vereinbarungen*“. In seinem Hauptanwendungsbereich erstreckt sich die Bestimmung auf die allgemeinen DBA, auch wenn der Begriff der „Verträge mit anderen Staaten“ erheblich weiter zu verstehen ist[118]. Dieser erstreckt sich beispielsweise auch auf Vereinbarungen über die Erhebung von KfZ-Steuern, über die Behandlung von Angehörigen diplomatischer und konsularischer Vertretungen wie auch von internationalen Organisationen, über die Nichtdiskriminierung in Handelsabkommen und internationalen Verträgen sowie auf Vereinbarungen über internationale Rechts- und Amtshilfe[119]. Es stellt sich nun die Frage der Bedeutung des in § 2 AO angeordneten Vorranges der völkerrechtlichen Vereinbarungen, besonders im Hinblick auf die oben festgestellte Gleichrangigkeit der Gesetze und damit des transformierten Revisionsabkommens vom 10. März 2000 zu den sonstigen deutschen Bundesgesetzen[120].

---

116 Vgl. auch *Geiger*, Grundgesetz und Völkerrecht, § 32 II 4; *Herdegen* in: Grundgesetz, Kommentar, Maunz/Dürig, Bd. III, Art. 25, Rdnr. 29; *Rojahn* in: v.Münch/Kunig, GG-K, Bd. II, Art. 59, Rdnr. 37; *Seidl-Hohenveldern*, Völkerrecht, Rdnr. 593; *Zuleeg* in: Kommentar zum Grundgesetz, Bd. III, Art. 59, Rdnr. 25.

117 Vgl. oben Kapitel 2, A.

118 Vgl. auch *Eva Maria Gersch* in: Abgabenordnung, einschließlich Steuerstrafrecht, Kommentar, begr. v. Franz Klein, Gerd Orlopp, 6. Auflage 1998, München, § 2, Rdnr. 2.

119 Vgl. auch *Gersch* in: Klein/Orlopp, AO, § 2, Rdnr. 2.

120 Wie oben bereits ausgeführt, ist zwischen dem völkerrechtlichen Revisionsabkommen und dem innerstaatlichen Vertragsgesetz sorgfältig zu unterscheiden, da im innerstaatlichen Bereich das Vertragsgesetz vom 10. Juli 2002 zur Anwendung gelangt. Trotz dieses Wissens wird im weiteren Verlauf der Arbeit die Terminologie des „transformierten Revisionsabkommens“ verwendet, um dem Wortlaut des § 2 AO, „Vorrang der völkerrechtlichen Vereinbarungen“ - mithin den allgemeinen DBA - zu folgen.

I. Revisionsabkommen als lex superior

Angesichts des Wortlauts der Vorschrift - „*Verträge mit anderen Staaten im Sinne des Art. 59 Abs. 2 Satz 1 des Grundgesetzes über die Besteuerung gehen, soweit sie unmittelbar anwendbares innerstaatliches Recht geworden sind, den Steuergesetzen vor*“ - drängt sich der Eindruck auf, als wende sich § 2 AO aus innerstaatlicher Sicht gegen die oben zuvor festgestellte Gleichrangigkeit[121] und statuiere zugunsten der pacta-sunt-servanda-Maxime eine Rangreihenfolge, nach welcher die allgemeinen DBA gleichsam als lex superior auf einer höheren Ebene als die nationalen Steuergesetze einzuordnen seien. Hiergegen spricht jedoch, daß es sich bei der Abgabenordnung um ein einfaches Bundesgesetz handelt. Als solches kann sie nicht den Vorrang vor anderen einfachen Gesetzen, weder für sich noch für andere prinzipiell gleichrangige Normen, bestimmen[122]. Die Anordnung eines höheren Ranges für eine bestimmte Normengruppe kann nur durch eine Bestimmung erfolgen, die selbst einen höheren Rang als die Norm einnimmt, deren Rangverhältnis sie regeln will. Um den nach der Intention des Gesetzgebers wohl beabsichtigten DBA-Vorrang tatsächlich herbeizuführen, hätte es der Einfügung der Vorschrift des § 2 AO in das Grundgesetz gemäß den verfassungsrechtlichen Vorgaben des Art. 79 Abs. 2 GG bedurft[123]. Insoweit ist eine Bedeutung des in § 2 AO statuierten Vorranges völkerrechtlicher Vereinbarungen im Sinne einer angeordneten Höherrangigkeit der allgemeinen DBA abzulehnen. Dies ist in gleichem Maße für das transformierte Revisionsabkommen vom 10. März 2000 anzunehmen, so daß dieses im Ergebnis hinsichtlich seiner Rangstufung in der innerstaatlichen Normenhierarchie nicht als lex superior angesehen werden kann.

---

121 Vgl. oben Kapitel 3, A.

122 Vgl. auch *Dieter Birk* in: Abgabenordnung – Finanzgerichtsordnung: Kommentar, hrsg. v. Walter Hübschmann, Bd. I, Köln, 10. Auflage 1995, § 2, Rdnr. 160; *Frotscher*, Internationales Steuerrecht, § 2, Rdnr. 9; *Kluge*, Internationales Steuerrecht, Rdnr. R 6; *Volker Langbein*, Doppelbesteuerungsabkommen im Spannungsfeld zwischen nationalem Recht und Völkerrecht, RIW 1984, S. 531 – 540 (537); *Wilhelm Kruse/Drüsen* in: Abgabenordnung – Finanzgerichtsordnung: Kommentar zu AO 1977 und FGO ohne Steuerstrafrecht, hrsg. v. Klaus Tipke, Wilhelm Kruse, Bd. I, 16. Auflage 1996, § 2, Rdnr. 1; *Vogel*, DBA, Einl., Rdnr. 135.

123 Ausweislich der Gesetzesbegründung lag es in der Absicht des Bundestag-Finanzausschusses, durch § 2 AO eine Klarstellung dahingehend zu bewirken, daß transformiertes Völkerrecht Vorrang vor den innerstaatlichen Steuergesetzen hat und aus diesem Grund nicht durch spätere innerstaatliche Gesetze abgeändert kann; die DBA sollten der Disposition des Gesetzgebers entzogen werden, siehe BT-Drucksache VII/4292, S. 15.

II. Revisionsabkommen als lex specialis

Da die Zuweisung eines Vorranges im Sinne einer Höherrangigkeit ausscheidet, könnte § 2 AO die Bedeutung der Zuweisung eines Ranges innerhalb derselben Rangstufe zukommen. Bei einer solchen Annahme wäre die Vorschrift als Kollisionsregel anzusehen, die im Falle materieller Kollisionen des transformierten Revisionsabkommens vom 10. März 2000 mit gleichrangigen nationalen Steuergesetzen zur Anwendung gelangt[124]. Dieser Annahme steht nicht entgegen, daß die bereits angesprochenen allgemeinen Kollisionsregeln „lex posterior derogat legi priori" und „lex specialis derogat legi generali" - oder umgekehrt „lex generalis posterior non derogat legi speciali priori" - grundsätzlich Anwendung finden. In der eigenen Verantwortung der Vertragsstaaten liegt die innerstaatliche Durchführung und der innerstaatliche Vollzug des vereinbarten Völkervertragsrechts, so daß daraus die Möglichkeit folgt, die Frage der Rangbestimmung durch einfaches Gesetzesrecht zu entscheiden[125].

Hieran knüpft das Verständnis und die Bedeutung des § 2 AO an. Die Vorschrift ist als eine Klarstellung dahingehend zu verstehen, daß die allgemeinen DBA, soweit sie innerstaatliches Recht geworden sind und nicht Gegenteiliges durch andere Steuergesetze angeordnet wird, diesen Steuergesetzen im Zweifel als die spezielleren Normen vorgehen[126]. Das Verhältnis der Spezialität ist gegeben, weil die bilateralen DBA spezifisch an grenzüberschreitende Sachverhalte anknüpfen, und es sich insoweit um einen auf einen bestimmten Staat – den Vertragsstaat – bezogenen Regelungsabschnitt aus dem normativen Gesamtkomplex aller innerstaatlich geregelten Außensteuerbeziehungen handelt[127]. Schließlich soll auf diesem Wege auch sichergestellt werden, daß der Reputation Deutschlands in der Staatengemeinschaft durch die Aufhebung oder gar Verdrängung der überwiegend angesprochenen DBA aufgrund nachfolgender Änderungen in

---

124 Siehe dazu auch *Bülow* in: Handbuch des Verfassungsrechts, S. 1464: „Rangregeln sind Kollisionsregeln".

125 Vgl. oben Kapitel 2, A.

126 Vgl. auch *Frotscher*, Internationales Steuerrecht, § 2, Rdnr. 9; *Kluge*, Internationales Steuerrecht, Rdnr. R 6; *Schaumburg*, Internationales Steuerrecht, § 3, Rdnr. 3.26; *Vogel*, DBA, Einl., Rdnr. 135 a; *Franz Wassermeyer*, Die Auslegung von Doppelbesteuerungsabkommen durch den Bundesfinanzhof, StuW 1990, S. 404 - 412 (411); *Weber-Fas*, Staatsverträge, S. 75 ff.

127 Vgl. auch *Frotscher*, Internationales Steuerrecht, § 2, Rdnr. 9; *Walter Leisner*, Abkommensbruch durch Außensteuerrecht ?, RIW 1993, S. 1013 – 1020 (1019); *Schanne*, Doppelbesteuerungsabkommen, S. 52; *Vogel*, DBA, Einl., Rdnr. 26; *Wassermeyer*, Auslegung von Doppelbesteuerungsabkommen, StuW 1990, S. 411.

der innerstaatlichen Steuergesetzgebung kein Schaden zugefügt wird[128]. Allein durch spätere Gesetze können die transformierten DBA folglich nicht abgeändert werden. In dieser Auslegung kommt § 2 AO keine andere Bedeutung zu als eine Ausprägung des Grundsatzes „lex specialis derogat legi generali", die mithin die allgemeine Regel „lex posterior derogat legi priori" außer Kraft zu setzen in der Lage ist[129].

Die Einordnung des § 2 AO als allgemeine Kollisionsregel ist im Schrifttum nicht unbestritten, und es findet sich die Ansicht, die Vorschrift sei als die einfachgesetzliche Entbindung der „lex-posterior" Regel anzusehen, die als Kollisionsregel ohnehin nicht zwingend logisch sei. Diese Regel werde zugunsten der DBA in eine „lex-prior" Regel umgekehrt[130]. Denn ebenso wie in jedem späteren Gesetz ein Vorbehalt zugunsten eines früheren Gesetzes verankert werden könne, stehe dem Gesetzgeber die Möglichkeit zu, einen entsprechenden Vorbehalt gleichsam „vor die Klammer zu ziehen" und hierdurch – auch zukünftig - alle betreffenden Fälle festzuschreiben. Dieses habe der Gesetzgeber durch die Vorschrift des § 2 AO entsprechend verwirklicht. Zwar könne der frühere Gesetzgeber den späteren nicht verbindlich auf die „lex-prior" Regel festlegen, jedoch müsse das nachfolgende Gesetz die Durchbrechung des in § 2 AO festgelegten Grundsatzes ausdrücklich anordnen. Damit gelangt diese Auffassung trotz des unterschiedlichen Verständnisses der Bedeutung des § 2 AO auch zu einem Vorrang der allgemeinen DBA vor den konkurrierenden Steuergesetzen. Eine andere Auffassung wendet sich gleichfalls gegen das Verständnis des § 2 AO als generelle Kollisionsregel, befürwortet aber ebenso den lex-specialis-Charakter der DBA. Danach soll den DBA stets eine Vorrangstellung nach den Grundsätzen „lex posterior derogat legi priori" bzw. „lex specialis derogat legi generali" zukommen; der Vorrang späteren innerstaatlichen Rechts soll aufgrund des Satzes „lex specialis derogat legi generali" ausscheiden. Die Verdrängung älterer, speziellerer DBA sei nur insoweit in Betracht zu ziehen, als das jüngere Recht eine Kodifikation im Sinne einer vollständigen und abschließenden Regelung eines gesamten Rechtsgebietes enthalte; lediglich punktuelle Änderungen durch die späteren Gesetze schieden aus. Diese engen Voraussetzungen seien jedoch nur im Fall der Körperschaftsteuerreform von 1977 erfüllt worden, so daß sich diese

---

128 Vgl. auch *Gersch* in: Klein/Orlopp, AO, § 2, Rdnr. 1.

129 Vgl. auch *Frotscher*, Internationales Steuerrecht, § 2, Rdnr. 10; *Gersch* in: Klein/Orlopp, AO, § 2, Rdnr. 1; *Kluge*, Internationales Steuerrecht, Rdnr. R 7; *Schaumburg*, Internationales Steuerrecht, § 3, Rdnr. 3.26; *Vogel*, DBA, Einl., Rdnr. 135 a.

130 Vgl. auch *Birk* in: Hübschmann/Hepp/Spitaler, AO/FGO, Bd. I, § 2 AO, Rdnr. 167 ff.; *Roman Seer*, Grenzen der Zulässigkeit eines treaty-overridings am Beispiel der Switch-over-Klausel des § 20 AStG (Teil I), IStR 1997, S. 481 – 486 (484).

Kodifikation ausnahmsweise gegenüber den älteren, spezielleren DBA durchgesetzt habe[131]. Im Ergebnis folgt der Vorrang der allgemeinen DBA aus dem grundsätzlichen Verhältnis des Abkommensrechts zum innerstaatlichen Recht[132].

Wenn über das Verständnis und die Bedeutung des § 2 AO auch unterschiedliche Ansichten bestehen und welche der genannten Auffassungen man im Ergebnis auch zugrundelegen mag, letztendlich bestätigt sich in dieser Vorschrift für den Bereich der DBA das bereits aus der Interpretation des Grundgesetzes gewonnene Ergebnis, daß völkerrechtliche Vereinbarungen aufgrund der starken völkerrechtsfreundlichen Tendenz der Verfassung dem späteren Gesetz vorgehen[133]. Die staatliche Normenordnung ist bis zur Grenze des Wortlauts und der ratio legis des späteren Gesetzes in Konkordanz mit den völkerrechtlichen Verträgen und ihrer innerstaatlichen Durchführung zu bringen[134], es sei denn, ein durch den Gesetzgeber angeordnetes Spezialverhältnis ist im Einzelfall nicht festzustellen[135]. Zu weitgehend ist daher die Auffassung, § 2 AO komme keinerlei Bedeutung zu, sondern sei als „*überflüssig*" anzusehen[136]. Zwar scheidet die konstitutive Anordnung eines DBA-Vorranges aus, doch ist § 2 AO deklaratorische Bedeutung beizumessen dahingehend, daß immer dann, wenn ein Verhältnis der Spezialität nicht festgestellt werden kann, die DBA als leges speciales vorgehen[137]. Eine weitergehende Bedeutung kommt § 2 AO nicht zu.

Hieraus folgt für das transformierte Revisionsabkommen vom 10. März 2000, daß dieses nach § 2 AO den innerstaatlichen Steuergesetzen regelmäßig als lex specialis vorgeht - wobei konsequenterweise das Verhältnis der Spezialität allein für die im Revisionsabkommen normierten Rechtsfolgen gelten kann – oder umgekehrt: Soweit die transformierten Abkommensbestimmungen dem innerstaatlichem Recht nicht als leges speciales vorgehen, bleibt dieses im Rahmen der Besteuerung voll wirksam und damit anwendbar[138]. Die Anerkennung als lex specialis gilt nur, bis der deutsche Gesetzgeber Gegenteiliges anordnet -

---

131 Vgl. auch *Kerath*, Maßstäbe, S. 131 ff. (152 und 155).

132 Vgl. auch *Kerath*, Maßstäbe, S. 131 ff. (149).

133 Vgl. BVerfGE 74, S. 358 ff. (370); *Seidl-Hohenveldern*, Völkerrecht, Rdnr. 550 f.; *Weber-Fas*, Staatsverträge, S. 75 ff.

134 Vgl. auch *Bleckmann*, Grundgesetz und Völkerrecht, S. 278.

135 Vgl. auch *Birk* in: Hübschmann/Hepp/Spitaler, AO/FGO, Bd. I, § 2, Rdnr. 165; *Helmut Debatin*, Der deutsch-schweizerische Steuervertrag, DB 1972, S. 1939 – 1945 (1941).

136 So aber *Frotscher*, Internationales Steuerrecht, § 2, Rdnr. 9.

137 Vgl. auch *Kluge*, Internationales Steuerrecht, Rdnr. R 7; *Kruse/Drüsen* in: Tipke/Kruse, AO/FGO, Bd. I, § 2, Rdnr. 1; *Schaumburg*, Internationales Steuerrecht, § 3, Rdnr. 3.26; *Tipke*, Steuerrecht, § 5, Rdnr. 14; *Vogel*, DBA, Einl., Rdnr. 135 a.

138 Vgl. auch *Debatin*, Deutsch-schweizerischer Steuervertrag, DB 1972, S. 1941.

sei es durch ein späteres Gesetz gemäß dem Satz „lex posterior derogat legi priori", sei es durch ein vorheriges Gesetz, daß seine Spezialität gemäß dem Satz „lex specialis derogat legi generali" ausdrücklich angeordnet hat – und auf diese Weise die einfachgesetzliche Kollisionsregel § 2 AO durchbricht[139]. In diesem Fall kann die gesetzgeberische Durchbrechung des § 2 AO einer vollständigen bzw. teilweisen Verdrängung, Abänderung oder sogar Aufhebung der transformierten Abkommensbestimmungen im innerstaatlichen Bereich gleichkommen[140].

III. Durchbrechung des Vorrangs

Wenn die Durchbrechung des § 2 AO nach den obigen Feststellungen die ausdrückliche Anordnung des Gesetzgebers voraussetzt, stellt sich nun die Frage, welche Anforderungen hierbei im einzelnen zu stellen sind. Die Frage nach den Anforderungen an den Derogationswillen des Gesetzgebers wird im Schrifttum nicht einheitlich beantwortet, und es finden sich diesbezüglich verschiedene Ansichten.

Nach der überwiegenden Auffassung des Schrifttums setzt ein solcher unter Beachtung der Pflicht zur völkerrechtsfreundlichen Auslegung den „*klar*", „*eindeutig*", „*unmißverständlich*", „*zweifelsfrei*" oder „*erkennbar*" zum Ausdruck gebrachten Willen des Gesetzgebers voraus, daß das nachfolgende Steuergesetz den transformierten DBA-Bestimmungen vorgehen solle[141]. Diesem Maß an Kenntlichmachung stehe die Wendung „*ungeachtet des Abkommens*" gleich, da diese ebenso ausdrücklich erkennen lasse, daß das Verhältnis der Spezialität umgekehrt werden solle[142]. Hiergegen findet sich die Auffassung, eine wirksame Derogation setze voraus, daß das nachfolgende nationale Steuergesetz analog Art. 19 Abs. 1 Satz 2 GG das jeweils außer Kraft zu setzende DBA zitiere. Diese

---

139 Vgl. *BFH*, BStBl. II 1995, S. 129; *Birk* in: Hübschmann/Hepp/Spitaler, AO/FGO, Bd. I, § 2, Rdnr. 175; *Gersch* in: Klein/Orlopp, AO, § 2, Rdnr. 3; *Marcel M. Sauren/Monika Schultze*, Der Konflikt zwischen § 2 a EStG und den Doppelbesteuerungsabkommen, RIW 1989, S. 553 - 557 (553); *Wassermeyer* in: Debatin/Wassermeyer, DBA, Bd. I, MA Vor Art. 1, Rdnr. 9.

140 Das sich hieraus ergebende Problem des Treaty-override findet seine ausführliche Erörterung im weiteren Verlauf der Untersuchung.

141 Z.B. *Brünink*, Verhältnis, S. 18; *Frotscher*, Internationales Steuerrecht, § 2, Rdnr. 9; *Schanne*, Doppelbesteuerungsabkommen, S. 52; *Seer*, Grenzen, IStR 1997, S. 485; *Wassermeyer*, Auslegung von Doppelbesteuerungsabkommen, StuW 1990, S. 411.

142 So der *BFH* in BStBl. II 1995, S. 129 f. zur Wortwahl des § 50 d Abs. 1 Satz 1 EStG.

an das verfassungsrechtliche Zitiergebot angelehnte strenge Voraussetzung ergebe sich aus der Pflicht zur völkerrechtsfreundlichen Auslegung des § 2 AO bzw. aus der völkerrechtsfreundlichen Tendenz des Grundgesetzes selbst[143]. Diese Auffassung kann im Ergebnis jedoch nicht überzeugen, da eine planwidrige Verfassungslücke zu Lasten der völkerrechtlichen Vereinbarungen nicht angenommen werden kann und erst eine solche Regelungslücke die analoge Anwendung des Zitiergebotes rechtfertigen würde. Das Zitiergebot nach Art. 19 Abs. 1 Satz 2 GG bezieht sich ausweislich seines Wortlautes auf Gesetze, welche Grundrechte einschränken, und aufgrund seiner Warn- und Besinnungsfunktion findet es Anwendung zur Sicherung derjenigen Grundrechte, in die aufgrund eines speziellen, im Grundgesetz enthaltenen Vorbehaltes eingegriffen werden kann[144]. Wenn nun schon in dem vom Wortlaut vorgegebenen unmittelbaren Anwendungsbereich des Art. 19 Abs. 1 Satz 2 GG das Zitiergebot auf einzelne Fälle beschränkt wird, so ist nicht einzusehen, warum es in extensiver Weise auf völkerrechtliche Vereinbarungen angewendet werden soll. Darüber hinaus erscheint es schon gesetzestechnisch kaum möglich, in einem enumerativen Sinne alle DBA-Vorschriften bzw. transformierten Steuerabkommen aufzuzählen, die von einer Derogation betroffen wären. Die enumerative Aufzählung findet ihre Grenze eindeutig in der Praktikabilität ihrer Anwendung und kann nicht zu Einschränkungen in der Rechtssicherheit zu Lasten der Anwendungsorgane führen[145].

Zusammenfassend ist somit für die Anforderungen an den Derogationswillen des Gesetzgebers festzuhalten, daß die im Sinne der Pflicht zur völkerrechtsfreundlichen Auslegung zu fordernde klare Bekundung des Gesetzgebers, der von völkerrechtlichen Vereinbarungen abzuweichen gedenkt, stets anzunehmen ist, wenn der Gesetzgeber im Gesetzestext zweifelsfrei *objektiv* bekundet, daß ihm an der Spezialität des späteren Steuergesetzes gelegen ist. Weitere Anforderungen, insbesondere in formeller Hinsicht, kommen nicht in Betracht. Diese würden den Gesetzgeber in seiner verfassungsrechtlich garantierten Souveränität unzulässig beschränken. Denn trotz der Bindung an völkerrechtliche Vereinbarungen behält der Gesetzgeber die Verfügungsmacht über den Bestand der Rechtsnormen[146].

---

143 Vgl. auch *Ralf Eckert*, Rechtsschutz gegen „Treaty-Overriding", RIW 1992, S. 386 – 388 (386); *Leisner*, Abkommensbruch, RIW 1993, S. 1020.

144 Vgl. auch *Jarass* in: Jarass/Pieroth, GG, Art. 19, Rdnr. 2.

145 In diesem Sinne ebenso *Seer*, Grenzen, IStR 1997, S. 485.

146 Vgl. oben Kapitel 3, A.

C. Problem des Treaty-override

Diese Rechtslage ermöglicht es den Vertragsstaaten, ihre innerstaatliche Steuergesetzgebung in Abweichung von den von ihnen verbindlich vereinbarten Steuerabkommen zu regeln. Erläßt ein nationaler Gesetzgeber innerstaatliche Regelungen, die in Abweichung zu vereinbarten und transformierten Steuerabkommen stehen bzw. in deren Regelungsbereich eingreifen, so hat sich für derartig abkommensverdrängende Maßnahmen der Begriff des „*Treaty-override*" bzw. „*Treaty-overriding*" eingebürgert[147]. Unerheblich ist, ob sich der Vertragsstaat bei seinem gesetzgeberischen Handeln der Konfliktsituation mit den innerstaatlich verbindlichen DBA bewußt gewesen ist. Da die wirksame Derogation ein klares Bekunden des Gesetzgebers im Sinne eines objektiven Merkmals voraussetzt, kann dem Umstand, daß er sich der Abkommensverletzung bewußt ist, keine ausschlaggebende Bedeutung mehr beigemessen werden[148]. Wenn der Gesetzgeber damit bei Regelungserlaß im Gesetzestext deutlich erkennbar zum Ausdruck bringt, das Verhältnis der Spezialität der allgemeinen DBA gemäß § 2 AO solle zugunsten eines innerstaatlichen Gesetzes umgekehrt werden, folgt allein aus dieser gesetzgeberischen Anzeige der Vorrang des Steuergesetzes[149]. Die Anforderungen an eine wirksame Derogation im Sinne einer klaren Bekundung sind insoweit erfüllt. Dem Vorrang des Steuergesetzes kommt im Ergebnis die Verdrängung der transformierten DBA gleich, auch wenn der Gesetzgeber der - gegebenenfalls irrtümlichen - Annahme unterlegen war, das erlassene Steuergesetz sei abkommenskonform gewesen.

Für das hier vorliegende Revisionsabkommen vom 10. März 2000 stellt sich das Problem des Treaty-override in dem Zeitpunkt, in welchem der deutsche Gesetzgeber Vorschriften des Steuerrechts ändert, die zu dem Regelungsbereich

---

147 Vgl. statt aller *Leisner*, Abkommensbruch, RIW 1993, S. 1015. Allerdings wird der Begriff des Treaty-override nicht einheitlich verstanden, wenn die unterschiedlichen Auffassungen sich auch im Ausgangspunkt der Problematik, der Konfliktsituation zwischen der in das innerstaatliche Recht überführten DBA-Normen und dem späteren Steuergesetz, bei dem die spätere innerstaatliche Norm Vorrang beansprucht, nicht wesentlich voneinander unterscheiden, vgl. hierzu die Darstellung bei *Brünink*, Verhältnis, S. 11 m.w.N. Der Steuerausschuß der OECD definiert diesen Begriff als „the Enactment of domestic Legislation intended by the Legislature to have effects in clear contradictions to international Treaty-Obligations", OECD Committee on Fiscal Affairs, Tax Treaty Override, 1989, Nr. 5.

148 Ebenso *Schanne*, Doppelbesteuerungsabkommen, S. 56.

149 Vgl. *Gerhard Laule*, How Domestic Anti-Avoidance Rules Affect Double Taxation Conventions, IFA Congress Seminar Series, Band 19 C, The Hague, London, Boston 1995, S. 21.

des zum 31. Oktober 2002 innerstaatlich in Kraft getretenen Revisionsabkommens in Widerspruch stehen[150]. Erfolgt die Änderung ohne Anpassung der bestehenden Abkommensbestimmungen an die Ziele der Neuregelung – gegebenenfalls im Wege der Abkommensänderung oder sogar der Abkommenskündigung[151] - stellt sich berechtigterweise die Frage nach den Rechtsfolgen eines solchen Treaty-override. Diese Fragestellung soll nachfolgend erörtert werden, um der Besonderheit der Abkommensverdrängung durch innerstaatliches Steuerrecht gerecht zu werden. Allerdings soll dies in Form einer grundsätzlichen Betrachtung erfolgen, da die vorliegende Arbeit mit ihrem Untersuchungsschwerpunkt der Besteuerung von deutschen Geschäftsaktivitäten und der Arbeitsausübung in Südkorea nicht darauf ausgerichtet ist, die umstrittenen Vorschriften des deutschen (Außen-)Steuerrechts auf ihre Vereinbarkeit mit dem Revisionsabkommen vom 10. März 2000 zu überprüfen[152].

Hinsichtlich der Rechtsfolgen, die eintreten, wenn sich ein Vertragsstaat mit seiner innerstaatlichen Steuergesetzgebung in Widerspruch zu seinen völkerrechtlichen Verpflichtungen aus einem verbindlichen Steuerabkommen setzt, ist zwischen dem „*Innenverhältnis*“ und dem „*Außenverhältnis*“ zu unterscheiden. Das Außenverhältnis bezeichnet das bilaterale Verhältnis zu dem anderen Vertragsstaat und damit ausschließlich die internationale Ebene, während das Innenverhältnis den Bereich der innerstaatlichen Rechtsordnung desjenigen Vertragsstaates bezeichnet, dessen nationaler Gesetzgeber die abkommensverdrängende oder gar die abkommensaufhebende Maßnahme erlassen hat[153].

---

150 Zu Recht weist *Brünink*, Verhältnis, S. 21, darauf hin, daß nahezu alle Reformen und Gesetzesänderungen auf dem Gebiet des Steuerrechts, denen grenzüberschreitende Wirkung zukommen, die Frage der Vereinbarkeit mit bestehenden DBA tatsächlich aufwerfen und daher auch kontrovers diskutiert werden. Siehe auch *Schamburg*, Internationales Steuerrecht, § 3, Rdnr. 3.27, demzufolge Treaty-overriding in der internationalen Vertragspraxis von DBA nicht selten anzutreffen ist.

151 Ausführlich dazu *Vogel*, DBA, Einl., Rdnr. 127.

152 Einen Überblick über Konfliktsituationen zwischen dem deutschen (Außen-)Steuerrecht und DBA gibt *Kluge*, Internationales Steuerrecht, Rdnr. R 9 bis 12. Besonders umstritten in ihrer Vereinbarkeit mit bestehenden DBA waren die im StÄndG 1992 vorgesehenen Änderungen, vgl. dazu auch *Helmut Debatin*, StÄndG 1992 und „Treaty-Override“, DB 1992, S. 2159 - 2163; *Justus Fischer-Zernin*, Deutsches „Treaty-Overriding“ im Entwurf zum Steueränderungsgesetz 1992, RIW 1992, S. 49 - 53. Zur Frage der Vereinbarkeit von § 50 d EStG siehe auch *Laule*, Domestic Anti-Avoidance Rules, S. 18.

153 Vgl. auch *Frotscher*, Internationales Steuerrecht, § 2, Rdnr. 11.

I. Rechtsfolgen im Außenverhältnis

Verletzt ein Vertragsstaat seine völkerrechtlichen Verpflichtungen aus einem verbindlichen Steuerabkommen, so liegt in seinem Verhalten ein Vertragsbruch und damit ein schuldhafter Verstoß gegen die völkerrechtlich verbindliche Maxime pacta sunt servanda[154]. Bereits die Bindung an den völkerrechtlichen Vertrag nach dem Grundsatz von Treu und Glauben führt dazu, daß die Vertragsstaaten ihre vereinbarten Rechte und insbesondere ihre Pflichten nicht durch eine treuwidrige Gestaltung ihres innerstaatlichen Rechts zu ihren Gunsten beeinflussen können[155]. Der Vertragsbruch berechtigt den vertragstreuen Staat zur Suspendierung oder Beendigung des völkerrechtlichen Vertrages, Art. 60 WÜRV. Diesem kann nicht zugemutet werden, auch weiterhin gegenüber einem vertragsbrüchigen Staat zur Vertragserfüllung verpflichtet zu sein. Dies setzt jedoch voraus, daß es sich um erhebliche Vertragsverletzungen im Sinne des Art. 60 Abs. 3 WÜRV handelt, welche der vertragstreue Staat dem anderen Staat im Verfahren nach Art. 65 WÜRV schriftlich angezeigt hat. Insoweit steht es dem vertragstreuen Staat nicht zu, den völkerrechtlichen Vertrag beliebig zu beenden; vielmehr ist dieser gehalten, das besondere Verfahren nach den Art. 65 ff. WÜRV zu durchlaufen[156].

Da Art. 60 WÜRV keine abschließende Regelung der Rechtsfolgen bei erheblichen Vertragsverletzungen darstellt, kommen weitere Rechtsschutzmöglichkeiten in Betracht. Hierbei sind im besonderen das Schlichtungsverfahren vor dem *Internationalen Gerichtshof*[157], die Retorsion oder auch die Repressalie zu nennen[158]. Die Entscheidung darüber, welche Rechtsfolgen im Falle eines Treaty-override im Außenverhältnis eintreten, hängt von der Entscheidung des

---

154 Vgl. *Eckert*, Rechtsschutz gegen „Treaty-overriding", RIW 1992, S. 387; *Frotscher*, Internationales Steuerrecht, § 2, Rdnr. 11; *Kluge*, Internationales Steuerrecht, Rdnr. R 8; *Leisner*, Abkommensbruch durch Außensteuerrecht, RIW 1993, S. 1015; *Schaumburg*, Internationales Steuerrecht, § 3, Rdnr. 3.27; *Vogel*, DBA, Einl., Rdnr. 128; *Weber-Fas*, Staatsverträge, S. 77.

155 Vgl. auch *Seidl-Hohenveldern*, Völkerrecht, Rdnr. 568; *Klaus Vogel*, Steuerumgehung nach innerstaatlichem Recht und nach Abkommensrecht, StuW 1985, S. 369 – 381 (376); *Jörg Weigell*, Das Verhältnis der Vorschrift des § 2 a EStG zu den Doppelbesteuerungsabkommen, RIW 1987, S. 122 – 140 (128).

156 Vgl. auch *Ipsen*, Völkerrecht, § 15, Rdnr. 80; *Seidl-Hohenveldern*, Völkerrecht, Rdnr. 424.

157 Vorausgesetzt beide Staaten haben ihr Einverständnis erklärt, Art. 36 Abs. 2 IGH-Statut.

158 Dazu auch *Frotscher*, Internationales Steuerrecht, § 2, Rdnr. 11; *Ipsen*, Völkerrecht, § 15, Rdnr. 77; *Seidl-Hohenveldern*, Völkerrecht, Rdnr. 1775 ff.

vertragstreuen Staates ab[159]. Da das Revisionsabkommen vom 10. März 2000 eine Vereinbarung über die Zuständigkeit des Internationalen Gerichtshofes nicht enthält und auch im übrigen keine speziellen Regelungen im Fall von Vertragsverletzungen vorsieht, verbleiben im Falle eines Treaty-override zu Gunsten des vertragstreuen Staates die Rechtsschutzmöglichkeiten nach Art. 60 WÜRV.

II. Rechtsfolgen im Innenverhältnis

An der innerstaatlichen Wirksamkeit der abkommensverdrängenden Gesetze bestehen im allgemeinen keine Bedenken, soweit diese im ordentlichen Gesetzgebungsverfahren nach Art. 77 ff. GG formell wie auch materiell ordnungsgemäß zustande gekommen sind[160] und den Anforderungen an den Derogationswillen des Gesetzgebers entsprechen[161]. Für die Transformationslehre stellt sich das Treaty-override als die nachträgliche Modifizierung der in das innerstaatliche Recht transformierten DBA-Bestimmungen dar, wodurch die anläßlich der Transformation durch den Gesetzgeber erteilte „*Abkommensgenehmigung*“ entsprechend eingeschränkt wird. Hierdurch wird der DBA-Vertragsinhalt im Außenverhältnis der Vertragsstaaten nicht verändert, sondern ausschließlich die Verbindlichkeit im innerstaatlichen Bereich entsprechend eingeschränkt. Ähnlich sieht die Vollzugstheorie in dem Treaty-override eine auf dem späteren nationalen Steuergesetz beruhende Einschränkung des Vollzugsbefehls des Vertragsgesetzes, aufgrund welcher die völkerrechtliche Verpflichtung von ihrer innerstaatlichen Durchführung nunmehr abweiche. Dem im Außenverhältnis unstreitig feststehenden Abkommensbruch kommt somit im Innenverhältnis keine Bedeutung zu[162]. Dieser ist insbesondere nicht geeignet, subjektiv-

159 Vgl. auch *Frotscher*, Internationales Steuerrecht, § 2, Rdnr. 11.

160 Vgl. auch *BFH*, BStBl. II 1995, S. 129; *Birk* in: Hübschmann/Hepp/Spitaler, AO, Bd. I, § 2, Rdnr. 3; *Frotscher*, Internationales Steuerrecht, § 2, Rdnr. 11; *Kluge*, Internationales Steuerrecht, Rdnr. R 6; *Schaumburg*, Internationales Steuerrecht, § 3, Rdnr. 3.26; *Seer*, Grenzen, IStR 1997, S. 484; *Seidl-Hohenveldern*, Völkerrecht, Rdnr. 572, 593; *Tipke*, Steuerrecht, § 5, Rdnr. 14; *Vogel*, DBA, Einl., Rdnr. 134.

161 Vgl. oben Kapitel 3, B III.

162 Beachte: Dies gilt nur, wenn ein Treaty-override unzweifelhaft gegeben ist. Dagegen kann Rechtsschutz vor den nationalen Finanzgerichten erlangt werden, wenn zweifelhaft erscheint, ob ein Treaty-override, d.h. ein zu dem völkerrechtlichen Vertrag in Widerspruch stehendes späteres innerstaatliches Gesetz, gegeben ist, so *Klaus Vogel*, Diskussion – 2. Teil, in: Grundfragen des Internationalen Steuerrechts, hrsg. v. Klaus Vogel, Köln 1985, S. 259 – 274 (266).

öffentliche Rechte der Steuerpflichtigen entstehen zu lassen, da die allgemeinen DBA nicht als Verträge zu Gunsten Dritter ausgestaltet sind[163]. Zwar können DBA-Bestimmungen grundsätzlich subjektive Rechtspositionen der Steuerpflichtigen begründen, dies kommt jedoch nur in Betracht, solange die DBA-Bestimmungen im innerstaatlichen Bereich Geltung beanspruchen; gerade dies ist bei einem Treaty-override nicht der Fall.

Die innerstaatliche Wirksamkeit ist allerdings nicht gänzlich unumstritten. Es finden sich Auffassungen im Schrifttum, welche die Wirksamkeit der späteren Gesetze aus verfassungsrechtlichen Gründen ablehnen. Nach *Eckert* soll ein Treaty-override gegen Art. 25 GG verstoßen und aus diesem Grunde verfassungswidrig sein. Er vertritt die Auffassung, daß ein vom Bundesgesetzgeber erlassenes Gesetz, welches in den Regelungsbereich eines zeitlich zuvor abgeschlossenen und gemäß Art. 59 Abs. 2 Satz 1 GG transformierten völkerrechtlichen Vertrag eingreife, eine Verletzung des Grundsatzes pacta sunt servanda darstelle. Damit liege zugleich ein Verstoß gegen Art. 25 GG vor, da die Verfassungsbestimmung den Vertragsstaaten die Einhaltung dieser allgemeinen Völkerrechtsregel vorschreibe. Wenn auch Art. 25 GG grundsätzlich einer Abänderbarkeit unterliege, so könne eine solche nur unter den besonderen Voraussetzungen des Art. 79 GG erfolgen. Ein mit einfacher Mehrheit verabschiedetes Bundesgesetz, anstelle der nach Art. 79 Abs. 2 GG erforderlichen qualifizierten Mehrheit, genüge den besonderen Voraussetzungen nicht und sei demzufolge auch nicht verfassungsgemäß. Das betreffende Bundesgesetz sei vielmehr als rechtlich unwirksam anzusehen[164]. Dagegen begründet *Wohlschlegel* die Verfassungswidrigkeit des Treaty-override mit einem Verstoß gegen Art. 59 Abs. 2 Satz 1 GG, da der Gesetzgeber seine notwendige Zustimmung oder Ablehnung nur im ganzen erklären könne. Dies folge aus § 81 Abs. 4 der Geschäftsordnung des Bundestages (GeschOBT), demzufolge der Bundestag über das Vertragsgesetz nur im ganzen abstimmen dürfe, und § 82 Abs. 2 GeschOBT, nach welchem Änderungen am Text des völkerrechtlichen Vertrages im Rahmen des Gesetzgebungsverfahrens nicht vorgenommen werden dürften. Die Zustimmung und Ablehnung des gesamtes Vertragswerkes nach einem *„Alles-oder-Nichts-Prinzip“* rechtfertige sich aus dem Gedanken, daß völkerrechtliche Verträge das Ergebnis eines Kompromisses zweier Staaten seien, die von einem Vertragsstaat nicht einseitig zu dessen Gunsten abgeändert werden dürften. Wenn bei der Trans-

163 Vgl. auch *Birk* in: Hübschmann/Hepp/Spitaler, AO/FGO, Bd. I, § 2, Rdnr. 159 ff.; *Frotscher*, Internationales Steuerrecht, § 2, Rdnr. 11; *Gersch* in: Klein/Orlopp, AO, § 2, Rdnr. 3; *Weigell*, § 2 a EStG und Doppelbesteuerungsabkommen, RIW 1987, S. 131.

164 Dazu *Eckert*, Rechtsschutz, RIW 1992, S. 387.

formation der völkerrechtlichen DBA in innerstaatliches Recht die parlamentarische Zustimmung demzufolge vorbehaltlos ergehen müsse, so könne das jeweilige Vertragsgesetz später ebenfalls nur ganz oder gar nicht wieder aufgehoben werden (Alles-oder-Nichts-Prinzip). Denn es mache keinen Unterschied, ob die Zustimmung zugleich modifiziert werde oder erst später eine Einschränkung erfahre. Das Vertragsgesetz zu einem DBA könne daher nur im ganzen, nicht aber partiell aufgehoben werden[165].

Im Ergebnis können jedoch beide Ansichten nicht überzeugen. Die Auffassung *Eckerts* verkennt insbesondere, daß pacta sunt servanda ausschließlich Bedeutung auf der völkerrechtlichen Ebene zwischen den beiden Vertragsstaaten, nicht aber im innerstaatlichen Bereich erlangt. Insoweit werden beide Rechtsebenen in unzulässiger Weise miteinander vermengt. Im Außenverhältnis begründet die Maxime zwar die Verpflichtung des einen Vertragsstaates zur Erfüllung der vertraglich vereinbarten Pflichten gegenüber dem anderen Vertragsstaat, im innerstaatlichen Bereich fehlt es ihr anerkanntermaßen an der Vollzugsfähigkeit. Denn trotz der in Art. 24 f. GG zum Ausdruck kommenden Völkerrechtsfreundlichkeit des Grundgesetzes geht diese nicht so weit, daß der Gesetzgeber zum Zwecke der Einhaltung der bestehenden völkerrechtlichen Verträge an das ihnen entsprechende Recht gebunden ist[166]. Eine entsprechende Vorrangstellung spricht Art. 25 GG ausdrücklich den allgemeinen Regeln des Völkerrechts zu, nicht hingegen den transformierten völkerrechtlichen Verträgen. Auch die Auffassung *Wohlschlegels* kann nicht überzeugen, soweit sie die Verfassungswidrigkeit des Treaty-override mit dem „*Alles-oder-Nichts-Prinzip*" des Art. 59 Abs. 2 Satz 1 GG begründet. Denn ein solches Prinzip enthält die Vorschrift gerade nicht. Die parlamentarische Zustimmung zum völkerrechtlichen Vertragsabschluß muß grundsätzlich nicht vorbehaltlos erfolgen[167]. Dem Bundestag steht vielmehr das Recht nach § 88 Abs. 1 Satz 1 GeschOBT zu, zum Inhalt des völkerrechtlichen Vertrages Entschließungen zuzulassen wie auch seine Zustimmung zum Vertrag unter der Bedingung zu erklären, daß die Bundesregierung bei Ratifizierung des Vertrages auf internationaler Ebene einen Vorbehalt zu einer bestimmten Vertragsklausel geltend macht. Völkerrechtliche Verträge verpflichten häufig die beteiligten Staaten, ihre innerstaatlichen Gesetze in bestimmter Weise zu ändern. Soll der Gesetzgeber nicht durch das Verhalten der Exekutive präjudiziert werden, die ja allein den Vertrag aushandelt, muß

---

165 Dazu *Hanspeter Wohlschlegel*, Doppelbesteuerungsabkommen: Treaty-override und Grundgesetz, FR 1993, S. 48 – 50 (49).

166 So beispielsweise das BVerfG in BVerfGE 6, S. 362.

167 So beispielsweise der BFH in BStBl. II 1995, S. 129.

deren Verhalten einem Zustimmungsvorbehalt unterworfen werden können[168]. Des weiteren verkennt *Wohlschlegel,* daß sich die inhaltliche Sperre des Art. 59 Abs. 2 GG zwar auf das Vertragsgesetz beziehen mag, jedoch keinesfalls gegen eine inhaltliche Abänderung desselben durch ein späteres Bundesgesetz gerichtet sein kann. Denn in dieser Hinsicht ist zu berücksichtigen, daß den Vertragsgesetzen der Rang einfacher Bundesgesetze zukommt, die nach den allgemeinen Kollisionsregeln eben verdrängt oder überlagert werden können. Eine besondere Vorrangstellung genießen diese ebensowenig wie die völkerrechtlichen Verträge, welche die Vertragsgesetze in den innerstaatlichen Bereich transformieren. Entscheidend hierfür ist, wie bereits mehrfach ausgeführt, daß es der Verfassungsgeber unterlassen hat, eine dem Art. 25 GG vergleichbare Regelung für die völkerrechtlichen Verträge im Grundgesetz zu statuieren, und eine etwaige Teilhabe des Völkervertragsrechts an Art. 25 GG aufgrund des Art. 59 GG nicht in Betracht kommt. Die aus verfassungsrechtlicher Sicht vorgetragenen Bedenken gegen ein Treaty-override überzeugen daher insgesamt nicht und insofern bestehen an der Wirksamkeit der abkommensverdrängenden Gesetze keine Zweifel[169].

Auf der Ebene der innerstaatlichen Gerichtsbarkeit sind zu Gunsten der von dem Treaty-override betroffenen Personen jedoch keine Rechtsschutzmöglichkeiten zu erlangen. Eine hiervon zu trennende Frage ist, ob dem abkommensberechtigten Steuerpflichtigen des vertragstreuen Staates ein Anspruch gegen seinen eigenen Staat zusteht, auf völkerrechtlicher Ebene Rechtsschutz durch Akti-

---

168 Dazu auch *Hans D. Jarass,* Die Erklärung von Vorbehalten zu völkerrechtlichen Verträgen, DÖV 1975, S.117 – 124 (120).

169 Der im Gesetzentwurf der Bundesregierung vom 17. März 2003 („Entwurf eines Gesetzes zur Neuregelung der Zinsbesteuerung und zur Förderung der Steuerehrlichkeit" - Zinsabgeltungssteuergesetz) vorgesehene Übergang vom Zinsabschlag zur Zinsabgeltungssteuer mit einem Abzugssteuersatz von 25 % des Kapitalertrages bzw. die Einführung einer speziellen Veranlagung von Zinsen, die nicht der Zinsabgeltungssteuer unterlegen haben, zu einem Einkommensteuersatz, der dem Abgeltungstarif entspricht, könnte als nachfolgender, d.h. dem Inkrafttreten des Abkommens folgender Akt des Steuergesetzgebers als Treaty-override angesehen werden mit der Folge, daß dieses zu einer inhaltlichen Veränderung der abkommensrechtlich vereinbarten Zinsbesteuerung führt. Ein zulässiges Treaty-override setzt jedoch voraus, daß der Gesetzgeber seinen Derogationswillen klar und eindeutig zum Ausdruck bringt. Angaben hierfür sind dem Gesetzentwurf vom 17. März 2003 nicht zu entnehmen, so daß davon ausgegangen werden kann, daß von Seiten des Gesetzgebers eine Umkehrung des Vorrangs der völkerrechtlichen Vereinbarung in dieser Fassung nicht beabsichtigt ist, mithin das Revisionsabkommen seinen Charakter als lex specialis behält. Eine definitive Entscheidung dessen kann jedoch erst nach Abschluß des ordentlichen Gesetzgebungsverfahrens getroffen werden.

vierung der Rechtsschutzmöglichkeiten des vertragstreuen Staates zu erlangen[170]. In concreto können die vom Treaty-override betroffenen Steuerpflichtigen weder verlangen, so besteuert zu werden, als sei das einschlägige Steuerabkommen innerstaatlich gemäß der völkerrechtlichen Vereinbarung ordnungsgemäß vollzogen worden, noch können diese für eine infolge des widersprechenden innerstaatlichen Vollzugs des Steuerabkommens eintretende höhere Steuerbelastung Schadensersatz von dem vertragsbrüchigen Staat verlangen[171].

Kapitel 4: Unmittelbare Anwendbarkeit des Revisionsabkommens im innerstaatlichen Geltungsbereich

Eine von der innerstaatlichen Geltung und der Rangbestimmung des Revisionsabkommens in der innerstaatlichen Normenhierarchie zu trennende Frage ist, ob das Steuerabkommen vom 10. März 2000 im Wege seiner Transformation zugleich unmittelbar anwendbares (Steuer-)Recht geworden ist. Denn § 2 AO spricht den völkerrechtlichen Vereinbarungen ihre Vorrangstellung nur insoweit zu, als sie unmittelbar *anwendbares* Recht geworden sind.

Der Frage nach der unmittelbaren Anwendbarkeit völkerrechtlicher Vereinbarungen liegt die Fragestellung nach der Anwendung transformierten Völkervertragsrechts im innerstaatlichen Bereich mit oder ohne zusätzliche innerstaatlichen Vollzugsakte zugrunde. Dies ist mit dem Aspekt der innerstaatlichen Geltung keinesfalls gleichbedeutend[172]. Vielmehr ist die innerstaatliche Geltung der völkerrechtlichen Vereinbarung eine unabdingbare - rechtlogische - Voraussetzung ihrer innerstaatlichen Anwendbarkeit[173]. Diese aus rechtsdogmatischer Sicht erstrebenswerte Klarheit verkennen die Auffassungen des Schrifttums, die eine unmittelbare Anwendbarkeit nur bei denjenigen völkerrechtlichen Normen anerkennen, die in die innerstaatliche Rechtsordnung transformiert werden kön-

---

170 Dies ist eine Frage des Anspruches auf Gewährung diplomatischen Schutzes, ausführlich dazu *Gloria*, Verständigungsverfahren, S. 105 ff.

171 Vgl. auch *Frotscher*, Internationales Steuerrecht, § 2, Rdnr. 11.

172 Vgl. dazu auch *Albert Bleckmann*, Begriff und Kriterien der innerstaatlichen Anwendbarkeit völkerrechtlicher Verträge, Berlin 1970, S. 58; *Bleckmann*, Grundgesetz und Völkerrecht, S. 279; *Frotscher*, Internationales Steuerrecht, § 2, Rdnr. 11; *Geiger*, Grundgesetz und Völkerrecht, § 32 II 3; *Kluge*, Internationales Steuerrecht, Rdnr. R 5; *Schaumburg*, Internationales Steuerrecht, § 3, Rdnr. 3.29; *Vogel*, DBA, Einl., Rdnr. 39; *Zuleeg*, Völkerrechtliche Verträge, JA 1983, S. 6.

173 Vgl. auch *Rojahn* in: v.Münch/Kunig, GG-K, Bd. II, Art. 59, Rdnr. 34.

nen[174]. Auf der Grundlage der Feststellung, daß das Revisionsabkommen vom 10. März 2000 aufgrund des Vertragsgesetzes vom 10. Juli 2002 seine innerstaatliche Geltung erlangt hat, ist daher zu fragen, ob dessen Anwendung im innerstaatlichen Bereich *zusätzlicher* Vollzugsakte bedarf.

A. Self-executing

Die innerstaatliche Anwendbarkeit bedarf keiner zusätzlichen Vollzugsakte, wenn die völkerrechtliche Vereinbarung nach dem Willen der Vertragsstaaten[175] ihrem Inhalt, Wortlaut und Zweck nach so klar und hinreichend bestimmt ist, daß sich aus ihr unmittelbar konkrete Rechtsfolgen ableiten lassen[176]. Dies wird für die allgemeinen DBA grundsätzlich angenommen, da sie sich nach dem Willen der Vertragsstaaten zur unmittelbaren Regelung des jeweiligen Steuerrechtsverhältnisses nach Inhalt und Wortlaut ihrer Bestimmungen nicht allein an die Staaten, sondern auch an die betroffenen - abkommensberechtigten - Steuerpflichtigen richten[177]; sie werden insoweit als self-executing angesehen[178]. Das bedeutet aber nicht, daß allen DBA-Vorschriften eine self-executing-Wirkung zukommt. So gibt es Abkommensvorschriften, die lediglich Ermächtigungsnormen darstellen, das heißt: die zu ihrer Umsetzung noch einer innerstaatlichen gesetzlichen Vorschrift bedürfen. Bezogen auf das hier vorliegende Revisionsabkommen vom 10. März 2000 läßt beispielsweise die Gewinnberichtigungsklausel[179] ihrem Wortlaut nach nicht erkennen, daß die Vertragsstaaten unmittelbar zu Gewinnberichtigungen berechtigt sind. Art. 9 RevDBA räumt den Ver-

---

174 Z.B. *Partsch*, Anwendung des Völkerrechts, S. 106 f.; *Walter Rudolf*, Völkerrecht und deutsches Recht, S. 173.

175 Vgl. auch *Bleckmann*, Begriff und Kriterien, S. 21; *Geiger*, Grundgesetz und Völkerrecht, § 30 I 1; *Schweitzer*, Staatsrecht, § 4, Rdnr. 438; *Seidl-Hohenveldern*, Völkerrecht, Rdnr. 561.

176 Vgl. auch *Bleckmann*, Begriff und Kriterien, S. 20; *Geiger*, Grundgesetz und Völkerrecht, § 30 I 1; *Rojahn* in: v.Münch/Kunig, GG-K, Bd. II, Art. 59, Rdnr. 35 a; *Schweitzer*, Staatsrecht, § 4, Rdnr. 438; *Seidl-Hohenveldern*, Völkerrecht, Rdnr. 561.

177 Vgl. auch *Frotscher*, Internationales Steuerrecht, § 5, Rdnr. 3; *Kluge*, Internationales Steuerrecht, Rdnr. R 5; *Schaumburg*, Internationales Steuerrecht, § 16, Rdnr. 16.36; *Vogel*, DBA, Einl., Rdnr. 39.

178 Das Gegenstück zu den „self-executing-treaties" sind die „executory-treaties", die sich dadurch auszeichnen, daß sie sich ausschließlich an die Vertragsstaaten wenden und daher gerade nicht zur unmittelbaren Anwendbarkeit bestimmt und geeignet sind, vgl. *Kempen* in: Das Bonner Grundgesetz, Bd. II, Art. 59 Abs. 2, Rdnr. 95; *Schweitzer*, Staatsrecht, § 4, Rdnr. 438.

179 I.S.d. Art. 9 RevDBA.

tragsstaaten lediglich die *Befugnis* ein, Gewinne zu berichtigen[180]. Die abkommensrechtliche Gewinnberichtigung bedarf daher entsprechender Rechtsgrundlagen aus dem innerstaatlichen Recht der Vertragsstaaten, so daß die Rechtsanwendung des Revisionsabkommens vom 10. März 2000 in diesem Punkt noch weiterer Vollzugsakte bedarf[181]. Soweit sich die unmittelbare Anwendbarkeit demnach nicht uneingeschränkt auf alle DBA-Bestimmungen erstreckt, folgt hieraus, daß die Anerkennung der unmittelbaren *„Anwendungsreife"* einer Abkommensbestimmung konsequenterweise nicht ohne eine Prüfung im Einzelfall erfolgen kann[182].

B. Beginn der unmittelbaren Anwendbarkeit

Die unmittelbare Anwendbarkeit beginnt zu dem Zeitpunkt, in welchem das Revisionsabkommen vom 10. März 2000 völkerrechtlich in Kraft getreten ist, mithin zum 31. Oktober 2002[183], und nicht bereits mit der Verkündung des Vertragsgesetzes vom 10. Juli 2002[184]. Im Hinblick hierauf gelten die gleichen Ausführungen wie zum Zeitpunkt des Beginns der innerstaatlichen Geltung; ein innerstaatliches „In-Geltung-Setzen" - respektive innerstaatliche Anwendbarkeit - der völkerrechtlichen Vereinbarung ohne deren völkerrechtliche Verbindlichkeit würde eine ungerechtfertigte staatliche Vorleistung darstellen, die im Ergebnis abzulehnen ist[185]. Allerdings ist dieser Zeitpunkt nicht gleichzusetzen mit dem Beginn der Abkommensanwendung in beiden Vertragsstaaten zum 1. Januar 20003, da es diesbezüglich die ausdrückliche Regelung des Art. 29 Abs. 2 Buchst. a) und b) RevDBA vorrangig zu beachten gilt[186].

180 Der diesbezügliche Wortlaut der Vorschrift lautet: „(...) dürfen die Gewinne, die eines der Unternehmen ohne diese Bedingungen erzielt hätte, (....) den Gewinnen dieses Unternehmens zugerechnet und entsprechend besteuert werden", Art. 9 Abs. 1 RevDBA.

181 Weitere Ausführungen erfolgen an späterer Stelle der Untersuchung.

182 Ebenso *Bleckmann*, Begriff und Kriterien, S. 148.

183 Vgl. oben Kapitel 1, B.

184 Vgl. auch *Rojahn* in: v.Münch/Kunig, GG-K, Bd. II, Art. 59, Rdnr. 36.

185 Vgl. oben Kapitel 2, A.

186 Vgl. oben Kapitel 1, B.

Als *Gesamtergebnis* des ersten Untersuchungsabschnittes ist somit festzuhalten, daß sich das zwischen den Vertragsstaaten Deutschland und Korea abgeschlossene Revisionsabkommen vom 10. März 2000 - transformiert in die deutsche Rechtsordnung aufgrund des Vertragsgesetzes vom 10. Juli 2002 - als völkerrechtlich begründete Modifizierung des deutschen Steuerrechts darstellt, die unmittelbar anwendbar ist zu Gunsten der Vertragsstaaten und der abkommensberechtigten Personen mit einer Vorrangstellung vor den innerstaatlichen Steuervorschriften. In seiner materiellen Wirkung setzt das völkerrechtliche Steuerabkommen vom 10. März 2000 „*Schranken*“ gegen die Anwendung des innerstaatlichen Steuerrechts, jedoch nur insoweit, wie es als lex specialis vorgeht[187]. Scheidet die Stellung als lex specialis aus, bleibt das innerstaatliche Steuerrecht der Vertragsstaaten voll anwendbar.

---

187 Sog. „Schrankenwirkung“, vgl. auch *Vogel*, DBA, Einl., Rdnr. 26.

Teil 2: Revisionsabkommen als Maßnahme zur Vermeidung der internationalen Doppelbesteuerung

Der zweite Teil der Untersuchung dient der kritischen Würdigung des Revisionsabkommens vom 10. März 2000 als bilateraler Maßnahme Deutschlands zur Vermeidung der internationalen Doppelbesteuerung im Handels- und Wirtschaftsverkehr mit Korea. Um zu einer Analyse der Zweckmäßigkeit als bilateraler Maßnahme zu gelangen, bedarf es jedoch einer genauen vorherigen Bestimmung dessen, was unter dem Phänomen der internationalen Doppelbesteuerung zu verstehen ist. Denn, abgesehen von reinen Verständnisschwierigkeiten, kann nur diesem Phänomen selbst das Ziel entnommen werden, an dem das Revisionsabkommen vom 10. März 2000 zu messen ist[1]. Nachfolgend gilt es somit, das Problem der internationalen Doppelbesteuerung ausführlich zu erörtern. Die Erörterung beginnt mit dessen Begriffsbestimmung, der Frage, worin die Ursachen der Doppelbesteuerung begründet liegen und in welchen Erscheinungsformen sich diese konkretisieren kann, um hieran anschließend den auf die Vermeidung gerichteten Regelungsgehalt des Revisionsabkommens vom 10. März 2000 in seiner die Anwendung des innerstaatlichen Steuerrechts beschränkenden Wirkung auf deutscher Seite analysieren zu können.

Kapitel 1: Problem der Doppelbesteuerung

A. Begriff der Doppelbesteuerung

Trotz der in der Vergangenheit zahlreich erfolgten Versuche[2] einer allgemein verbindlichen Begriffsbestimmung ist es bis heute zu keiner einvernehmlichen

---

1 So auch *Arnim Spitaler*, Das Doppelbesteuerungsproblem bei den direkten Steuern, 2. Auflage 1967, Köln, S. 55: „Wenn nun aber untersucht werden soll, was gegen die Doppelbesteuerung geschehen soll, so muß man vorher das Objekt so genau bestimmt haben, daß gleichzeitig für die Maßnahmen genau angegeben wird, wo sie einzusetzen haben".

2 Beispielhaft siehe dazu *Herbert Dorn*, Der deutsch-italienische Doppelbesteuerungsvertrag, StuW 1926, S. 97 – 118; *ders.*, Das Recht der Internationalen Doppelbesteuerung, VJSchr. f. Steuer- und Finanzrecht, Berlin 1927, S. 190 ff.; *Wolfgang Mersmann*, Internationale Doppelbesteuerung, in: Handbuch der Finanzwissenschaften, Bd. IV, hrsg. v. Fritz Neumark, Wilhelm Gerloff, 2. Auflage 1965, Tübingen, S. 89 – 135 (91 f.); *Spitaler*, Doppelbesteuerungsproblem, S. 52 ff. und S. 132 ff.

Definition dessen gekommen, was unter Doppelbesteuerung[3] zu verstehen ist[4]. Der Begriff ist, wenn auch bisweilen ausdrücklich als Tatbestandsmerkmal genannt[5], rechtlich nicht existent, und weder im deutschen Außensteuerrecht noch in den von Deutschland abgeschlossenen Steuerabkommen findet sich eine Legaldefinition[6]. Doch ist dies die nahezu zwangsläufige Folge der mehrfach möglichen Deutung des Begriffs des „Internationalen Steuerrechts", dem das Recht der allgemeinen DBA als Teilgebiet zuzurechnen ist[7]. Denn dessen mehrfach mögliche Deutung ermöglicht die vielfachen Interpretationen des Doppelbesteuerungsbegriffs[8]. Im Laufe der Zeit hat sich der Begriff der Doppelbesteuerung zu einem *„Schlagwort"* entwickelt, der die verschiedenartigen Erscheinungsformen abgabenmäßiger Mehrfachbelastungen deskriptiv zusammenfaßt[9].

Das Schrifttum unterscheidet zwischen der Doppelbesteuerung im engeren, weiteren und weitesten Sinn, es kennt die formale und materielle, subjektive und objektive, echte und unechte sowie die eigentliche und uneigentliche Doppelbesteuerung. Zudem finden sich Unterscheidungen zwischen technischer und untechnischer, rechtlicher bzw. juristischer und wirtschaftlicher bzw. ökonomi-

---

3 Im folgenden wird anstelle von „internationaler Doppelbesteuerung" der Ausdruck „Doppelbesteuerung" gewählt, wobei man sich stets zu vergegenwärtigen hat, daß es sich um einen Fall der internationalen Doppelbesteuerung handelt. Dem Adjektiv „international" kommt in diesem Zusammenhang jedoch eine nur geringe Bedeutung zu, bezeichnet es doch nichts anderes, als das ein anderes Völkerrechtssubjekt als Steuergläubiger hinzutritt. Angesichts der geringeren Bedeutung soll auf die ausdrückliche Nennung des Adjektivs im weiteren Verlauf der Untersuchung verzichtet werden, vgl. dazu *Tipke*, Steuerrecht, § 7, Rdnr. 44.

4 Vgl. auch *Ebling*, Internationale Steuerverträge, DStR 1976, S. 334; *Kluge*, Internationales Steuerrecht, Rdnr. B 21; *Joachim Lang*, Systematisierung der Steuervergünstigungen, Berlin 1975, S. 36 f.; *Schaumburg*, Internationales Steuerrecht, § 12, Rdnr. 12.2; *Wassermeyer* in: Debatin/Wassermeyer, DBA, Bd. I, MA Vor Art. 1, Rdnr. 1.

5 So beispielsweise in § 34 c Abs. 6 EStG.

6 Vgl. auch *Ebling*, Internationale Steuerverträge, DStR 1976, S. 334; *Jörg Manfred Mössner*, Die Methoden zur Vermeidung der Doppelbesteuerung, in: Grundfragen des Internationalen Steuerrechts, hrsg. v. Klaus Vogel, Köln 1985, S. 135 – 169 (137); *Kluge*, Internationales Steuerrecht, Rdnr. R 21.

7 Vgl. auch *Vogel*, DBA, Einl., Rdnr. 5; *Wassermeyer* in: Debatin/Wassermeyer, DBA, Bd. I, MA Vor Art. 1, Rdnr. 6.

8 Zur Problematik, das Rechtsgebiet des Internationalen Steuerrechts in seinem Geltungsbereich genau zu umgrenzen, vgl. *Klaus Vogel*, Internationales Steuerrecht, DStZ 1997, S. 269 – 281 (269 f.).

9 Vgl. auch *Frotscher*, Internationales Steuerrecht, § 1, Rdnr. 3; *Kluge*, Internationales Steuerrecht, Rdnr. B 20; *Mersmann*, Internationale Doppelbesteuerung, S. 91; *Schaumburg*, Internationales Steuerrecht, § 12, Rdnr. 12.2; *Vogel*, DBA, Einl., Rdnr. 2.

scher, direkter und indirekter, horizontaler oder vertikaler Doppelbesteuerung[10]. In Abhängigkeit von den unterschiedlichen Ausgangspunkten und Zielsetzungen der verschiedenen Interpretationen überwiegen jeweils die juristischen, finanzwissenschaftlichen oder auch betriebswirtschaftlichen Gesichtspunkte und spiegeln somit die gesamte Bandbreite der unterschiedlichen Ansätze bei der Bestimmung des Doppelbesteuerungsbegriffs wider.

Auf die in der Vergangenheit entwickelten Begriffsbestimmungen soll im Rahmen dieser Untersuchung nicht näher eingegangen werden, da über den wesentlichen Begriffsinhalt heute weitgehend Übereinstimmung besteht[11]. Die von *Herbert Dorn* und *Armin Spitaler* entwickelten klassischen Definitionen haben sich durchgesetzt, und auf diesen basierend wird in der Doppelbesteuerung im Rechtssinne die *„Erhebung vergleichbarer Steuern in zwei (oder mehreren) Staaten von demselben Steuerpflichtigen, für denselben Steuergegenstand und denselben Zeitraum"* gesehen[12]. Nach einer vorab zu treffenden Feststellung ist somit festzuhalten, daß dem Begriff der Doppelbesteuerung nicht weniger als fünf Merkmale zugrunde liegen, die nunmehr zu erörtern sind.

I. Besteuerung durch verschiedene Hoheitsträger

Doppelbesteuerung setzt nach den getroffenen Feststellungen zunächst die zwischenstaatliche Normenkonkurrenz zwischen zwei oder mehreren Steuerhoheitsträgern voraus[13]. Dies ist regelmäßig der Fall, wenn die Steueransprüche völkerrechtlich selbständiger Staaten miteinander konkurrieren[14]. Die doppelte Besteuerung muß in einem tatsächlichen Sinne erfolgt, sprich der Steuerpflichtige

---

10 Vgl. auch die Aufzählungen in *Schaumburg*, Internationales Steuerrecht, § 12, Rdnr. 12.2 ff.; *Wassermeyer* in: Debatin/Wassermeyer, DBA, Bd. I, MA Vor Art. 1, Rdnr. 1.

11 Vgl. auch *Vogel*, DBA, Einl., Rdnr. 4: „Der Begriff „Doppelbesteuerung", seine Voraussetzungen und Beschränkungen sind Gegenstand wissenschaftlicher Kontroversen gewesen".

12 Vgl. auch *Debatin*, Grundzüge, S. 5; *Ebling*, Unilaterale Maßnahmen, S. 48; *Frotscher*, Internationales Steuerrecht, § 1, Rdnr. 3; *Kluge*, Internationales Steuerrecht, Rdnr. B 22; *Arnold Knechtle*, Grundfragen des internationalen Steuerrechts, Basel, Stuttgart 1976, S. 29; *Lornsen*, Unilaterale Maßnahmen, S. 10; *Schaumburg*, Internationales Steuerrecht, § 12, Rdnr. 12.3; *Vogel*, Internationales Steuerrecht, DStZ 1997, S. 276.

13 Vgl. oben Kapitel 1, A.

14 Vgl. auch *Frotscher*, Internationales Steuerrecht, § 1, Rdnr. 1; *Kluge*, Internationales Steuerrecht, Rdnr. B 23; *Schaumburg*, Internationales Steuerrecht, § 12, Rdnr. 12.4; *Vogel*, Internationales Steuerrecht, DStZ 1997, S. 276; *Wassermeyer* in: Debatin/Wassermeyer, DBA, Bd. I, MA Vor Art. 1, Rdnr. 2.

in mindestens zwei Staaten seiner Steuerzahlungsverpflichtung effektiv nachgekommen sein (effektive Doppelbesteuerung). Nicht ausreichend ist, daß die steuerrechtliche Normenkonkurrenz als eine rein abstrakte Gefahr besteht, weil nur einer der Steuerhoheitsträger seinen Steueranspruch geltend gemacht hat und der andere Staat seinen Besteuerungsanspruch noch aktualisieren kann (virtuelle Doppelbesteuerung)[15]. Abweichendes kann in bezug auf die konkrete Rechtsanwendung eines allgemeinen DBA gelten, da es den Vertragsstaaten völkerrechtlich insofern frei steht, den Regelungsbereich der Steuerabkommen gemäß dem Grundsatz der Vertragsfreiheit auch auf die Vermeidung der virtuellen Doppelbesteuerung zu erstrecken[16].

Von der zwischen souveränen Staaten bestehenden Normenkonkurrenz sind die Fälle abgabenmäßiger Mehrfachbelastungen abzugrenzen, die auf der mehrfachen Belastung durch ein und denselben Steuerhoheitsträger beruhen. Werden von ein und demselben Staat zwei Steuern von demselben Steuerpflichtigen auf denselben Steuergegenstand erhoben, so handelt es sich um Doppel*belastungen*, denen es als ausschließlich nationalen Phänomenen am grenzüberschreitenden Bezug fehlt[17]. Zur Vermeidung der Doppelbelastungen bedarf es keiner bilateralen Maßnahmen. Vielmehr steht es den Staaten frei, diese kraft der ihnen zustehenden originären Gesetzgebungskompetenz im Wege unilateraler Regelungen zu verhindern bzw. zu beseitigen[18].

Fraglich ist indes, ob die Voraussetzung der zwischenstaatlichen Normenkonkurrenz zwischen mindestens zwei Steuerhoheitsträgern gegeben ist, wenn Steuerhoheitsträger verschiedenen Ranges miteinander konkurrieren. Bezogen auf die beiden Steuerhoheitsträger Deutschland und Korea wäre demzufolge zu fragen, ob eine entsprechende zwischenstaatliche Normenkonkurrenz gegeben wäre, wenn der auf deutscher Seite erfolgenden Einkommensbesteuerung eine

---

15 Vgl. auch *Hans Flick*, Das Erfordernis der Subjektidentität bei Doppelbesteuerungsnormen, StuW 1960, Sp. 330 – 350 (333); *Knechtle*, Grundfragen, S. 32; *Lornsen*, Unilaterale Maßnahmen, S. 12.

16 Vgl. *Frotscher*, Internationales Steuerrecht, § 5, Rdnr. 20; *Kluge*, Internationales Steuerrecht, Rdnr. R 129; *Schaumburg*, Internationales Steuerrecht, § 16, Rdnr. 16.11; *Vogel*, DBA, Einl., Rdnr. 46 a; *Wassermeyer* in: Debatin/Wassermeyer, DBA, Bd. I, MA Vor Art. 1, Rdnr. 1.

17 Vgl. auch *Frotscher*, Internationales Steuerrecht, § 1, Rdnr. 5; *Kluge*, Internationales Steuerrecht, Rdnr. B 20; *Schaumburg*, Internationales Steuerrecht, § 12, Rdnr. 12.3; *Vogel*, Internationales Steuerrecht, DStZ 1997, S. 276; *Wassermeyer* in: Debatin/Wassermeyer, DBA, Bd. I, MA Vor Art. 1, Rdnr. 2.

18 Vgl. auch *Michael Krause*, Internationale Doppelbesteuerung – Ursachen und Lösungen -, Institut „Finanzen und Steuern" e.V., Institutsschrift Nr. 405, Bonn 2003, S. 9.

Zahlungsverpflichtung in Korea hinsichtlich der auf lokaler Ebene, das heißt auf Ebene der *„Provinzen"* oder *„Gemeinden"*, erhobenen Steuern gegenübertreten würde[19]. Während vor allem ältere Auffassungen das Zusammentreffen zweier Abgabengewalten von gleicher Art und Ordnung voraussetzen, wird heute die Ansicht vertreten, daß jede steuerliche Normenkonkurrenz geeignet ist, das Phänomen der Doppelbesteuerung hervorzurufen, ohne Rücksicht darauf, wie die Abgabengewalten geartet sind[20]. Denn es ist nicht einzusehen, Steuern, die gemäß den verfassungsrechtlichen Vorgaben eines Staates von Abgabengewalten auf den Stufen unterhalb der zentralen Hoheitsebene erhoben werden, nicht auch der betreffenden Staatshoheit zuzurechnen[21]. Entscheidend kann nur sein, daß die miteinander konkurrierenden Abgabengewalten den Bereichen unterschiedlicher ursprünglicher Hoheitsträger angehören, da für die Annahme der Doppelbesteuerung allein ausreichend ist, daß Steuern *in* mindestens zwei Staaten erhoben werden[22]. Die Frage, ob Steuergläubiger der Gesamtstaat, eine Gliedkörperschaft des Gesamtstaates oder eine Gemeinde ist, kann nicht zu Lasten des Steuerpflichtigen beantwortet werden, dem auf die verfassungsrechtliche Ausgestaltung der staatlichen Finanzordnung keinerlei Einfluß zukommt.

Es ist demzufolge bedeutungslos, ob der in Deutschland unbeschränkt Steuerpflichtige neben seiner Steuerpflicht in Deutschland einer Steuerpflicht in Korea auf Provinz- oder Gemeindeebene unterliegt; die Besteuerung durch die nachgeordnete Abgabenhoheit *„Provinz"* oder *„Gemeinde"* ist nicht von Belang. Trotz der rangmäßig unterschiedlichen Abgabengewalten unterliegt er in jedem Falle einer zwischenstaatlichen Normenkonkurrenz, die geeignet ist, eine Doppelbesteuerung im vorgenannten Sinne hervorzurufen. Im übrigen ermöglicht allein die solchermaßen zu verstehende Normenkonkurrenz die klare und eindeutige Abgrenzung zu anderen Formen abgabenmäßiger Mehrfachbelastungen,

---

19 Nach dem Steuersystem Koreas werden die Einzelsteuern (insgesamt 32 verschiedene Steuerarten) nach dem Kriterium der Steuerhoheit grundsätzlich in nationale und lokale Steuern (National and Local Taxes) unterteilt. Im Gegensatz zu den nationalen Steuern finden die lokalen Steuern ihre Rechtsgrundlage nicht in einem einer Einzelsteuer zugrunde liegenden Steuergesetz, sondern zusammengefaßt im Local Tax Act (LTA); siehe dazu auch die Übersicht "Tax System in Korea" in: Korean Taxation, 2003, hrsg. v. Ministry of Finance and Economy (MOFE), S. 1 f.

20 Vgl. auch *Frotscher,* Internationales Steuerrecht, § 1, Rdnr. 5; *Kluge,* Internationales Steuerrecht, Rdnr. B 23; *Tipke,* Steuerrecht, § 7, Rdnr. 44; *Vogel,* Internationales Steuerrecht, DStZ 1977, S. 276; *Wassermeyer* in: Debatin/Wassermeyer, DBA, Bd. I, MA Vor Art. 1, Rdnr. 2; *Wilke,* Lehrbuch des internationalen Steuerrechts, Rdnr. 29.

21 In diesem Sinne *Debatin,* Grundzüge, S. 5.

22 Ebenso *Spitaler,* Doppelbesteuerungsproblem, S. 83 f.

insbesondere der oben erwähnten Doppelbelastung; entscheidend ist eben auf den zwischenstaatlichen Bezug abzustellen.

II. Identität des Steuerobjektes

Die Doppelbesteuerung muß sich auf das gleiche Steuerobjekt beziehen[23]. Im juristischen Sinne wird als Steuerobjekt dasjenige Steuergut angesehen, das der Gesetzgeber als besteuerungswürdig erkannt und rechtlich normiert hat[24]. Diese Betrachtungsweise knüpft an den steuerrechtlichen Tatbestand an, aufgrund dessen die Verpflichtung zur Entrichtung einer bestimmten Steuer entsteht. Es erfolgt keine Anknüpfung an die Sache, auf welcher die Steuer beruht und auch keine Anknüpfung an die Quelle, aus welcher die Steuer letztendlich entrichtet wird[25]. Die auf finanzwirtschaftlichen Erwägungen beruhende Bestimmung des Steuerobjektes im Sinne einer Steuerquelle – Einkommen, Vermögen, Gewinne – ist daher abzulehnen, insbesondere wegen ihres Mangels hinreichender inhaltlicher Bestimmbarkeit[26].

Wenn der juristischen Interpretation des Steuerobjektes der Vorzug zu geben ist, ergibt sich hieraus jedoch das Problem, daß bei grenzüberschreitenden Sachverhalten eine juristische Identität der Steuerobjekte oft nur sehr schwer zu finden sein wird. Grundsätzlich ist davon auszugehen, daß eine solche Identität der Steuerobjekte bzw. Steuertatbestände wohl nur in parallel gewachsenen Steuersystemen existieren wird und die Anzahl der Steuersysteme, die als parallel gewachsen anzusehen sind, weltweit verschwindend gering ist[27]. Aus diesem Grunde ist die streng juristische Interpretation des Steuerobjektes durch eine großzügigere Betrachtungsweise zu ersetzen, wonach die Steuertatbestände nur grob miteinander zu vergleichen sind und hierbei die wesentliche Übereinstimmung der Steuertatbestände bereits ausreichend ist. Die wesentliche Übereinstimmung der Steuerobjekte erfordert auch keine Gleichheit der Steuerbemes-

---

23 Vgl. oben Kapitel 1, A.

24 Dazu *Gabriele Burmester*, Begriff und Funktion des Steuergutes im Steuerrecht, StuW 1993, S. 221 - 230 (222).

25 Vgl. auch *Tipke*, Steuerrecht, § 7, Rdnr. 23.

26 Dazu *Kluge*, Internationales Steuerrecht, Rdnr. B 24; *Wassermeyer* in: Debatin/Wassermeyer, DBA, Bd. I, MA Vor Art. 1, Rdnr. 2.

27 Vgl. auch *Schaumburg*, Internationales Steuerrecht, § 12, Rdnr. 12.4, der als Beispiel parallel gewachsener Steuersysteme die Einkommensteuersysteme Deutschlands und der Republik Österreich anführt.

sungsgrundlagen, wenngleich Steuerobjekt und Bemessungsgrundlage mitunter zusammenfallen können[28]. Für die Steuerbemessungsgrundlagen gilt gleiches wie im Fall der Steuerobjekte. Ein weltweiter Vergleich zeigt, daß die Bemessungsgrundlagen international aufgrund ihrer spezifisch technisch-rechtlichen Ausgestaltung - insbesondere im Rahmen der Ertragsbesteuerung - sehr stark voneinander differieren[29]. Würde die Voraussetzung der wesentlichen Übereinstimmung der Steuerobjekte gleichzeitig die Forderung nach Gleichheit der Bemessungsgrundlagen beinhalten, wären die Steuerverwaltungen der einzelnen Staaten gehalten, sich mit der Zusammensetzung von Bemessungsgrundlagen ausländischer Steuern auseinanderzusetzen, um zu einer Feststellung der geforderten Gleichheit zu gelangen. Eine solche Verfahrensweise wäre wenig praktikabel, und die grenzüberschreitende Zusammenarbeit der Verwaltungen auf steuerlichem Gebiet würde in erheblichem Maße erschwert. Unterschiedliche Bemessungsgrundlagen stehen somit der Annahme von Doppelbesteuerungen regelmäßig nicht entgegen[30].

III. Gleichartigkeit der Steuern

Das vorgenannte Merkmal der Identität der Steuerobjekte steht in einem engen Zusammenhang mit einem weiteren Merkmal des Doppelbesteuerungsbegriffs, nämlich der Gleichartigkeit der Steuern. Vereinzelt wird hieraus der Schluß gezogen, bei der Gleichartigkeit der Steuern handele es sich um kein eigenständiges Kriterium, sondern um ein zur Ergänzung der Identität der Steuerobjekte hinzutretendes sekundäres Merkmal[31]. Zwischen beiden Merkmalen besteht unstreitig ein enger Zusammenhang insofern, als aus der wesentlichen Übereinstimmung der Steuerobjekte auf die Gleichartigkeit der Steuern geschlossen

---

[28] Vgl. auch *Hans Flick*, Gleichheit von Steuergegenstand und Bemessungsgrundlage im Internationalen Steuerrecht, StuW 1968, Sp. 679 – 684 (681 f.); *Kluge*, Internationales Steuerrecht, Rdnr. B 24; *Lornsen*, Unilaterale Maßnahmen, S. 13; *Mersmann*, Internationale Doppelbesteuerung, S. 91; *Schaumburg*, Internationales Steuerrecht, § 12, Rdnr. 12.4; *Wassermeyer* in: Debatin/Wassermeyer, DBA, Bd. I, MA Vor Art. 1, Rdnr. 2.

[29] Vgl. *Flick*, Gleichheit von Steuergegenstand und Bemessungsgrundlage, StuW 1968, Sp. 682.

[30] Vgl. *Flick*, Gleichheit von Steuergegenstand und Bemessungsgrundlage, StuW 1968, Sp. 682; *Frotscher*, Internationales Steuerrecht, § 1, Rdnr. 5; *Lornsen*, Unilaterale Maßnahmen, S. 14; *Wassermeyer* in: Debatin/Wassermeyer, DBA, Bd. I, MA Vor Art. 1, Rdnr. 2.

[31] So beispielsweise *Lornsen*, Unilaterale Maßnahmen, S. 14, wonach die gesonderte Aufzählung allein aus Gründen der Klarheit erfolgt.

werden kann und umgekehrt[32]. Ob eine Steuer einer anderen vergleichbar ist, läßt sich wie bei der Frage der Identität der Steuerobjekte jeweils nur vor dem Hintergrund des steuerlichen Gesamtsystems des betreffenden Staates beurteilen. Es ist also zu fragen, ob es sich nach der Struktur der jeweiligen Steuer um eine Steuer auf das Einkommen, eine Vermögensteuer oder eine Verkehrsteuer handelt. Eine Doppelbesteuerung liegt vor, wenn beispielsweise Einkünfte aus einer bestimmten Einkunftsquelle in zwei Staaten der Steuer vom Einkommen unterliegen, auch wenn die Bemessungsgrundlagen der beiden Steuern unterschiedlich ermittelt werden; sie liegt nicht vor, wenn es sich in dem einen Staat um eine Steuer vom Einkommen, im anderen Staat um eine Steuer vom Vermögen handelt[33].

In der deutschen Rechtspraxis gibt die Steuerverwaltung Richtlinien heraus, die festlegen, welche Steuern ausländischer Staaten als der betreffenden deutschen Steuer gleichartig anzusehen sind[34].

IV. Identität des Besteuerungszeitraumes

Ferner muß sich die Doppelbesteuerung auf den gleichen Besteuerungszeitraum beziehen[35]. Dieses Merkmal ist ausschließlich für die fortlaufend erhobenen, nicht jedoch für die einmalig erhobenen Steuern von Bedeutung. Denn allein bei den periodisch anfallenden Steuern ist der entsprechende Besteuerungszeitraum auch als ein Bestandteil des Steuergegenstandes anzusehen[36]. Die Identität des Besteuerungszeitraumes setzt voraus, daß sich die jeweiligen – periodisch anfallenden - Steueransprüche der verschiedenen Staaten auf dieselbe Steuerperiode

---

32 Vgl. auch *Frotscher*, Internationales Steuerrecht, § 1, Rdnr. 5; *Kluge*, Internationales Steuerrecht, Rdnr. B 27; *Lornsen*, Unilaterale Maßnahmen, S. 14; *Schaumburg*, Internationales Steuerrecht, § 12, Rdnr. 12.8; *Vogel*, Internationales Steuerrecht, DStZ 1997, S. 276; *Wassermeyer* in: Debatin/Wassermeyer, DBA, Bd. I, MA Vor Art. 1, Rdnr. 2.

33 Vgl. auch *Frotscher*, Internationales Steuerrecht, § 1, Rdnr. 5.

34 Anlage 10 zu Abschn. 212 a der EStR, die allerdings keine abschließende Aufzählung enthält, vgl. auch *Krause*, Internationale Doppelbesteuerung, S. 18.

35 Vgl. oben Kapitel 1, A.

36 Vgl. *Kluge*, Internationales Steuerrecht, Rdnr. B 26; *Vogel*, Internationales Steuerrecht, DStZ 1997, S. 276; *Wassermeyer* in: Debatin/Wassermeyer, DBA, Bd. 1, MA Vor Art. 1, Rdnr. 2.

beziehen. Dem Zeitpunkt der Steuererhebung kommt damit ebenso wenig Bedeutung zu wie der Form der Steuererhebung[37].

V. Identität des Steuersubjektes

Die Doppelbesteuerung muß sich auf denselben Steuerpflichtigen beziehen[38]. Voraussetzung ist damit die doppelte Erfassung des Steuerobjektes bei rechtlich demselben Steuerpflichtigen (rechtliche Subjektidentität)[39]. Steuerpflichtiger ist regelmäßig, wer eine Steuer schuldet oder für eine Steuer haftet, § 33 Abs. 1 AO, mithin das Rechtssubjekt, dem der Steuergegenstand und die damit verbundene Steuerschuld aufgrund eines Steuergesetzes zuzurechnen ist[40]. Hierbei kann es sich um eine natürliche oder juristische Person handeln oder um eine sonstige wirtschaftliche Einheit, die nach dem Willen des Gesetzgebers zur Steuerzahlung herangezogen wird[41].

Die rechtliche Subjektidentität wirft dann Probleme auf, wenn zwar ein identisches Steuerobjekt in zwei verschiedenen Staaten besteuert wird, die steuerliche Erfassung jedoch bei verschiedenen, privatrechtlich selbständigen Einheiten erfolgt. Trotz der fehlenden Subjektidentität stehen derartige Sachverhalte der Annahme einer Doppelbesteuerung nicht zwingend entgegen. Das Schrifttum kennt die Rechtsfigur der wirtschaftlichen Doppelbesteuerung, die sich von der Doppelbesteuerung im Rechtssinne durch das Fehlen des Merkmals der Steuersubjektidentität abhebt[42]. Man gelangt zur Anerkennung einer wirtschaftlichen

---

37 Vgl. auch *Kluge*, Internationales Steuerrecht, Rdnr. B 26; *Schaumburg*, Internationales Steuerrecht, § 12, Rdnr. 12.7; *Wassermeyer* in: Debatin/Wassermeyer, DBA, Bd. I, MA Vor Art. 1, Rdnr. 2.

38 Vgl. oben Kapitel 1, A.

39 Vgl. auch *Frotscher*, Internationales Steuerrecht, § 1, Rdnr. 5; *Kluge*, Internationales Steuerrecht, Rdnr. B 25; *Schaumburg*, Internationales Steuerrecht, § 12, Rdnr. 12.5; *Vogel*, Internationales Steuerrecht, DStZ 1997, S. 276; *Wassermeyer* in: Debatin/Wassermeyer, DBA, Bd. I, MA Vor Art. 1, Rdnr. 2.

40 Vgl. auch *Reinhardt Rüsken* in: Abgabenordnung, einschließlich Steuerstrafrecht, Kommentar, begr. v. Franz Klein, Gerd Orlopp, 6. Auflage 1998, München, § 33, Rdnr. 1; *Tipke*, Steuerrecht, § 7, Rdnr. 22.

41 Vgl. auch *Rüsken* in: Klein/Orlopp, AO, § 33, Rdnr. 2; *Tipke*, Steuerrecht, § 7, Rdnr. 22.

42 Vgl. auch *Hans Flick*, Das Erfodernis der Subjektidentität bei Doppelbesteuerungsnormen, StuW 1960, Sp. 330 – 350 (343); *Frotscher*, Internationales Steuerrecht, § 1, Rdnr. 6; *Kluge*, Internationales Steuerrecht, Rdnr. B 25; *Wassermeyer* in: Debatin/Wassermeyer, DBA, Bd. I, MA Vor Art. 1, Rdnr. 3; *Vogel*, Internationales Steuerrecht, DStZ 1997, S. 276.

Doppelbesteuerung, wenn man die rechtliche Identität des Steuersubjektes nicht im jeden Falle fordert, sondern die wirtschaftliche Identität zur Annahme einer Doppelbesteuerung genügen läßt. Wirtschaftliche Identität in diesem Sinne sieht man insbesondere dann als gegeben an, wenn die gegen formell verschiedene Personen erhobenen Steueransprüche in letzter Konsequenz wirtschaftlich dieselbe Person belasten. Ein Verzicht auf das Merkmal der Subjektidentität per se erfolgt insoweit also nicht. Vielmehr tritt an die Stelle der streng juristischen Betrachtungsweise, die ausschließlich auf die technisch-tatbestandliche Ausgestaltung abstellt, nichts anderes als ein vornehmlich wirtschaftlich ausgeprägtes Verständnis, da sich das streng juristische Verständnis als zu eng erwiesen hat (wirtschaftliche Subjektidentität)[43].

VI. Notwendigkeit der finalen Betrachtungsweise

Erfolgt die Begriffsbestimmung unter Anwendung der vorgenannten Kriterien, so erweist sich im Falle einer positiven Feststellung die Doppelbesteuerung als bloße wertneutrale Beschreibung eines Zustandes, nämlich des Zustandes der steuerlichen Verstrickung eines Steuerpflichtigen in mindestens zwei Staaten aufgrund eines grenzüberschreitenden Sachverhaltes. Weitere Schlußfolgerungen können hingegen nicht gezogen werden, da die Anwendung der fünf qualitativen Kriterien keine Schlüsse auf die konkreten Auswirkungen zuläßt.

Die Funktionalität eines solchen Doppelbesteuerungsbegriffs erscheint in hohem Maße zweifelhaft und aus diesem Grunde findet sich die Forderung, die herkömmliche Begriffsbestimmung um quantitative Merkmale zu ergänzen[44]. Die Notwendigkeit einer finalen Betrachtungsweise gründe sich auf den Umstand, daß mit dem Phänomen der Doppelbesteuerung etwas „*Negatives*", das heißt den Steuerpflichtigen Belastendes gemeint sei, welches sich im Ergebnis hemmend auf seine grenzüberschreitende Tätigkeiten auswirke und daher als mißlich angesehen werde. Im Ergebnis ist der Notwendigkeit einer finalen Betrachtungsweise zuzustimmen. Maßstab einer Definition ist vornehmlich deren Funktionalität; fehlt es einer Definition an werthaltiger Aussagekraft, so erübrigt

---

43 Vgl. *Knechtle*, Grundfragen, S. 34 f.; *Lornsen*, Unilaterale Maßnahmen, S. 16 f.; *Mersmann*, Internationale Doppelbesteuerung, S. 92; *Schaumburg*, Internationales Steuerrecht, § 12, Rdnr. 12.5.

44 Vgl. auch *Frotscher*, Internationales Steuerrecht, § 1, Rdnr. 3; *Kluge*, Internationales Steuerrecht, Rdnr. B 28; *Lornsen*, Unilaterale Maßnahmen, S. 11; *Vogel*, Internationales Steuerrecht, DStZ 1997, S. 277.

sich regelmäßig deren Sinn[45]. Der gewöhnliche Doppelbesteuerungsbegriff erschöpft sich jedoch, wie eingangs bereits festgestellt, in der bloßen Zustandsbeschreibung einer steuerlichen Verstrickung. Deren Vermeidung bzw. Beseitigung per se kann nicht das Ziel der unilateralen oder bilateralen Maßnahmen sein, wenn die durch die doppelte Besteuerung hervorgerufene fiskalische Mehrbelastung bestehen bleibt[46]. Denn anerkanntermaßen bildet die *unangemessen hohe* Gesamtsteuerbelastung das eigentlich „*Negative*", das es mittels der unilateralen oder bilateralen Maßnahmen zu vermeiden bzw. zu beseitigen gilt und welches die Ursache dafür bildet, daß erhebliche Nachteile zu Lasten der Betroffenen, aber auch zu Lasten der Volkswirtschaften der am grenzüberschreitenden (Welt-)Wirtschaftsverkehr in größerem Umfang beteiligten Staaten zu befürchten sind[47]. Dem gewöhnlichen Doppelbesteuerungsbegriff ist daher keine besondere Aussagekraft zuzuschreiben; eine solche erlangt dieser erst mit der Berücksichtigung quantitativer Aspekte[48].

Eine Doppelbesteuerung kann demnach konsequenterweise erst dann angenommen werden, wenn die Besteuerung durch zwei Staaten dem Betroffenen eine Mehrbelastung bringt, in concreto der Gesamtbetrag der erhobenen Steuern höher ist, als er bei einer Besteuerung durch jeden der beiden Staaten einzeln wäre[49]. Bezogen auf den im Blickfeld der Untersuchung stehenden in Deutschland unbeschränkt Steuerpflichtigen, der sich geschäftlich oder im Rahmen seiner Arbeitsausübung in Südkorea betätigt, folgt hieraus, daß dieser einer Doppelbesteuerung im Rechtssinne unterliegt, wenn er *als Steuerschuldner in beiden Staaten der Besteuerung von identischen Steuergegenständen für einen identischen Besteuerungszeitraum ausgesetzt ist und seine Gesamtsteuerbelastung im*

---

45 Vgl. auch *Lornsen*, Unilaterale Maßnahmen, S. 8.

46 Beispiel eines erstaunlichen Ergebnisses: Nach herkömmlicher Definition wäre die Doppelbesteuerung vermieden, wenn ein Staat die Steuern des anderen Staates bis zur Höhe seines Steuerniveaus anrechnet und somit auf diese Einkünfte keine weiteren Steuern mehr erhoben werden. Bei einem höheren Auslandssteuerniveau ist die Gesamtsteuerbelastung dennoch höher, als sie bei ausschließlicher Inlandsbesteuerung wäre. Die Anrechnung führt zwar zur einer Entlastung in bezug auf die ausländische Steuerverpflichtung, nicht aber in bezug auf die Gesamtsteuerbelastung.

47 Zu welchen negativen Auswirkungen Doppelbesteuerung im einzelnen führt, wird nachstehend ausführlich behandelt.

48 Vgl. auch *Frotscher*, Internationales Steuerrecht, § 1, Rdnr. 3; *Lornsen*, Unilaterale Maßnahmen, S. 19; *Kluge*, Internationales Steuerrecht, Rdnr. B 28; *Mössner*, Methoden zur Vermeidung der Doppelbesteuerung, S. 138; *Vogel*, Internationales Steuerrecht, DStZ 1997, S. 277.

49 Vgl. auch *Frotscher*, Internationales Steuerrecht, § 1, Rdnr. 3; *Kluge*, Internationales Steuerrecht, Rdnr. B 28; *Lornsen*, Unilaterale Maßnahmen, S. 19; *Vogel*, Internationales Steuerrecht, DStZ 1997, S. 277.

Ergebnis höher ausfällt, als wenn er sich ausschließlich in einem der Staaten wirtschaftlich betätigt hätte.

B. Steuerrechtliche Normenkonkurrenz als Ursache der Doppelbesteuerung

Es stellt sich nun die Frage der Ursachen von Doppelbesteuerungen. Wie anläßlich der Begriffsbestimmung ausgeführt, liegt dem herkömmlichen Doppelbesteuerungsbegriff u.a. die zwischenstaatliche Normenkonkurrenz zwischen mindestens zwei Steuerhoheitsträgern zugrunde[50]. Diese Situation ist regelmäßig gegeben, wenn die Steueransprüche völkerrechtlich selbständiger Staaten miteinander konkurrieren[51]. Insoweit erweist sich die zwischenstaatliche Normenkonkurrenz als eine steuerrechtliche, die dadurch entsteht, daß sich das positive *Steuerrecht* der Staaten überschneidet. Diese Überschneidungen bzw. Kollisionen bilden die eigentliche Ursache von Doppelbesteuerungen; genau genommen wirken diejenigen nationalen Steuervorschriften kollisionsbegründend, welche die *Steuerpflicht* bzw. den nationalen *Steueranspruch* normieren und sich mit dem Steueranspruch des anderen Staates überschneiden[52]. Soweit den Staaten das Recht aus der ihnen eigenen Souveränität zusteht, die Anknüpfungspunkte ihrer Besteuerung wie auch deren Reichweite und Umfang unter Beachtung der völkerrechtlichen Voraussetzung des genuine link frei zu wählen[53], können hieraus unterschiedliche Kollisionsfälle folgen[54]. Grundsätzlich gilt, je weiter die Staaten die Anknüpfungspunkte ihrer Besteuerung wählen bzw. deren Reichweite und Umfang gestalten, desto größer ist die Gefahr der Kollisionen mit anderen Steuerrechtsordnungen[55].

---

50 Vgl. oben Kapitel 1, A.

51 Vgl. oben Kapitel 1, A I.

52 Vgl. auch *Kluge*, Internationales Steuerrecht, Rdnr. B 31.

53 Vgl. auch *Gabriele Burmester*, Grundlagen internationaler Regelungskumulation und –kollision unter besonderer Berücksichtigung des Steuerrechts, Baden-Baden 1993, S. 187 ff.; *Felix Escher*, Die Methoden zur Ausschaltung der Doppelbesteuerung, Bern, Stuttgart 1974, S. 29; *Frotscher*, Internationales Steuerrecht, § 1, Rdnr. 27; *Kluge*, Internationales Steuerrecht, Rdnr. B 29; *Schaumburg*, Internationales Steuerrecht, § 13, Rdnr. 13.2; *Vogel*, DBA, Einl., Rdnr. 7; *Weber-Fas*, Staatsverträge, S. 35.

54 Vgl. *Ebling*, Internationale Steuerverträge, DStR 1976, S. 335; *Kluge*, Internationales Steuerrecht, Rdnr. B 29; *Knechtle*, Grundfragen, S. 49; *Lornsen*, Unilaterale Maßnahmen, S. 22 f.; *Schaumburg*, Internationales Steuerrecht, § 13, Rdnr. 13.2.

55 Dazu auch *Burmester*, Grundlagen internationaler Regelungskumulation und –kollision, S. 190 ff.

Bezogen auf die beiden Vertragsstaaten Deutschland und Korea ist somit zu fragen, inwieweit ihre innerstaatlichen Steueransprüche miteinander kollidieren. Hierbei stehen vorrangig Kollisionen im Bereich der direkten Steuern (i.e. bei den Steuern vom Einkommen, Ertrag und Vermögen) im Vordergrund der Betrachtung. Denn anders als bei den indirekten Steuern (i.e. bei den Umsatzsteuern, speziellen Verbrauchs- und Verkehrsteuern) werden direkte Steuern regelmäßig auch von grenzüberschreitenden Sachverhalten erhoben[56]. Die nachfolgende Behandlung beschränkt sich daher auf die nationalen Steuerpflichten bei den Steuern vom Einkommen und Vermögen, insbesondere der Einkommen- und der Körperschaftsteuer, wobei diese Beschränkung auch gewählt wird, weil die Erfassung der Steuern vom Einkommen und vom Vermögen dem sachlichen Geltungsbereich des Revisionsabkommens entspricht[57]. Vorab erfolgt eine gesonderte Betrachtung der Steuerpflichten nach dem jeweiligen nationalen Steuerrecht der Vertragsstaaten, um anhand der getroffenen Feststellungen die einzelnen für Doppelbesteuerungen ursächlichen Kollisionsfälle bestimmen zu können.

I. Steuerpflicht bei der Einkommensteuer in Deutschland

Rechtsgrundlage für die Erhebung der Einkommensteuer ist das Einkommensteuergesetz (EStG)[58] nebst der Einkommensteuer-Durchführungsverordnung (EStDV)[59] und der Lohnsteuer-Durchführungsverordnung (LStDV)[60].

Unbeschränkt steuerpflichtig sind zunächst natürliche Personen, deren Wohnsitz[61] oder gewöhnlicher Aufenthalt[62] sich im Inland befinden, § 1 Abs. 1 EStG. Die Einkommensteuerpflicht knüpft somit zunächst an territoriale Merk-

---

56 Vgl. auch *Vogel*, Internationales Steuerrecht, DStZ 1997, S. 272.

57 Weitere Ausführungen erfolgen im weiteren Verlauf der Untersuchung.

58 In der Fassung der Bekanntmachung vom 16. April 1997 (BGBl. I S. 823).

59 In der Fassung der Bekanntmachung vom 10. Mai 2000 (BGBl. I S. 718).

60 In der Fassung der Bekanntmachung vom 10. Oktober 1989 (BGBl. I S. 1849).

61 Nach § 8 AO hat eine natürliche Person ihren Wohnsitz dort, „wo er eine Wohnung unter den Umständen innehat, die darauf schließen lassen, daß er die Wohnung beibehalten und benutzen wird".

62 Der gewöhnliche Aufenthalt ist regelmäßig dort anzunehmen, wo sich die natürliche Person unter Umständen aufhält, „die erkennen lassen, daß er an diesem Ort oder in diesem Gebiet nicht nur vorübergehend verweilt", § 9 Satz 1 AO. Als unwiderlegbare Vermutung bestimmt hierbei § 9 Satz 2 AO, daß ein zusammenhängender Aufenthalt für die Dauer von sechs Monaten im Inland einen gewöhnlichen Aufenthalt begründet.

male an, die von einer auf die Staatsangehörigkeit des Steuerpflichtigen abstellenden Steuerpflicht abzugrenzen ist. Es erfolgt eine Besteuerung nach dem Prinzip der Ansässigkeit, mithin auch als Wohnsitzprinzip bezeichnet[63]. Objekt der unbeschränkten Steuerpflicht ist das Welteinkommen bzw. -vermögen, § 2 EStG. Die Festlegung des Umfangs der Einkommensbesteuerung auf das Welteinkommen wird auch als Welteinkommens-, Universalitäts- oder Totalitätsprinzip bezeichnet[64].

Darüber hinaus erweitert das Einkommensteuergesetz die unbeschränkte Steuerpflicht in bestimmten Fällen für natürliche Personen, die an sich nicht unbeschränkt steuerpflichtig sind, weil sie weder über einen Wohnsitz im Inland verfügen noch ihr gewöhnlicher Aufenthalt sich im Inland befindet. Danach unterliegen der unbeschränkten Steuerpflicht deutsche Auslandsbeschäftigte mit einem Dienstverhältnis zu einer inländischen juristischen Person und deren Haushaltsangehörige, § 1 Abs. 2 EStG[65]. Die inländische Steuerpflicht knüpft diesbezüglich ausnahmsweise an die Staatsangehörigkeit anstelle der Ansässigkeit an. Darüber hinaus sind – auf Antrag – diejenigen natürlichen Personen als unbeschränkt steuerpflichtig zu behandeln, deren Einkünfte ausschließlich oder fast ausschließlich der deutschen Einkommensbesteuerung unterliegen, § 1 Abs. 3 EStG. Hierbei handelt es sich vor allem um die sogenannten Grenzpendler, also Personen, die in einem Nachbarstaat Deutschlands wohnen, aber in Deutschland ihrer Erwerbstätigkeit nachgehen. Zwar können diese Personen Einkünfte aller Einkunftsarten beziehen, doch handelt es sich regelmäßig um Arbeitnehmer[66]. Soweit § 1 Abs. 3 EStG nur die Erweiterung für die betreffenden Steuerpflichtigen selbst vorsieht, statuiert § 1 a EStG die Möglichkeit der Berücksichtigung von Ehegatten und anderen Haushaltsangehörigen.

Der beschränkten Steuerpflicht unterliegen natürliche Personen, die weder über einen Wohnsitz noch einen gewöhnlichen Aufenthalt im Inland verfügen, aber Einkünfte aus dem Inland beziehen bzw. im Inland belegenes Vermögen

---

63 Vgl. *Dieter Birk*, Steuerrecht, 5. Auflage 2002, Heidelberg, § 3, Rdnr. 200; *Tipke*, Steuerrecht, § 9, Rdnr. 25.

64 Vgl. auch *Birk*, Steuerrecht, § 3, Rdnr. 200; *Tipke*, Steuerrecht, § 2, Rdnr. 37.

65 Diese Regelung gilt insbesondere für Mitglieder von diplomatischen Missionen und konsularischen Vertretungen und ist Ausdruck der allgemeinen Völkerrechtsregel der Exterritorialität der Diplomaten; siehe dazu auch *BMF*, BStBl. I 1992, S. 726. Im Revisionsabkommen hat diese allgemeine Völkerrechtsregel Ausdruck in Art. 28 RevDBA gefunden.

66 Hierzu auch *Wolfgang Heinicke* in: Einkommensteuergesetz, Kommentar, hrsg. v. Ludwig Schmidt, 21. Auflage 2002, München, § 1, Rdnr. 2; *Tipke*, Steuerrecht, § 9, Rdnr. 29.

besitzen, § 1 Abs. 4 EStG. Anknüpfungspunkt der Besteuerung ist die wirtschaftliche Zugehörigkeit, aufgrund derer der Steuerpflichtige mit dem besteuernden Staat verbunden ist. Dieses Besteuerungsprinzip wird auch als Quellen- oder Ursprungsprinzip bezeichnet und bildet den Gegensatz zu dem zuvor genannten Wohnsitzprinzip[67]. Der beschränkten Steuerpflicht unterliegen die im Katalog des § 49 EStG in § 49 Abs. 1 Nr. 1 bis 9 EStG enumerativ aufgezählten Einkünfte, § 1 Abs. 4 EStG. Nach dem Grundsatz der isolierenden Betrachtungsweise ist die Zuordnung der Einkünfte des § 49 EStG grundsätzlich nach den Verhältnissen im Inland zu beurteilen, § 49 Abs. 2 EStG. Dies gilt zunächst uneingeschränkt. Ausländische Besteuerungsmerkmale können jedoch insoweit Bedeutung erlangen, als die Inlandsverhältnisse nicht erkennen lassen, ob steuerpflichtige Einkünfte vorliegen und wie sie ihrem objektiven Wesen nach zu bestimmen sind[68]. Die Besteuerung aufgrund der beschränkten Steuerpflicht folgt dem Quellen- bzw. Ursprungsprinzip[69].

II. Steuerpflicht bei der Körperschaftsteuer in Deutschland

Rechtsgrundlage der Erhebung der Körperschaftsteuer ist das Körperschaftsteuergesetz (KStG)[70] nebst der dazugehörigen Körperschaftsteuer-Durchführungsverordnung (KStDV)[71].

Unbeschränkt steuerpflichtig sind die abschließend aufgezählten Körperschaften, Personenvereinigungen und Vermögensmassen, deren Geschäftsleitung[72] oder Sitz[73] sich im Inland befinden, § 1 Abs. 1 Nr. 1 bis 6 KStG. Anknüpfungspunkt der Besteuerung ist die zivilrechtliche Rechtsform, die bei der deutschen Unternehmensbesteuerung regelrecht zu einem *Dualismus* führt: Der Besteuerung der Kapitalgesellschaften und der sonstigen Körperschaften steht die Besteuerung der Einzelunternehmen und der Personengesellschaften gegen-

---

67 Vgl. auch *Birk*, Steuerrecht, § 3, Rdnr. 200; *Tipke*, Steuerrecht, § 2, Rdnr. 37.
68 Vgl. auch *BFH*, BStBl. II 1983, S. 367 ff (368); *Heinicke* in: EStG, § 49, Rdnr. 11.
69 Vgl. auch *Birk*, Steuerrecht, § 6, Rdnr. 605; *Tipke*, Steuerrecht, § 2, Rdnr. 37.
70 In der Fassung der Bekanntmachung vom 22. April 1999 (BGBl. I S. 818).
71 In der Fassung der Bekanntmachung vom 22. Februar 1996 (BGBl. I S. 365).
72 Nach § 10 AO ist Geschäftsleitung der „Mittelpunkt der geschäftlichen Oberleitung".
73 Nach § 11 AO bestimmt sich der Ort des Sitzes formal-juristisch nach „Gesetz, Gesellschaftsvertrag, Satzung, Stiftungsgeschäft oder dergleichen".

über[74]. Objekt der unbeschränkten Steuerpflicht ist das weltweit erzielte Einkommen und/oder weltweit belegene Vermögen (Welteinkommen/Weltvermögen), § 1 Abs. 2 KStG. Das Körperschaftsteuergesetz definiert keinen Begriff des steuerpflichtigen Einkommens, sondern verweist auf einschlägige Vorschriften des Einkommensteuergesetzes unter Berücksichtigung etwaiger Sondervorschriften des Körperschaftsteuergesetzes[75]. Die Besteuerung aufgrund der unbeschränkten Steuerpflicht erfolgt somit nach dem Wohnsitzprinzip.

Der beschränkten Steuerpflicht unterliegen zunächst Körperschaften, Personenvereinigungen und Vermögensmassen, die ohne Sitz oder Geschäftsleitung im Inland sind, § 2 Nr. 1 KStG. Darüber hinaus sind die sonstigen Körperschaften beschränkt steuerpflichtig, die nicht unbeschränkt steuerpflichtig sind, jedoch über inländische Einkünfte verfügen, von denen ein Steuerabzug vorzunehmen ist, § 2 Nr. 2 KStG. Der Katalog der inländischen Einkünfte greift auf die enumerative Aufzählung des § 49 EStG zurück mit der Folge, daß der Grundsatz der isolierenden Betrachtungsweise gemäß § 49 Abs. 2 EStG gleichfalls zu berücksichtigen ist, § 8 Abs. 1 KStG[76]. Die Besteuerung aufgrund der beschränkten Steuerpflicht folgt demzufolge dem Quellenprinzip.

III. Steuerpflicht bei der Einkommensteuer in Korea

Rechtsgrundlage für die Erhebung der Einkommensteuer in Korea ist das Einkommensteuergesetz (Income Tax Act, ITA)[77] sowie die nachgeordneten Rechtsverordnungen gemäß ihrer gesetzlichen Ermächtigungsgrundlage. Dies

---

74 Vgl. auch *Michael Streck*, Körperschaftsteuergesetz: mit Nebengesetzen, Kommentar, 5. Auflage 1997, München, § 1, Anm. 4; *Tipke*, Steuerrecht, § 11, Rdnr. 1; dazu, daß es sich bei der Besteuerung nach dem Einkommensteuergesetz und derjenigen nach dem Körperschaftsteuergesetz um Teilsysteme eines umfassenden Systems der Einkommensbesteuerung handelt, vgl. *Rudolf Wendt*, Spreizung von Körperschaftsteuersatz und Einkommensteuerspitzensatz als Verfassungsproblem, in: Staat - Wirtschaft – Steuern, Festschrift für Karl Heinrich Friauf zum 65. Geburtstag, hrsg. v. Rudolf Wendt, Wolfram Höfling, Ulrich Karpen, Martin Oldiges, Heidelberg 1996, S. 859 – 888 (867).

75 Vgl. § 8 KStG.

76 Vgl. auch *Streck*, KStG, § 2, Anm. 4.

77 In der Fassung Act No. 6557 vom 31. Dezember 2001.

sind in concreto die Präsidialverordnung (PED-ITA) und die Ministerialverordnung zum Income Tax Act (MED-ITA)[78].

Natürliche Personen unterliegen als Ansässige[79] der unbeschränkten Steuerpflicht, wenn sie über einen Wohnsitz (domicile) in Korea verfügen oder sich dort ihr gewöhnlicher Aufenthalt (temporary domicile) befindet, Art. 1 Abs. 1 Nr. 1 ITA. Ein Wohnsitz liegt immer dann vor, wenn die natürliche Person mit der Familie in Korea wohnt oder in Korea ihre Vermögenswerte hat, Art. 1 Abs. 4 ITA i.V.m. Art. 2 Abs. 1 PED-ITA. Ein die unbeschränkte Einkommensteuerpflicht in Korea begründender gewöhnlicher Aufenthalt ist dann anzunehmen, wenn sich die natürliche Person für die Dauer von mindestens einem Jahr in Korea aufhält, Art. 1 Abs. 1 Nr. 1 ITA. Dies gilt insbesondere, wenn die natürliche Person eine Beschäftigung annimmt, die eine Anwesenheit in Korea von mindestens einem Jahr erforderlich macht, Art. 1 Abs. 4 ITA i.V.m. Art. 2 Abs. 2 PED-ITA. Die Berechnung der Jahresfrist beginnt mit dem auf die Ankunft in Korea folgenden Tag und wird nur durch die endgültige Abreise aus Korea unterbrochen, Art. 1 Abs. 4 ITA i.V.m. Art. 4 Abs. 1 PED-ITA; vorübergehende Abwesenheitszeiten gelten daher zur Berechnung der Jahresfrist als Aufenthalt in Korea, Art. 1 Abs. 4 ITA i.V.m. Art. 4 Abs. 2 PED-ITA. Objekt der unbeschränkten Steuerpflicht ist das Welteinkommen/Weltvermögen, Art. 3 ITA. Die Besteuerung aufgrund der unbeschränkten Steuerpflicht erfolgt demzufolge nach dem Wohnsitzprinzip. Den Anssäsigen bzw. Residents in steuerlicher Hinsicht gleichgestellt sind die nicht als Körperschaften anzusehenden Personenvereinigungen und Vermögensmassen im Sinne des Art. 13 Abs. 4 Basic National Tax Act (BNTA), für deren Besteuerung somit dasselbe wie für Residents gilt, Art. 1 Abs. 3 ITA.

---

78 Einführend zu den Rechtsgrundlagen des koreanischen Steuersystems ist kurz darauf hinzuweisen, daß die koreanische Verfassung (KV) in Art. 59 KV den Grundsatz „No taxation without law" vorschreibt, jedoch viele Steuergesetze ohne ein besonderes Gesetzgebungsverfahren erlassen werden. Ursächlich hierfür ist, daß die koreanische Verfassung die Steuererhebung in Übereinstimmung mit derselben vorschreibt, nicht aber die alleinige Zuständigkeit des Parlaments vorsieht. Daher werden Steuergesetze oftmals durch Präsidialverordnungen in Kraft gesetzt, für deren Erlaß der Staatspräsident zuständig ist. Ihnen obliegt die Gewährleistung der ordnungsgemäßen Durchführung und die gleichmäßige Anwendung der Steuergesetze. Darüber hinaus ist der Minister des Ministry of Finance and Economy (MOFE) berechtigt, gleichfalls durch Rechtsverordnung Richtlinien, autorisierte Interpretationen der Steuergesetze und Einführungserlasse in Kraft zu setzen, denen die Gewährleistung des gleichmäßigen Vollzugs der Präsidialverordnungen obliegt. Das Ministry of Finance and Economy ist damit nicht nur als die für die Steuerverwaltung in Korea zuständige Behörde anzusehen, sondern ist in Teilen auch für die Steuergesetzgebung zuständig.

79 Sog. Residents.

Der beschränkten Steuerpflicht unterliegen Nichtansässige[80] nach Art. 1 Abs. 1 Nr. 2 ITA. Als Non-Residents gelten hierbei alle natürlichen Personen, die nicht als Residents im vorgenannten Sinne gemäß Art. 1 Abs. 1 Nr. 1 ITA anzusehen sind und über Einkünfte aus koreanischen Quellen (Inlandsprinzip) verfügen. Objekt der beschränkten Steuerpflicht sind die im Katalog des Art. 119 ITA enumerativ aufgezählten Einkünfte, Art. 4 Abs. 2 ITA. Die Besteuerung aufgrund der beschränkten Einkommensteuerpflicht in Korea folgt somit dem Quellen- bzw. Territorialitätsprinzip, Art. 3 ITA.

IV. Steuerpflicht bei der Körperschaftsteuer in Korea

Rechtsgrundlage für die Erhebung der Körperschaftsteuer in Korea ist das Körperschaftsteuergesetz (Corporate Tax Act, CTA)[81] neben der Präsidialverordnung (PED-CTA) und der Ministerialverordnung zum Corporate Tax Act (MED-CTA).

In seinem Anwendungsbereich unterscheidet der CTA zwischen den koreanischen (domestic corporations) und den ausländischen Körperschaften (foreign corporations), Art. 1 und 2 CTA. Damit berücksichtigt das koreanische Körperschaftsteuerrecht in entscheidender Weise die Qualifizierung einer Körperschaft als koreanische oder als ausländische. Insoweit unterscheidet sich das koreanische Steuerrecht deutlich vom deutschen (Steuer-)Recht, als es insbesondere der Frage der Rechtsform der Steuersubjekte keine wesentliche Bedeutung beimißt; einen der deutschen Unternehmensbesteuerung vergleichbaren Dualismus[82] und die damit verbundene Privilegierung körperschaftsteuerrechtlicher Organschaften kennt das koreanische Körperschaftsteuergesetz nicht[83]. Zudem gilt zu berücksichtigen, daß nach koreanischem Handels- und Gesellschaftsrecht den Personengesellschaften (partnerships) Hapmyong-hoesa[84] und Hapja-Hoesa[85] der

---

80 Sog. Non-Residents.

81 In der Fassung Act No. 6558 vom 31. Dezember 2001.

82 Vgl. oben Kapitel 1, B II.

83 In diesem Sinne ebenso *Dae-Geun Jeong*, Konzernrechtliche Aspekte bei Unternehmensgründung und –beteiligung in Südkorea, RIW 2002, S. 908 – 912 (912).

84 Mit der deutschen Offenen Handelsgesellschaft (oHG) vergleichbare koreanische Personengesellschaft.

85 Mit der deutschen Kommanditgesellschaft (KG) vergleichbare koreanische Personengesellschaft.

Status von juristischen Personen zukommt[86]. Diese Personengesellschaften sind damit ebenso wie die koreanischen Kapitalgesellschaften Chusik-hoesa[87] und Yuhan-hoesa[88] Subjekte der Körperschaftsteuer, worin sich das koreanische Steuerrecht ebenfalls deutlich vom deutschen Körperschaftsteuergesetz unterscheidet.

Eine Körperschaft ist als koreanische anzusehen, wenn ihre Gründung nach koreanischen Rechtsvorschriften erfolgt ist und sich ihr Sitz bzw. ihre Geschäftsleitung oder Hauptverwaltung in Korea befinden, Art. 1 Nr. 1 CTA. Der Struktur der Körperschaft kommt keine Bedeutung zu, mithin sind Kapitalgesellschaften auch als koreanische anzusehen, deren Anteile sich zu 100 % in ausländischer Hand befinden. Ebenso wie das deutsche Körperschaftsteuerrecht stellt der CTA entscheidend auf den formalen Ort der Geschäftsleitung ab, wie er durch Gesetz oder Gesellschaftsvertrag bestimmt wird. Die koreanischen Körperschaften unterliegen der unbeschränkten Steuerpflicht, Art. 2 Abs. 1 Nr. 1 CTA. Objekt dieser Steuerpflicht ist das Welteinkommen/Weltvermögen, wobei sich das steuerpflichtige Einkommens nach Art. 3 Abs. 1 Nr. 1 und 2 CTA bemißt. Die Besteuerung der koreanischen Körperschaften folgt damit dem Wohnsitzprinzip. Den koreanischen Körperschaften in steuerlicher Hinsicht gleichgestellt sind die Personenvereinigungen und Vermögensmassen im Sinne des Art. 13 Abs. 4 BNTA, deren Geschäftsleitung oder Hauptverwaltung sich in Korea befinden, Art. 1 Nr. 2 c CTA.

Dagegen unterliegen ausländische Körperschaften der beschränkten Steuerpflicht, Art. 2 Abs. 1 Nr. 2 CTA. Als ausländische Körperschaften sind alle Körperschaften anzusehen, deren Sitz oder Geschäftsleitung bzw. Hauptverwaltung sich im Ausland befinden, Art. 1 Nr. 3 CTA. Hierbei ist der formale Ort des Sitzes, der Geschäftsleitung oder Hauptverwaltung, wie er durch Gesellschaftsvertrag oder Gesetz bestimmt wird, entscheidend[89]. Objekt der beschränk-

---

86 Grundsätzlich unterscheidet auch das koreanische Handels- und Gesellschaftsrecht zwischen den Personen- und der Kapitalgesellschaften. Nach dem Grundsatz des numerus clausus werden im 3. Buch des KHBG jedoch unter der Überschrift „Gesellschaft" vier Gesellschaftsformen bestimmt: die Hapmyong-hoesa, die Hapja-hoesa, die Chusik-hoesa und die Yuhan-hoesa. Allgemein dazu siehe auch *Ho-Young Song*, Die Verselbständigung der juristischen Person im deutschen und im koreanischen Recht, Osnabrück 1999, S. 63 ff.

87 Mit der deutschen Aktiengesellschaft (AG) vergleichbare koreanische Kapitalgesellschaft.

88 Mit der deutschen Gesellschaft mit beschränkter Haftung (GmbH) vergleichbare koreanische Kapitalgesellschaft.

89 Vgl. oben unbeschränkte Steuerpflicht.

ten Steuerpflicht sind ausschließlich die Einkünfte aus koreanischen Quellen (Inlandsprinzip), Art. 3 Abs. 1 Nr. 1, Abs. 3 CTA i.V.m. Art. 93 Nr. 1 bis 11 CTA. Die Besteuerung aufgrund der beschränkten Steuerpflicht folgt demnach dem Quellenprinzip.

Die Einkunftsarten der beschränkten Körperschaftsteuerpflicht sind regelmäßig mit den Einkunftsarten der beschränkten Einkommensteuerpflicht nach Art. 119 ITA identisch, die wiederum von den Einkunftsarten der unbeschränkten Einkommensteuerpflicht nach Art. 4 Abs. 1 ITA i.V.m. Art. 16 ff. ITA bzw. Art. 88 ff. ITA ausgeht. Danach sind die Einkunftsarten des Art. 93 CTA wie folgt zu unterscheiden: Zinsen im Sinne des Art. 16 ITA, Nr. 1, Dividendeneinkünfte im Sinne des Art. 17 ITA, Nr. 2, Einkünfte aus Grundbesitz im Sinne des Art. 18 ITA, Nr. 3, Einkünfte aus der Vermietung von Schiffen, Flugzeugen und Fahrzeugen sowie eingetragenen Fahrzeugen und Baumaschinen, Nr. 4, gewerbliche Einkünfte im Sinne des Art. 19 ITA, Nr. 5, Einkünfte aus persönlichen Dienstleistungen, Nr. 6, Veräußerungsgewinne im Sinne des Art. 94 ITA, Nr. 7, Einkünfte aus Forstwirtschaft im Sinne des Art. 23 ITA, Nr. 8, Lizenzgebühren, Nr. 9, Einkünfte aus der Veräußerung von Wertpapieren, Nr. 10, und die sonstigen in Nr. 11 Buchst. a) bis i) aufgezählten Einkünfte, soweit diese nicht unter die vorstehend genannten Einkunftsarten des Art. 93 CTA fallen.

Zusammenfassend kann somit festgehalten werden, daß sowohl das deutsche wie auch das koreanische Steuerrecht im Bereich der Einkommen- und der Körperschaftsteuer die unbeschränkte Steuerpflicht an territoriale Merkmale anknüpfen und auch den Umfang der Besteuerung übereinstimmend auf das Welteinkommen/Weltvermögen festlegen. Nach beiden Steuerordnungen ist Anknüpfungspunkt der beschränkten Steuerpflicht die wirtschaftliche Zugehörigkeit des zu besteuernden Vorganges zum besteuernden Staat, die sich ebenfalls übereinstimmend auf die Besteuerung des inländischen Einkommens bzw. des Vermögens erstreckt. Demnach gebrauchen beide Staaten das Welteinkommens- und Quellenprinzip nebeneinander. Dieses international übliche Nebeneinander beider Besteuerungsprinzipien bedingt im Fall von grenzüberschreitenden Sachverhalten die Kollision innerstaatlicher Steuerpflichten, da sich die Steueransprüche der Staaten nicht auf die im eigenen Staatsgebiet erzielten Einkünfte beschränken[90].

---

[90] Vgl. auch *Vogel*, DBA, Einl., Rdnr. 2.

V. Kollisionsfälle im einzelnen

Unter Berücksichtigung der oben getroffenen Feststellungen zu den Besteuerungsprinzipien der beiden Staaten können unter der Annahme, daß Deutschland Wohnsitz- bzw. Sitzstaat ist, somit folgende Kollisionsfälle als Ursache von Doppelbesteuerungen im Rechtssinne angesehen werden[91].

Es kollidiert zunächst der subjektiv bedingte universelle Steueranspruch Deutschlands als Wohnsitzstaats mit dem objektiv bedingten Steueranspruch Koreas als Quellenstaats. Deutschland beansprucht in seiner Stellung als Wohnsitzstaat das Welteinkommen/Weltvermögen der in seinem Staatsgebiet ansässigen[92] natürlichen Personen oder Körperschaften. Diesem Anspruch steht der Steueranspruch Koreas als Quellenstaats auf das im Inland erzielte Einkommen bzw. belegene Vermögen gegenübersteht. *Beispiel:* Der bei der deutschen Tochtergesellschaft Angestellte A, mit Wohnsitz in Deutschland, besitzt ein Ferienhaus im Soraksan-Nationalpark in Korea. Da das Ferienhaus landschaftlich wunderschön gelegen ist und auch sonst über hohen Komfort verfügt, kann A das Haus im Laufe eines Jahres stets an zahlreiche Interessenten vermieten. Er erzielt hierbei nicht unerhebliche Einkünfte. Deutschland beansprucht als Wohnsitzstaat aufgrund der unbeschränkten Steuerpflicht des A auch die in Korea erzielten Einkünfte aus dessen Vermietertätigkeit, § 1 Abs. 1 EStG (Welteinkommensprinzip). Mit diesem Steueranspruch kollidiert der Steueranspruch Koreas als Quellenstaats auf die Einkünfte aus der Vermietertätigkeit gemäß Art. 1 Abs. 1 ITA i.V.m. Art. 119 ff. ITA, da A die Mieteinkünfte in Korea erzielt hat und das Mietobjekt in Korea belegen ist, vgl. Art. 119 Nr. 3 ITA (Quellenprinzip). Für A besteht somit hinsichtlich ein und derselben Einkünfte die Gefahr einer doppelten Besteuerung in Deutschland und Korea.

Der auf die Besteuerung des Welteinkommens/Weltvermögens gerichtete universelle Steueranspruch Deutschlands kollidiert mit dem gleichfalls auf die Besteuerung des Welteinkommens/Weltvermögens gerichteten universellen Steueranspruch Koreas. *Beispiel:* Der bei der deutschen Tochtergesellschaft an-

---

91 Die Annahme, Deutschland sei Wohnsitz- bzw. Sitzstaat, erfolgt aufgrund des Untersuchungsschwerpunktes. Da Korea jedoch im Bereich der Einkommen- und Körperschaftsteuer die gleichen Besteuerungsprinzipien anwendet, ist die Darstellung der einzelnen Kollisionsfälle auch auf die Konstellation, daß Korea Wohnsitz- bzw. Sitzstaat und Deutschland Quellenstaat ist, in gleicher Weise übertragbar.

92 Gemäß § 1 Abs. 1 EStG.

gestellte A hält sich berufsbedingt im Laufe eines Jahres unterschiedlich lange, oftmals mehrere Monate, in Korea auf[93]. Um den ständigen Übernachtungen in Hotels zu entfliehen, mietet er unter eigenem Namen eine Wohnung in Seoul an, die er entsprechend ausstattet, wohnlich gestaltet und fortan auch als Lebensmittelpunkt in Korea benennt. Damit verfügt A sowohl in Deutschland als auch in Korea über einen Wohnsitz und ist aufgrund seiner Ansässigkeit[94] in beiden Staaten unbeschränkt steuerpflichtig. Die unbeschränkte Steuerpflicht in Deutschland kollidiert mit der unbeschränkten Steuerpflicht in Korea. A unterliegt mit seinem Welteinkommen/Weltvermögen den unbeschränkten Steueransprüchen beider Staaten.

Schließlich kommt als mögliche Ursache die Kollision der staatlichen Steueransprüche aufgrund beschränkter Steuerpflichten in Betracht, beispielsweise weil derselbe Wirtschaftsvorgang oder derselbe Vermögenswert jeweils als dem eigenen Staatsgebiet zugehörig angesehen wird[95]. Der letztgenannte Kollisionsfall wird in der Praxis allerdings vergleichsweise selten vorkommen. Hauptkollisionsfall ist eben das Zusammentreffen der inländischen unbeschränkten (Einkommen- bzw. Körperschaft-)Steuerpflicht mit der beschränkten Steuerpflicht im Quellenstaat[96]. Für die auf den bilateralen Handels- und Wirtschaftsverkehr zwischen Deutschland und Korea ausgerichteten internationalen Unternehmungen mit Sitz oder Geschäftsleitung in Deutschland folgt hieraus, daß diese im Fall ihrer erfolgreichen Tätigkeit mit einem Teil des von ihnen erzielten Einkommens im anderen Vertragsstaat regelmäßig einer Doppelbesteuerung im Rechtssinne unterliegen. Ursächlich hierfür ist die Kollision ihrer unbeschränkten (Körperschaft-)Steuerpflicht in Deutschland mit der beschränkten (Körperschaft-)Steuerpflicht in Korea. Die Doppelbesteuerung bedingt, daß die Betroffenen im Ergebnis einer fiskalischen Mehrbelastung ausgesetzt sind, das heißt der *Gesamtbetrag* der in beiden Staaten erhobenen Steuern ist höher, als er bei einer Besteuerung durch jeden der beiden Staaten Deutschland und Korea jeweils für sich genommen wäre.

---

93 An dieser Stelle finden die Bestimmungen des Revisionsabkommens bezüglich der Dauer des Aufenthaltes noch keine Berücksichtigung.

94 Gemäß § 1 Abs. 1 EStG bzw. Art. 1 Abs. 1 Nr. 1 ITA.

95 Vgl. auch *Mersmann*, Internationale Doppelbesteuerung, S. 94 f.

96 Vgl. auch *Birk*, Steuerrecht, § 3, Rdnr. 201; *Ebling*, Internationale Steuerverträge, DStR 1976, S. 335; *Frotscher*, Internationales Steuerrecht, § 1, Rdnr. 2; *Knechtle*, Grundfragen, S. 49; *Lornsen*, Unilaterale Maßnahmen, S. 25; *Mersmann*, Internationale Doppelbesteuerung, S. 93; *Schaumburg*, Internationales Steuerrecht, § 13, Rdnr. 13.4; *Vogel*, Internationales Steuerrecht, DStZ 1997, S. 273.

C. Negative Auswirkungen von Doppelbesteuerungen

Die Auswirkungen der Doppelbesteuerung beschränken sich allerdings nicht auf die Erhöhung der Gesamtsteuerbelastung allein. Wie eingangs bereits ausgeführt, gehen die negativen Auswirkungen von Doppelbesteuerung deutlich weiter[97]. Im folgenden soll näher dargestellt werden, worin diese im einzelnen zu sehen sind und inwiefern sie die Notwendigkeit einer Vermeidung tatsächlich begründen[98].

Doppelbesteuerungen wirken sich zunächst als fiskalische Mehrbelastungen aus, die neben der Höhe der steuerlichen Belastung auch deren Struktur beeinflussen[99]. In betriebswirtschaftlicher Sicht folgt aus der effektiven Mehrbelastung regelmäßig die Minderung der Nettoerträge[100]. Soweit die hiervon betroffenen Unternehmen die steuerlichen Mehrlasten nicht im Wege einer höheren Preisgestaltung überwälzen können[101], erhöhen die Mehrlasten die Rentabilitätsschwelle von grenzüberschreitenden Wirtschaftsaktivitäten derart, daß nicht ausgeschlossen erscheint, daß potentielle Investoren sich für einen ausschließlichen Einsatz ihrer Arbeitskraft oder ihres Kapitalvermögens im Inland entscheiden[102]. Zudem führen die geringeren Nettoerträge zu einer erschwerten Vornahme von Rationalisierungs- oder Kapazitätserweiterungsmaßnahmen, da die notwendigen Selbstfinanzierungsmöglichkeiten fehlen; gleichbedeutend hiermit sind die aufgrund der geringeren Nettorenditen erschwerten Beteiligungs- und

---

97 Vgl. oben Einleitung.

98 In der Einleitung des Musterkommentars zum Musterabkommen der Organisation für wirtschaftliche Entwicklung und Zusammenarbeit (OECD-MA) auf dem Gebiete der Steuern vom Einkommen und vom Vermögen findet sich unter „Juristische Doppelbesteuerung" die Feststellung: „Ihre (d.h. der Doppelbesteuerung) nachteiligen Folgen für den Waren-, Dienstleistungsverkehrs-, Kapital-, Technologie- und Personenverkehr sind zu bekannt, als daß auf die Bedeutung hingewiesen werden müßte, die der Beseitigung der Hindernisse zukommt, welche sich aus der Doppelbesteuerung für die Ausweitung der Wirtschaftsbeziehungen zwischen den Staaten ergeben", abgedruckt in *Vogel*, DBA, Einl., Rdnr. 01.

99 Vgl. oben Kapitel 1, A VI.

100 Vgl. auch *Otto H. Jacobs*, Internationale Unternehmensbesteuerung, 4. Auflage 1999, München, S. 7; *Wolfram Scheffler*, Besteuerung der grenzüberschreitenden Unternehmenstätigkeit, München, 1994, S. 18.

101 Zu der Überwälzbarkeit von Gewinnsteuern im Vergleich zu Kostensteuern dazu allgemein *Walter Brodmann*, Wettbewerbswirkungen unterschiedlicher Steuersysteme im internationalen Handel unter besonderer Berücksichtigung der Besteuerungsverhältnisse in der Schweiz, der Bundesrepublik Deutschland und in Frankreich, St. Gallen 1974, S. 93 ff.

102 Vgl. auch *Jacobs*, Internationale Unternehmensbesteuerung, S. 7; *Kluge*, Internationales Steuerrecht, Rdnr. B 32; *Scheffler*, Grenzüberschreitende Unternehmenstätigkeit, S. 18.

Fremdfinanzierungsmöglichkeiten[103]. Insgesamt gesehen erleiden die von Doppelbesteuerungen betroffenen Unternehmen entscheidende Einbußen in ihrer Wettbewerbs- und Konkurrenzfähigkeit – und dies nicht nur im Vergleich zu den Konkurrenten, die sich ausschließlich im Inland betätigen, sondern auch mit Blick auf die in den Auslandsmärkten ansässigen Konkurrenten, die ausschließlich der dortigen Besteuerung unterliegen[104].

Die durch die Wettbewerbsverzerrungen hervorgerufenen Einbußen sind grundsätzlich nicht mit den Grundsätzen einer liberalisierten Weltwirtschaft vereinbar und widersprechen insbesondere den vom GATT-Vertrag (*General Agreement on Tariffs and Trade*)[105] verfolgten Zielvorstellungen eines möglichst freien, das heißt von hemmenden staatlichen Einflüssen entlasteten, Welthandels[106]. Dies hat, volkswirtschaftlich betrachtet, Erschwerungen des internationalen Personen-, Güter- und Kapitalverkehrs zur Folge, da die Doppelbesteuerungen die kostengünstige Ausnutzung der wirtschaftlichen Ressourcen über staatliche Grenzen hinweg verhindern[107]. Auf potentielle Wirtschaftsbetätigungen im Ausland kann daher bereits im Vorfeld verzichtet werden, was nicht nur den international agierenden Unternehmen, sondern auch den Staaten selbst zum erheblichen Nachteil gereichen kann. Dem Problem besonders sensibel gegenüber stehen Staaten, die sich durch exponierte Exporttätigkeiten, hohe Auslandsinvestitionsquoten und starke Auslandsaktivitäten auszeichnen, da die Sicherung der heimischen Arbeitsmarktlage und die Ausnutzung der heimischen Produktionskapazitäten unbedingt voraussetzen, daß die inländischen Unternehmen erfolgreich auf dem Weltmarkt operieren[108].

---

103 Vgl. *Jacobs*, Internationale Unternehmensbesteuerung, S. 7; *Knechtle*, Grundfragen, S. 53; *Lornsen*, Unilaterale Maßnahmen, S. 35.

104 Vgl. auch *Ebling*, Unilaterale Maßnahmen, S. 74; *Knechtle*, Grundfragen, S. 53; *Kluge*, Internationales Steuerrecht, Rdnr. B 32; *Mersmann*, Internationale Doppelbesteuerung, S. 95.

105 Vgl. BGBl. II 1951. S. 4 sowie BGBl. II 1994, S. 1438 und BGBl. II 1995, S. 456 in der von der sog. Uruguay-Verhandlungsrunde ergänzten Fassung.

106 Vgl. auch *Justus Fischer-Zernin*, Internationale Ertragsteuern und Welthandelsordnung (GATT/WTO), Köln 1996, S. 6 f.

107 Vgl. *Jacobs*, Internationale Unternehmensbesteuerung, S. 7; *Knechtle*, Grundfragen, S. 53; *Kluge*, Internationales Steuerrecht, Rdnr. B 32; *Scheffler*, Grenzüberschreitende Unternehmenstätigkeit, S. 18.

108 Vgl. *Jacobs*, Internationale Unternehmensbesteuerung, S. 7; *Kluge*, Internationales Steuerrecht, Rdnr. B 32; *Scheffler*, Grenzüberschreitende Unternehmenstätigkeit, S. 18.

Ferner unterliegen Doppelbesteuerungen rechtlichen Bedenken. Die doppelte fiskalische Belastung der Betroffenen verstößt gegen den Grundsatz der gleichmäßigen Besteuerung[109]. Wenn mehrere Staaten, insbesondere der Wohnsitzstaat und der Quellenstaat, das Welteinkommen ganz oder zum Teil belasten, so ergibt sich eine nachteilige Belastung im Vergleich zu den Steuerpflichtigen, die nur Inlandseinkommen haben[110]. Darüber hinaus entspricht die doppelte Besteuerung der grenzüberschreitend tätigen Steuersubjekte nach verbreiteter Auffassung nicht dem Prinzip der Besteuerung nach der Leistungsfähigkeit. Denn soweit auf der Grundlage der Welteinkommensbesteuerung die gesamten Einkünfte der unbeschränkt Steuerpflichtigen unterschiedslos heranzuziehen seien, sei die zusätzliche Steuerlast, so wird ausgeführt, mit der die ausländischen Einkünfte aufgrund des staatlichen Steueranspruches des anderen Staates bedacht würden, als ein Verstoß hiergegen anzusehen[111]. Diese führe zu einer „*Überbesteuerung*" der Betroffenen, die auch nicht durch den Finanzbedarf der Staaten gerechtfertigt sei[112]. Obwohl dies geboten sei, erfolge keine Differenzierung zwischen in- und ausländischer Leistungsfähigkeit, so daß die individuelle Leistungsfähigkeit im Ergebnis nicht ausreichend berücksichtigt werde[113]. Nur die Beachtung der ausländischen Steuern im Rahmen der subjektiven Leistungsfähigkeit sei geeignet, die horizontale Steuergerechtigkeit, welche die gleiche Steuerbehandlung gleich hoher (disponibler) Einkommen gebiete, zu verwirklichen[114]. In diesem Punkt trifft sich diese Auffassung wieder mit den vorgenannten aus dem Gebot der Steuergerechtigkeit geäußerten Bedenken.

Wenn Doppelbesteuerungen auch rechtlichen Bedenken unterliegen, so existiert doch kein allgemeiner Rechtsgrundsatz dahingehend, daß diese verboten seien. Daß ein solcher Grundsatz nicht dem Grundgesetz bzw. dem nationalen Recht zu entnehmen ist, wird allgemein angenommen[115]. Der *Bundesfinanzhof*

---

109 Vgl. *Hans Flick*, Recht und Gerechtigkeit im Internationalen Steuerrecht, FR 1961, S. 171 – 173 (172); *Klaus Tipke*, Der Grundsatz der Steuergerechtigkeit, in: Besteuerung von Einkommen, hrsg. v. Klaus Tipke, Nadja Bozza, Berlin 2000, S. 9 – 32 (25).

110 Vgl. *Tipke*, Grundsatz der Steuergerechtigkeit, S. 25.

111 Vgl auch *Harald Schaumburg*, Das Leistungsfähigkeitsprinzip im Internationalen Steuerrecht, in: Die Steuerrechtsordnung in der Diskussion, Festschrift für Klaus Tipke, hrsg. v. Joachim Lang, Köln 1995, S. 125 – 151 (144).

112 Vgl. auch *Ebling*, Unilaterale Maßnahmen, S. 75; *Knechtle*, Grundfragen, S. 52.

113 Vgl. auch *Schaumburg*, Leistungsfähigkeitsprinzip im Internationalen Steuerrecht, S. 144.

114 Vgl. auch *Schaumburg*, Internationales Steuerrecht, § 14, Rdnr. 14.10.

115 Z.B. *Kluge*, Internationales Steuerrecht, Rdnr. B 32; *Krause*, Internationale Doppelbesteuerung, S. 16; *Schaumburg*, Internationales Steuerrecht, § 14, Rdnr. 14.7; *Vogel*, DBA, Einl., Rdnr. 8; *Weber-Fas*, Staatsverträge, S. 40.

folgt dieser Annahme und führt diesbezüglich aus: „*Einen Rechtsgrundsatz, daß eine Doppelbesteuerung schlechthin unzulässig sei, gibt es nicht*"[116]. Ob es einen allgemeinverbindlichen Grundsatz internationaler Rücksichtnahme gibt, wie vereinzelt in der Literatur hervorgehoben wird[117], ist keineswegs gesichert. Aber selbst wenn man dies bejahen würde, würden sich hieraus nur dann Verpflichtungen ergeben, wenn die Vermeidung einer Doppelbesteuerung aus Rücksichtnahme auf die Besteuerungsinteressen anderer Staaten zwingend geboten wäre[118]. Soweit wird man aber kaum gehen können[119]. Entscheidend für das Fehlen eines allgemeinen Doppelbesteuerungsverbots ist der Umstand, daß ein völkerrechtliches Verbot der Doppelbesteuerung nicht besteht[120]. Die Souveränität der Staaten, und hierbei insbesondere die Steuerhoheit als Ausfluß der einheitlichen souveränen Staatsgewalt, steht der Annahme eines solchen Verbots entgegen. Wie die gesamte Gesetzgebung steht die Steuergesetzgebung regelmäßig im Belieben des nationalen Gesetzgebers; allgemeine völkerrechtliche Regeln, die es verböten, inländisches (Steuer-)Recht durch die nationale Gesetzgebung auf ausländische oder zwischenstaatliche Sachverhalte zu erstrecken, soweit ein genuine link vorhanden ist, bestehen grundsätzlich nicht[121]. Im internationalen Raum ist damit nicht ausgeschlossen, daß sich nationale Steuergewalten gleichberechtigt gegenüberstehen und die (Steuer-)Gesetze mehrerer Staaten das gleiche Steuerobjekt erfassen. Dieses kann zu Überschneidungen der Steuerordnungen führen, die zunächst hinzunehmen sind, damit aber zugleich, wie oben bereits dargelegt, die Ursache jeglicher Doppelbesteuerung bilden[122]. Das Völkerrecht läßt also Doppelbesteuerungen infolge derartiger Kollisionen zu und zwingt nicht etwa zu deren Vermeidung.

---

116 So in BStBl. II 1975, S. 497 ff. (498).

117 So *Wolfgang Ritter*, Das Prinzip Rücksicht – zu den internationalen Grenzen der Steuerhoheit, BB 1984, S. 1109 – 1115 (1112).

118 Siehe dazu *Schaumburg*, Internationales Steuerrecht, § 14, Rdnr. 14.6.

119 Ebenso *Krause*, Internationales Doppelbesteuerung, S. 16.

120 Vgl. auch *Ottmar Bühler*, Prinzipien des Internationalen Steuerrechts, 2. Auflage 1965, Amsterdam, S. 167; *Ebling*, Unilaterale Maßnahmen, S. 8; *Frotscher*, Internationales Steuerrecht, § 1, Rdnr. 29; *Gloria*, Verständigungsverfahren, S. 195; *Kluge*, Internationales Steuerrecht, Rdnr. D 10; *Lornsen*, Unilaterale Maßnahmen, S. 28; *Schaumburg*, Internationales Steuerrecht, § 14, Rdnr. 14.4; *Klaus Vogel*, Theorie und Praxis im Internationalen Steuerrecht, DStR 1968, S. 427 – 434 (430); *Weber-Fas*, Staatsverträge, S. 44.

121 Vgl. oben Kapitel 1, B und *Lornsen*, Unilaterale Maßnahmen, S. 28, die diesbezüglich von der „Kehrseite der Steuersouveränität" spricht.

122 Vgl. oben Kapitel 1, B.

Die aufgezeigten negativen Auswirkungen belegen deutlich die Notwendigkeit, das Doppelbesteuerungsproblem im Interesse der am internationalen Wirtschaftsverkehr teilnehmenden Staaten zu lösen. Die Notwendigkeit folgt gleichsam einem *„Gebot wirtschaftlicher Vernunft"*[123] bzw. *„Gründen der Opportunität"*[124]. Es wird auch eine *„prinzipielle bzw. moralische*[125] *Verpflichtung"* bzw. eine *„Fürsorgepflicht der Staaten gegenüber den eigenen Steuerpflichtigen"*[126] zur Lösung des Problems angenommen. Dies gilt auch im Verhältnis Deutschlands zu Korea, da die internationalen Unternehmungen aufgrund der Besteuerungsprinzipien beider Staaten regelmäßig Doppelbesteuerungen auf dem Gebiet der direkten Steuern unterliegen können[127]. Es liegt daher im wohlverstandenen Interesse Deutschlands, die aus der Doppelbesteuerung drohenden Hemmnisse für die traditionell guten und umfangreich bestehenden Handels- und Wirtschaftsbeziehungen zu Südkorea[128] zum Schutz vor nachteiligen Folgen für die eigene Volkswirtschaft - bzw. umgekehrt: zur Förderung der eigenen Wirtschaft - zu vermeiden[129]. Damit werden gleichzeitig die Interessen der eigenen grenzüberschreitend tätigen Steuerpflichtigen wahrgenommen, die vor Doppelbesteuerungen entsprechend bewahrt werden.

---

123 So *Michael Theodor Nieland*, Doppelbesteuerungsabkommen als Problem innerstaatlicher Rechtssetzung, Frankfurt, Bern, New York, Paris 1989, S. 47.

124 So *Lornsen*, Unilaterale Maßnahmen, S. 45.

125 So *Weber-Fas*, Staatsverträge, S. 43.

126 So *Wilke*, Lehrbuch des internationalen Steuerrechts, Rdnr. 33.

127 Vgl. oben Kapitel 1, B V.

128 Deutschland ist einer der wichtigsten europäischen Handelspartner Koreas. In 2002 betrug das gesamte Handelsvolumen zwischen beiden Staaten 9,76 Bill. US$, verglichen mit einem Volumen von 8,79 US$ in 2001. Damit konnte Deutschland seinen Anteil am gesamten Handelsvolumen Koreas von 3 % (in 2001) auf 3,1 % erhöhen. In der Rangfolge der Handelspartner im Außenhandel weltweit steht Deutschland hinter den USA (55,79 Bill. US$, 17,73 %), Japan (45 Bill. US$, 14,3 %), China (41,15 Bill. US$, 13,08 %), Hong Kong (11,84 Bill. US$, 3,76 %) und Taiwan (11,46 Bill. US$, 3,64 %). Quelle: Report on Economic Performance of Korea and Korean-German Economic Relations in 2002, hrsg. v. Korean-German Chamber of Commerce and Industry (KGCCI), März 2003, Seoul, Südkorea.

129 Allgemein zur Entwicklung der Handels- und Wirtschaftsbeziehungen zwischen beiden Staaten vgl. auch *Byung-Hwan Yae*, Die Handelsbeziehungen zwischen Deutschland und Korea nach dem Zweiten Weltkrieg, Stuttgart 1997, S. 19 ff.; zur Entwicklung des Außenhandels Koreas mit der EU vgl. auch *Sun-Jae Lee*, Der Aufstieg der Industrie Koreas in der Weltwirtschaft, Frankfurt am Main, 1998, S. 322 ff.

Kapitel 2: Geltungsbereich des Revisionsabkommens

Die unter dem 10. Juli 2002 erfolgte Transformation des Revisionsabkommens in die innerstaatliche Rechtsordnung Deutschlands[130] darf nicht darüber hinwegtäuschen, daß es sich bei dem zwischen Deutschland und Korea abgeschlossenen Steuerabkommen vom 10. März 2000 grundsätzlich um einen von dem innerstaatlichen Recht der Vertragsstaaten abzugrenzenden *eigenständigen* Regelungskreis handelt, der sich eigener Abgrenzungen und insbesondere einer eigenen abkommensrechtlichen Begriffssprache[131] bedient[132]. Die Eigenständigkeit ist die Folge der besonderen Herkunft und der Charakterisierung der allgemeinen DBA als völkerrechtliche Verträge[133], wenngleich die Anerkennung der Eigenständigkeit nicht zu einer völligen Bedeutungslosigkeit des jeweiligen innerstaatlichen Rechts der Vertragsstaaten führt. Der Bezug zum innerstaatlichen Recht ist den allgemeinen Steuerabkommen vielmehr immanent, so daß ein Rückgriff regelmäßig denkbar ist, nicht allein aufgrund einer – ausdrücklichen oder stillschweigenden – Verweisung auf das innerstaatliche Recht eines der beiden Vertragsstaaten[134].

Im wesentlichen autonom werden die Voraussetzungen der Abkommensberechtigung und damit der Geltungsbereich eines jeden Steuerabkommens bestimmt. Das Revisionsabkommen vom 10. März 2000 folgt dem Aufbau des von dem Fiskalausschuß der *„Organisation für wirtschaftliche Zusammenarbeit und Entwicklung“* (OECD)[135] ausgearbeiteten *„Musterabkommen zur Vermeidung der Doppelbesteuerung auf dem Gebiet der Steuern vom Einkommen und vom Vermögen“* (OECD-MA) und legt in den Art. 1 und 2 RevDBA seinen Gel-

---

130 Vgl. oben Teil 1, Kapitel 2, A.

131 So insb. der allgemeine Begriffskatalog des Art. 3 Abs. 1 RevDBA, der vorbehaltlich der besonderen Definitionen zur Anwendung gelangt. Zu diesen sind bspw. die Definition des unbeweglichen Vermögens, der Dividenden, der Zinsen, und der Lizenzgebühren zu zählen, vgl. auch *Kluge*, Internationales Steuerrecht, Rdnr. R 52; *Vogel*, DBA, Art. 3, Rdnr. 4.

132 Vgl. auch *BFH*, BStBl. II 1973, S. 810 ff (811); *Frotscher*, Internationale Steuerrecht, § 2, Rdnr. 9; *Kluge*, Internationales Steuerrecht, Rdnr. R 46; *Schaumburg*, Internationales Steuerrecht, § 16, Rdnr. 16.52; *Wassermeyer* in: Debatin/Wassermeyer, DBA, Bd. I, MA Art. 1, Rdnr. 48.

133 Vgl. oben Teil 1, Einleitung.

134 Vgl. auch *Kluge*, Internationales Steuerrecht, Rdnr. R 46; *Schaumburg*, Internationales Steuerrecht, § 16, Rdnr. 16.53; *Vogel*, DBA, Einl., Rdnr. 77 a.

135 „Organization for Economic Cooperation and Development“.

tungsbereich autonom fest[136][137]. Im Hinblick hierauf unterscheidet das Revisionsabkommen vom 10. März 2000 zwischen persönlichem und sachlichem Geltungsbereich, wohingegen die Frage, was Doppelbesteuerung begrifflich ist, für die Abkommensanwendung nicht von Bedeutung ist[138].

Scheidet eine Anwendung des Revisionsabkommens vom 10. März 2000 mangels einschlägigem Geltungsbereich aus, verbleibt die Möglichkeit der Anwendung unilateraler Maßnahmen zur Vermeidung der Doppelbesteuerung, auf deutscher Seite insbesondere § 34 c EStG[139].

A. Persönlicher Geltungsbereich

Die Festlegung des persönlichen Geltungsbereichs soll den Personenkreis eingrenzen, der als Träger von Rechten und Pflichten aus dem Steuerabkommen

---

136 Die erstmalige Ausarbeitung erfolgte im Jahr 1963. In den darauffolgenden Jahren unterlag das OECD-MA aufgrund der wirtschaftlichen Entwicklung der OECD-Mitgliedsstaaten und der ständigen Weiterentwicklung ihrer Steuersysteme einer fortwährenden Überarbeitung und Ergänzung. Aus der Erkenntnis, daß die Revision des OECD-MA und seines Kommentars (OECD-MK) ein ständig fortschreitender Prozeß ist, erfolgte im Jahr 1977 eine Neufassung des OECD-MA und des OECD-MK, gefolgt von einer weiteren am 23. Juli 1992. Im Anschluß an die Revision des OECD-MA im April 2000 ist vom OECD-Fiskalausschuß eine weitere Neufassung des OECD-MA nebst seines Kommentars beschlossen und vom OECD-Ministerrat am 29. Januar 2003 gebilligt worden. Beide Neufassungen haben keine Berücksichtigung bei dem Abschluß des Revisionsabkommens gefunden haben, demzufolge diesem die Fassung des OECD-MA vom 23. Juli 1992 zugrunde liegt. Vgl. zu den Neufassungen, *Helmut Krabbe*, OECD-Musterabkommen 2000, IStR 2000, S. 196 – 201; *ders.*, OECD-Musterabkommen 2003, IStR 2003, S. 253 - 258.

137 Das OECD-MA stellt ausschließlich eine Empfehlung des OECD-Fiskalausschusses dar und ist keinesfalls rechtlich bindend. Sinn und Zweck des OECD-MA ist, den Wirtschaftsbeziehungen der Mitgliedsstaaten auf dem Gebiet der Besteuerung eine sichere Grundlage zu geben und dient hierfür als Verhandlungsgrundlage bzw. Formulierungshilfe, was jedoch nicht bedeutet, daß die Heranziehung des OECD-MA automatisch zu einer Einigung führt. Jedes DBA ist ein eigenständiges Abkommen, das die jeweils sehr konkreten, oftmals auch entgegenstehenden Interessen der Mitgliedsstaaten berührt, über deren Ausgleich diese oftmals langwierig und zäh miteinander verhandeln. Hierüber darf die Verwendung von Mustern und Standardformulierungen nicht hinwegtäuschen, vgl. *Kluge*, Internationales Steuerrecht, Rdnr. R 85.

138 Vgl. auch *Ebling*, Internationale Steuerverträge, DStR 1976, S. 334; *Kluge*, Internationales Steuerrecht, Rdnr. B 22; *Vogel*, DBA, Einl., Rdnr. 4; *Wassermeyer* in: Debatin/Wassermeyer, DBA, Bd. I, MA Vor Art. 1, Rdnr. 2.

139 Siehe dazu auch § 34 c Abs. 6 EStG.

heraus in Betracht kommt[140]. Insofern kann auch nur zu Gunsten eines bestimmten Personenkreises die Vermeidung der Doppelbesteuerung begehrt werden und nicht generell. Das Revisionsabkommen vom 10. März 2000 gilt für Personen, „*die in einem oder in beiden Vertragsstaaten ansässig sind*", Art. 1 RevDBA. Entscheidend sind somit die „*Person*" und deren „*Ansässigkeit*" in mindestens einem der Vertragsstaaten und damit das Vorhandensein einer Nähebeziehung zu einem der Vertragsstaaten Deutschland oder Korea.

I. „Person" und „Gesellschaft"

Nach Art. 3 Abs. 1 Buchst. d) RevDBA umfaßt der abkommensrechtliche Personenbegriff des Art. 1 RevDBA alle natürlichen Personen und Gesellschaften, die sich wiederum in juristische Personen und Rechtsträger, die für die Besteuerung wie juristische Personen behandelt werden, aufgliedern, Art. 3 Abs. 1 Buchst. e) RevDBA. Während die „*natürlichen Personen*" und die „*juristischen Personen*" in beiden Vertragsstaaten regelmäßig keinen Besonderheiten unterliegen, ist fraglich, welche Rechtsträger für die Besteuerung wie juristische Personen behandelt werden mit der Folge, daß diese ebenfalls dem persönlichen Geltungsbereich des Revisionsabkommens vom 10. März 2000 unterfallen.

Die ausdrückliche Aufnahme in den Personenbegriff des Revisionsabkommens vom 10. März 2000 könnte sich auf die koreanischen Personengesellschaften Hapmyong-hoesa und Hapja-hoesa beziehen, da diesen nach den Besonderheiten des koreanischen Handels- und Gesellschaftsrechts der Status von juristischen Personen zukommt, diese mithin als Körperschaftsteuersubjekte anzusehen sind[141]. Dem steht jedoch entgegen, daß den Personengesellschaften nach deutschem Steuerrecht grundsätzlich die Eigenschaft als Steuersubjekte abgesprochen wird und statt dessen die von Personengesellschaften betriebenen Unternehmen steuerlich wie Einzelunternehmen behandelt werden[142]. Deutschland ist auch nicht verpflichtet, die Steuersubjekteigenschaft der koreanischen Personengesellschaften nach koreanischem Recht anzuerkennen. Maßgebend ist nicht die ausländische Qualifikation und noch weniger die ausländische Besteuerung,

---

140 Vgl. *Frotscher*, Internationales Steuerrecht, § 5, Rdnr. 13; *Kluge*, Internationales Steuerrecht, Rdnr. R 161; *Schaumburg*, Internationales Steuerrecht, § 16, Rdnr. 16.162; *Klaus Vogel*, Doppelbesteuerungsabkommen und ihre Auslegung (Teil II), StuW 1982, S. 286 – 301 (286).

141 Vgl. oben Kapitel 1, B IV.

142 Vgl. § 15 Abs. 1 Satz 1 Nr. 2 EStG.

sondern ausschließlich das deutsche Recht[143]. Denn entsprechend dem verfassungsrechtlichen Gleichheitsgedanken besteht für den deutschen Gesetzgeber kein rechtfertigender Grund, die ausländischen juristischen Personen einer besonderen Behandlung zu unterwerfen - oder umgekehrt: die ausländischen juristischen Personen den juristischen Personen des deutschen Rechts ohne weiteres ausdrücklich gleichzustellen –, zumal die Übernahme der nach dem ausländischen Recht erfolgten Einordnung die Gefahr birgt, daß das ausländische Recht gezielt zum Träger ausländischer öffentlicher Interessen gemacht wird. Abweichende Auffassungen, die eine Einordnung nach ausländischem Recht aufgrund des Grundsatzes der Einheit der Rechtsordnung befürworten[144], verkennen, daß angesichts des Wortlautes von § 1 Abs. 1 KStG nicht die ausländische Rechtsfähigkeit als entscheidendes Kriterium anzusehen ist, sondern die Frage, ob der ausländische Rechtsträger wie ein rechtsfähiges Gebilde lebt[145]. Es ist damit ein „Typenvergleich" vorzunehmen, dem die Ausgangsfrage zugrunde liegt, ob der ausländische Rechtsträger nach seinem rechtlichen Aufbau und seiner wirtschaftlichen Stellung insgesamt eher einer deutschen Personengesellschaft oder einem körperschaftsteuerpflichtigen Gebilde deutschen Rechts vergleichbar ist[146].

Ein Typenvergleich[147] der koreanischen Personengesellschaften ergibt, daß diese in ihren inneren Strukturen betreffend den persönlichen Zusammenschluß ihrer Gesellschafter, die gemeinsame Zweckverfolgung wie auch die rechtliche

---

143 So bereits die sog. Venezuela-Entscheidung des *RFH*, RStBl. 1930, S. 444; *Detlev Jürgen Piltz*, Die Personengesellschaft im internationalen Steuerrecht der Bundesrepublik Deutschland, Heidelberg 1981, S. 62; *Brigitte Knobbe-Keuk*, Qualifikationskonflikte im internationalen Steuerrecht der Personengesellschaften, RIW 1991, S. 306 – 316 (313); *Volker Kluge*, Die Anerkennung ausländischer Gesellschaften im deutschen Steuerrecht, DStR 1976, S. 365 – 369 (365); *Vogel*, Auslegung (Teil II), StuW 1982, S. 288.

144 So beispielsweise *Lothar Hintzen*, Die Anerkennung ausländischer Personengesellschaften nach deutschem Steuerrecht, DStR 1971, S. 327 – 334 (331); *ders.*, Zur Qualifikation ausländischer körperschaftsteuerpflichtiger Personengesellschaften, StuW 1974, S. 319 – 326 (326).

145 Ebenso *Kluge*, Anerkennung ausländischer Gesellschaften, DStR 1976, S. 366.

146 Vgl. auch *BFH*, BStBl. II 1992, S. 972 ff. (972) m.w.N.; *Streck* in: KStG, § 1, Anm. 5.

147 Der Typenvergleich vollzieht sich auf zwei Stufen. Auf der ersten Stufe ist dem Umstand Rechnung zu tragen, daß die Prägung des ausländischen Rechtsträgers entscheidend vom ausländischen Zivilrecht abhängig ist. Diesbezüglich wird das ausländische Zivilrecht daraufhin untersucht, welche Struktur und welche Stellung es dem ausländischen Rechtsträger zuweist. Auf der zweiten Stufe entscheidet dann das deutsche Steuerrecht eigenständig über dieses Ergebnis, in dem es die Beteiligung der inländischen Steuerpflichtigen an dem ausländischen Rechtsträger entweder als Beteiligung an einer Personen- oder Kapitalgesellschaft einordnet, ausführlich dazu auch *Jacobs*, Internationale Unternehmensbesteuerung, S. 482 f.

Individualität der Gesellschafter den deutschen Personengesellschaften entsprechen und nicht den juristischen Personen. Die unterschiedliche innerstaatliche Sichtweise der Personengesellschaften kann demnach zur Entstehung von *subjektiven* Qualifikationskonflikten[148] führen, die bei einer Anwendung des Revisionsabkommens je nach Lösung zu unterschiedlichen Rechtsfolgen führen. Um den Abkommenszweck der Vermeidung der Doppelbesteuerung dennoch nicht zu gefährden, schlägt die Abkommensberechtigung der koreanischen Personengesellschaften entsprechend dem Gebot der Regelungshomogenität[149] auf die jeweiligen Gesellschafter durch[150]. Art. 3 Abs. 1 Buchst. e) RevDBA ist daher hinsichtlich der Rechtsträger, die für die Besteuerung wie juristische Personen behandelt werden, dahingehend auszulegen, daß die nach koreanischem Recht gegebene Abkommensberechtigung der koreanischen Personengesellschaften Hapmyong-hoesa und Hapja-hoesa jeweils auf ihre Gesellschafter durchschlägt. Anstelle der Personengesellschaften unterfallen die Gesellschafter dem persönlichen Geltungsbereich des Revisionsabkommens vom 10. März 2000, sofern sie in ihrer Person auch das weitere Tatbestandsmerkmal der „*Ansässigkeit*“ in mindestens einem der beiden Vertragsstaaten erfüllen[151].

II. „Ansässigkeit“

Die Regelung der Ansässigkeit erfolgt in Art. 4 RevDBA. Danach bedeutet der Ausdruck „*eine in einem Vertragsstaat ansässige Person*“ im Sinne des Art. 1 RevDBA „*eine Person, die nach dem Recht dieses Staates dort aufgrund ihres Wohnsitzes, ihres ständigen Aufenthaltes, des Ortes ihrer Hauptverwaltung oder eines anderen ähnlichen Merkmals steuerpflichtig ist*“, Art. 4 Abs. 1 Satz 1 RevDBA. Ausweislich dieses Wortlautes knüpft die abkommensrechtliche Ansässigkeit des Art. 4 RevDBA an die innerstaatliche Steuerpflicht an, die in ihrem Umfang der unbeschränkten Steuerpflicht entspricht. Die zur Begründung der unbeschränkten Steuerpflicht führenden ortsbezogenen Merkmale – nämlich

---

148 Allgemein zu den Qualifikationskonflikten im Internationalen Steuerrecht vgl. auch *Wolfram Diehl*, Qualifikationskonflikte im Außensteuerrecht, FR 1978, S. 517 – 526.

149 Vgl. auch *BFH*, BStBl. III 1967, S. 88 ff. (89) unter Hinweis auf BVerfGE 4, S. 157.

150 Vgl. auch *Jacobs*, Internationale Unternehmensbesteuerung, S. 487; *Frotscher*, Internationales Steuerrecht, § 8, Rdnr. 12; *Piltz*, Personengesellschaften, S. 134; *Knobbe-Keuk*, Qualifikationskonflikte, RIW 1991, S. 314; *Schaumburg*, Internationales Steuerrecht, § 16, Rdnr. 16.171; *Vogel*, DBA, Art. 1, Rdnr. 24 b; *Wassermeyer* in: Debatin/Wassermeyer, DBA, Bd. I, MA Art. 1, Rdnr. 28 d.

151 Vgl. auch *Jacobs*, Internationale Unternehmensbesteuerung, S. 490.

Wohnsitz, Ort des gewöhnlichen Aufenthaltes, Sitz, Ort der tatsächlichen Geschäftsleitung oder Hauptverwaltung in beiden Vertragsstaaten[152] – wirken demnach auch ansässigkeitsbegründend und infolgedessen kann von einer *Regelübereinstimmung* der innerstaatlich unbeschränkten Steuerpflicht mit der abkommensrechtlichen Ansässigkeit ausgegangen werden. Im Ergebnis führt dies dazu, daß die der unbeschränkten Steuerpflicht eines Vertragsstaates unterliegende Person gleichzeitig als im abkommensrechtlichen Sinne in diesem Vertragsstaat ansässig anzusehen ist; die Staatsangehörigkeit ist nicht von Bedeutung[153].

In der Terminologie der allgemeinen DBA ist dieser Vertragsstaat auch als Wohnsitzstaat-, Sitz- bzw. Ansässigkeitsstaat anzusehen, dem der andere Vertragsstaat, der sich durch die in seinem Gebiet belegene Einkunftsquelle auszeichnet, als Quellen- bzw. Belegenheitsstaat gegenübersteht. Dem abkommensrechtlichen Ansässigkeitsbegriff kommt diesbezüglich die *weitere* Funktion zu, als maßgeblicher Anknüpfungspunkt die Besteuerung im Wohnsitzstaat gegen die Besteuerung im Quellenstaat innerhalb der Verteilungsnormen abzugrenzen[154]. Für die Begründung der abkommensrechtlichen Ansässigkeit ist nicht ausreichend, daß die betreffende Person „*in diesem Staat nur mit Einkünften aus Quellen in diesem Staat oder mit in diesem Staat gelegenem Vermögen steuerpflichtig ist*", Art. 4 Abs. 1 Satz 2 RevDBA. Die Besteuerung nach dieser Maßgabe entspricht innerstaatlich der beschränkten Steuerpflicht (Quellenprinzip), so daß die in einem Vertragsstaat beschränkt steuerpflichtige Person als nicht dort im abkommensrechtlichen Sinne ansässig angesehen werden kann[155]. Insoweit bestätigt sich auch die eingangs getroffene Feststellung der Regelübereinstimmung zwischen der abkommensrechtlichen Ansässigkeit und der unbeschränkten Steuerpflicht.

Problematisch gestalten sich die Fälle, in denen eine unbeschränkte Steuerpflicht in beiden Vertragsstaaten begründet wird, und dementsprechend die Ansässigkeit des Steuerpflichtigen in beiden Vertragsstaaten gegeben ist (Doppel-

---

152 Vgl. oben Kapitel 1, B.

153 Vgl. *Frotscher*, Internationales Steuerrecht, § 3, Rdnr. 2; *Kluge*, Internationales Steuerrecht, Rdnr. R 171; *Schaumburg*, Internationales Steuerrecht, § 16, Rdnr. 16.189; *Vogel*, DBA, Art. 4, Rdnr. 24; *Wassermeyer* in: Debatin/Wassermeyer, DBA, Bd. I, MA Art. 4, Rdnr. 25.

154 Vgl. auch *Kluge*, Internationales Steuerrecht, Rdnr. R 171; *Schaumburg*, Internationales Steuerrecht, § 16, Rdnr. 16.165; *Vogel*, DBA, Art. 4, Rdnr. 12.

155 Vgl. auch *Michael Lang*, Die Vermeidung der Doppelbesteuerung und der doppelten Nichtbesteuerung als DBA-Auslegungsmaxime ? IStR 2002, S. 609 – 613 (610).

ansässigkeit). Diese Fälle sind insofern nicht ausgeschlossen, als innerstaatlich bereits die Erfüllung *eines* ortsbezogenen Merkmales für die unbeschränkte Steuerpflicht ausreichend ist und dieselbe Person sowohl in Deutschland als auch in Korea unbeschränkt steuerpflichtig sein kann[156]. Zu der Auflösung der Fälle von Doppelansässigkeit ist zwischen den *natürlichen Personen* im Sinne des Art. 3 Abs. 1 Buchst. d) RevDBA und den *Gesellschaften* nach Art. 3 Abs. 1 Buchst. e) RevDBA zu differenzieren.

Für die natürlichen Personen bestimmt die besondere Kollisionsregel des Art. 4 Abs. 2 RevDBA einen Katalog, mittels welchem die für die Abkommensanwendung entscheidende Zuordnung der doppelt ansässigen Person zu einem der beiden Vertragsstaaten entschieden wird[157]. Der Katalog sieht hierfür fünf Stufen vor und stellt – in dieser Reihenfolge – auf die ständige Wohnstätte, den Mittelpunkt der Lebensinteressen, den gewöhnlichen Aufenthalt oder auch die Staatsangehörigkeit des betroffenen Steuerpflichtigen ab, Art. 4 Abs. 2 Buchst. a) bis e) RevDBA. Gelingt keine Zuordnung zu einem der beiden Vertragsstaaten, erfolgt die Auflösung der Doppelansässigkeit im gegenseitigen Einvernehmen der zuständigen Behörden, Art. 4 Abs. 2 Buchst. d) RevDBA. Dies sind gemäß Art. 3 Abs. 1 Buchst. i) RevDBA auf deutscher Seite das *Bundesministerium der Finanzen* (BMF) oder die Behörde, an die es seine Befugnisse delegiert hat, Art. 3 Abs. 1 Buchst. i) aa) RevDBA, wie auf koreanischer Seite der Minister des *Ministry of Finance and Economy* (MOFE) oder sein bevollmächtigter Vertreter, Art. 3 Abs. 1 Buchst. i) bb) RevDBA. Die Auflösung der Doppelansässigkeit bei den abkommensrechtlichen Gesellschaften erfolgt demgegenüber dadurch, daß für die Zwecke der Abkommensanwendung die Gesellschaft als in dem Vertragsstaat ansässig anzusehen ist, in welchem sich der Ort ihrer tatsächlichen Geschäftsleitung befindet, Art. 4 Abs. 3 RevDBA.

B. Sachlicher Geltungsbereich

Art. 2 RevDBA bestimmt die Steuern, für die das Revisionsabkommen vom 10. März 2000 gelten soll; hierdurch wird der sachliche Geltungsbereich des Steuer-

---

156 Vgl. oben Kapitel 1, B V.

157 Auch sog. „Tiebreaker-Regelung“, vgl. *Schaumburg*, Internationales Steuerrecht, § 16, Rdnr. 16.195; *Vogel*, DBA, Art. 4, Rdnr. 9 a.

abkommens festgelegt[158]. Danach gilt das Revisionsabkommen vom 10. März 2000 *„für Steuern vom Einkommen und vom Vermögen, die für Rechnung eines Vertragsstaates, eines seiner Länder oder ihrer Gebietskörperschaften erhoben werden*", Art. 2 Abs. 1 RevDBA. Dieses findet somit Anwendung auf die direkten Steuern in beiden Vertragsstaaten. Für Deutschland sind dies die Einkommensteuer, die Körperschaftsteuer, die Vermögensteuer[159], die Gewerbesteuer und der Solidaritätszuschlag, Art. 2 Abs. 3 Buchst. a) RevDBA; für Korea die Einkommensteuer und die Körperschaftsteuer sowie die als Zuschlag unmittelbar oder mittelbar auf der Bemessungsgrundlage der Einkommen- oder Körperschaftsteuer erhobene Sondersteuer für die landwirtschaftliche Entwicklung und die als Zuschlag unmittelbar oder mittelbar auf der Bemessungsgrundlage der Einkommen- oder Körperschaftsteuer erhobene lokale Einwohnersteuer, Art. 2 Abs. 3 Buchst. b) RevDBA. Der Art der Steuererhebung kommt keine Bedeutung zu, Art. 2 Abs. 1 RevDBA.

Zu berücksichtigen ist, daß sich der sachliche Geltungsbereich des Revisionsabkommens auf die Verhältnisse in Deutschland und Korea zum Zeitpunkt der Unterzeichnung am 10. März 2000 bezieht, unerheblich, ob die im Katalog des Art. 2 Abs. 3 RevDBA genannten Steuern vom Einkommen und vom Vermögen auch tatsächlich erhoben werden. Um allerdings einen umfassenden Abkommensschutz zu gewährleisten, schließt das Revisionsabkommen vom 10. März 2000 auch die Steuern gleicher oder im wesentlichen ähnlicher Art in seinen Geltungsbereich ein, die *nach* der Unterzeichnung des Abkommens neben den bestehenden Steuern oder an deren Stelle erhoben werden[160], Art. 2 Abs. 4 Satz 1 RevDBA. Insoweit sind die zuständigen Behörden[161] verpflichtet, sich die Änderungen der innerstaatlichen Steuergesetzgebung entsprechend mitzuteilen, Art. 2 Abs. 4 Satz 2 RevDBA. Im Ergebnis gewährleistet die Ausdehnungsklausel des Art. 2 Abs. 4 RevDBA, daß etwaige Änderungen der innerstaatlichen Steuergesetze nicht zur Unabwendbarkeit des Steuerabkommens führen, was insbesondere dann von Bedeutung ist, wenn die neue Steuer nicht (oder nicht

---

158 Vgl. auch *Frotscher*, Internationales Steuerrecht, § 5, Rdnr. 17; *Kluge*, Internationales Steuerrecht, Rdnr. R 161; *Schaumburg*, Internationales Steuerrecht, § 16, Rdnr. 16.182; *Vogel*, DBA, Art. 2, Rdnr. 6.

159 Die seit dem 1. Januar 1997 nicht mehr erhoben wird. Weitere Ausführungen erfolgen an späterer Stelle der Untersuchung.

160 Vgl. auch OECD-MK zum OECD-MA, Art. 2, Nr. 1, abgedruckt in *Vogel*, DBA, Art. 2, Rdnr. 2; *Schaumburg*, Internationales Steuerrecht, § 16, Rdnr. 16.186; *Vogel*, DBA, Art. 2, Rdnr. 52.

161 Nach Art. 3 Abs. 1 Buchst. i) RevDBA. Vgl. oben Kapitel 2, A II.

eindeutig) unter die Definitionen des Art. 2 Abs. 2 RevDBBA subsumiert werden kann.

Ist somit für einen grenzüberschreitenden Steuersachverhalt der Geltungsbereich des Revisionsabkommens vom 10. März 2000 nach Art. 1 und 2 RevDBA anzuerkennen, stellt sich die Frage, wie das DBA in bezug auf diesen zu einer Vermeidung der Doppelbesteuerung gelangt. Wie oben bereits dargestellt, ist der Regelungsgehalt des Revisionsabkommens vom 10. März 2000 grundsätzlich auf eine Beschränkung der Anwendung des innerstaatlichen Steuerrechts, mithin der innerstaatlichen Steueransprüche, der Vertragsstaaten ausgerichtet (Schrankenwirkung)[162]. Derartige Beschränkungen artikulieren sich primär in den Verteilungsnormen eines Steuerabkommens, bevor auf einer zweiten Stufe die Methoden zur Vermeidung der Doppelbesteuerung - und damit der sogenannte Methodenartikel - zur Anwendung gelangen[163]. Das Revisionsabkommen vom 10. März 2000 folgt diesbezüglich der Zwei-Stufen-Technik des OECD-Musterabkommens von 1992. Hieran zeigt sich aber auch, daß die Bestimmungen des Revisionsabkommens vom 10. März 2000 keinesfalls als Kollisionsnormen im Sinne des Internationalen Privatrechts angesehen werden können. Denn die DBA-Bestimmungen treffen keine Entscheidung darüber, welches innerstaatliche Steuerrecht der Vertragsstaaten zur Anwendung gelangt, sondern schränken dieses *„lediglich“* in seiner Anwendung ein[164]. Ausländisches, mithin koreanisches, (Steuer-)Recht findet daher grundsätzlich keine Beachtung, abgesehen von der Prüfung, ob Doppelbesteuerung vorliegt, und dem Fall der Anrechnung oder Verweisung auf das ausländische Recht[165].

Damit stehen im Mittelpunkt eines jeden Steuerabkommens die Verteilungsnormen. Nachfolgend gilt es, die Verteilungsnormen des Revisionsabkommens vom 10. März 2000 – in concreto Art. 6 bis 8 RevDBA und Art. 10 bis 22 RevDBA - einer ausführlichen Analyse zu unterziehen, um aus den abkommensrechtlichen Regelungen Folgerungen für die Steueransprüche Deutschlands gegenüber einem unbeschränkt Steuerpflichtigen, der sich wirtschaftlich in Korea betätigt, ziehen zu können.

---

162 Vgl. oben Teil 1, Kapitel 1, A I.

163 Weitere Ausführungen hierzu erfolgen an späterer Stelle der Untersuchung.

164 Vgl. auch *Ottmar Bühler*, Von der Struktur des internationalen Steuer- und Wirtschaftsrechts, NJW 1956, S. 889 – 892 (890); *Norbert Dautzenberg*, Anmerkung zur Entscheidung des EuGH vom 30. April 1996, IStR 1997, S. 638 – 640 (639).

165 Dazu auch *Escher*, Methoden zur Vermeidung der Doppelbesteuerung, S. 39; *Dautzenberg*, IStR 1997, S. 639; *Klaus Vogel*, Doppelbesteuerungsabkommen und ihre Auslegung (Teil I), StuW 1982, S. 111 – 124 (115).

Kapitel 3: Verteilungsnormen des Revisionsabkommens

A. Funktion der Verteilungsnormen

Wenn unter einer Doppelbesteuerung die Heranziehung desselben Steuerschuldners in mindestens zwei Staaten zur Besteuerung von identischen Steuergegenständen bei identischen Besteuerungszeiträumen, die in der Folge zu einer erhöhten Gesamtsteuerbelastung führen, zu verstehen ist[166], kommt eine Vermeidung derselben durch eine Verteilung des steuerlichen Zugriffsrechtes der beiden Steuerhoheitsträger dahingehend in Betracht, daß die im eigentlichen Sinne kollisionsbegründend wirkenden Steuervorschriften, die eine unbeschränkte Steuerpflicht mit dem Umfang der Welteinkommensbesteuerung statuieren, sich präventiv nicht bzw. nicht mehr mit anderen Steuerordnungen überschneiden. Demgemäß sind die abkommensrechtlichen Verteilungsnormen grundsätzlich darauf ausgerichtet zu bestimmen, welchem der beiden Vertragsstaaten die Besteuerung „*vorrangig*" und welchem sie „*sekundär*" zustehen soll, um zu gewährleisten, daß nur einem Vertragsstaat – anteilig oder zur Gänze – das steuerliche Zugriffsrecht zukommt[167]. Den Verteilungsnormen liegt damit als Regelfall der Hauptkollisionsfall der unbeschränkten Steuerpflicht des Wohnsitzstaates mit der beschränkten Steuerpflicht des Quellenstaates zugrunde[168]. Zwecks Zuweisung der Besteuerungskompetenzen an die Vertragsstaaten teilen die Verteilungsnormen zunächst die Einkünfte nach verschiedenen Einkunftsarten auf - hierin folgt das Revisionsabkommen vom 10. März 2000 dem OECD-Musterabkommen von 1992[169] - und treffen sodann eine Aussage über die Zuweisung der Besteuerungskompetenz an den Wohnsitz- bzw. an den Quellenstaat[170].

---

166 Vgl. oben Kapitel 1, A.

167 Vgl. *Frotscher*, Internationales Steuerrecht, § 5, Rdnr. 4; *Kluge*, Internationales Steuerrecht, Rdnr. S 32; *Schaumburg*, Internationales Steuerrecht, § 16, Rdnr. 16.165 *Vogel*, DBA, Vor Art. 6 – 22, Rdnr. 1; *Wassermeyer* in: Debatin/Wassermeyer, DBA, Bd. I, MA Vor Art. 6 – 22, Rdnr. 12.

168 Vgl. oben Kapitel 1, B V.

169 Was sich insbesondere in der Regelung der Besteuerung der Einkünfte aus unselbständiger Arbeit im Rahmen einer eigenständigen Verteilungsnorm zeigt. Weitere Ausführungen hierzu erfolgen an entsprechender Stelle: Art. 14 RevDBA.

170 Vgl. auch *Kluge*, Internationales Steuerrecht, Rdnr. S 32; *Lang*, Vermeidung der Doppelbesteuerung, IStR 2002, S. 611; *Schaumburg*, Internationales Steuerrecht, § 16, Rdnr. 16.165; *Vogel*, DBA, Vor Art. 6 – 22, Rdnr. 2; *Wassermeyer* in: Debatin/Wassermeyer, DBA, Bd. I, MA Vor Art. 6 – 22, Rdnr. 12.

Dieser Wirkungsweise des Revisionsabkommens vom 10. März 2000 liegt die Annahme zugrunde, daß die Vertragsstaaten Deutschland und Korea eine Verteilung des Steuergutes vornehmen, indem sie für den Bereich, in dem zwischenstaatliche Überschneidungen zu erwarten sind, die theoretisch möglichen Steuertatbestände untereinander aufteilen[171]. Die Auffassung einer solchen Wirkungsweise der DBA ist aber im Schrifttum nicht unbestritten, und es finden sich Ansichten, welche die Abkommensvorschriften als „*Steuerberechtigungsschranken* bzw. *Verzichtsnormen*"[172] oder auch als „*Steuerbefreiungs*- oder *Steuerermäßigungsvorschriften*"[173] charakterisieren. Die Charakterisierung als Steuerberechtigungsschranken bzw. Verzichtsnormen ist jedoch abzulehnen, da sie suggeriert, die Vertragsstaaten verzichteten auf die Geltendmachung ihrer Steueransprüche überhaupt. Zudem erscheint es widersprüchlich, wenn die Vertragsstaaten mittels der allgemeinen DBA Schranken gegen ihre eigenen Steueransprüche errichteten, die sich in der Folge für den betroffenen Steuerpflichtigen als unverbindlich erweisen könnten, da der Steuergesetzgeber zum Instrument des Treaty-override greifen könnte[174]. Schließlich ist der Terminus insbesondere deshalb abzulehnen, weil er zu der irrigen Annahme verleitet, die Anwendung der allgemeinen DBA führe stets zu einer eingeschränkten Besteuerung. Tatsächlich können die Vertragsstaaten auch steuerverschärfende Normen vereinbaren, so beispielsweise in den Fällen, in denen die Steuerabkommen die Nichtberücksichtigung von ausländischen Verlusten im Inland vorschreiben[175].

Daher ist mit *Vogel* die Charakterisierung der Abkommensvorschriften als Verteilungsnormen vorzuziehen und dahingehend zu verstehen, daß die Verteilung des Steuergutes bzw. der Steuergüter[176] auf einem Zusammenwirken der Vertragsstaaten beruht, die wechselseitig erfolgt und sich auf eine Steuermasse bezieht, die den räumlichen Geltungsbereich des jeweiligen innerstaatlichen Sachrechts betrifft. Die Charakterisierung ist insbesondere nicht in dem Sinne zu versehen, daß die Vertragsstaaten ihre Steuerkompetenzen in den DBA jeweils aufteilten. Ein derartiges Verständnis würde verkennen, daß sich die Souveränität der modernen Staaten nicht in einzelne „*Rechte*" aufspalten läßt - die Steuergesetzgebung ist wie die gesamte Gesetzgebung Ausfluß einer einheitlichen souveränen Staatsgewalt –, und wäre damit nicht nur in steuerrechtlicher Hin-

---

171 Vgl. auch *Vogel*, Auslegung (Teil I), StuW 1982, S. 117.
172 So *Debatin*, Grundverständnis der Doppelbesteuerungsabkommen, RIW 1988, S. 727.
173 So *Wassermeyer*, Auslegung von Doppelbesteuerungsabkommen, StuW 1990, S. 411.
174 Vgl. oben Teil 1, Kapitel 3, C.
175 Dazu auch *Kluge*, Internationales Steuerrecht, Rdnr. R 26.
176 So der *BFH* in BStBl. II 1996, S. 662 ff. (663).

sicht, sondern auch im staatsrechtlichen Sinne bedenklich[177]. Doch gewährleistet die im Sinne *Vogels* zu verstehende Charakterisierung zugleich den Aspekt der Koordinierung der Steueransprüche zwischen den Vertragstaaten, sprich deren Verteilung, da die allgemeinen DBA als Ausdruck wirtschaftlicher und politischer Erwägungen nicht ausschließlich dem Zweck dienen, Doppelbesteuerungen zu vermeiden, sondern zudem die angemessene Beteiligung eines jeden Staates an der Besteuerung der wirtschaftlichen Ergebnisse bezwecken[178].

I. Aufteilung der Einkünfte nach Einkunftsarten

Die Art. 6 bis 8 RevDBA und Art. 10 bis 22 RevDBA teilen zunächst die Einkünfte nach verschiedenen Einkunftsarten auf, um sodann eine Aussage über die Zuweisung der Besteuerungskompetenz an den jeweiligen Vertragsstaat zu treffen[179]. Indes sind die Einkunftsarten des Revisionsabkommens[180] nicht mit denen des innerstaatlichen Rechts[181] vergleichbar. Dies folgt zunächst aus der Eigenständigkeit der Rechtskreise „*Revisionsabkommen*" und „*innerstaatliches Steuerrecht*", aber auch aus den ihnen zukommenden unterschiedlichen Funktionen, nämlich der Begründung der Steuerpflichten bei den deutschen Einkünften nach §§ 2 ff. EStG und der Abgrenzung der Besteuerungskompetenzen zwischen den Vertragsstaaten[182]. Etwaige Überschneidungen zwischen beiden können daher nur als oberflächlich bzw. zufällig angesehen werden und sind letztlich ohne

---

177 Vgl. oben Kapitel 1, B.

178 Vgl. auch *Frotscher*, Internationales Steuerrecht, § 5, Rdnr. 2; *Preuninger*, Funktionswandel der Doppelbesteuerungsabkommen, S. 137 f.; *Helmar Fichtelmann*, Die Anwendung des Progressionsvorbehalts der Doppelbesteuerungsabkommen, StuW 1966, Sp. 159 - 164 (161); *Hintzen*, Qualifikation ausländischer körperschaftsteuerpflichtiger Personengesellschaften, StuW 1974, S. 324.

179 Vgl. oben Kapitel 3, Einleitung.

180 Dies sind die Einkünfte aus unbeweglichem Vermögen, Unternehmensgewinne, Einkünfte aus Seeschiffahrt und Luftfahrt, Dividenden, Zinsen, Lizenzgebühren, Gewinne aus der Veräußerung von Vermögen, Einkünfte aus selbständiger und unselbständiger Arbeit, Aufsichtsrats- und Verwaltungsratsvergütungen, Einkünfte der Künstler und Sportler, Ruhegehälter, Einkünfte der im öffentlichen Dienst Tätigen und andere Einkünfte.

181 Dies sind die Einkünfte aus Land- und Forstwirtschaft, Gewerbebetrieb, selbständiger Arbeit, nichtselbständiger Arbeit, Kapitalvermögen, Vermietung und Verpachtung und sonstige Einkünfte, § 2 Abs. 1 Nr. 1 - 7 EStG.

182 Ausführlich zu den Einkunftsarten des OECD-MA im Vergleich zu denen des EStG, *Gisela Dürrschmidt*, Die Einkunftsarten im Steuerrecht der Bundesrepublik Deutschland und im Recht der Doppelbesteuerung, Erlangen, Nürnberg 1975, S. 177 ff.

Bedeutung; zwischen den Einkunftsarten des Steuerabkommens und denjenigen des innerstaatlichen Rechts besteht grundsätzlich keine Begriffsidentität, sondern allenfalls eine Begriffs*parallelität*[183].

II. Zuweisung der Besteuerungskompetenz

Soweit die vorrangige Aussage der Verteilungsnormen in der Regelung der Besteuerung im Quellenstaat zu sehen ist, entspricht das Revisionsabkommen vom 10. März 2000 der modernen Abkommenskonzeption Deutschlands. Diese zeichnet sich insbesondere dadurch aus, daß sie im Wege der Zwei-Stufen-Technik des OECD-Musterabkommens den Ausgleich zwischen der Personalbesteuerung im Wohnsitzstaat und der Quellenbesteuerung im anderen Vertragsstaat sucht. Im Vordergrund steht die Frage nach der noch möglichen, noch vertretbaren Steuerbelastung[184]. Die Tatbestandsmerkmale der Verteilungsnormen sind jedoch nicht als Bestandteile der gesetzlichen Steuertatbestände anzusehen, wobei es dahinstehen mag, ob diese einen Regelungskreis bilden, der über das innerstaatliche Recht hinüberwirkt[185] oder sich über dieses wölbt[186]. Ausschlaggebend ist, daß sich die unbestritten und eigenständigen Rechtskreise „*Revisionsabkommen*“ und „*innerstaatliches Steuerrecht*“ bezogen auf den Regelungsbereich in Wechselbezüglichkeit gleichberechtigt gegenüberstehen mit der Folge, daß die Vorschriften beider Rechtskreise grundsätzlich in gleicher Weise und ohne die Präferenz einer bestimmten Reihenfolge zu achten sind, obschon sich aus praktischen Erwägungen der Vorzug der einen oder anderen Prüfungsreihenfolge ergeben mag[187].

---

183 Vgl. auch *Vogel*, DBA, Vor Art. 6 – 22, Rdnr. 2.

184 Allgemein zur Entwicklung der DBA auf dem Gebiet der Steuern vom Einkommen und vom Vermögen siehe auch *Schaumburg*, Internationales Steuerrecht, § 16, Rdnr. 16.15 ff. Zum Wandel der Abkommenskonzeption der deutschen DBA vgl. auch *Reinhard Preuninger*, Rechtsprobleme des Funktionswandels deutscher Doppelbesteuerungsabkommen, Ludwigshafen 1980, S. 19 ff.

185 So *Klaus Vogel*, Zu einigen Fragen des Internationalen Steuerrechts, DB 1986, S. 507 – 509 (508).

186 So *Helmut Debatin*, Replik zu Klaus Vogels Fragen des Internationalen Steuerrechts, DB 1986, S. 510 – 513 (511).

187 Vgl. *Vogel*, DBA, Einl., Rdnr. 56; *Wassermeyer*, Auslegung von Doppelbesteuerungsabkommen, StuW 1990, S. 411.

Fraglich ist nun, wie sich die Besteuerung im Quellenstaat - und damit einhergehend die Zuordnung der Einkünfte aufgrund der Art. 6 bis 8 RevDBA und Art. 10 bis 22 RevDBA - im einzelnen gestaltet. Diese Fragestellung gilt es im folgenden zu analysieren. Die Analyse orientiert sich dabei nicht an der im Revisionsabkommen vom 10. März 2000 vorgegebenen Reihenfolge, sondern richtet sich nach der Bedeutung der jeweiligen abkommensrechtlichen Einkunftsart. Da die Träger der internationalen Wirtschaftstätigkeit überwiegend Unternehmen sind, stellen die Unternehmensgewinne die wohl wichtigste Einkunftsart auf Abkommensebene dar. Die Untersuchung beginnt daher mit der Analyse von Art. 7 und 8 RevDBA, gefolgt von der Prüfung von Art. 10, 11 und 12 RevDBA betreffend die Besteuerung der Erträge aus der Anlage von Kapital, die in ihrer Bedeutung im internationalen Wirtschaftsverkehr der Unternehmensbesteuerung fraglos gleichzusetzen sind. Hieran schließt sich die Untersuchung der übrigen Verteilungsnormen des Revisionsabkommens vom 10. März 2000, i.e. Art. 13 ff. RevDBA, an.

B. Besteuerung der durch Betriebsstätten tätigen Unternehmen

Art. 7 RevDBA regelt die Besteuerung der Unternehmensgewinne, wobei Art. 7 RevDBA wie auch regelmäßig die übrigen Verteilungsnormen an einen bilateralen Sachverhalt anknüpfen[188]: Die in einem Vertragsstaat, hier Deutschland, ansässige[189] Person[190] bezieht Einkünfte, hier in Form von Unternehmensgewinnen, aus dem anderen Vertragsstaat Korea. Demnach scheiden Unternehmensgewinne, die im Staat der Ansässigkeit erzielt werden, ebenso aus dem Anwendungsbereich des Art. 7 RevDBA aus wie Unternehmensgewinne aus Drittstaaten, das heißt Staaten, die keine Vertragsstaaten sind[191]. Die Anwendung des Art. 7 RevDBA bedarf jedoch grundsätzlich der besonderen Beachtung der Eigenständigkeit des Revisionsabkommens, wie sie insbesondere in der eigenen Begriffssprache zum Ausdruck kommt[192]. Während die Auslegung des Merkmals „*Un-*

---

188 Vgl. auch *Kluge*, Internationales Steuerrecht, Rdnr. S 15.

189 Im Sinne von Art. 4 RevDBA. Siehe dazu die obigen Ausführungen unter Kapitel 2, A II.

190 Im Sinne von Art. 3 Abs. 1 Buchst. d) RevDBA. Siehe dazu die obigen Ausführungen unter Kapitel 2, A I.

191 Diese können jedoch der allgemeinen Auffangklausel des Art. 21 RevDBA unterfallen. Weitere Ausführungen hierzu erfolgen bei der Analyse der Auffangklausel im weiteren Verlauf der Untersuchung.

192 Vgl. oben Kapitel 2, Einleitung.

ternehmens eines Vertragsstaates" im Sinne des Art. 7 Abs. 1 RevDBA zur Abgrenzung der Steuerkompetenz wegen der Begriffsbestimmung in Art. 3 Abs. 1 Buchst. f) RevDBA keine besonderen Probleme aufwirft, findet sich keine Bestimmung dessen, was abkommensrechtlich unter „*Unternehmenstätigkeit*" zu verstehen ist. Fraglich ist damit, wie sich die zur Abkommensanwendung notwendige Auslegung gestaltet, wenn das Revisionsabkommen vom 10. März 2000 hierzu „*schweigt*". Angesichts der grundlegenden Bedeutung dieser Fragestellung soll diese vorab in Form eines Exkurses erörtert werden.

I. Exkurs: Lex-fori-Klausel

Wie gestaltet sich die zur Abkommensanwendung notwendige Auslegung, wenn das Revisionsabkommen vom 10. März 2000 hierzu „*schweigt*" - sei es, weil es die Voraussetzungen und Grenzen der betreffenden Abkommensregelungen nicht klar und eindeutig genug bestimmt oder es an einer wie auch immer gearteten Definition fehlt?

In diesen Fällen spricht oftmals eine Vermutung dafür, daß die Vertragsstaaten Deutschland und Korea auf eine autonome Definition bewußt verzichtet haben. In Ausfüllung dieser bewußten Regelungslücke schreibt Art. 3 Abs. 2 RevDBA als Regel vor, daß jedem nicht im Abkommen definierten Ausdruck die Bedeutung zukommt, die ihm grundsätzlich nach dem Steuerrecht des Anwendestaates zukommt (lex fori[193])[194]. Der Rückgriff kann allerdings nicht so weit gehen, daß etwaige Lücken des Revisionsabkommens vom 10. März 2000 im Wege der Analogie unter Heranziehung des innerstaatlichen Rechts geschlossen werden. Dies würde die allgemein anerkannte und unbestrittene Eigenständigkeit des Rechtskreises des Abkommensrechtes gegenüber dem des innerstaatlichen Rechtes verkennen und zu einer Störung der abkommensimmanenten Regelungshomogenität führen[195]. Auch auf die Gefahr divergierender Entscheidungen (Qualifikationskonflikte)[196] hin sind die Vertragsstaaten folglich gehalten, das Steuerabkommen nach Maßgabe der lex fori anzuwenden. Sollten die Qualifikationskonflikte im Ergebnis zu Doppelbesteuerungen führen, sind

193 In Anlehnung an die Terminologie des IPR, dazu auch *Vogel*, DBA, Einl., Rdnr. 94.
194 Vgl. OECD-MK zum OECD-MA, Art. 3, Nr. 1, abgedruckt in *Vogel*, DBA, Art. 3, Rdnr. 56.
195 Ebenso *Schaumburg*, Internationales Steuerrecht, § 16, Rdnr. 16.66.
196 Vgl. oben Kapitel 2, A I.

diese zunächst hinzunehmen; indes steht es den Vertragsstaaten frei, hierüber innerhalb eines abkommensrechtlichen Verständigungsverfahrens[197] zu beraten, Art. 25 Abs. 3 RevDBA[198].

1. Lex-fori-Klausel als Vorbehaltsklausel

Allerdings es gilt zu berücksichtigen, daß der Rückgriff auf das innerstaatliche Recht des Anwendestaates nach dem Wortlaut des Art. 3 Abs. 2 RevDBA nur erfolgen soll, wenn der *„Zusammenhang nichts anderes erfordert"*. Die Lex-fori-Klausel des Revisionsabkommens vom 10. März 2000 ist diesbezüglich - wie auch der allgemeine Begriffskatalog des Art. 3 Abs. 1 RevDBA - als Vorbehaltsklausel anzusehen, wenngleich sich beide Abkommensvorschriften darin unterscheiden, daß der Vorbehalt des Art. 3 Abs. 1 RevDBA sich allein auf die auf Ebene des Revisionsabkommens erfolgten (Sonder-)Definitionen, nicht aber auf das innerstaatliche Recht bezieht[199].

Fraglich ist somit, wann der Vorbehalt der Lex-fori-Klausel eine andere als nach Maßgabe des innerstaatlichen Rechts vorzunehmende Auslegung *„erfordert"*. Nach der sogenannten völkerrechtlichen Theorie ist diese Formulierung nicht wörtlich zu verstehen, da das Völkerrecht stets ein anderes erfordere. Der Rückgriff auf das innerstaatliche Recht des Anwendestaates könne nur als ultima ratio erfolgen, nämlich, wenn dem Steuerabkommen generell keine einschlägigen Rechtsaussagen zu entnehmen seien, mithin eine vertragsimmanente Auslegung nicht mehr in Betracht komme[200]. Diese Theorie verkennt jedoch den klaren Wortlaut der Lex-fori-Klausel wie auch den Umstand, daß eine Feststellung, ob eine andere Auslegung als die nach Maßgabe des innerstaatlichen Rechts erforderlich ist oder nicht, nur getroffen werden kann, wenn das Ergebnis

---

[197] Die Qualifikationskonflikte bilden daher auch den Hauptanwendungsfall der abkommensrechtlichen Verständigungsverfahren. Weitere Ausführungen zu diesem besonderen Rechtsbehelf finden sich entsprechend an späterer Stelle der Untersuchung.

[198] Vgl. auch *Schaumburg*, Internationales Steuerrecht, § 16, Rdnr. 16.89; *Vogel*, DBA, Einl., Rdnr. 97 a; *Wassermeyer*, Auslegung von Doppelbesteuerungsabkommen, StuW 1990, S. 406.

[199] Vgl. auch *Kluge*, Internationales Steuerrecht, Rdnr. R 52.

[200] Vgl. auch *BFH*, BStBl. II 1971, S. 379 ff. (380); *Helmut Debatin*, Auslegungsmaximen zum internationalen Steuerrecht, AWD 1969, S. 477 - 486 (479); *Christian Gloria*, Die Doppelbesteuerungsabkommen der Bundesrepublik Deutschland und die Bedeutung der Lex-Fori-Klausel für ihre Auslegung, RIW 1986, S. 970 - 978 (978); *Langbein*, Doppelbesteuerungsabkommen im Spannungsfeld, RIW 1984, S. 539.

der innerstaatlichen Auslegung zuvor festgestellt worden ist. Aus Gründen der Logik ist daher dem innerstaatlichen Recht grundsätzlich der Vorrang einzuräumen, während die autonome Auslegung die Ausnahme bildet (landesrechtliche Theorie)[201]. Für diese müssen gewichtige Gründe sprechen, wobei solche Gründe insbesondere dann anzunehmen sind, wenn sich aus einem weit zu verstehenden Abkommenszusammenhang wie auch immer geartete Rechtsaussagen für eine Definition heranziehen lassen[202]. Unter Zugrundelegung des weit zu verstehenden Abkommenszusammenhanges, der über die Vertragsurkunde hinaus auch die Berücksichtigung etwaiger Zusatzdokumente etc. vorschreibt, gelangt die landesrechtliche Theorie allerdings zu vergleichbaren Auslegungsergebnissen wie die völkerrechtlichen Theorie, so daß sich oftmals in der praktischen Lösung nur ein gradueller Unterschied ergibt[203].

Damit bleibt es dem Rechtsanwender überlassen, im konkreten Einzelfall festzustellen, ob eine vertragsimmanente Auslegung sinnvoll und gerechtfertigt oder ein Rückgriff auf das innerstaatliche Recht geboten ist[204]. Eine derartig vertragsimmanente Auslegung kann sich vor allem aus dem OECD-Musterabkommen und seiner Kommentierung ergeben. Denn aus der Tatsache, daß dieses OECD-Musterabkommen den von Deutschland abgeschlossenen Steuerabkommen auf dem Gebiet der Steuern vom Einkommen und vom Vermögen seit 1963 regelmäßig als Formulierungs- und Verhandlungsgrundlage dient[205], folgt, daß beide Quellen im Rahmen der Auslegung grundsätzlich Anhaltspunkte dafür geben, ob und wie bestimmte Formulierungen und Begriffe abkommensrechtlich zu verstehen sind[206]. Diese Vermutung gründet sich auch auf die Empfehlungen des Rates der OECD, wonach die Regierungen der Mitgliedsstaaten gehalten

---

201 Vgl. *Kluge*, Internationales Steuerrecht, Rdnr. R 56; *Vogel*, DBA, Art. 3, Rdnr. 72; *Wassermeyer*, Auslegung von Doppelbesteuerungsabkommen, StuW 1990, S. 410.

202 Vgl. *Kluge*, Internationales Steuerrecht, Rdnr. R 56; *Vogel*, DBA, Art. 3, Rdnr. 72; *Wassermeyer*, Auslegung von Doppelbesteuerungsabkommen, StuW 1990, S. 410.

203 Ähnlich *Franz Wassermeyer*, Die Auslegung völkerrechtlicher Verträge, in: Doppelbesteuerungsabkommen und nationales Recht, hrsg. v. Jörg M. Mössner, München 1995, S. 19 - 27 (23).

204 Vgl. auch *BFH*, BStBl. II 1990, S. 906 ff. (907), welcher die Reihenfolge der Kriterien zur Auslegung eines DBA folgendermaßen festlegte: Wortlaut und Definitionen des Abkommens, Sinn- und Vorschriftenzusammenhang innerhalb des Abkommens, Begriffsbestimmungen des innerstaatlichen Rechts.

205 Vgl. auch *Krause*, Internationale Doppelbesteuerung, S. 36.

206 Vgl. auch *Frotscher*, Internationales Steuerrecht, § 5, Rdnr. 11; *Kluge*, Internationales Steuerrecht, Rdnr. R 40; *Klaus-Martin Prang*, Die Vertragspolitik der Bundesrepublik Deutschland beim Abschluß von Doppelbesteuerungsabkommen, Frankfurt am Main, Bern 1982, S. 42 ff.; *Schaumburg*, Internationales Steuerrecht, § 16, Rdnr. 16.77; *Vogel*, DBA, Einl., Rdnr. 80; *Wassermeyer*, Auslegung völkerrechtlicher Verträge, S. 22.

sind, ihren allgemeinen DBA die OECD-Musterabkommen zugrunde zu legen, wenn der betreffende Vertragsstaat nicht Vorbehalte angemeldet hat oder im Einzelfall sachliche Gründe der Übernahme des OECD-Musterabkommens entgegenstehen[207].

2. Rang des OECD-Musterabkommens und des OECD-Musterkommentars innerhalb der völkerrechtlichen Auslegung

Wenn hinsichtlich der Bedeutung des OECD-Musterabkommens und des OECD-Musterkommentars für die Auslegung auch Einigkeit herrscht, ist doch die Frage des Ranges, den beide Quellen innerhalb der völkerrechtlichen Auslegung nach Art. 31 ff. WÜRV bekleiden, umstritten.

Während die völkerrechtliche Theorie sowohl das OECD-Musterabkommen wie auch den OECD-Musterkommentar den sonstigen subsidiären Auslegungsmitteln des Art. 32 WÜRV zuordnet und geneigt ist, diese allenfalls zur Bestätigung eines bereits auf anderem Wege gefundenen Ergebnisses heranzuziehen[208], ist die landesrechtliche Theorie der Auffassung, daß keine Veranlassung besteht, diese Quellen nur nachrangig zur Auslegung heranzuziehen. Der OECD-Musterkommentar und seine Kommentierung seien ohne weiteres verfügbar und allgemein bekannt. Daher könne auch die ratio, die dem Art. 32 WÜRV zugrunde liege, nämlich, daß bei multilateralen Verträgen den später beitretenden Staaten nicht zugemutet werden solle, die regelmäßig umfangreichen Materialien zu studieren, um sich über die Auslegung des Vertragswerkes Klarheit zu verschaffen, nicht herangezogen werden[209]. Eine Diskussion dieser Fragestellung erübrigt sich, da beide Auffassungen in gleicher Weise die Bedeutung des OECD-Muster-abkommens und seiner Kommentierung für die Abkommensauslegung bzw. –anwendung anerkennen und die unterschiedliche Rangbestimmung hierauf keinen Einfluß hat.

---

207 Vgl. auch OECD-MK zum OECD-MA, Einl., Nr. 15, abgedruckt in *Vogel*, DBA, Einl., Rdnr. 015: Die „weltweite Anerkennung der Regelungen des Musterabkommens und ihre Aufnahme in die Mehrheit der zweiseitigen Abkommen" hat dazu beigetragen, „die Kommentare zu den Regelungen des Musterabkommens zu einer weithin akzeptierten Richtlinie für die Auslegung und die Anwendung bestehender zweiseitiger Abkommen zu machen".

208 Vgl. auch *Gloria*, Verständigungsverfahren, S. 90 f.

209 Vgl. auch *Vogel*, DBA, Einl., Rdnr. 71.

Aus dem Vorgesagten ergibt sich somit für den im Revisionsabkommen vom 10. März 2000 abkommensrechtlich nicht definierten Begriff der „*Unternehmenstätigkeit*“ bzw. des „*Unternehmens*“, daß die Auslegung nach Maßgabe des innerstaatlichen Rechts des Anwendestaates zu erfolgen hat. Damit ist gemäß der Lex-fori-Klausel des Revisionsabkommens[210] auf das innerstaatliche Recht des Quellenstaates, hier Korea, zurückzugreifen. Dem steht das OECD-Musterabkommen einschließlich seiner Kommentierung nicht entgegen, da sich in beiden Quellen keine Definition des Unternehmensbegriffes findet und insoweit auch eine vertragsimmanente Auslegung aus dem Sinn- und Vorschriftenzusammenhang ausscheidet[211]. Der abkommensrechtliche Unternehmensbegriff ist daher unter Berücksichtigung der im koreanischen Einkommensteuerrecht in Art. 19 ITA aufgezählten gewerblichen Tätigkeiten zu gewinnen, wobei zur Bestimmung der einschlägigen Gewerbebereiche die *Korean Standard Industrial Classification* maßgeblich ist, Art. 29 PED-ITA[212]. Entsprechend dieser Begriffsorientierung sind als Unternehmensgewinne im Sinne des Art. 7 RevDBA aus koreanischer Sicht im Kernbereich die Einkünfte aus Gewerbebetrieb nach Art. 19 ITA anzusehen. Zu berücksichtigen gilt, daß dem Rückgriff auf das koreanische Steuerrecht durch den abkommensrechtlichen Grundsatz der Spezialität[213] Grenzen gesetzt werden, so daß der koreanische Begriff des Gewerbebetriebes mit dem abkommensrechtlichen Unternehmensbegriff nicht vorbehaltlos gleichgesetzt werden darf.

Auf der Ebene des Revisionsabkommens vom 10. März 2000 stellen sich die Unternehmensgewinne somit als Einkünfte aus selbständiger Erwerbstätigkeit eines Unternehmens dar, die nicht Nutzung unbeweglichen Vermögens oder

---

210 Art. 3 Abs. 2 RevDBA.

211 Vgl. *Frotscher*, Internationales Steuerrecht, § 7, Rdnr. 13; *Kluge*, Internationales Steuerrecht, Rdnr. S 42; *Schaumburg*, Internationales Steuerrecht, § 16, Rdnr. 16.228; *Vogel*, DBA, Art. 7, Rdnr. 22 c; *Wassermeyer*, Auslegung von Doppelbesteuerungsabkommen, StuW 1990, S. 406.

212 Zu den Gewerbebereichen zählen bspw. die Landwirtschaft, das Jagdgewerbe, die Holzwirtschaft, die Fischerei, das Baugewerbe, der Groß- und Einzelhandel etc., Art. 19 Abs. 1 Nr. 1 bis 16 ITA. Die Einkünfte aus Gewerbebetrieb dürfen nicht nur bei Gelegenheit, sondern müssen anläßlich einer nachhaltigen Tätigkeit im Gewerbebereich erzielt worden sein.

213 Dazu auch *Wassermeyer* in: Debatin/Wassermeyer, DBA, Bd. I, MA Vor Art. 6 – 22, Rdnr. 21. Häufig wird der Grundsatz der Spezialität auch als „isolierende Betrachtungsweise“ bezeichnet, die indes keine Deckungsgleichheit mit der von der Rechtsprechung zu § 49 Abs. 2 EStG entwickelten isolierenden Betrachtungsweise aufweist.

selbständige Arbeit ist[214]. Die Einkünfte dürfen auch nicht unter die für Dividenden, Zinsen und Lizenzgebühren oder andere Einkünfte geltenden Verteilungsnormen fallen, da diese Abkommensbestimmungen leges speciales gegenüber der Regelung des Art. 7 RevDBA sind, Art. 7 Abs. 7 RevDBA[215].

II. Besteuerung im Betriebsstättenstaat

Das Revisionsabkommen vom 10. März 2000 weist zunächst dem Vertragsstaat eines Unternehmens die ausschließliche Besteuerungskompetenz hinsichtlich der Unternehmensgewinne zu, Art. 7 Abs. 1 Satz 1 1. Halbsatz RevDBA. Welchem Vertragsstaat das Unternehmen zuzuordnen ist, das heißt, ob es als solches des *„einen"* oder des *„anderen"* Vertragsstaates anzusehen ist, bestimmt sich nach der oben bereits genannten Begriffsbestimmung des Art. 3 Abs. 1 Buchst. f) RevDBA[216], in concreto danach, in welchem Vertragsstaat der Unternehmer ansässig[217] ist.

Ein *„deutsches Unternehmen"* ist demzufolge anzunehmen, wenn der Unternehmer in Deutschland unbeschränkt steuerpflichtig[218] ist. Deutschland steht als Sitzstaat die uneingeschränkte Besteuerungskompetenz hinsichtlich der Unternehmensgewinne zu, während der Ort, an welchem das Unternehmen seine Tätigkeit ausübt, für die Besteuerung zunächst von keiner Bedeutung ist. Im äußersten Fall kann dies zur Folge haben, daß Deutschland die uneingeschränkte Besteuerungskompetenz auch dann zusteht, wenn, vorausgesetzt der Unternehmer ist in Deutschland unbeschränkt steuerpflichtig, das deutsche Unternehmen nicht bloß Teile seiner Tätigkeit auf den anderen Vertragsstaat abgespalten hat, son-

---

214 Vgl. auch *Schaumburg*, Internationales Steuerrecht, § 16, Rdnr. 16.230; *Vogel*, DBA, Art. 7, Rdnr. 26; *Wassermeyer* in: Debatin/Wassermeyer, DBA, Bd. I, MA Vor Art. 6 – 22, Rdnr. 27.

215 Dies gilt jedoch nur, soweit nicht die Voraussetzungen des Betriebsstättenvorbehaltes gegeben sind; in diesen Fällen treten die Art. 10 bis 12 RevDBA regelmäßig wieder hinter Art. 7 RevDBA zurück, vgl. auch *Wassermeyer* in: Debatin/Wassermeyer, DBA, Bd. I, MA Vor Art. 6 – 22, Rdnr. 21. Weitere Ausführungen hierzu erfolgen an späterer Stelle der Untersuchung.

216 Vgl. oben Kapitel 3, B I.

217 Im Sinne von Art. 4 RevDBA. Siehe dazu die obigen Ausführungen unter Kapitel 2, A II.

218 Vgl. oben zur Steuerpflicht in Deutschland Kapitel 1, B I und II.

dern den gesamten Betrieb in den ausländischen Vertragsstaat verlegt[219]. Soweit Art. 7 Abs. 1 Satz 1 1. Halbsatz RevDBA dem Sitzstaat des Unternehmens die ausschließliche Besteuerungskompetenz hinsichtlich der Unternehmensgewinne zuweist, ist die Verteilungsnorm als eine vollständige anzusehen mit der abschließenden Regelung ihrer eigenen Rechtsfolge[220]. Umgekehrt führt die abschließende Regelung der Besteuerung im Sitzstaat zu einer vollständigen Aufhebung der Besteuerungskompetenz des Quellenstaates hinsichtlich der Unternehmensgewinne[221]. Diese sind im Quellenstaat entsprechend steuerfrei zu stellen, da anderenfalls das durch das Revisionsabkommen vom 10. März 2000 zu lösende Problem der Doppelbesteuerung gerade bestehen bliebe.

Die ausschließliche und uneingeschränkte Besteuerungskompetenz des Sitzstaates gilt nicht, soweit das deutsche Unternehmen seine Tätigkeit im anderen Vertragsstaat durch eine dort gelegene Betriebsstätte ausübt, Art. 7 Abs. 1 Satz 1 2. Halbsatz RevDBA. Das Revisionsabkommen vom 10. März 2000 weist dem Quellenstaat – als Betriebsstättenstaat - die uneingeschränkte Besteuerungskompetenz hinsichtlich der Unternehmensgewinne insofern zu, als diese der in Korea gelegenen Betriebsstätte auch zugerechnet werden können, Art. 7 Abs. 1 Satz 2 RevDBA. Hierin folgt das Steuerabkommen – so auch alle weiteren von Deutschland auf dem Gebiet der Steuern vom Einkommen und vom Vermögen abgeschlossenen DBA[222] - dem international anerkannten Betriebsstättenprinzip, das sich daraus rechtfertigt, daß das Unternehmen, welches im anderen Staat über eine Betriebsstätte verfügt, so stark an dessen Wirtschaftsleben und Infrastruktur teilnimmt, daß es dessen Steuerhoheit zu unterstellen ist[223].

Ob ein deutsches Unternehmen mit der Festsetzung koreanischer Steuern rechnen muß oder nicht, hängt somit entscheidend davon ab, ob die Unternehmensgewinne durch eine in Korea gelegene Betriebsstätte erwirtschaftet worden sind. Die Voraussetzungen, unter denen eine Betriebsstätte anzunehmen ist, bestimmen sich nach dem Betriebsstättenbegriff, wie er in Art. 5 RevDBA nie-

219 Dazu auch *Wassermeyer* in: Debatin/Wassermeyer, DBA, Bd. I, MA Art. 7, Rdnr. 171, demzufolge keine Voraussetzung ist, daß das Stammhaus im Inland belegen ist.

220 Der entscheidende Wortlaut ist: „(...) können nur in diesem Staat besteuert werden".

221 Vgl. auch *Frotscher*, Internationales Steuerrecht, § 4, Rdnr. 6; *Kluge*, Internationales Steuerrecht, Rdnr. S 33; *Schaumburg*, Internationales Steuerrecht, § 16, Rdnr. 16.204; *Vogel*, DBA, Vor Art. 6 – 22, Rdnr. 3.

222 Vgl. auch *Helmut Debatin*, Das Betriebsstättenprinzip der deutschen Doppelbesteuerungsabkommen (Teil I), DB 1989, S. 1692 – 1697 (1693).

223 Vgl. OECD-MK zum OECD-MA, Art. 7, Nr. 3, abgedruckt in *Vogel*, DBA, Art. 7, Rdnr. 9; *Kluge*, Internationales Steuerrecht, Rdnr. S 5; *Schaumburg*, Internationales Steuerrecht, § 16, Rdnr. 16.234; *Vogel*, DBA, Art. 5, Rdnr. 4.

dergelegt ist. In der Verbindlichkeit dieses Betriebsstättenbegriffs für den gesamten Bereich des Revisionsabkommens vom 10. März 2000 artikuliert sich die besondere Bedeutung der Definition, so daß sich diese, vergleichbar der Bedeutung des allgemeinen Begriffskatalogs nach Art. 3 Abs. 1 RevDBA, zu Beginn des Abkommensaufbaus findet, gleichsam „vor die Klammer gezogen".

1. Betriebsstätte nach Art. 5 RevDBA

a) „Feste Geschäftseinrichtung"

Art. 5 Abs. 1 RevDBA enthält eine allgemeine Begriffsbestimmung, wonach sich eine Betriebsstätte als eine *„feste Geschäftseinrichtung, durch die die Tätigkeit eines Unternehmens ganz oder teilweise ausgeübt wird"* definiert. Der Betriebsstättenbegriff des Revisionsabkommens vom 10. März 2000 verlangt somit das – kumulative - Vorliegen folgender Merkmale: Bestehen einer Geschäftseinrichtung, beispielsweise in Form von Räumlichkeiten (örtliches Merkmal), die fest ist, das heißt sich an einem gewissen Ort für eine bestimmte Dauer befindet (sachliches Merkmal), und die der Ausübung der Unternehmenstätigkeit dient (zweckgerichtetes Merkmal)[224]. Zudem muß sich die feste Geschäftseinrichtung in der nicht nur vorübergehenden Verfügungsgewalt des Unternehmens befinden[225]. Hierbei ist nicht entscheidend, ob die Verfügungsmacht rechtlicher oder tatsächlicher Art ist. Allein maßgeblich ist, daß die Verfügungsmacht dem Unternehmer nicht ohne weiteres entzogen werden kann[226]. Die hiergegen gerichtete Auffassung, wonach eine Verfügungsmacht über die Geschäftseinrichtung unerheblich ist[227], läßt u.a. außer acht, daß im Betriebsstättenerlaß[228] das Vorliegen einer Betriebsstätte davon abhängig gemacht wird, daß

---

224 Vgl. auch OECD-MK zum OECD-MA, Art. 5, Nr. 2, abgedruckt in *Vogel*, DBA, Art. 5, Rdnr. 10; *Frotscher*, Internationales Steuerrecht, § 7, Rdnr. 8; *Schaumburg*, Internationales Steuerrecht, § 16, Rdnr. 16.237; *Vogel*, DBA, Art. 5, Rdnr. 22 ff.

225 Vgl. *BFH*, BStBl. II 1976, S. 365 ff. (366); *BFH*, BStBl. II 1990, S. 166 ff. (167) m.w.N.; *Schaumburg*, Internationales Steuerrecht, § 16, Rdnr. 16.238; *Vogel*, DBA, Art. 5, Rdnr. 25.

226 Vgl. auch *BFH*, BStBl. II 1982, S. 624 ff. (625).

227 So *Wassermeyer* in: Debatin/Wassermeyer, DBA, Bd. I, MA Art. 5, Rdnr. 42.

228 Sog. „Betriebsstätten-Verwaltungsgrundsätze", *BMF*-Schreiben vom 24. Dezember 1999 - IV B 4 - S 1300 - 111/99, BStBl. I 1999, S. 1076, Tz. 1.2.1.1.

der Unternehmer eine gewisse, nicht nur vorübergehende Verfügungsmacht haben muß[229].

Den Begriff der festen Geschäftseinrichtung veranschaulicht Art. 5 Abs. 2 RevDBA durch einen (Positiv-)Katalog von betriebsstättenbegründenden Einrichtungen, Buchst. a) bis f) RevDBA. Ausweislich seines Wortlautes („insbesondere") ist der Katalog jedoch nicht als abschließend anzusehen, sondern enthält lediglich diejenigen Einrichtungen, die prima facie als Betriebsstätten anerkannt werden (Regelbeispiele)[230]. Die Prüfung, ob die Tatbestandsmerkmale der Betriebsstätte gegeben sind, wird hierdurch nicht entbehrlich[231], obgleich sich auch die Auffassung findet, die Regelbeispiele des Katalogs begründeten eo ipso eine Betriebsstätte und müßten sich infolgedessen nicht an den allgemeinen Voraussetzungen messen lassen[232].

Art. 5 Abs. 4 RevDBA nimmt durch einen Negativkatalog eine Reihe von Geschäftseinrichtungen aus dem Betriebsstättenbegriff heraus, selbst wenn an sich die allgemeinen Voraussetzungen gegeben sind[233]. Insoweit ist Art. 5 Abs. 4 RevDBA als lex specialis gegenüber der allgemeinen Begriffsbestimmung des Art. 5 Abs. 1 RevDBA und dem Positivkatalog des Art. 5 Abs. 2 RevDBA anzusehen[234]. Den Tatbeständen des Negativkatalogs ist gemeinsam, daß es sich bei den in den Geschäftseinrichtungen ausgeübten Tätigkeiten um Tätigkeiten vorbereitender Art bzw. Hilfstätigkeiten handelt[235]. Für die Frage, ob eine bestimmte Tätigkeit eine vorbereitende oder Hilfstätigkeit ist, ist vom jeweiligen Einzelfall auszugehen und der Gesamttätigkeit des Unternehmens Rechnung zu tragen. Vor diesem Hintergrund ist zu fragen, ob die in Rede stehende Tätigkeit in dem Sinne vorbereitend oder eine Hilfstätigkeit ist, daß sie im Hinblick auf die son-

---

229 In diesem Sinne auch *Harald Schaumburg*, Grundsatzfragen der Betriebsstättenbesteuerung, in: Internationale Betriebsstättenbesteuerung, hrsg. v. Detlev J. Piltz, Harald Schaumburg, Köln 2001, S. 65 – 83 (68).

230 Vgl. auch OECD-MK zum OECD-MA, Art. 5, Nr. 12, abgedruckt in *Vogel*, DBA, Art. 5, Rdnr. 41; *Frotscher*, Internationales Steuerrecht, § 7, Rdnr. 9; *Kluge*, Internationales Steuerrecht, Rdnr. S 44; *Schaumburg*, Internationales Steuerrecht, § 16, Rdnr. 16.244; *Vogel*, DBA, Art. 5, Rdnr. 48.

231 Vgl. OECD-MK zum OECD-MA, Art. 5, Nr. 12, abgedruckt in *Vogel*, DBA, Art. 5, Rdnr. 41; *Schaumburg*, Internationales Steuerrecht, § 16, Rdnr. 16.244; *Vogel*, DBA, Art. 5, Rdnr. 47.

232 So *Wassermeyer* in: Debatin/Wassermeyer, DBA, Bd. I, MA Art. 5, Rdnr. 61.

233 Der entscheidende Wortlaut lautet: „ungeachtet der vorstehenden Bestimmungen".

234 Vgl. auch *Vogel*, DBA, Art. 5, Rdnr. 109.

235 Vgl. auch OECD-MK zum OECD-MA, Art. 5, Nr. 21, abgedruckt in *Vogel*, DBA, Art. 5, Rdnr. 97; *Frotscher*, Internationales Steuerrecht, § 7, Rdnr. 10; *Schaumburg*, Internationales Steuerrecht, § 16, Rdnr. 16.254; *Vogel*, DBA, Art. 5, Rdnr. 108

stige Arbeit des Unternehmens ohne oder nur von ganz untergeordneter Bedeutung ist[236]. Besonders deutlich bringt dies Art. 5 Abs. 4 Buchst. e) RevDBA zum Ausdruck, wonach eine feste Geschäftseinrichtung nicht als Betriebsstätte anzusehen ist, wenn diese Einrichtung *„ausschließlich zu dem Zweck unterhalten wird, für das Unternehmen andere Tätigkeiten auszuüben, die vorbereitender Art sind oder eine Hilfstätigkeit darstellen"*. Der Ausschluß dieser Tätigkeiten von der Besteuerung im Quellenstaat wird dadurch gerechtfertigt, daß aufgrund des lediglich vorbereitenden Charakters dieser Tätigkeiten die Quellenbesteuerung weniger eindeutig zu legitimieren ist als bei den unmittelbar gewinnbringenden Unternehmenstätigkeiten, die in besonderer Weise am Wirtschaftsleben und der Infrastruktur des Quellenstaates teilnehmen. Darüber hinaus würde sich bei der Besteuerung im Quellenstaat die Bestimmung des auf die Hilfstätigkeiten entfallenden Anteils am Unternehmensgewinn als besonders unpraktikabel, weil schwierig und problematisch, erweisen. Eine Besteuerung wäre auch aus diesem Gesichtspunkt abzulehnen[237]. Damit dient die Freistellung dieser Tätigkeiten auch der Erleichterung des zwischenstaatlichen Wirtschaftsverkehrs[238].

Werden in der (festen) Geschäftseinrichtung neben den Tätigkeiten vorbereitender Art bzw. Hilfstätigkeiten auch solche ausgeübt, die nicht dem Negativkatalog des Art. 5 Abs. 4 Buchst. a) bis f) RevDBA unterfallen, mithin sogenannte gemischte Tätigkeiten, wird eine einheitliche Betriebsstätte begründet mit dem Ergebnis, daß die gesamten Einkünfte aus den Tätigkeiten der Betriebsstättenbesteuerung unterworfen werden können[239].

b) Sondertatbestand

In Art. 5 Abs. 3 RevDBA findet sich eine Sonderregelung hinsichtlich der Bauausführungen, Montagen und der damit zusammenhängenden Aufsichtstätigkeiten, durch welche das Revisionsabkommen vom 10. März 2000 über den allge-

---

236 Vgl. auch *Thomas Kaligin*, Wann kippt eine passive Repräsentanz in eine aktive Betriebsstätte um? RIW 1995, S. 398 – 400 (399).

237 Vgl. auch *Arnim Spitaler*, Die Einschränkung des Betriebsstättenprinzips im zwischenstaatlichen Steuerrecht, RIW 1956, S. 69 – 72 (70).

238 Vgl. auch *Vogel*, DBA, Art. 5, Rdnr. 108.

239 Vgl. auch OECD-MK zum OECD-MA, Art. 5, Nr. 30, abgedruckt in *Vogel*, DBA, Art. 5, Rdnr. 106; *Schaumburg*, Internationales Steuerrecht, § 16, Rdnr. 16.254; *Vogel*, DBA, Art. 5, Rdnr. 117 a.

meinen Betriebsstättenbegriff[240] hinaus einen besonderen Anknüpfungspunkt für die Besteuerung nach Art. 7 RevDBA statuiert (Betriebsstättensondertatbestand); die Festlegung hierüber hinausgehender Sondertatbestände ist nicht erfolgt. Die besondere Bedeutung des Betriebsstättentatbestandes der Montage, Bauausführung und Aufsichtstätigkeit liegt darin, daß einzig ein festes Zeitelement auch ohne die örtliche Verbundenheit einer Geschäftseinrichtung in seiner Wirkung betriebsstättenbegründend ist[241].

Indes weicht die Sonderregelung des Art. 5 Abs. 3 RevDBA von den inhaltlichen Empfehlungen des Art. 5 Abs. 3 OECD-MA insoweit ab, als das Revisionsabkommen vom 10. März 2000 die Aufsichtstätigkeit in den Betriebsstättentatbestand ausdrücklich mit einbezieht, während das OECD-Musterabkommen nur die Bauausführung und Montage erfaßt[242]. Diese Einbeziehung bzw. Abweichung vom OECD-Musterabkommen liegt im koreanischen Begriff der Betriebsstätte begründet, der sich in Art. 94 Abs. 2 Nr. 4 CTA auch auf die Aufsichtstätigkeit bei Bauausführungen im Anlagenbau, Montagen etc. in Korea erstreckt (Überwachungsbetriebsstätte)[243]. Der Betriebsstättenbegriff des Revisionsabkommens vom 10. März 2000 erweist sich demzufolge im Vergleich zu der Vorgabe des Art. 5 OECD-MA als *erweitert*, wodurch offensichtlich auch den Interessen Koreas als eines Kapitalimportlands an einer umfangreicheren Betriebsstättenbesteuerung Rechnung getragen wird[244].

Voraussetzung für die Begründung einer Betriebsstätte im Sinne des Art. 5 RevDBA ist, daß die Bauausführung, Montage oder Aufsichtstätigkeit im anderen Vertragsstaat die Dauer von mindestens zwölf Monaten überschreitet, Art. 5 Abs. 3 RevDBA. Wird der Zeitrahmen überschritten, liegt eine Betriebsstätte kraft gesetzlicher Fiktion vor, und auf die allgemeinen Erfordernisse des Be-

---

240 I.S.d. Art. 5 Abs. 1 RevDBA.

241 Vgl. *Ernst Feuerbaum*, Der Betriebsstättenbegriff bei Bausausführungen, Montagen und ähnlichen Tätigkeiten, DB 1977, S. 2401 – 2403 (2401); *Harald Münch*, Betriebsstättenbegründung durch Überwachung von Bau- und Montagetätigkeiten, RIW 1995, S. 930 – 933 (932); *Schaumburg*, Internationales Steuerrecht, § 16, Rdnr. 16.249; *Vogel*, DBA, Art. 5, Rdnr. 72.

242 Art. 5 Abs. 3 OECD-MA lautet: „Eine Bauausführung oder Montage ist nur dann eine Betriebsstätte, wenn ihre Dauer zwölf Monate überschreitet“.

243 Siehe dazu auch den Vorbehalt Koreas im OECD-MK, Art. 5, Nr. 62, abgedruckt in: Debatin/Wassermeyer, DBA, Bd. I, MK Art. 5.

244 Zu dem Interesse kapitalimportierender Länder an einem erweiterten Betriebsstättenbegriff siehe auch *Debatin*, Betriebsstättenprinzip (Teil I), DB 1989, S. 1694; *Schaumburg*, Internationales Steuerrecht, § 16, Rdnr. 16.249.

triebsstättenbegriffes kommt es nicht an[245]. Wird der Zeitrahmen nicht erreicht, kann eine Betriebsstätte nicht begründet werden, auch wenn zu der Bauausführung, Montage etc. im einzelnen Einrichtungen zu zählen sind, die dem Positivkatalog des Art. 5 Abs. 2 RevDBA unterfallen[246]. Grundsätzlich gilt die Zwölfmonatsregel für jede einzelne Bauausführung, Montage- oder Aufsichtstätigkeit (Grundsatz der projektorientierten Einzelbetrachtung[247]), es sei denn, die Bauausführungen sind als Einheit anzusehen, weil diese wirtschaftlich und geographisch ein zusammenhängendes Ganzes bilden[248]. Die Frist beginnt, sobald das Unternehmen an Ort und Stelle unternehmerische Tätigkeiten ausführt, die im Zusammenhang mit der Bauausführung oder Montage stehen, und endet, wenn die Tätigkeiten beendet, das heißt abgenommen, oder endgültig eingestellt werden; vorübergehende Arbeitsunterbrechungen üblicher Art, wie beispielsweise arbeitsfreie Wochenenden sowie Urlaubszeiten, hindern den Fristablauf daher nicht[249].

Anders verhält es sich dagegen bei nachhaltigen Unterbrechungen, mit deren Beginn die Betriebsstätte zunächst einmal als beendet anzusehen ist, so daß mit der Wiederaufnahme der Tätigkeit eine neue Frist zu laufen beginnt[250]. Hierzu hat der *National Tax Service*[251] folgende verbindliche Auskunft erteilt: „*Wenn ein deutsches Unternehmen zwei Monate lang Montageüberwachungsleistungen in Verbindung mit der Montage von im Ausland hergestellten Maschinen durchführt, dann diese Arbeiten für die Dauer von fünf Monaten unterbricht, um sich aus Korea zurückzuziehen und in Deutschland zu warten, während andere an*

---

245 Vgl. auch *Münch*, Betriebsstättenbegründung, RIW 1995, S. 932.

246 Vgl. OECD-MK zum OECD-MA, Art. 5, Nr. 16, abgedruckt in *Vogel*, DBA, Art. 5, Rdnr. 65.

247 Vgl. auch *Jacobs*, Internationale Unternehmensbesteuerung, S. 327.

248 Vgl. OECD-MK zum OECD-MA, Art. 5, Nr. 18, abgedruckt in *Vogel*, DBA, Art. 5, Rdnr. 67.

249 Vgl. auch OECD-MK zum OECD-MA, Art. 5, Nr. 19, abgedruckt in *Vogel*, DBA, Art. 5, Rdnr. 68; *Frotscher*, Internationales Steuerrecht, § 7, Rdnr. 15; *Schaumburg*, Internationales Steuerrecht, § 16, Rdnr. 16.252; *Vogel*, DBA, Art. 5, Rdnr. 80.

250 Vgl. auch OECD-MK zum OECD-MA, Art. 5, Nr. 19, abgedruckt in *Vogel*, DBA, Art. 5, Rdnr. 68; *Frotscher*, Internationales Steuerrecht, § 7, Rdnr. 15; *Schaumburg*, Internationales Steuerrecht, § 16, Rdnr. 16.253; *Vogel*, DBA, Art. 5, Rdnr. 80.

251 Bei dem *National Tax Service* (NTS) handelt es sich um eine von dem koreanischen Wirtschafts- und Finanzministerium unabhängige staatliche Behörde. Ihr obliegt die Finanzverwaltung in Korea und damit namentlich der Vollzug der festgelegten Fiskalpolitik. Die Behörde setzt sich zusammen aus einer Vielzahl von unterschiedlichen Abteilungen (divisions) und verfügt organisatorisch über einen hierarchischen Aufbau. Bedeutsamkeit erlangt der hierarchische Aufbau vornehmlich für die Kontrolle der jeweiligen Verwaltungsinstanz, die Aufsicht über diese und deren Weisungsabhängigkeit.

der Montage der Anlage beteiligte Unternehmen ihren Teil der Gesamtanlage montieren, so ist die Fristberechnung unterbrochen, weil die Tätigkeit der anderen Unternehmen nicht einzubeziehen ist, vorausgesetzt, daß das deutsche und die anderen Unternehmen keine rechtlichen oder wirtschaftlichen Beziehungen zueinander unterhalten und daß die Unterbrechungszeit aufgrund der Besonderheiten des Anlagenerrichtungsvorgangs unvermeidlich war"[252]. Das zu einer Fristunterbrechung führende Ereignis muß folglich durch einen schwerwiegenden Grund gerechtfertigt sein. Nicht ausreichend ist, daß die Unterbrechung der Montagetätigkeit aufgrund bloßer technischer Schwierigkeiten erfolgt. In diesen Fällen kommt es lediglich zu einer Ablaufhemmung, das heißt die Frist läuft weiter, die Zeit der Unterbrechung wird jedoch nicht in die Fristberechnung miteinbezogen[253].

c) *„Vertreter"*

Fehlt es an einer festen Geschäftseinrichtung, die unter den Voraussetzungen des Art. 5 Abs. 1 RevDBA eine Betriebsstätte begründet, so kann eine Betriebsstätte im abkommensrechtlichen Sinne *subsidiär* durch einen Vertreter begründet werden, Art. 5 Abs. 5 RevDBA. Das Fehlen einer Geschäftseinrichtung ist nicht mit den Fällen gleichzusetzen, in denen die Annahme einer Betriebsstätte abgelehnt wurde, weil beispielsweise die Bauausführung oder die Montage den Zeitrahmen nicht überschritten haben oder auch die in der Einrichtung ausgeübten Tätigkeiten dem Negativkatalog des Art. 5 Abs. 4 RevDBA unterfallen[254]. Art. 5 Abs. 5 RevDBA ergänzt den abkommensrechtlichen Betriebsstättenbegriff, indem er personelle anstelle ortsbezogener Beziehungen als betriebsstättenbegründende Anknüpfungspunkte der Besteuerung wählt, kann aber keinesfalls als Auffangtatbestand angesehen werden[255].

---

[252] So in *Karl Sonntag*, Aspekte der Besteuerung des internationalen Anlagenbaues in der Republik Korea (Südkorea), IWB Fach 6, Gr. 2, S. 51 - 60 (52).

[253] Vgl. auch *Sonntag*, Aspekte der Besteuerung, IWB Fach 6, Gr. 2, S. 52.

[254] Der Art. 5 Abs. 5 RevDBA ist daher zweckmäßigerweise auch erst nach den Art. 5 Abs. 1 bis 4 RevDBA zu prüfen. Allgemein zur Prüfungsreihenfolge, vgl. *Vogel*, DBA, Art. 5, Rdnr. 7.

[255] Vgl. auch OECD-MK zum OECD-MA, Art. 5, Nr. 31, abgedruckt in *Vogel*, DBA, Art. 5, Rdnr. 130; *Frotscher*, Internationales Steuerrecht, § 7, Rdnr. 16; *Kluge*, Internationales Steuerrecht, Rdnr. S 45; *Schaumburg*, Internationales Steuerrecht, § 16, Rdnr. 16.255; *Vogel*, DBA, Art. 5, Rdnr. 146.

Als „Vertreter" kommen die im abkommensrechtlichen Sinne gemäß Art. 3 Abs. 1 Buchst. d) RevDBA anzusehenden Personen in Betracht, Art. 5 Abs. 1 1. Halbsatz RevDBA. Soweit nach diesem Personenbegriff die steuerrechtlich selbständigen Tochtergesellschaften ebenso als abkommensrechtliche Vertreter angesehen werden können, bestimmt Art. 5 Abs. 7 RevDBA, daß allein das Beherrschungsverhältnis zwischen verbundenen Gesellschaften nicht betriebsstättenbegründend zu Lasten der beherrschten Gesellschaft wirken kann (Anti-Organ-Klausel)[256]. Die steuerrechtliche Selbständigkeit der Tochtergesellschaft bleibt insoweit grundsätzlich gewahrt. Umgekehrt kann auch nicht die beherrschende Gesellschaft als abkommensrechtliche Betriebsstätte der beherrschten Gesellschaft angesehen werden, da die Anti-Organ-Klausel keine Unterscheidung zwischen dem Beherrschungssubjekt und dem Beherrschungsobjekt trifft[257]. All dies gilt jedoch nur, solange die Tochtergesellschaft die Voraussetzungen des Art. 5 Abs. 5 RevDBA nicht erfüllt. Handelt diese als Vertreter unter den abkommensrechtlichen Voraussetzungen des Art. 5 Abs. 5 RevDBA bzw. als unabhängige Vertreterin, die über den Rahmen ihrer ordentlichen, sprich verkehrsüblichen[258], Geschäftstätigkeit hinausgeht[259], Art. 5 Abs. 6 RevDBA, sind die Rechtsfolgen, welche die Gesellschaft treffen, die gleichen wie für alle Vertreterbetriebsstätten[260].

Die Begründung einer Vertreterbetriebsstätte setzt voraus, daß ein Vertreter mit Abschlußvollmacht[261] für das Unternehmen des anderen Vertragsstaates tätig

---

256 Vgl. OECD-MK zum OECD-MA, Art. 5, Nr. 40, abgedruckt in *Vogel*, DBA, Art. 5, Rdnr. 185; *Kluge*, Internationales Steuerrecht, Rdnr. S 45; *Schaumburg*, Internationales Steuerrecht, § 16, Rdnr. 16.256; *Vogel*, DBA, Art. 5, Rdnr. 189; *Wassermeyer* in: Debatin/Wassermeyer, DBA, Bd. I, MA Art. 5, Rdnr. 258.

257 Vgl. auch *Vogel*, DBA, Art. 5, Rdnr. 190.

258 Vgl. auch *Frotscher*, Internationales Steuerrecht, § 7, Rdnr. 17.

259 Vgl. auch *Wassermeyer* in: Debatin/Wassermeyer, DBA, Bd. I, MA Art. 5, Rdnr. 222.

260 Vgl. auch OECD-MK zum OECD-MA, Art. 5, Nr. 41, abgedruckt in *Vogel*, DBA, Art. 5, Rdnr. 186; *Kluge*, Internationales Steuerrecht, Rdnr. S 45; *Schaumburg*, Internationales Steuerrecht, § 16, Rdnr. 16.256; *Vogel*, DBA, Art. 5, Rdnr. 192; *Wassermeyer* in: Debatin/Wassermeyer, DBA, Bd. I, MA Art. 5, Rdnr. 258.

261 Ob eine Abschlußvollmacht i.S.d. Abkommensrechts vorliegt, ist nicht allein nach Zivilrecht, sondern unter Einbeziehung des tatsächlichen Verhaltens der Vertragsparteien zu beurteilen. Eine rein zivilrechtliche Betrachtung würde die Möglichkeit eröffnen, die Betriebsstättenbesteuerung auch bei intensiver Geschäftstätigkeit des Vertreters dadurch zu verhindern, daß er zwar die Vertragsverhandlungen bis zur Abschlußreife führt, der fertig formulierte Vertrag aber der Form halber von der Unternehmensleitung im anderen Vertragsstaat unterschrieben wird. Zur Vermeidung einer Aufspaltung von kaufmännisch-wirtschaftlicher Verantwortung einerseits und rechtlicher Befugnis andererseits ist daher maßgeblich auf die Substanz der Ermächtigung abzustellen, nicht aber auf ihre Form, dazu auch *Vogel*, DBA, Art. 5, Rdnr. 140.

wird, (Abschlußvertreter), Art. 5 Abs. 5 1. Halbsatz RevDBA. Nicht erforderlich ist, daß der Vertreter in offener Stellvertretung handelt, also im Namen des vertretenen Unternehmens. Eine (Vertreter-)Betriebsstätte wird immer dann begründet, wenn das Handeln des Vertreters das vertretene Unternehmen rechtlich bindet[262]. Die Vollmachtsausübung bedarf dabei der Nachhaltigkeit; nicht ausreichend ist, wenn von der Abschlußvollmacht nur gelegentlich Gebrauch gemacht wird[263]. Das vertretene Unternehmen wird so behandelt, als habe es aufgrund des Vertreters eine Betriebsstätte im anderen Vertragsstaat, deren Vorliegen wird folglich fingiert[264]. In den Fällen der Vertreterbetriebsstätten wird die Vollmacht als ausreichend angesehen, um die für die Quellenbesteuerung entscheidende Teilnahme des Unternehmens an dem Wirtschaftsleben und der Infrastruktur des Quellenstaates zu begründen[265]. Indes wird eine Betriebsstätte nicht fingiert, wenn der Vertreter nur die im Negativkatalog in Art. 5 Abs. 4 RevDBA bezeichneten vorbereitenden Tätigkeiten bzw. Hilfstätigkeiten ausübt, Art. 5 Abs. 5 3. Halbsatz RevDBA. Derartige Tätigkeiten schließen daher nicht bloß die Annahme einer Betriebsstätte bei einer festen Geschäftseinrichtung aus[266], sondern auch dann, wenn sie von einem Vertreter ausgeübt werden. Das ist konsequent, da diese Tätigkeiten keine Betriebsstätte begründen würden, wenn sie von dem Unternehmer selbst vorgenommen würden[267].

Darüber hinaus scheidet die Fiktion einer Betriebsstätte aus, wenn es sich bei dem Vertreter um eine unabhängige Person handelt, die im Rahmen ihrer ordentlichen, das heißt - wie oben bereits ausgeführt - verkehrsüblichen, Geschäftstätigkeit handelt, Art. 5 Abs. 6 RevDBA. Das Revisionsabkommen vom 10. März 2000 benennt beispielhaft den Makler und den Kommissionär; entscheidend ist, daß der Vertreter nicht an die Weisungen des Unternehmens gebunden, mithin sachlich unabhängig ist, und daß er auch in keinem persönlichen Abhängigkeitsverhältnis zu diesem steht und im Rahmen seiner Beziehungen zu

---

262 Vgl. OECD-MK zum OECD-MA, Art. 5, Nr. 32, abgedruckt in *Vogel*, DBA, Art. 5, Rdnr. 131; *Frotscher*, Internationales Steuerrecht, § 7, Rdnr. 17; *Vogel*, DBA, Art. 5, Rdnr. 139.

263 Vgl. auch *Schaumburg*, Internationales Steuerrecht, § 16, Rdnr. 16.257.

264 Vgl. auch OECD-MK zum OECD-MA, Art. 5, Nr. 31, abgedruckt in *Vogel*, DBA, Art. 5, Rdnr. 130; *Frotscher*, Internationales Steuerrecht, § 7, Rdnr. 16; *Kluge*, Internationales Steuerrecht, Rdnr. S 45; *Schaumburg*, Internationales Steuerrecht, § 16, Rdnr. 16.255; *Vogel*, DBA, Art. 5, Rdnr. 136.

265 Vgl. auch *Kluge*, Internationales Steuerrecht, Rdnr. S 45.

266 Vgl. oben Kapitel 3, B II 1 a).

267 Vgl. auch *Frotscher*, Internationales Steuerrecht, § 7, Rdnr. 17; *Schaumburg*, Internationales Steuerrecht, § 16, Rdnr. 16.258; *Vogel*, DBA, Art. 5, Rdnr. 145.

dem von ihm vertretenen Unternehmen das wirtschaftliche Risiko trägt[268]. Umgekehrt folgt hieraus aber auch, daß ein unabhängiger Vertreter dann eine Vertreterbetriebsstätte begründet, wenn er außerhalb seiner ordentlichen Geschäftstätigkeit tätig wird; diese steht begrifflich einer solchen im Sinne des Art. 5 Abs. 5 RevDBA gleich[269].

Zusammenfassend bleibt somit festzuhalten, daß dem in Art. 5 RevDBA niedergelegten Betriebsstättenbegriff des Revisionsabkommens vom 10. März 2000 drei Voraussetzungen zugrunde liegen, die kumulativ erfüllt sein müssen. Als Anknüpfungspunkte für die Annahme einer Betriebsstätte kommen hierbei nicht nur *sachliche* Gegebenheiten wie das Bestehen einer festen Geschäftseinrichtung, sondern gleichfalls *personelle* Beziehungen wie im Fall der Vertreterbetriebsstätte zum Tragen, Art. 5 Abs. 1 und 5 RevDBA. Insoweit lehnt sich die Definition des Revisionsabkommens vom 10. März 2000 im wesentlichen an die Empfehlungen des Art. 5 OECD-MA an[270]. Die hiervon abweichende Bestimmung des Art. 5 Abs. 3 RevDBA mit Bezug auf die reine Aufsichtstätigkeit liegt im koreanischen Steuerrecht begründet. Der rein sprachlichen Abweichung des Art. 5 Abs. 2 Buchst. f) RevDBA[271] von Art. 5 Abs. 2 Buchst. f) OECD-MA[272] ist dagegen keine bedeutende materielle Bedeutung zuzuschreiben, die für die Anwendung des Revisionsabkommens vom 10. März 2000 von Belang wäre.

---

268 Vgl. auch OECD-MK zum OECD-MA, Art. 5, Nr. 38, abgedruckt in *Vogel*, DBA, Art. 5, Rdnr. 165; *Frotscher*, Internationales Steuerrecht, § 7, Rdnr. 17; *Kluge*, Internationales Steuerrecht, Rdnr. S 45; *Schaumburg*, Internationales Steuerrecht, § 16, Rdnr. 16.257; *Vogel*, DBA, Art. 5, Rdnr. 169.

269 Vgl. auch *Wassermeyer* in: Debatin/Wassermeyer, DBA, Bd. I, MA Art. 5, Rdnr. 222.

270 Es gilt auf die Neuentwicklungen in der OECD zum Betriebsstättenbegriff hinzuweisen. Tendenziell soll statt eines festen Punktes eine Beziehung zu einem geographischen Gebiet zur Betriebsstätte genügen, vgl. auch *Klaus Vogel/Moris Lehner*, Doppelbesteuerungsabkommen der Bundesrepublik Deutschland auf dem Gebiet der Steuern vom Einkommen und Vermögen, 4. Auflage 2003, München, Art. 5, Rdnr. 15. Siehe dazu auch *BFH*, BStBl. II 1997, S. 12 ff. – Pipeline als Betriebsstätte -; *ders.*, Urteil vom 12. Januar 1983, I B 53 / 82, NV; *ders.*, BStBl. II 2002, S. 683 ff.; *Ulrich Löwenstein, Christian Looks*, Betriebsstättenbesteuerung: Inboundinvestitionen, Outboundinvestitionen, Steuergestaltungen, Branchenbesonderheiten, München 2003, Rdnr. B 124 f.; *Rosemarie Portner*, Betriebsstätte durch grenzüberschreitende Internet-Transaktionen?, IStR 1998, S. 553 – 557 (554); *Wassermeyer*, Anmerkung zum sogenannten „Pipeline"-Urteil des Bundesfinanzhofs vom 30. Oktober 1996, II R 12/92, IStR 1997, S. 149; *ders.* in: Debatin/Wassermeyer, DBA, Bd. I, MA Art. 5, Rdnr. 33 m.w.N.

271 "Stätte der Ausübung natürlicher Ressourcen".

272 "Stätte der Ausbeutung von Bodenschätzen".

Welche Bedeutung kommt dem so festgestellten Betriebsstättenbegriff für die Besteuerung deutscher Unternehmen in Korea nach Art. 7 RevDBA zu? Diese Frage stellt sich insbesondere im Vergleich zum Begriff der Betriebsstätte nach koreanischem Steuerrecht, da diese regelmäßig den ausschlaggebenden sachlichen Anknüpfungspunkt der nationalen Besteuerung ausländischer Unternehmen in Korea bildet. Nachfolgend gilt es, dieser Fragestellung im einzelnen nachzugehen. Hierfür erfolgt zunächst eine Darstellung des Betriebsstättenbegriffs nach koreanischem Steuerrecht, um im Vergleich die Bedeutung des in Art. 5 RevDBA niedergelegten abkommensrechtlichen Betriebsstättenbegriffs für die Unternehmensbesteuerung nach Art. 7 RevDBA in Korea zu erörtern.

d) Bedeutung für die Unternehmensbesteuerung

Die inländische Betriebsstätte gewinnt ihre besondere Bedeutung als sachlicher Anknüpfungspunkt der beschränkten Steuerpflicht für die in Korea erzielten gewerblichen Einkünfte. Dies folgt für die ausländischen natürlichen Personen (Non-Residents[273]) aus Art. 1 Abs. 1 Nr. 2 ITA i.V.m. Art. 119 Nr. 5 ITA und für die ausländischen Körperschaften (foreign corporations[274]) aus Art. 3 Abs. 1 Nr. 1, Abs. 3 CTA i.V.m. Art. 93 Nr. 5 CTA. Die - jeweilige - Definition der inländischen Betriebsstätte (domestic business place) findet sich in Art. 120 ITA bzw. in Art. 94 CTA, wobei der im ITA verwandte Begriff der Betriebsstätte mit dem im CTA verwandten Begriff als inhaltsgleich anzusehen ist. Beide Definitionen beziehen sich auf dieselbe Einrichtung und unterscheiden sich nur in bezug auf den relevanten Personenkreis – natürliche Personen hier, juristische Personen dort. Wenn daher zur Annahme einer Betriebsstätte im Sinne des Art. 120 ITA die Voraussetzungen einer Betriebsstätte gemäß Art. 94 CTA erfüllt sein müssen und umgekehrt, so bestehen keine Bedenken dagegen, mit Rücksicht auf den Untersuchungsschwerpunkt der vorliegenden Arbeit die nachfolgende Darstellung auf die Erörterung der Betriebsstätte nach Art. 94 CTA zu beschränken.

Art. 94 Abs. 1 CTA definiert allgemein die Betriebsstätte als eine im Inland gelegene Geschäftseinrichtung, in der die Unternehmenstätigkeit ganz oder teilweise ausgeübt wird. Damit müssen zur Annahme einer Betriebsstätte folgende

---

273 Welche Personen als Non-Residents in Korea anzusehen sind, wurde oben bereits unter Kapitel 1, B III ausführlich erörtert.

274 Wann eine Körperschaft in Korea als ausländische anzusehen ist, wurde oben bereits unter Kapitel 1, B IV erörtert.

Voraussetzungen kumulativ erfüllt sein: Bestehen einer Geschäftseinrichtung (örtliches Merkmal), die sich an einem festen Ort in Korea befindet (sachliches Merkmal) und von welcher aus die gesamte Geschäftstätigkeit oder zumindest ein Teil der Geschäftstätigkeit der ausländischen Körperschaft wahrgenommen wird (Zweckmerkmal). Nicht unbedingt erforderlich ist, daß es sich bei der Geschäftseinrichtung um ein Gebäude handelt; notwendig ist allein, daß bestimmte Räumlichkeiten der Tätigkeit der Körperschaft dienen. Soweit dies der Fall ist und eine Nutzung im Belieben der Körperschaft gegeben ist, besteht eine feste Geschäftseinrichtung im Sinne des Art. 94 Abs. 1 CTA, unabhängig von Art und Eigentum an diesen Räumlichkeiten. Darüber hinaus bedarf die Geschäftseinrichtung einer gewissen örtlichen Fixierung verbunden mit einer bestimmten zeitlichen Nachhaltigkeit. Doch wird in diesem Zusammenhang nicht an einen Mindestzeitraum angeknüpft, sondern an alle Umstände des Einzelfalles.

Art. 94 Abs. 2 CTA nennt in Form eines (Positiv-)Katalogs Tatbestände, die prima facie eine Betriebsstätte begründen[275]. Hierzu sind insbesondere die Zweigniederlassungen, Büros oder Geschäftsstellen, Art. 94 Abs. 2 Nr. 1 CTA, die Ladengeschäfte und sonstigen festen Verkaufsstellen, Art. 94 Abs. 2 Nr. 2 CTA, oder auch die Werkstätten, Fabriken, Warenlager, Art. 94 Abs. 2 Nr. 3 CTA, zu zählen. Demgegenüber wird in Art. 94 Abs. 4 CTA ein Negativkatalog festgeschrieben, nach welchem die Annahme einer Betriebsstätte, auch wenn an sich die allgemeinen Voraussetzungen des Art. 94 Abs. 1 CTA erfüllt sind, zu verneinen ist[276]. Die Tatbestände des Negativkatalogs zeichnen sich dadurch aus, daß es sich bei in den Geschäftseinrichtungen ausgeübten Tätigkeiten regelmäßig um Hilfstätigkeiten bzw. Tätigkeiten von vorbereitender Art handelt. Hierzu sind insbesondere die Einrichtungen zu zählen, die den ausländischen Körperschaften ausschließlich zur Beschaffung bzw. Lagerung von Gütern und Waren dienen, Art. 94 Abs. 4 Nr. 1 und 2 CTA, oder vornehmlich zu dem Zweck unterhalten werden, Informationen zu beschaffen bzw. Marktbeobachtungen durchzuführen, Art. 94 Abs. 4 Nr. 3 CTA.

---

[275] Der entsprechende Wortlaut des Art. 94 Abs. 2 CTA lautet: „The domestic place of business under the provisions of paragraph (1) shall include places falling under any one of the following subparagraphs".

[276] Der entsprechende Wortlaut des Art. 94 Abs. 4 CTA lautet: „The domestic place of business unter the provisions of paragraph (1) shall not include the places unter each of the following subparagraphs".

Kann mangels einer festen Geschäftseinrichtung gemäß Art. 94 Abs. 1 und 2 CTA nicht von einer Betriebsstätte ausgegangen werden, ist die Annahme einer solchen dennoch denkbar, soweit die Geschäftstätigkeit der ausländischen Körperschaft in Korea nach Art. 94 Abs. 3 CTA durch einen Dritten ausgeübt wird; Art. 94 Abs. 3 CTA statuiert insoweit einen Betriebsstättensondertatbestand. Voraussetzung ist, daß der Dritte über eine Vollmacht verfügt, im Namen der - ausländischen - Körperschaft Verträge abzuschließen, und diese Vollmacht wiederholt ausübt (Abschlußvertreter), Art. 94 Abs. 3 1. Halbsatz CTA, oder sonst bestimmte Qualifikationen erfüllt, Art. 94 Abs. 3 2. Halbsatz CTA. Hierzu sind insbesondere diejenigen Personen zu zählen, die regelmäßig einen Bestand an Waren oder Gütern für eine ausländische Körperschaft verwahren, Art. 133 Abs. 1 Nr. 1 PED-CTA[277], diese Waren oder Güter an Kunden ausliefern oder sonstwie übergeben, Art. 133 Abs. 1 Nr. 2 PED-CTA, und/oder Versicherungsprämien einziehen bzw. in Korea liegende Risiken für ausländische Körperschaften versichern, Art. 133 Abs. 1 Nr. 3 PED-CTA. Betriebsstätte selbst ist die feste Einrichtung, von welcher aus der Dritte seine Geschäftstätigkeit für die Körperschaft wahrnimmt, Art. 94 Abs. 3 a.E. CTA. Im koreanischen Handelsvertreterrecht kann die Person des Abschlußvertreters im obigen Sinne regelmäßig mit dem sogenannten Sales Agent gleichgesetzt werden. Dieser zeichnet sich dadurch aus, daß ihm umfangreiche Rechte und Pflichten zustehen und es ihm insbesondere gestattet ist, im Namen und auf Rechnung des Auftraggebers Geschäfte zu vermitteln oder auch abzuschließen. Dem Sales Agent ist der sogenannte Offer Agent gegenüberzustellen, der lediglich dazu berechtigt ist, Angebote bzw. Kaufofferten zu vermitteln. Ihm mangelt es an der Abschlußvollmacht, die den Sales Agent auszeichnet. Die Unterscheidung in Sales und Offer Agent kann für ausländische Unternehmen folglich steuerliche Folgen haben, wenn sie über eigene Niederlassungen in Korea verfügen.

Insgesamt gesehen ist festzustellen, daß der Betriebsstättenbegriff des koreanischen Steuerrechts verhältnismäßig weit gefaßt ist. Hierfür spricht nicht nur die oben bereits genannte Einbeziehung der Aufsichtstätigkeiten in den koreanischen Begriff der Montagebetriebsstätte nach Art. 94 Abs. 2 Nr. 4 CTA[278], sondern der umfangreiche Positivkatalog des Art. 94 Abs. 2 Nr. 1 bis 5 CTA überhaupt. Dem entspricht die umfassende betriebsstättenbegründende Festlegung der Person des Vertreters nach Art. 94 Abs. 3 CTA i.V.m. Art. 133 PED-CTA, während der Negativkatalog des Art. 94 Abs. 4 CTA nur begrenzt die Annahme von Betriebsstätten ausschließt. Im Verhältnis zu dieser in Art. 94 CTA – und

---

[277] Vgl. oben zur Rechtsquellenqualität der PED-CTA, Kapitel 1, B III.

[278] Vgl. oben Kapitel 3, B II 1 b).

damit einhergehend in Art. 120 ITA – niedergelegten Definition ist der in Art. 5 RevDBA niedergelegte Betriebsstättenbegriff des Revisionsabkommens vom 10. März 2000 regelmäßig als enger gefaßt anzusehen mit der Folge, daß dieser sich *einschränkend* auf den koreanischen Betriebsstättenbegriff auswirkt. Beispielhaft sei hierfür angeführt, daß im Fall der Montagebetriebsstätten das Revisionsabkommen einen Mindestzeitraum von 12 Monaten vorsieht, Art. 5 Abs. 3 RevDBA, während die innerstaatliche Regelung, Art. 94 Abs. 2 Nr. 4 CTA, auf einen Zeitraum von sechs Monaten abstellt. In letzter Konsequenz führt dieses zu einer wirkungsvollen Eingrenzung der Unternehmensbesteuerung in Korea nach koreanischem Steuerrecht, Art. 3 Abs. 1 Nr. 1, Abs. 3 CTA i.V.m. Art. 93 Nr. 5 CTA. Denn aus der Qualität des Revisionsabkommens als verbindliches innerstaatliches Steuergesetz[279] folgt, daß die Finanzverwaltungen in beiden Staaten grundsätzlich gehalten sind, auf einen Rückgriff auf das innerstaatliche Recht zu verzichten. Der weit gefächerte Betriebsstättenbegriff des koreanischen Steuerrechts erlangt für die Besteuerung deutscher Unternehmen in Korea somit keine entscheidende Bedeutung mehr; an dessen Stellte tritt der *enger* gefaßte Betriebsstättenbegriff des Revisionsabkommens vom 10. März 2000. Gleichzeitig folgt aus der verbindlichen Betriebsstättendefinition in Art. 5 RevDBA eine genaue Eingrenzung der Unternehmensbesteuerung in Korea, wodurch die wirtschaftlichen Beziehungen der Unternehmen beider Vertragsstaaten auf eine gesicherte Grundlage gestellt werden. Die genaue Eingrenzung bedingt zudem, daß den Unternehmen bei ihrer Steuerplanung auch betriebsstättenorientierte Spielräume zugestanden werden.

2. Gewinnabgrenzung zwischen der in Korea gelegenen Betriebsstätte und dem deutschen Stammhaus

Der Betriebsstättenstaat, hier Korea, darf die Gewinne des Unternehmens nur soweit besteuern, wie sie der Betriebsstätte zugerechnet werden können, Art. 7 Abs. 1 Satz 2 RevDBA[280]. Damit folgt das Betriebsstättenprinzip des Revisionsabkommens vom 10. März 2000 dem sogenannten Prinzip der wirtschaftlichen Zugehörigkeit und verneint eine Attraktionskraft der Betriebsstätte, nach welcher alle inländischen Ergebnisse der Betriebsstätte der Ertragsbesteuerung im

---

279 Vgl. oben Teil 1, Kapitel 1, A.
280 Vgl. oben Kapitel 3, B II.

Quellenstaat unterworfen sind[281]. Die Beschränkung entspricht der gegenwärtigen deutschen Abkommenspolitik[282]. Da die Betriebsstätte stets ein nur rechtlich unselbständiger Teil des Gesamtunternehmens ist[283], folgt hieraus unmittelbar die Notwendigkeit, eine am Gesamtgewinn des Unternehmens orientierte verursachensgerechte Gewinnabgrenzung zwischen beiden Unternehmensteilen durchzuführen, sprich zwischen dem inländischen, hier deutschen, Stammhaus und der ausländischen, in Korea gelegenen Betriebsstätte[284]. Ziel dieser Gewinnabgrenzung muß es sein, der Betriebsstätte das Teilergebnis zuzuordnen, das dem Betrag entspricht, den diese von dem Gesamtergebnis aufgrund ihrer eigenen Leistungen und Existenz erwirtschaftet hat (Erwirtschaftungsprinzip[285])[286]. Die aus abkommensrechtlichen Gründen durchzuführende Gewinnabgrenzung darf daher auch nicht mit der auf nationaler Ebene durchzuführenden Gewinnermittlung weder des Gesamtunternehmens noch der Betriebsstätte verwechselt werden, weil die Gewinnermittlung als Kernpunkt des innerstaatlichen Steuerrechts der Regelung durch das innerstaatliche Recht der Vertragsstaaten vorbehalten ist[287].

---

281 Vgl. auch OECD-MK zum OECD-MA, Art. 7, Nr. 5, abgedruckt in *Vogel*, DBA, Art. 7, Rdnr. 10; *Frotscher*, Internationales Steuerrecht, § 7, Rdnr. 27; *Kluge*, Internationales Steuerrecht, Rdnr. S 53; *Schaumburg*, Internationales Steuerrecht, § 16, Rdnr. 16.327; *Vogel*, DBA, Art. 7, Rdnr. 32.

282 Siehe dazu auch die Abkommensübersicht in *Vogel*, DBA, Art. 7, Rdnr. 73.

283 So *BFH*, BStBl. II 1989, S. 140.

284 Vgl. auch *Frotscher*, Internationales Steuerrecht, § 7, Rdnr. 18; *Uta Haiß*, Gewinnabgrenzung bei Betriebsstätten im Internationalen Steuerrecht, Neuwied, Kriftel 2000, S. 25; *Kluge*, Internationales Steuerrecht, Rdnr. S 51; *Schaumburg*, Internationales Steuerrecht, § 16, Rdnr. 16.269; *Vogel*, DBA, Art. 7, Rdnr. 32; *Wassermeyer* in: Debatin/Wassermeyer, DBA, Bd. I, MA Art. 7, Rdnr. 184.

285 Vgl. auch *Haiß*, Gewinnabgrenzung, S. 25; *Kluge*, Internationales Steuerrecht, Rdnr. S 51; *Schaumburg*, Internationales Steuerrecht, § 16, Rdnr. 16.262; *Vogel*, DBA, Art. 7, Rdnr. 32; *Wassermeyer* in: Debatin/Wassermeyer, DBA, Bd. I, MA Art. 7, Rdnr. 185.

286 Die OECD will die reine Kosten- und Gewinnaufteilung nach dem Erwirtschaftungsprinzip tendenziell aufgeben und zur Annäherung an die Ergebniszuordnung bei verbundenen Kapitalgesellschaften gelangen, vgl. OECD, „Discussion Draft on the Attribution of Profits to Permanent Establishments". Anders als bei verbundenen Kapitalgesellschaften kommt es bei Betriebsstätten zwar nicht auf Verrechnungspreise an, der Bewertung unterliegen jedoch die zwischen den betrieblichen Teileinheiten identifizierbaren Leistungsbeziehungen, die sog. „dealings", siehe dazu auch *Xavier Ditz*, Gewinnabgrenzung zwischen Stammhaus und Betriebsstätte – Neue Entwicklungen auf Ebene der OECD unter besonderer Berücksichtigung des E-Commerce, IStR 2002, S. 210 – 216 (211).

287 Vgl. auch *BFH*, BStBl. II 1988, S. 521; *Frotscher*, Internationales Steuerrecht, § 7, Rdnr. 20; *Haiß*, Gewinnabgrenzung, S. 25; *Kluge*, Internationales Steuerrecht, Rdnr. S 17; *Schaumburg*, Internationales Steuerrecht, § 16, Rdnr. 16.209; *Wassermeyer* in: Debatin/Wassermeyer, DBA, Bd. I, MA Vor Art. 6 – 22, Rdnr. 58.

Soweit die abkommensrechtliche Gewinnabgrenzung sich am Gesamtgewinn des Unternehmens zu orientieren hat, bedarf es zunächst der Gewinnermittlung der Gesamteinheit, um auf einer nachfolgenden Stufe den ermittelten Gesamtgewinn[288] nach dem Erwirtschaftungsprinzip auf die beiden Unternehmensteile Stammhaus und Betriebsstätte aufteilen zu können[289]. Gegenüber dieser Zuordnung nach wirtschaftlichen Kriterien ist unbeachtlich, in welchem Vertragsstaat die Aufwendungen und Erträge tatsächlich angefallen sind, und an wen sie als Erträge geflossen bzw. von wem sie als Aufwendungen gezahlt worden sind[290]. Im Hinblick hierauf bestimmt Art. 7 Abs. 3 RevDBA ausdrücklich, daß der Betriebsstätte sämtliche Aufwendungen zuzurechnen, die durch diese veranlaßt worden sind. Hierfür ist bereits ein mittelbarer wirtschaftlicher Veranlassungszusammenhang ausreichend[291].

Allgemeine Grundregel der abkommensrechtlichen Gewinnabgrenzung ist Art. 7 Abs. 2 RevDBA. Ausnahmsweise entfaltet die Abkommensbestimmung Bindungswirkung für beide Vertragsstaaten[292]. Dies dient dem Zweck, angesichts potentiell bestehender Unterschiede bei der Gewinnermittlung eine doppelte steuerliche Erfassung der gleichen Einkommensbestandteile in beiden Vertragsstaaten effektiv zu verhindern[293]. Fraglich ist nun, wie sich die Gewinnabgrenzung zwischen dem deutschen Stammhaus und der in Korea belegenen Betriebsstätte in bezug auf den Gesamtgewinn des Unternehmens vollzieht.

a) Dealing at arm's length-Prinzip

Das Revisionsabkommen vom 10. März 2000 bestimmt zur Frage der Gewinnabgrenzung, daß der Betriebsstätte die Gewinne zugerechnet werden, *„die sie hätte erzielen können, wenn sie eine gleiche oder ähnliche Tätigkeit unter glei-*

---

288 Für ein deutsches Unternehmen nach deutschem Steuerrecht grds. nach §§ 4, 5 EStG.

289 Vgl. auch *Frotscher*, Internationales Steuerrecht, § 7, Rdnr. 19; *Schaumburg*, Internationales Steuerrecht, § 16, Rdnr. 16.232; *Wassermeyer* in: Debatin/Wassermeyer, DBA, Bd. I, MA Art. 7, Rdnr. 185.

290 Vgl. auch *Frotscher*, Internationales Steuerrecht, § 7, Rdnr. 20.

291 Vgl. auch *Frotscher*, Internationales Steuerrecht, § 7, Rdnr. 20; *Debatin*, Betriebsstättenprinzip (Teil I), DB 1989, S. 1695; *Kluge*, Internationales Steuerrecht, Rdnr. S 55; *Wassermeyer* in: Debatin/Wassermeyer, DBA, Bd. I, MA Art. 7, Rdnr. 284.

292 Der entscheidende Wortlaut lautet: „(...) so werden in jedem Vertragsstaat dieser Betriebsstätte die Gewinne zugerechnet (...)".

293 Vgl. auch *Debatin*, Betriebsstättenprinzip (Teil I), DB 1989, S. 1695; *Schaumburg*, Internationales Steuerrecht, § 16, Rdnr. 16.262; *Vogel*, DBA, Art. 7, Rdnr. 58.

chen oder ähnlichen Bedingungen als selbständiges Unternehmen ausgeübt hätte und im Verkehr mit dem Unternehmen, dessen Betriebsstätte sie ist, völlig unabhängig gewesen wäre", Art. 7 Abs. 2 RevDBA. Art. 7 Abs. 2 RevDBA erhebt somit i.V.m. Art. 7 Abs. 1 Satz 2 RevDBA den Fremd- bzw. Drittvergleich zum Maßstab: Der Betriebsstätte werden regelmäßig die Gewinne zugerechnet, die sie als ein vom Stammhaus unabhängiges Unternehmen hätte erzielen können (Dealing at arm's length-Prinzip[294]). Indes dient der Fremdvergleich als verbindlicher Zurechnungsmaßstab nicht nur der Gewinnabgrenzung im Fall der festen Geschäftseinrichtung, sondern auch bei den Vertretertatbeständen des Art. 5 Abs. 4 RevDBA. Denn der Betriebsstättenbegriff des Revisionsabkommens nach Art. 5 RevDBA sieht sowohl sachliche wie auch personelle Anknüpfungspunkte vor[295].

aa) Self-executing

Zum Teil wird das Dealing at arm's length-Prinzip auch als self-executing[296] angesehen mit dem Ergebnis, daß dieses keiner weiteren Ausfüllung durch das innerstaatliche Recht des Anwendestaates bedarf[297]. Hiergegen wendet sich die Ansicht, die eine self-executing-Wirkung verneint mit dem Hinweis darauf, aus dem Charakter der DBA-Bestimmungen als Erlaubnis- und Schrankennormen folge, daß diese stets der Ausfüllung durch das innerstaatliche Recht des Anwendestaates bedürften[298]. Diese Auffassung ist indes abzulehnen, da Art. 7 Abs. 2 RevDBA gemäß seinem Wortlaut nicht allein die Möglichkeit der Vertragsstaaten vorsieht, bei der Gewinnabgrenzung nach dem Dealing at arm's length-Prinzip zu verfahren, sondern vielmehr den Fremdvergleich als verbindlichen

---

294 Dieser Ausdruck entstammt der Begriffswelt der Sportfechter. Er drückt aus, daß die Fechter in einem Abstand „auf Armes Länge" Aufstellung nehmen müssen, um einen fairen Wettkampf zu garantieren, siehe dazu auch *Franz Wassermeyer*, Dealing at arm's length-Prinzip, in: Internationale Betriebsstättenbesteuerung, hrsg. v. Detlev J. Piltz, Harald Schaumburg, Köln 2001, S. 25 – 42 (26).

295 Vgl. oben Punkt Kapitel 3, B II 1 c).

296 Zum Begriff vgl. oben Teil 1, Kapitel 4.

297 So *Helmut Becker*, Die Besteuerung von Betriebsstätten, DB 1989, S. 10 – 16 (13); *Volker Kluge*, Zur unmittelbaren Anwendung von DBA-Vorschriften bei der Gewinnermittlung, StuW 1975, S. 294 – 305 (301); *Schaumburg*, Internationales Steuerrecht, § 16, Rdnr. 16.262.

298 So *Wassermeyer*, Dealing at arm's length-Prinzip, S. 30.

Maßstab festschreibt[299]. Im übrigen ist die Wirkungsweise der DBA-Bestimmungen nicht ausschließlich auf eine Schrankenwirkung begrenzt[300]. Die Gewinnabgrenzung durch den Betriebsstättenstaat erfolgt somit in unmittelbarer Anwendung der Vorschrift, ohne daß es weiterer Vollzugsakte durch das innerstaatliche Steuerrecht des Anwendestaates bedarf.

bb) Selbständigkeitsfiktion der Betriebsstätte

Wenn Art. 7 Abs. 2 RevDBA als allgemeine Grundregel statuiert, die Gewinnabgrenzung habe so zu erfolgen, als sei die Betriebsstätte ein selbständiges Unternehmen, so erfordert dies die hypothetische Gleichstellung mit einem fremden Unternehmen. Dabei wird es eine völlige Übereinstimmung wohl nicht geben. Aus diesem Grunde ist auf die Lieferungen und Leistungen des regelmäßigen Geschäftsverkehrs der Betriebsstätte abzustellen, unabhängig davon, wer die Abnehmer der jeweiligen Lieferungen bzw. Leistungen sind[301]. In seinem Hauptanwendungsbereich vollzieht sich das Dealing at arm's length-Prinzip somit in einer Hypothese darüber, was einander fremde und selbständige Unternehmen unter vergleichbaren Bedingungen vereinbart hätten[302]. Hierdurch wird eine Selbständigkeit der an sich handelsrechtlich unselbständigen Betriebsstätte[303] fingiert, von deren Reichweite die Höhe des abzugrenzenden Gewinns entscheidend abhängt.

Die Reichweite dieser Selbständigkeitsfiktion ist indes nicht unumstritten. So findet sich zum einen die Befürwortung einer absoluten Selbständigkeit, die im Ergebnis dazu führt, daß die ausländische Betriebsstätte nicht anders als eine rechtlich selbständige Tochtergesellschaft zu behandeln ist. Unterschiede in der Organisation und der rechtlichen Ausgestaltung der Beziehungen zwischen Betriebsstätte und Stammhaus sind nach dieser Auffassung nicht zu beachten, so

---

299 Der entsprechende Wortlaut der Bestimmung lautet: „Übt ein Unternehmen eines Vertragsstaates seine Tätigkeit im anderen Vertragsstaat durch eine dort gelegene Betriebsstätte aus, so werden (...) dieser Betriebsstätte die Gewinne zugerechnet".

300 Vgl. oben Kapitel 3, A.

301 Vgl. auch *Helmut Debatin,* Das Betriebsstättenprinzip der deutschen Doppelbesteuerungsabkommen (Teil II), DB 1989, S. 1739 – 1744 (1740).

302 Vgl. *Frotscher,* Internationales Steuerrecht, § 15, Rdnr. 12; *Haiß,* Gewinnabgrenzung, S. 30; *Kluge,* Internationales Steuerrecht, Rdnr. S 54; *Schaumburg,* Internationales Steuerrecht, § 16, Rdnr. 16.262.

303 Vgl. oben Kapitel 3, B II 2.

daß alle Beziehungen tatsächlicher Art zwischen Betriebsstätte einerseits und Stammhaus andererseits steuerlich wie Rechtsbeziehungen zwischen völlig fremden Unternehmen betrachtet werden müßten mit der Folge, daß zwischen Betriebsstätte und Stammhaus Darlehenszinsen, Mieten, Provisionen, Dienstleistungshonorare und ähnliche Vergütungen in gleichem Maße steuerlich zu berücksichtigen wären wie im Verhältnis zwischen fremden Unternehmen (Entgeltprinzip)[304] – oder: der „Nutzen" aus der unternehmerischen Tätigkeit wäre entsprechend der Aufteilung der Funktionen wie zwischen unabhängigen Unternehmen aufzuteilen[305]. Demgegenüber findet sich die im Schrifttum überwiegende Auffassung, die Unterstellung einer absoluten Selbständigkeit sei nicht geboten, da dem Grundsatz des Fremdvergleichs die Annahme einer nur eingeschränkten Selbständigkeit der Betriebsstätte bereits gerecht werde[306]. Auch die Gewinnabgrenzung könne nicht daran vorübergehen, daß die Betriebsstätte regelmäßig nur ein unselbständiger Unternehmensteil sei. Das abkommensrechtliche Betriebsstättenprinzip könne sich nicht ohne weiteres über die Zusammengehörigkeit der beiden Unternehmensteile hinwegsetzen[307].

Dieser Auffassung ist zu folgen, berücksichtigt sie doch entgegen der erstgenannten Ansicht, daß die Selbständigkeitsfiktion allein der Gewinnabgrenzung dient und keinesfalls dem Zweck, einer Betriebsstätte Rechtssubjektsqualität zuzusprechen. Ein solcher Zweck könnte allenfalls angenommen werden, soweit der Selbständigkeitsfiktion ein entscheidender Bezug zur Gewinnermittlung der Betriebsstätte als solcher zuzuschreiben wäre. Die abkommensrechtliche Gewinnabgrenzung erfolgt jedoch auf einer der Gewinnermittlung des Gesamtunternehmens nachfolgenden Stufe, so daß auch erst zu diesem Zeitpunkt die fingierte Selbständigkeit der Betriebsstätte zum Tragen kommt und zu keinem anderen Zeitpunkt. Die damit nur eingeschränkte Selbständigkeit der Betriebsstätte bedingt, daß der Fremdvergleich des Art. 7 Abs. 2 RevDBA dort endet, wo Betriebsstätte und Stammhaus als Teile ein und desselben Unternehmens nicht wie Dritte miteinander verkehren können.

---

304 So anstelle vieler *Karsten Sieker*, Betriebsstättengewinn und Fremdvergleichsgrundsatz, DB 1996, S. 110 – 113 (112).

305 In diesem Sinne *Helmut Becker*, Funktionsnutzen oder Erwirtschaftungsgrundsatz, DB 1990, S. 392 – 395 (392).

306 Vgl. auch *Frotscher*, Internationales Steuerrecht, § 7, Rdnr. 19; *Kluge* Internationales Steuerrecht, Rdnr. S 54; *Schaumburg*, Internationales Steuerrecht, § 16, Rdnr. 16.264; *Vogel*, DBA, Art. 7, Rdnr. 68; *Wassermeyer* in: Debatin/Wassermeyer, DBA, Bd. I, MA Art. 7, Rdnr. 323.

307 So *Debatin*, Betriebsstättenprinzip (Teil II), DB 1989, S. 1740; *Jörn Ulrich Fink*, Gewinnzurechnungsmethoden im Verhältnis zwischen inländischem Stammhaus und ausländischer Betriebsstätte, RIW 1988, S. 43 – 51 (47).

Die vorgenannten Entgelte für Leistungen des Stammhauses an die Betriebsstätte oder umgekehrt (Innenverkehr[308]) finden damit grundsätzlich nicht die gleiche steuerliche Berücksichtigung wie im Verhältnis zwischen fremden Unternehmen[309]. Im Ergebnis ist somit festzuhalten, daß die Selbständigkeitsfiktion der Betriebsstätte nur in wirtschaftlicher, nicht aber in rechtlicher Hinsicht Bedeutung erlangt[310].

b) Ausgrenzung der Einkaufsgewinne

Die abkommensrechtliche Gewinnabgrenzung zwischen dem Stammhaus und der Betriebsstätte nach dem Dealing at arm's length-Prinzip findet eine Einschränkung insoweit, als der Betriebsstätte die Gewinne nicht zugerechnet werden, die auf dem bloßen Einkauf von Waren und Gütern für das Unternehmen beruhen, Art. 7 Abs. 5 RevDBA. Der Grund dieser Einschränkung liegt in der wirtschaftspolitischen Zielsetzung der Exportförderung[311].

Fraglich ist der Anwendungsbereich dieser Bestimmung, wenn das Revisionsabkommen vom 10. März 2000 in Art. 5 Abs. 4 Buchst. d) RevDBA die Annahme einer Betriebsstätte für reine Einkaufsstellen verneint[312] und infolgedessen eine Anwendung des Art. 7 Abs. 5 RevDBA mangels Betriebsstätte von vornherein nicht in Betracht käme. Hieraus kann jedoch nur der Schluß gezogen werden, daß die Anwendung des Art. 7 Abs. 5 RevDBA das Vorliegen einer Betriebsstätte voraussetzt, in welcher neben den Einkäufen für das Unternehmen auch sonstige gewerbliche Tätigkeiten ausgeübt werden[313]. Dieses ist für Betriebsstätten anzunehmen, in denen regelmäßig die Ausübung gemischter Tätigkeiten erfolgt[314]. Demnach ist es dem Betriebsstättenstaat verwehrt, den auf den Einkauf von Gütern und Waren entfallenden Gewinn einer Betriebsstätte zuzu-

---

308 In Abgrenzung zum sog. Außenverkehr, der die Geschäftstätigkeit der Betriebsstätte gegenüber fremden Dritten bezeichnet, siehe dazu auch *Debatin*, Betriebsstättenprinzip (Teil II), DB 1989, S. 1740.

309 Vgl. auch *Schaumburg*, Internationales Steuerrecht, § 16, Rdnr. 16.263 m.w.N.

310 Ebenso *BFH* in BStBl. II 1989, S. 140.

311 Vgl. auch *Schaumburg*, Internationales Steuerrecht, § 16, Rdnr. 16.275; *Vogel*, DBA, Art. 7, Rdnr. 127 a; *Wassermeyer* in: Debatin/Wassermeyer, DBA, Bd. I, MA Art. 7, Rdnr. 371.

312 Vgl. oben zum Negativkatalog Kapitel 3, B II 1 a).

313 Vgl. auch *Kluge*, Internationales Steuerrecht, Rdnr. S 57; *Schaumburg*, Internationales Steuerrecht, § 16, Rdnr. 16.275; *Vogel*, DBA, Art. 7, Rdnr. 122.

314 Vgl. oben Kapitel 3, B II 1 a).

rechnen, soweit in dieser gemischte Tätigkeiten ausgeübt werden. Dies betrifft auch die Gewinne aus anderen Hilfs- oder Vorbereitungstätigkeiten, wenn sich diese auf die Einkaufstätigkeit unmittelbar beziehen, einschließlich der dafür angefallenen Aufwendungen[315]. Anstelle der Zurechnung zur Betriebsstätte unterliegen die Gewinne der Zurechnung zum Stammhaus, das heißt diese werden aus dem Betriebsstättenergebnis herausgerechnet[316]. Damit ordnet Art. 7 Abs. 5 RevDBA im Ergebnis eine Gewinnaufspaltung an.

Ein typisches Beispiel für Geschäftseinrichtungen in Korea, die sich durchweg dem Einkauf von Gütern und Waren bzw. anderen Hilfs- oder vorbereitenden Tätigkeiten für das Unternehmen widmen, sind die sogenannten Liasion Offices (Verbindungsbüros), auch Representative Offices genannt. Auch deutsche Unternehmen haben diese Form der geschäftlichen Betätigung bei ihren Aktivitäten in Korea in der Vergangenheit stark genutzt bzw. nutzen sie noch heute. Mit dem starken wirtschaftlichen Aufschwung des Landes ging die Entwicklung Koreas zu einem attraktiven Absatzmarkt einher, während die Attraktivität als Produktions- und Einkaufsstandort stetig zurückging[317]. Dieses hatte u.a. zur Folge, daß sich die ursprünglichen Einkaufs- und Hilfstätigkeiten der Liaison Offices auf aktive Tätigkeiten, vornehmlich Verkaufstätigkeiten, verlagerten. Die koreanische Finanzverwaltung nahm dies seinerzeit zum Anlaß, die Liasion Offices fortan der koreanischen Quellenbesteuerung zu unterwerfen. Im wesentlichen begründete die koreanische Finanzverwaltung ihr Vorgehen damit, daß aufgrund der aktiven Verkaufstätigkeiten hohe Umsätze getätigt würden, die für die Gewinnerzielung des Gesamtunternehmens von maßgeblicher Bedeutung wären. Vor dem Hintergrund der Gesamttätigkeit des Unternehmens könnten diese Geschäftstätigkeiten daher auch nicht mehr als bloße Hilfs- oder vorbereitende Tätigkeiten angesehen werden. Die Tätigkeiten der Liasion Offices hätten sich daher aus den Ausnahmebereichen der Betriebsstättendefinition nach Art. 5 Abs. 3 DBA-Korea verlagert und tatsächlich eine inländische Betriebsstätte nach Art. 5 Abs. 1 DBA-Korea begründet[318].

---

315 Vgl. auch *Wassermeyer* in: Debatin/Wassermeyer, DBA, Bd. I, MA Art. 7, Rdnr. 376.

316 Vgl. auch *Kluge*, Internationales Steuerrecht, Rdnr. S 57; *Vogel*, DBA, Art. 7, Rdnr. 127; *Wassermeyer* in: Debatin/Wassermeyer, DBA, Bd. I, MA Art. 7, Rdnr. 376.

317 Siehe dazu auch *Heike Becker*, Die Industrialisierung der Republik Korea unter besonderer Berücksichtigung des Leihkapitalimports, Berlin 1989, S. 91 ff.; *Peter Beez*, Wirtschaftliche Entwicklung in Südkorea, Hamburg 2000, S. 280 ff.

318 Siehe dazu auch *Martin Remmert*, Betriebsstättenbesteuerung in Südkorea, IWB Fach 6, Gr. 2, S. 29 – 36 (30).

Für diese Fälle ist anzumerken, daß die Einordnung als Betriebsstätte wohl auch nicht dem Revisionsabkommen widerspricht. Art. 5 Abs. 4 RevDBA verneint die Annahme einer Betriebsstätte, wenn den Hilfstätigkeiten in ihrer Maßgeblichkeit für die Tätigkeit des Gesamtunternehmens eine nur geringe bzw. untergeordnete Bedeutung zukommt[319]. Dieses kann gerade nicht angenommen werden, wenn durch die Liasion Offices besondere hohe Umsätze getätigt werden, die eine Absicht der Gewinnerzielung nahelegen und damit das Vorliegen einer nach außen wirtschaftlich selbständig handelnden Zweigniederlassung oder Geschäftsstelle nach Art. 5 Abs. 2 Buchst. b) bzw. c) RevDBA. Allerdings es gilt zu berücksichtigen, daß für den Fall, daß ein Liasion Office, sofern es an seiner ursprünglichen Einkaufstätigkeit trotz einer Verlagerung seiner Geschäftsaktivitäten festhält, eine Betriebsstätte mit gemischter Tätigkeit darstellt, auf welche nunmehr Art. 7 Abs. 5 RevDBA Anwendung findet. Danach ist es Korea als Betriebsstättenstaat verwehrt, die gesamten Einkünfte aus den Tätigkeiten des Liasion Offices der koreanischen Betriebsstättenbesteuerung nach Art. 7 RevDBA zu unterwerfen. Anstelle hiervon ist die koreanische Finanzverwaltung nunmehr gehalten, die Einkaufsgewinne, einschließlich der dafür angefallenen Aufwendungen, aus dem Betriebsstättenergebnis auszugrenzen und mithin eine Gewinnaufspaltung vorzunehmen.

c) Methoden der Gewinnzurechnung

Das Revisionsabkommen vom 10. März 2000 nennt als Methoden der Gewinnzurechnung die *„direkte Methode“*, die den Betriebsstättengewinn aufgrund einer eigenständigen Betriebsstättenbuchführung wie bei einem selbständigen Unternehmen ermittelt[320], und die *„indirekte Methode“*, die vom Gesamtgewinn des Unternehmens ausgeht und diesen nach bestimmten Schlüsseln auf das Stamm-

---

319 Vgl. oben Kapitel 3, B II 1 a).

320 Vgl. auch *Frotscher*, Internationales Steuerrecht, § 7, Rdnr. 22; *Hans-Jochen Kleineidam*, Rechtliche und organisatorische Voraussetzungen der Gewinnermittlung bei Auslandsbetriebsstätten, IStR 1993, S. 141 – 144 (144); *Kluge*, Internationales Steuerrecht, Rdnr. S 54; *Schaumburg*, Internationales Steuerrecht, § 16, Rdnr. 16.266; *Vogel*, DBA, Art. 7, Rdnr. 91.

haus und die Betriebsstätte verteilt[321]. Beide Methoden orientieren sich am verbindlichen Dealing at arm's length-Prinzip[322].

Die direkte Methode folgt unmittelbar aus der in Art. 7 Abs. 2 RevDBA festgelegten Betrachtung der Betriebsstätte als ein vom Stammhaus – wenn auch eingeschränkt – unabhängiges Unternehmen[323], während die indirekte Methode ihre ausdrückliche Regelung in Art. 7 Abs. 4 RevDBA erfährt[324]. Überdies bezeichnet Art. 7 Abs. 4 RevDBA die direkte Methode als Regelmethode[325] und legt für die Anwendung der indirekten Methode fest, daß diese nur unter bestimmten Voraussetzungen erfolgen kann[326]. Danach muß die Gewinnaufteilung im Anwendestaat „*üblich*" sein und deren Ergebnis mit dem im Wege der direkten Methode ermittelten Ergebnis vergleichbar, Art. 7 Abs. 4 a.E. RevDBA. Die koreanische Finanzverwaltung gelangt insbesondere im Fall der Abrechnung von Bauausführungen und Montagen zu einer Gewinnaufteilung gemäß der indirekten Methode[327]; mithin ist diese Methode auch als in Korea üblich im Sinne des Art. 7 Abs. 4 RevDBA anzusehen. Die Finanzverwaltung macht hierfür geltend, daß die Verflechtung der Unternehmensteile im Fall von Bauausführungen und Montagen regelmäßig so stark sei, daß eine eindeutige Zuordnung gewichtiger Teil der Erträge und Aufwendungen ausscheide[328]. Demnach kann nur die im Wege der Schätzung erfolgende Gewinnaufteilung statt der direkten Methode dem Dealing at arm's length-Prinzip gerecht werden.

---

321 Vgl. auch *Frotscher*, Internationales Steuerrecht, § 7, Rdnr. 23; *Kleineidam*, Gewinnermittlung, IStR 1993, S. 144; *Kluge*, Internationales Steuerrecht, Rdnr. S 56; *Schaumburg*, Internationales Steuerrecht, § 16, Rdnr. 16.266; *Vogel*, DBA, Art. 7, Rdnr. 91.

322 Vgl. auch *Haiß*, Gewinnabgrenzung, S. 43; *Kleineidam*, Gewinnermittlung, IStR 1993, S. 143; *Schaumburg*, Internationales Steuerrecht, § 16, Rdnr. 16.265.

323 Vgl. oben Kapitel 3, B II 2 a).

324 Vgl. auch *Schaumburg*, Internationales Steuerrecht, § 16, Rdnr. 16.266.

325 Der entscheidende Wortlaut lautet: „Soweit es in einem Vertragsstaat üblich ist, die einer Betriebsstätte zuzurechnenden Gewinne durch Aufteilung der Gesamtgewinne des Unternehmens auf seine einzelnen Teile zu ermitteln, schließt Absatz 2 nicht aus, daß dieser Vertragsstaat die zu besteuernden Gewinne nach der üblichen Aufteilung ermittelt".

326 Vgl. auch *Fink*, Gewinnzurechnungsmethoden, RIW 1988, S. 44; *Frotscher*, Internationales Steuerrecht, § 7, Rdnr. 23; *Kluge*, Internationales Steuerrecht, Rdnr. S 56; *Schaumburg*, Internationales Steuerrecht, § 16, Rdnr. 16.267; *Vogel*, DBA, Art. 7, Rdnr. 97.

327 Vgl. auch *Sonntag*, Aspekte der Besteuerung, IWB Fach 6, Gr. 2, S. 55; *Wolff* in: Debatin/Wassermeyer, DBA, Bd. III, Länderteil Korea, Art. 7, Rdnr. 19.

328 Angesprochen wird hiermit wohl die *Profit Split Methode;* weitere Ausführungen zu den Methoden der koreanischen Finanzverwaltung erfolgen an späterer Stelle der Untersuchung.

Der Vorteil der indirekten Methode ist folglich darin zu sehen, daß sie die Gewinnzurechnung auch im Fall stark miteinander verflochtener Geschäftsbeziehungen ermöglicht. Denn je mehr die Geschäftstätigkeit der Betriebsstätte mit den Tätigkeiten und Gegebenheiten im Gesamtunternehmen verflochten ist, desto schwieriger gestaltet sich deren Qualifizierung als wirtschaftlich selbständige Einheit[329]. Das Hauptproblem bei Anwendung dieser Methode liegt in der Wahl eines sachgerechten Verteilungsschlüssels. Dieser kann sich bei einer Gruppierung nach betriebswirtschaftlichen Teilgrößen an typischen Produktionsfaktoren (z.B. Arbeitnehmerzahl, Lohnsumme, Betriebskapital) sowie an Leistungsfaktoren (z.B. Umsatz, Produktionsstückzahlen) orientieren. Denkbar ist auch eine Orientierung an den Einnahmen, den Aufwendungen oder dem jeweiligen Betriebsstättenvermögen[330]. Da solch einfach strukturierte Schlüsselgrößen nicht alle den Gesamterfolg mitbestimmende Faktoren berücksichtigen können, erscheint ein Übergang zu komplexeren Größen erwägenswert. Jede Weiterentwicklung dieser Art kann indes als Schritt in Richtung der direkten Methode angesehen werden[331].

Um die Gleichmäßigkeit der Gewinnabgrenzung zu bewirken, verlangt Art. 7 Abs. 6 RevDBA grundsätzlich die Beibehaltung der einmal angewandten Zurechnungsmethode (Grundsatz der Methodenstetigkeit), es sei denn, rechtfertigende Gründe können für einen Methodenwechsel geltend gemacht werden. Als solche sind besonders die generelle Änderung der gehandhabten Praxis des Anwendestaates oder auch die Vermutung, daß die bisher angewandte Methode zu keinem zutreffenden Ergebnis mehr führen werde, anzusehen; nicht ausreichend ist dagegen der Wunsch, mit einem Wechsel günstigere Ergebnisse zu erzielen[332].

---

329 Vgl. *Debatin*, Betriebsstättenprinzip (Teil I), DB 1989, S. 1696; *Fink*, Gewinnzurechnungsmethoden, RIW 1988, S. 45; *Wilke*, Lehrbuch des internationalen Steuerrechts, Rdnr. 354.

330 Vgl. auch OECD-MK zum OECD-MA, Art. 7, Nr. 27, abgedruckt in *Vogel*, DBA, Art. 7, Rdnr. 88; *Fink*, Gewinnzurechnungsmethoden, RIW 1988, S. 45; *Haiß*, Gewinnabgrenzung, S. 53; *Vogel*, DBA, Art. 7, Rdnr. 96.

331 In diesem Sinne ebenso *Fink*, Gewinnzurechnungsmethoden, RIW 1988, S. 45; *Haiß*, Gewinnabgrenzung, S. 53.

332 Vgl. auch *Haiß*, Gewinnabgrenzung, S. 57; *Kluge*, Internationales Steuerrecht, Rdnr. S 58; *Schaumburg*, Internationales Steuerrecht, § 16, Rdnr. 16.267; *Vogel*, DBA, Art. 7, Rdnr. 139.

3. Sonderabgrenzung: Gewinnberichtigung zwischen verbundenen Unternehmen

Das Revisionsabkommen vom 10. März 2000 sieht in Art. 9 RevDBA die besondere Befugnis der Vertragsstaaten vor, die aus unternehmerischer Tätigkeit erzielten Gewinne zu berichtigen, sofern es sich bei den Unternehmen um verbundene Unternehmen handelt, *„die in ihren Geschäftsbeziehungen an Bedingungen gebunden sind, die von denen abweichen, die unabhängige Unternehmen miteinander vereinbaren würden"*.

Trotz ihrer systematischen Stellung innerhalb der Verteilungsnormen ist die Vorschrift des Art. 9 RevDBA keinesfalls als eine solche anzusehen. Ausweisliches ihres Wortlautes kommt der Vorschrift nicht die Funktion zu, ein bestimmtes Steuergut zwischen beiden Vertragsstaaten aufzuteilen bzw. Besteuerungskompetenzen zuzuweisen[333]. Vielmehr behandelt sie parallel zur Gewinnabgrenzung zwischen Stammhaus und Betriebsstätte nach Art. 7 Abs. 2 RevDBA[334] einen Teilaspekt der Gewinnermittlung, genauer die *Befugnis* der Vertragsstaaten, unter bestimmten Voraussetzungen die Gewinne zwischen verbundenen Unternehmen zu berichtigen. Beiden Abkommensbestimmungen ist gemeinsam, daß sie darauf abstellen, was unabhängige Dritte miteinander vereinbart hätten (Dealing at arm's length-Prinzip)[335]. Im Unterschied zur vorgenannten Vorschrift knüpft Art. 9 RevDBA jedoch ausnahmsweise an zwei selbständige Steuersubjekte (*„Unternehmen eines Vertragsstaates"* und *„Unternehmen des anderen Vertragsstaates"*)[336] an, was in der Folge dazu führt, daß Vermögensverschiebungen zwischen den Unternehmen grundsätzlich geeignet sind, Gewinnrealisierungen auszulösen[337]. Dieses ist im Fall der Gewinnabgrenzung nach Art. 7 Abs. 2 RevDBA für den Innenverkehr aufgrund der rechtlichen Unselbständigkeit der Betriebsstätte bereits verneint worden[338]. Insoweit dient Art. 9 RevDBA auch dem Zweck, Gewinnverlagerungen innerhalb multinationaler

---

333 Vgl. oben Kapitel 3, A II.

334 Vgl. oben Kapitel 3, B II 2.

335 Vgl. auch *Frotscher*, Internationales Steuerrecht, § 15, Rdnr. 7; *Kluge*, Internationales Steuerrecht, Rdnr. S 120; *Schaumburg*, Internationales Steuerrecht, § 18, Rdnr. 18.192; *Wassermeyer* in: Debatin/Wassermeyer, DBA, Bd. I, MA Art. 7, Rdnr. 185.

336 Im Sinne von Art. 3 Abs. 1 Buchst. f) RevDBA. Siehe dazu die obigen Ausführungen unter Kapitel 3, B II.

337 Vgl. auch *Detlev J. Piltz*, Besteuerungsvergleich Tochtergesellschaft vs. Betriebsstätte, in: Internationale Betriebsstättenbesteuerung, hrsg. v. Detlev J. Piltz, Harald Schaumburg, Köln 2001, S. 1 – 24 (16).

338 Vgl. oben Kapitel 3, B II 2 a).

Konzerne zu verhindern[339]. Aus Sicht des berechtigten Staates unterscheidet das Revisionsabkommen vom 10. März 2000 zwischen der Erstberichtigung[340] und der Gegenberichtigung[341] und folgt hierin den Empfehlungen des OECD-Musterabkommens von 1992[342].

a) Erstberichtigung

Die Erstberichtigung gestattet es dem Sitzstaat[343] eines Unternehmens, das mit einem ausländischen Unternehmen verbunden ist, Gewinne zu berichtigen, Art. 9 Abs. 1 RevDBA. Voraussetzung hierfür ist zunächst, daß es sich bei den Unternehmen um im Sinne des Revisionsabkommens verbundene Unternehmen handelt. Dies ist der Fall, soweit ein Unternehmen eines Vertragsstaates[344] unmittelbar oder mittelbar an der Geschäftsleitung, der Kontrolle oder dem Kapital eines Unternehmens des anderen Vertragsstaates[345] beteiligt ist, Art. 9 Abs. 1 Buchst. a) RevDBA, oder dieselben Personen unmittelbar oder mittelbar an der Geschäftsleitung, der Kontrolle oder dem Kapital eines Unternehmens eines Vertragsstaates und eines Unternehmens des anderen Vertragsstaates beteiligt sind, Art. 9 Abs. 1 Buchst. b) RevDBA. Im einfachsten Fall handelt es sich bei den verbundenen Unternehmen daher um eine Beziehung zwischen Mutter- und Tochtergesellschaft. Darüber hinaus kommen auch Mutter- und Enkel- sowie Schwestergesellschaften in Betracht, da einzig die gesellschaftsrechtliche Verflechtung der Unternehmen oder deren gegenseitige Einflußnahme vorausgesetzt wird. Das Revisionsabkommen vom 10. März 2000 sieht weder Mindest- noch Höchstgrenzen der gesellschaftsrechtlichen Beteiligung vor[346].

---

339 Vgl. auch OECD-MK zum OECD-MA, Art. 9, Nr. 1, abgedruckt in: Debatin/Wassermeyer, DBA, Bd. I, MK Art. 9; *Frotscher*, Internationales Steuerrecht, § 14, Rdnr. 1; *Kluge*, Internationales Steuerrecht, Rdnr. S 120.

340 Vgl. auch *Schaumburg*, Internationales Steuerrecht, § 16, Rdnr. 16.288.

341 Vgl. auch *Schaumburg*, Internationales Steuerrecht, § 16, Rdnr. 16.288.

342 Dies entspricht nicht unbedingt deutscher Abkommenspolitik. Siehe dazu auch die Abkommensübersicht bei *Vogel*, DBA, Art. 9, Rdnr. 47.

343 Vgl. auch *Schaumburg*, Internationales Steuerrecht, § 16, Rdnr. 16.288.

344 Im Sinne von Art. 3 Abs. 1 Buchst. f) RevDBA. Siehe dazu die obigen Ausführungen unter Kapitel 3, B II.

345 Im Sinne von Art. 3 Abs. 1 Buchst. f) RevDBA. Siehe dazu die obigen Ausführungen unter Kapitel 3, B II.

346 Vgl. auch OECD-MK zum OECD-MA, Art. 9, Nr. 2, abgedruckt in: Debatin/Wassermeyer, DBA, Bd. I, MK Art. 9; *Schaumburg*, Internationales Steuerrecht, § 16, Rdnr. 16.296; *Vogel*, DBA, Art. 9 Rdnr. 23.

Über die abkommensrechtliche Verbundenheit hinaus ist weiterhin erforderlich, daß die beiden Unternehmen „*in ihren kaufmännischen oder finanziellen Beziehungen an vereinbarte oder auferlegte Bedingungen*[347] *gebunden sind, die von denen abweichen, die unabhängige Unternehmen miteinander vereinbaren würden*", Art. 9 Abs. 1 2. Halbsatz RevDBA. Die Vollziehung des Dealing at arm's length-Prinzips verlangt demzufolge die hypothetische Gleichstellung mit voneinander unabhängigen Unternehmen[348]. Als solchermaßen unabhängige Unternehmen sind diejenigen anzusehen, welche nicht im Sinne des Art. 9 Abs. 1 RevDBA gesellschaftsrechtlich miteinander verbunden bzw. bei denen die Einflußmöglichkeiten der Unterabsätze a) und b) des Art. 9 Abs. 1 RevDBA nicht gegeben sind. Deren Geschäftsbedingungen sind mit denen zu vergleichen, die den geschäftlichen Transaktionen der verbundenen Unternehmen zugrunde liegen. Ergibt der Fremdvergleich eine Abweichung, folgt hieraus, daß die vereinbarten oder auferlegten Bedingungen den Gewinn eines der verbundenen Unternehmen - entscheidend ist hierbei die Steuerbilanz[349] - derart beeinträchtigt haben, daß das Unternehmen ohne diese Geschäftsbedingungen einen höheren Gewinn erzielt hätte (Gewinnminderung). Gewinnminderungen, die auf andere Gründe als diese Bedingungen zurückzuführen sind, sind für den Anwendungsbereich der abkommensrechtlichen Erstberichtigung folglich nicht in Betracht zu ziehen[350].

Sind diese Voraussetzungen gegeben, eröffnet Art. 9 Abs. 1 RevDBA dem Sitzstaat die Möglichkeit, den geminderten Gewinn, mithin die Unternehmensbücher, die den im Vertragsstaat tatsächlich entstandenen steuerlichen Gewinn nicht ausweisen, zu berichtigen und die nicht erzielten Gewinne den Unternehmensgewinnen zuzurechnen und entsprechend zu besteuern, Art. 9 Abs. 1 a.E. RevDBA. Da die Gewinnberichtigung nach Art. 9 Abs. 1 RevDBA den Fremdvergleich als verbindlichen Maßstab festlegt, hat sich der Umfang der Berichtigung konsequenterweise auch an diesem zu orientieren.

---

347 Die Begriffe tragen den unterschiedlichen Möglichkeiten des Leistungsaustausches zwischen verbundenen Unternehmen Rechnung. Zu den auferlegten Bedingungen gehören insbesondere solche, die etwa auf Konzernrichtlinien zurückzuführen sind, siehe auch *Schaumburg*, Internationales Steuerrecht, § 16, Rdnr. 16.297; *Vogel*, DBA, Art. 9, Rdnr. 30.

348 Vgl. oben Kapitel 3, B II 2 a).

349 Vgl. auch OECD-MK zum OECD-MA, Art. 9, Nr. 2, abgedruckt in: Debatin/Wassermeyer, DBA, Bd. I, MK Art. 9; *Kluge*, Internationales Steuerrecht, Rdnr. S 120; *Wassermeyer* in: Debatin/Wassermeyer, DBA, Bd. I, MA Art. 9, Rdnr. 71.

350 Für die Fälle des Vorteilsausgleiches, vgl. *Schaumburg*, Internationales Steuerrecht, § 18, Rdnr. 18.73.

Dies gilt in jedem Fall, unabhängig von der Frage, wie sich der Fremdvergleich im einzelnen konkretisiert[351]. Im Ergebnis ist die Erstberichtigung daher stets auf eine Gewinnerhöhung gerichtet[352].

aa) Gewinnberichtigung nach koreanischem Steuerrecht

Allerdings es gilt zu berücksichtigen, daß es sich bei Art. 9 Art. 1 RevDBA lediglich um eine nicht als self-executing[353] anzusehende Ermächtigungsnorm handelt[354]. Art. 9 Abs. 1 RevDBA schafft daher keine Rechtsgrundlage, sondern gibt den Vertragsstaaten Deutschland und Korea allenfalls die *Befugnis*, die Gewinne eines inländischen Unternehmens, das mit einem Unternehmen des anderen Vertragsstaates im abkommensrechtlichen Sinne verbunden[355] ist, zu berichtigen[356]. Hierin unterscheidet sich Art. 9 RevDBA deutlich von der Gewinnabgrenzung anläßlich der Betriebsstättenbesteuerung, die, wie oben bereits festgestellt, als self-executing anzusehen ist[357]. Die Rechtsgrundlage der Gewinnberichtigung, insbesondere der Erhöhung der Einkünfte zu Lasten der steuerpflichtigen Unternehmen, kann sich daher nur aus dem innerstaatlichen Recht des berechtigten Staates ergeben[358]. Soweit es in diesem Abschnitt darum geht, die Erstberichtigung zwischen verbundenen Unternehmen in Deutschland und Korea zu analysieren, sind mit Blick auf den Untersuchungsschwerpunkt der

---

351 Die Frage der Methodenwahl findet ihre Erörterung im weiteren Verlauf der Untersuchung.

352 Vgl. auch OECD-MK zum OECD-MA, Art. 9, Nr. 2, abgedruckt in: Debatin/Wassermeyer, DBA, Bd. I, MK Art. 9; *Schaumburg*, Internationales Steuerrecht, § 16, Rdnr. 16.311.

353 Vgl. oben Teil 1, Kapitel 4.

354 Vgl. auch *BFH*, BStBl. II 1980, S. 531; *BFH*, BStBl. II 1981, S. 517; *Kluge*, Internationales Steuerrecht, S 121; *Schaumburg*, Internationales Steuerrecht, § 16, Rdnr. 16.289; *Vogel*, DBA, Art. 9, Rdnr. 15; *Franz Wassermeyer* in: Außensteuerrecht, Kommentar, hrsg. v. Franz Wassermeyer, Detlev J. Piltz, Loseblattausgabe, Bd. I, 6. Auflage 1999, Köln, § 1 AStG, Rdnr. 99.

355 Vgl. oben Kapitel 3, B II 3 a).

356 Vgl. auch *Schaumburg*, Internationales Steuerrecht, § 16, Rdnr. 16.289; *Vogel*, DBA, Art. 9, Rdnr. 7; *Wassermeyer* in: Debatin/Wassermeyer, DBA, Bd. I, MA Art. 9, Rdnr. 76.

357 Vgl. oben Kapitel 3, B II 2 a) aa).

358 Vgl. auch *Schaumburg*, Internationales Steuerrecht, § 16, Rdnr. 16.289; *Vogel*, DBA, Art. 9, Rdnr. 16; *Wassermeyer* in: Debatin/Wassermeyer, DBA, Bd. I, MA Art. 9, Rdnr. 78.

Arbeit die koreanischen Vorschriften zur Gewinnberichtigung ergänzend heranzuziehen.

Rechtsgrundlage der Gewinnberichtigung koreanischer Körperschaften, die über besondere Geschäftsbeziehungen zu ausländischen Körperschaften verfügen, ist Art. 4 des Gesetzes zur Koordinierung von steuerrelevanten internationalen Transaktionen[359] (Law of the Coordination of International Tax Affairs, LCITA[360]). Danach ist es den koreanischen Finanzbehörden gestattet, das Einkommen einer koreanischen Körperschaft zu berichtigen, wenn diese über besondere Geschäftsbeziehungen (special relationship[361]) zu ausländischen Körperschaften verfügt. Voraussetzung ist, daß deren Geschäftsbedingungen einem (Fremd-)Vergleich mit denen des freien Marktes nicht standhalten und in der Folge zu Steuerminderungen bei der koreanischen Körperschaft führen. Das heißt, den Geschäftsbeziehungen der Partner liegen Geschäftsbedingungen – u.a. Preise – zugrunde, die im Geschäftsverkehr mit unabhängigen Dritten nicht vereinbart worden wären (Dealing at arm's length-Prinzip). Nach erfolgter Einkommensberichtigung ist die koreanische Körperschaft, die den Vorteil gewährt hat, verpflichtet, denjenigen Steuerbetrag zu entrichten, der sich aus der Berücksichtigung des korrigierten Einkommens ergibt. Darüber hinaus fallen Strafgelder in nicht unerheblicher Höhe sowie weitere beachtliche Strafmaßnahmen an.

In welchem Verhältnis stehen nun die vorgenannte koreanische Gewinnberichtigung nach Art. 4 LCITA und die Befugnis der Vertragsstaaten zur Ge-

---

359 Der entscheidende Wortlaut lautet: „The tax authorities may, where the relevant price in an international trade (...) falls short oder in excess of the arm's length price, determine or rectify the tax base and tax amount of the resident (...) on the basis of the arm's length price".

360 Der Erlaß des Gesetzes erfolgte im Jahre 1995, um vor dem Hintergrund der Globalisierung der koreanischen Wirtschaft, vor allem der koreanischen Großkonzerne („Chaebols"), und der verstärkten Investitionstätigkeit ausländischer Unternehmen in Korea die Besteuerung grenzüberschreitender Sachverhalte entsprechend den internationalen Standards an einer Stelle zusammenzufassen. Dadurch sollte insbesondere die Suche nach den einschlägigen Bestimmungen und die Interpretation der Regelungen für Steuerpflichtige erleichtert und somit auch die Rechtssicherheit gefördert werden. Das Gesetz trat ergänzend zu den Vorschriften des nationalen Steuerrechts zum 1. Januar 1996 in Kraft. Es enthält neben den Regelungen zur Problematik der Verrechnungspreise zwischen verbundenen Unternehmen Vorschriften zur Gesellschafterfremdfinanzierung (Thin Capitalization), zum Mißbrauch bei Einschaltung von Steueroasen sowie über das Verständigungsverfahren und die internationale Zusammenarbeit in Steuerangelegenheiten.

361 Nach Art. 2 Abs. 1 Nr. 8 LCITA; hierbei wird grds. auf das Gesellschaftsverhältnis zwischen den Körperschaften abgestellt (direkte bzw. indirekte Beteiligung).

winnberichtigung nach Art. 9 Abs. 1 RevDBA? Grundsätzlich ist Art. 9 Abs. 1 RevDBA die gleiche Wirkung zuzusprechen wie den sonstigen Bestimmungen des Revisionsabkommens vom 10. März 2000[362]. Die Abkommensbestimmung entfaltet daher Schrankenwirkung[363] gegenüber Art. 4 LCITA mit dem Ergebnis, daß Korea als Anwendestaat bei der Gewinnberichtigung nach innerstaatlichem Recht inhaltlich an die Vorgaben des Art. 9 Abs. 1 RevDBA gebunden ist[364]. Im Hinblick darauf kann die jeweilige abkommensberechtigte Person[365] aus Art. 9 Abs. 1 RevDBA Schutz dagegen beanspruchen, daß der Sitzstaat Gewinnerhöhungen vornimmt, die über die Gewinnberichtigungsbefugnis des Revisionsabkommens hinausgehen. Diese Feststellung ist jedoch von untergeordneter praktischer Relevanz insoweit, als sowohl Art. 9 Abs. 1 RevDBA als auch Art. 4 LCITA darauf abstellen, was unabhängige Dritte miteinander vereinbart hätten (Dealing at arm's length) und demzufolge der Umfang der Gewinnberichtigungsbefugnis nach koreanischem Steuerrecht regelmäßig dem Umfang der abkommensrechtlichen Berichtigungsbefugnis entspricht. Hieraus darf keinesfalls der Schluß gezogen werden, Art. 9 Abs. 1 RevDBA komme ausschließlich deklaratorische Bedeutung zu. Die Verbindlichkeit der Vorschrift folgt bereits aus ihrer Vereinbarung im Revisionsabkommen vom 10. März 2000 und aus dem Umstand, daß diese Bestimmung als Parallele zur abkommensrechtlichen Gewinnabgrenzung bei der Betriebsstättengewinnermittlung anzusehen ist[366]. Die vorstehend festgestellte untergeordnete praktische Relevanz ist allein auf den bei der Gewinnberichtigung übereinstimmend gewählten Korrekturmaßstab des Fremdvergleichs zurückzuführen.

bb) Methodenwahl

Für den Fall einer Gewinnberichtigung in Korea stellt sich auf Grundlage des Dealing at arm's length-Prinzips die Frage nach deren Konkretisierung. Denn

---

362 Vgl. *Kluge*, Internationales Steuerrecht, S 121; *Schaumburg*, Internationales Steuerrecht, § 16, Rdnr. 16.290; *Wassermeyer* in: Debatin/Wassermeyer, DBA, Bd. I, MA Art. 9, Rdnr. 78.

363 Vgl. oben Teil 1, Kapitel 1, A.

364 Vgl. auch *Kluge*, Internationales Steuerrecht, Rdnr. S 121; *Schaumburg*, Internationales Steuerrecht, § 16, Rdnr. 16.290; *Vogel*, DBA, Art. 9, Rdnr. 16 f.; *Wassermeyer* in: Flick/Wassermeyer/Baumhoff, Außensteuerrecht, Bd. I, § 1 AStG, Rdnr. 98.

365 Die Frage der Abkommensberechtigung entscheidet der Geltungsbereich des Revisionsabkommens. Es gelten die unter Kapitel 2 erfolgten Ausführungen.

366 Vgl. oben Kapitel 3, B II 3.

das Revisionsabkommen vom 10. März 2000 regelt in Art. 9 RevDBA allein die Voraussetzungen, unter welchen eine solche erfolgen kann, nicht jedoch, nach welcher Methode der Arm's length-Preis zu ermitteln ist. Es ist daher auf das innerstaatliche Recht des Anwendestaates zurückzugreifen[367], das heißt im vorliegenden Fall auf das LCITA.

Prüfungsmaßstab der Verrechnungspreise[368] ist der *„normale Preis"* und somit der Preis, den unabhängige Körperschaften im gewöhnlichen Geschäftsverkehr miteinander vereinbart hätten. Nach dem koreanischen LCITA stehen zur Ermittlung des normalen Preises die Preisvergleichsmethode (Comparable Uncontrolled Price Method), Art. 5 Abs. 1 Nr. 1 LCITA, die Wiederverkaufsmethode (Resale Price Method), Art. 5 Abs. 1 Nr. 2 LCITA, und die Kostenaufschlagsmethode (Cost-plus Method), Art. 5 Abs. 1 Nr. 3 LCITA, als Standardmethoden zur Verfügung. Darüber hinaus sieht die Präsidialverordnung zum LCITA (PED-LCITA) u.a. die Gewinnaufteilungsmethode (Profit Split Method) und die Vergleichsmethode der geschäftsfallbezogenen Nettogewinnaufschläge (Transactional Net Margin Method) als sonstige Methoden insbesondere für die Fälle vor, in denen Einzelfallumstände eine Anwendung der Standardmethoden gemäß Art. 5 Abs. 1 Nr. 1 bis 3 LCITA ausschließen, Art. 5 Abs. 1 Nr. 4 LCITA. Sämtliche Methoden der koreanischen Gesetze[369] stimmen weitgehend mit den in den OECD-Richtlinien[370] empfohlenen Methoden überein[371]. Bei Anwen-

---

367 Vgl. auch *Wassermeyer* in: Debatin/Wassermeyer, DBA, Bd. I, MA Art. 9, Rdnr. 81; *Wolff* in: Debatin/Wassermeyer, DBA, Bd. III, Länderteil Korea, Art. 9, Rdnr. 19.

368 Zur Definition der Verrechnungspreise siehe *Frotscher,* Internationales Steuerrecht, § 15, Rdnr. 1: „Unter Verrechnungspreise versteht man die Preise, die sich konzernangehörige Unternehmen untereinander für die erbrachten Lieferungen und Leistungen berechnen".

369 Im einzelnen siehe dazu *Don-Ho Lee,* Konzernverrechnungspreise als Problem der Steuerpolitik Korea, Hamburg 2001, S. 146 ff.

370 Hierbei handelt es sich um die OECD-Leitlinien von 1995/1997, die eine Überarbeitung des ersten Berichts von 1979 mit dem Titel „Verrechnungsreisrichtlinien für multinationale Unternehmen und Steuerverwaltungen" darstellen. Die Berichte haben keinen regelnden Charakter und sind nur begrenzt verbindlich. Sie beschreiben praktisch vorkommende Methoden zur Bildung von Verrechnungspreisen, die damit verbundenen Probleme und Lösungsmöglichkeiten. Außerdem enthalten die Berichte Hinweise auf als akzeptabel und nicht akzeptabel angesehene Praktiken. Es handelt sich um Stellungnahmen der von den Regierungen in die Gremien der OECD entsandten Experten. Diese Berichte werden vor ihrer Veröffentlichung i.d.R. eingehend mit den Wirtschaftsverbänden diskutiert, deren Stellungnahmen in den endgültigen Bericht einfließen. Die Berichte über die Verrechnungspreise spiegeln daher die Auffassung hochqualifizierter Experten wider und entfalten damit erhebliche Autorität, vgl. *Wassermeyer* in: Flick/Wassermeyer/Baumhoff, Außensteuerrecht, Bd. I, § 1 AStG, Rdnr. 63 ff.

371 Siehe dazu auch *Lee,* Konzernverrechnungspreise, S. 95 f.

dung der Verrechnungspreismethoden steht den koreanischen Finanzbehörden ein Ermessensspielraum zu[372].

b) Gegenberichtigung

Die Erstberichtigung durch den Sitzstaat eines Unternehmens ist stets auf eine Gewinnerhöhung bei demselben gerichtet[373]. Dies führt dazu, daß für den Fall, daß bei dem verbundenen, im anderen Vertragsstaat ansässigen[374] Unternehmen, das steuerlich selbständig ist[375], keine entsprechenden Korrekturen vorgenommen werden, der im Konzern nur einmal entstandene Gewinn doppelt besteuert wird. Bei dieser Mehrfachbesteuerung handelt es sich der Struktur nach um eine *wirtschaftliche* Doppelbesteuerung, da es an einer Identität der Steuerpflichtigen fehlt[376]. Um derartige Doppelbesteuerungen zu vermeiden, sieht das Revisionsabkommen in Art. 9 Abs. 2 RevDBA die Gegenberichtigung vor, das heißt die Befugnis des anderen Vertragsstaates, den Gewinn des verbundenen Unternehmens korrespondierend zur Erstberichtigung zu berichtigen[377].

Voraussetzung hierfür ist, daß der zu Lasten des verbundenen Unternehmens gemäß Art. 9 Abs. 1 RevDBA berichtigte Gewinn bereits besteuert wurde, mithin die wirtschaftliche Doppelbesteuerung auch tatsächlich eingetreten, und der Berichtigungsbetrag nach den Grundsätzen des Fremdvergleichs ermittelt worden ist, Art. 9 Abs. 2 1. Halbsatz RevDBA. Die Vertragsstaaten müssen sich demzufolge hinsichtlich der Qualifikation des Leistungsentgeltes wie auch in der Frage der Angemessenheit seiner Höhe bereits geeinigt haben. Nur wenn beide Vertragsstaaten übereinstimmend zu dem Ergebnis gelangen, daß die Erstberichtigung sowohl dem Grunde wie auch der Höhe nach gerechtfertigt

---

372 Der entscheidende Wortlaut lautet: „The arm's length price shall be calculated by the most reasonable method among those falling under any of the following subparagraphs (...)".

373 Vgl. oben Kapitel 3, B II 3 a).

374 Im Sinne von Art. 4 RevDBA. Siehe dazu die obigen Ausführungen unter Kapitel 2, A II.

375 Daß Art. 9 RevDBA ausnahmsweise an zwei selbständige Steuersubjekte anknüpft, ist bereits oben unter Kapitel 3, B II 3 festgestellt worden.

376 Vgl. oben Kapitel 1, A V.

377 Vgl. OECD-MK zum OECD-MA, Art. 9, Nr. 5, abgedruckt in: Debatin/Wassermeyer, DBA, Bd. I, MK Art. 9; *Schaumburg,* Internationales Steuerrecht, § 16, Rdnr. 16.314; *Vogel,* DBA, Art. 9, Rdnr. 68; *Wassermeyer* in: Debatin/Wassermeyer, DBA, Bd. I, MA Art. 9, Rdnr. 366.

war, ist der andere Vertragsstaat zur Gegenberichtigung verpflichtet[378]. Dergestalt stellt sich die Gegenberichtigung keinesfalls als automatische Anpassungsverpflichtung dar, zumal Art. 9 Abs. 2 RevDBA nur für solche Fälle von wirtschaftlicher Doppelbesteuerung in Betracht kommt, die sich als unmittelbare Folge einer auf Art. 9 Abs. 1 RevDBA beruhenden Erstberichtigung ergeben und nicht für diejenigen, die auf Qualifikationskonflikte oder auf unterschiedliche nationale Einkünfteermittlungsvorschriften zurückzuführen sind[379]. Können sich die Vertragsstaaten jedoch über Grund und Höhe der Erstberichtigung nicht einigen, sieht das Revisionsabkommen vom 10. März 2000 die Möglichkeit der Durchführung eines Verständigungsverfahrens nach Maßgabe des Art. 25 RevDBA[380] vor, Art. 9 Abs. 2 Satz 2 RevDBA. Indes gilt zu berücksichtigen, daß das Verständigungsverfahren nicht als Rechtsgrundlage für die Beseitigung der wirtschaftlichen Doppelbesteuerung in Betracht kommt, sondern ausschließlich der Herbeiführung der Einigung zwischen den Vertragsstaaten dient[381].

Als Fazit bleibt festzustellen, daß als Rechtsgrundlage der Gewinnberichtigungen bei verbundenen Unternehmen aus Deutschland und Korea Art. 9 RevDBA, gegebenenfalls i.V.m. Art. 4 LCITA, anzusehen ist. Während die Erstberichtigung nach Art. 9 Abs. 1 RevDBA im Rahmen der Gewinnermittlung darauf ausgerichtet ist, das Steuergut zwischen den Vertragsstaaten Deutschland und Korea „gerecht" zu verteilen, dient die Gegenberichtigung nach Art. 9 Abs. 2 RevDBA der Vermeidung der wirtschaftlichen Doppelbesteuerung. Da die Vereinbarung der Gegenberichtigung in der deutschen Abkommenspraxis eher die Ausnahme bildet, werden durch Art. 9 Abs. 2 RevDBA die in den Vertragsstaaten Deutschland und Korea operierenden Konzerne im besonderen Maße vor Doppelbesteuerungen geschützt[382].

Überdies findet sich der Grundsatz, daß besondere Abhängigkeitsverhältnisse nicht zu ungerechtfertigten Verlagerungen führen dürfen, auch an anderen Stellen des Revisionsabkommens vom 10. März 2000: So erfolgt eine Berichti-

---

378 Vgl. auch OECD-MK zum OECD-MA, Art. 9, Nr. 6, abgedruckt in: Debatin/Wassermeyer, DBA, Bd. I, MK Art. 9.

379 Vgl. auch *Schaumburg*, Internationales Steuerrecht, § 16, Rdrn. 16.315; *Vogel*, DBA, Art. 9, Rdnr. 70; *Wassermeyer* in: Debatin/Wassermeyer, DBA, Bd. I, MA Art. 9, Rdnr. 369.

380 Weitere Ausführungen hierzu erfolgen an späterer Stelle der Untersuchung.

381 Vgl. OECD-MK zum OECD-MA, Art. 9, Nr. 11, abgedruckt in *Vogel*, DBA, Art. 9, Rdnr. 65; *Schaumburg*, Internationales Steuerrecht, § 16, Rdnr. 16.317; *Vogel*, DBA, Art. 9, Rdnr. 74.

382 Vgl. oben Teil 2, Kapitel 3, B II 3.

gung der Einkünfte im Fall der Besteuerung von Zinsen[383] und Lizenzgebühren[384], wenn die Zins- oder Lizenzgebührzahlungen an den Nutzungsberechtigten aufgrund von besonderen Beziehungen zum Schuldner als *überhöht* anzusehen sind, Art. 11 Abs. 8 RevDBA bzw. Art. 12 Abs. 6 RevDBA[385]. Gegenüber diesen Korrekturklauseln der besonderen Verteilungsnormen findet Art. 9 RevDBA subsidiäre Anwendung, vorausgesetzt die Einkünfte sind aufgrund des in Art. 11 Abs. 6 RevDBA und Art. 12 Abs. 4 RevDBA verankerten Betriebsstättenvorbehaltes[386] als Unternehmensgewinne anzusehen[387]. Die Berichtigung eines zu *niedrigen* Zinsbetrages oder einer zu *niedrigen* Lizenzgebühr ist dagegen nur über die für verbundene Unternehmen vorgesehene abkommmensrechtliche Gegenberichtigung zulässig, was notwendigerweise voraussetzt, daß diese als solche vereinbart worden ist[388]. Dies ist im Fall des Revisionsabkommens vom 10. März 2000 mit der in Art. 9 Abs. 2 RevDBA erfolgten Regelung ausdrücklich zu bejahen.

III. Durchführung der Besteuerung in Korea

Besteht für ein deutsches Unternehmen eine Betriebsstätte im Sinne des Art. 5 RevDBA in Korea, unterliegt der ihr zurechenbare Gewinnanteil der Quellenbesteuerung in Korea (Betriebsstättenprinzip), Art. 7 Abs. 1 Satz 1 2. Halbsatz RevDBA[389]. Die Wirkung des Revisionsabkommens vom 10. März 2000, nämlich die Begründung der beschränkten (Körperschaft-)Steuerpflicht für die in Korea erzielten gewerblichen Einkünfte nach Art. 3 Abs. 1 Nr. 1, Abs. 3 CTA i.V.m. Art. 93 Nr. 5 CTA zu beschränken, zeigt sich somit in der Anknüpfung der (Quellen-)Besteuerung an das Vorliegen einer Betriebsstätte im abkommensrechtlichen Sinne und nicht gemäß dem weiter gefaßten Betriebsstättenbegriff

---

383 Nach Art. 11 RevDBA. Weitere Ausführungen erfolgen an späterer Stelle der Untersuchung.

384 Nach Art. 12 RevDBA. Weitere Ausführungen erfolgen an späterer Stelle der Untersuchung.

385 Vgl. auch *Vogel*, DBA, Art. 9, Rdnr. 24.

386 Gemäß Art. 7 Abs. 7 RevDBA.

387 Vgl. auch *Schaumburg*, Internationales Steuerrecht, § 16, Rdnr. 16.292.

388 Vgl. auch *Schaumburg*, Internationales Steuerrecht, § 16, Rdnr. 16.292.

389 Vgl. oben Kapitel 3, B II.

des koreanischen Steuerrechts[390]. Im übrigen bleibt die Besteuerung des Betriebsstättenstaates, hier Korea, in vollem Umfang aufrechterhalten[391].

Hieraus folgt, daß sich insbesondere die Durchführung der Besteuerung nach koreanischem Steuerrecht bestimmt, wenn auch eingeschränkt durch das in der Bestimmung des Art. 24 Abs. 3 RevDBA niedergelegte abkommensrechtliche Verbot der Betriebsstättendiskriminierung[392]. Denn die Frage des „*Wie*" der Besteuerung bleibt nach der Entscheidung über das „*Ob*" der Besteuerung - das heißt nach der Zuweisung der Besteuerungskompetenzen durch die Verteilungsnormen - grundsätzlich dem innerstaatlichen Recht des Anwendestaates vorbehalten[393]. Es erfolgt nun eine Analyse der Durchführung der Betriebsstättenbesteuerung gemäß dem Untersuchungsschwerpunkt und damit eine Betrachtung der koreanischen Besteuerung ausländischer Körperschaften, die über eine in Korea gelegene Betriebsstätte[394] verfügen und anläßlich ihrer Geschäftsaktivitäten gewerbliche Einkünfte erzielen.

1. Körperschaftsteuer für ausländische Körperschaften mit in Korea gelegener Betriebsstätte

Das koreanische Körperschaftsteuerrecht sieht für die Besteuerung der ausländischen Körperschaften, die über eine in Korea gelegene Betriebsstätte verfügen, grundsätzlich die analoge Anwendung der Steuervorschriften für koreanische Körperschaften vor, Art. 91 Abs. 1 CTA i.V.m. Art. 92 Abs. 1 CTA[395], es sei denn, die ausländischen Körperschaften erzielen Einkünfte, die der inländischen

---

390 Vgl. oben Kapitel 3, B II 1 d).

391 Vgl. auch *Frotscher*, Internationales Steuerrecht, § 7, Rdnr. 20; *Kluge*, Internationales Steuerrecht, Rdnr. S 33; *Schaumbug*, Internationales Steuerrecht, § 16, Rdnr. 16.232; *Wassermeyer* in: Debatin/Wassermeyer, DBA, Bd. I, MA Art. 7, Rdnr. 159.

392 Weitere Ausführungen hierzu erfolgen an späterer Stelle der Untersuchung.

393 Vgl. auch *Debatin*, Grundzüge, S. 12.

394 Im Sinne von Art. 94 CTA.

395 Die analoge Anwendung der Steuervorschriften für koreanische Körperschaften kommt ebenso in Betracht, wenn die ausländische Körperschaft Einkünfte aus Grundvermögen oder aus Forstwirtschaft in Korea erzielt, Art. 91 Abs. 1 CTA. Die analoge Anwendung ist m.E. darauf zurückzuführen, daß das koreanische Einkommensteuergesetz den Gewerbetreibenden im weiteren Sinne als die in Korea ansässige Person definiert, die gewerbliche Einkünfte, Einkünfte aus Grundvermögen oder aus der Forstwirtschaft erzielt, vgl. oben Art. 19 ITA.

Betriebsstätte nach dem Prinzip der wirtschaftlichen Zugehörigkeit nicht zuzurechnen sind, Art. 98 CTA[396].

Voraussetzung der analogen Anwendung ist damit das Vorliegen einer Betriebsstätte in Korea, die über Einkünfte aus koreanischen Quellen verfügt (Inlandsprinzip)[397]. Der Begriff der Betriebsstätte bestimmt sich indessen nach der im koreanischen Steuerrecht in Art. 94 CTA niedergelegten Definition und nicht nach der abkommensrechtlichen Definition gemäß Art. 5 RevDBA. Denn die Bedeutung der abkommensrechtlichen Definition erschöpft sich in der Entscheidung darüber, ob der Betriebsstättenstaat das Betriebsstättenergebnis besteuern darf oder nicht („Ob")[398]. Eine hierüber hinausgehende Bedeutsamkeit ist abzulehnen, weil die Wirkung der allgemeinen DBA grundsätzlich auf die Beschränkung der Anwendung des innerstaatlichen (Steuer-)Rechts der Vertragsstaaten gerichtet und hierdurch eine steuerbegründende Wirkung regelmäßig ausgeschlossen ist[399]. Indes kann aufgrund der oben getroffenen Feststellung hinsichtlich der weitgehenden Übereinstimmung der in Art. 5 RevDBA und der in Art. 94 CTA niedergelegten Betriebsstättendefinitionen, die nur punktuell voneinander abweichen, davon ausgegangen werden, daß die Annahme einer Betriebsstätte nach Art. 5 RevDBA gewöhnlich die Begründung einer Betriebsstätte nach Art. 94 CTA bedingt[400].

a) Veranlagung der Betriebsstätte

Aus der analogen Anwendung der Steuervorschriften für koreanische Körperschaften folgt, daß die durch die Betriebsstätte erzielten Einkünfte der ausländischen Körperschaft gemeinsam in ihrer Summe zu versteuern sind, Art. 91 Abs. 1 CTA. Steuerpflichtiges Einkommen ist somit das Einkommen des Wirtschafts-

---

396 Die Frage der Durchführung der Besteuerung in Korea in diesen Fällen findet ihre ausführliche Erörterung an späterer Stelle der Untersuchung.

397 Das Inlandsprinzip ist zwingend zu beachten und gilt unabhängig von dem Bestehen einer Betriebsstätte in Korea. Zur beschränkten Steuerpflicht bei der Körperschaftsteuer in Korea siehe oben Kapitel 2, B IV.

398 Vgl. oben zur Funktion der Verteilungsnormen Kapitel 3, A II.

399 Vgl. auch *Bühler*, Prinzipien des Internationalen Steuerrechts, S. 61; *Schaumburg*, Internationales Steuerrecht, § 16, Rdnr. 16.53; *Vogel*, DBA, Einl., Rdnr. 26; *Wassermeyer* in: Debatin/Wassermeyer, DBA, Bd. I, MA Vor Art. 6 – 22, Rdnr. 20.

400 Vgl. oben Kapitel 3, B II 1 d).

jahres[401], welches sich nach den Art. 14 ff. CTA errechnet, Art. 3 Abs. 1 Nr. 2 CTA. Für die Ermittlung des steuerpflichtigen Einkommens ist die Erstellung einer Steuerbilanz bzw. einer gesonderten Gewinn- und Verlustrechnung nicht zwingend erforderlich. Vielmehr ist der im Rahmen der Unternehmensbilanz ermittelte Gewinn (Rechnungsabschluß)[402] die Ausgangsgröße, die entsprechend den steuerrechtlichen Vorschriften zu korrigieren ist[403].

Soweit das Prinzip der wirtschaftlichen Zugehörigkeit zu beachten ist, finden als Betriebseinnahmen[404] nur die inländischen Einkünfte des Art. 93 CTA Berücksichtigung, die der Betriebsstätte auch zuzurechnen sind[405]. Damit unterliegen Einkünfte, welche zwar der Art nach dem Katalog des Art. 93 CTA unterfallen, jedoch in einem Drittstaat erzielt worden sind, wegen Verstoßes gegen das Inlandsprinzip nicht der Betriebsstättenbesteuerung in Korea. Darüber hinaus begrenzt das Prinzip der wirtschaftlichen Zugehörigkeit abweichend von den Steuervorschriften für koreanische Körperschaften die Berücksichtigung der Betriebsausgaben[406] zunächst auf solche, die mit den inländischen Einkünften im wirtschaftlichen Veranlassungszusammenhang stehen. Dies betrifft u.a. Rückstellungen für Pensionen, welche voraussetzen, daß es sich um Pensionen zu Gunsten von Arbeitnehmern handeln, die in Korea angestellt und dort auch tatsächlich beschäftigt gewesen sind, Art. 129 Abs. 1 Nr. 2 PED-CTA, oder Abschreibungen für Vermögensgegenstände, welche voraussetzen, daß es sich um

---

401 Die Vorschriften zum Wirtschaftsjahr finden sich in Art. 1 Nr. 5, Art. 6 bis 8 CTA. Soweit keine abweichenden Bestimmungen getroffen worden sind, läuft das Wirtschaftsjahr grundsätzlich vom 1. Januar bis zum 31. Dezember eines Jahres, Art. 8 CTA.

402 Rechtsquelle des koreanischen Bilanzrechts ist das Handelsgesetzbuch (Commercial Act).

403 Die Grundsätze der ordnungsgemäßen Buchführung finden sich in Art. 112 CTA, während die Vorschriften in bezug auf corporate accounting und financial reporting in den *Korean Accounting Standards* niedergelegt sind. Die dem CTA unterliegenden Körperschaften sind grds. verpflichtet, Buch nach den Grundsätzen der doppelten Buchführung (Doppik) zu führen.

404 Grds. definieren sich die Betriebseinnahmen als Erträge aus Transaktionen, die das Reinvermögen der Körperschaft mehren, ausgenommen die Kapitalanlage sowie diejenigen Einlagen, die aufgrund anderer gesetzlicher Bestimmungen nicht als solche zu qualifizieren sind, z.B. Agios, Differenzbeträge aus Kapitalherabsetzung, aus Verschmelzungen (mit gewissen Ausnahmen) etc., Art. 15 Abs. 1 CTA.

405 Vgl. oben Kapitel 3, B III 1.

406 Grds. definieren sich die Betriebsausgaben als Aufwendungen für Transaktionen, die im wirtschaftlichen Veranlassungszusammenhang stehen und das Reinvermögen der Körperschaft mindern, Art. 19 Abs. 1 CTA. Hiervon ausgenommen sind die Kapitalentnahme, die Gewinnverwendung und diejenigen Aufwendungen, die nach den Bestimmungen des CTA nicht als solche anzusehen sind, Art. 17 CTA.

in Korea gelegene Gegenstände handelt, Art. 129 Abs. 1 Nr. 4 PED-CTA[407]. Demgegenüber finden die allgemeinen Verwaltungskosten des ausländischen, hier deutschen, Stammhauses, die entweder im Ausland oder in Korea direkt angefallen sind, mit einem angemessenen Anteil steuerlich Berücksichtigung, Art. 130 PED-CTA. Die Obergrenze bildet sich aus dem Verhältnis des jährlichen Betriebsstättenumsatzes zum Gesamtumsatz, Art. 130 Abs. 1 PED-CTA.

Das zu versteuernde Einkommen ergibt sich nach dem Abzug folgender Beträge: Innerhalb der fünf vorangegangenen Jahren entstandene, auf Korea beschränkte Verluste, Art. 91 Abs. 1 Nr. 1 CTA, nicht-steuerbares Einkommen z.B. aus gemeinnützigem Treuhandvermögen, Freibeträge etc., Art. 91 Abs. 1 Nr. 2 CTA, und Einkünfte aus dem grenzüberschreitenden Betrieb von Schiffen und Luftfahrzeugen bei Vorliegen der Gegenseitigkeit, Art. 91 Abs. 1 Nr. 3 CTA. Auf das nach diesem Abzug ermittelte Einkommen findet der körperschaftsteuerliche Tarif Anwendung, Art. 95 CTA i.V.m. Art. 55 CTA. Bei diesem handelt es sich um einen progressiven Stufentarif mit zwei Einkommensklassen.

Steuerbemessungsgrundlage	Steuertarif
bis 100 Mio. Won	15 %
über 100 Mio. Won	Betrag von 15 Mio. Won plus 27 % desjenigen Betrages, der 100 Mio. Won übersteigt

Das zu versteuernde Einkommen der ersten 100 Mio. Won wird somit mit 15 % besteuert. Jeder weitere Won unterliegt dem Steuertarif von 27 %.

Vor Festsetzung der endgültigen Körperschaftsteuer erfährt die Gleichbehandlung der ausländischen mit den koreanischen Körperschaften eine weitere Abweichung insoweit, als die Betriebsstätten nicht jene Investitionsgarantien und Steuervergünstigungen geltend machen können, die der Staat Korea ausländischen Investoren zum Zwecke der Wirtschafts- und Investitionsförderung gewährt. Rechtsgrundlage der Steuervergünstigungen ist das Gesetz über die Kontrolle der steuerlichen Sonderbehandlung (Special Tax Treatment Control Law,

407 Wie auch in Deutschland sind in Korea die beiden wichtigsten Methoden die lineare und die degressive Abschreibung, Art. 23 CTA i.V.m. Art. 24 und 25 PED-CTA. Für Vermögensgegenstände wie Gebäude und andere unbewegliche Wirtschaftsgüter kann eine Abschreibung ausschließlich nach der linearen Methode erfolgen.

STTCL[408]), welches an die Stelle des Tax Exemption and Reduction Control Law (TERCL) getreten ist[409]. Dieses Gesetz gewährt bestimmte Fördermaßnahmen, wobei im Fall der ausländisch kapitalisierten Unternehmen die ursprünglich nach dem Gesetz über die Förderung ausländischer Investitionen (Foreign Investment Promotion Act, FIPA) gewährten Investitionsgarantien und Steuervergünstigungen, die ohne wesentliche Änderungen Eingang in das STTCL gefunden haben[410], im besonderen zu nennen sind[411]. Indessen nehmen die Voraussetzungen der Steuervergünstigungen nach den Art. 121-2 ff. STTCL auf den Begriff der „*Ausländerinvestition*“[412] im Sinne des FIPA Bezug, was in der Folge dazu führt, daß nur bestimmte Investitionsformen steuerlich begünstigt werden. Entscheidend ist das Vorliegen einer Investitionsform im Sinne von Art. 2 Abs. 1 Nr. 4 FIPA und damit die Inhaberschaft eines Ausländers an Aktien oder Gesellschafts- bzw. Geschäftsanteilen an einer koreanischen juristischen Person (einschließlich einer in Gründung befindlichen juristischen Person) oder einem sonstigen von einer koreanischen natürlichen Person betriebenen Unternehmen, soweit diese zu dem Zweck erfolgt, mit dem betreffenden Unternehmen eine dauerhafte wirtschaftliche Beziehung zu etablieren, Art. 2 Abs. 1 Nr. 4 Buchst. a) FIPA. Darüber hinaus werden gewisse Darlehen erfaßt, die, mit einer Laufzeit von mindestens fünf Jahren, einem „*Ausländerinvestitionsunternehmen*“[413] von dessen ausländischer Muttergesellschaft oder einer mit dieser verbundenen Gesellschaft gewährt werden, Art. 2 Abs. 1 Nr. 4 Buchst. b) FIPA. Soweit sich der Anwendungsbereich von Art. 2 Abs. 1 Nr. 4 FIPA demzufolge auf besondere Investitionsformen, namentlich den Erwerb von Beteiligungen an koreanischen Unternehmen[414] oder die langfristige Kapitalausstattung einer Tochtergesellschaft, erstreckt, finden andere Formen geschäftlicher Betätigung in Korea keine Berücksichtigung. Dies gilt insbesondere für die Errichtung von Zweigniederlassungen, Repräsentanzen o.ä. oder dem Abschluß von Handelsvertreterverträgen, mithin die in Form von Betriebsstätten ausgeübten Aktivitäten[415].

---

408 In Kraft getreten zum 1. Januar 1999.

409 Vgl. auch *MOFE*, Korean Taxation 2002, S. 177.

410 Mit Wirkung zum 24. Mai 1999.

411 Wegen eines Überblicks über die steuerliche Investitionsförderung vgl. *Dietrich F.R. Stiller*, Ausländische Investitionen in der Republik Korea nach dem Foreign Investment Promotion Act, RIW 1999, S. 283 – 290.

412 „Foreign Investment“.

413 „Foreign-capital invested company“.

414 Bspw. im Wege der Gründung, der Kapitalerhöhung, des Erwerbs bereits bestehender Anteilsrechte oder auch in sonstiger Weise.

415 Zum Positivkatalog des Art. 5 Abs. 2 RevDBA bzw. zur Vertreterbetriebsstätte nach Art. 5 Abs. 3 RevDBA vgl. oben Kapitel 3, B II 1 a) und c).

Die Ablehnung der Gewährung von Steuervergünstigungen für Betriebsstätten könnte jedoch einen Verstoß gegen das Verbot der Betriebsstättendiskriminierung des Art. 24 Abs. 3 RevDBA darstellen. Dieses Verbot ist grundsätzlich darauf gerichtet, die Besteuerung von Betriebsstätten[416] eines im anderen Vertragsstaat ansässigen[417] Unternehmens nicht ungünstiger zu gestalten als die Besteuerung von im Betriebsstättenstaat ansässigen[418] Unternehmen[419]. Wenn danach der Betriebsstättenstaat für die Tätigkeit der Betriebsstätten die gleichen steuerlichen Wettbewerbsbedingungen zu gewährleisten hat wie für die entsprechenden Tätigkeiten einheimischer bzw. dort ansässiger Unternehmen, so wäre ein Verstoß gegen das Diskriminierungsverbot dadurch gegeben, daß der Betriebsstättenstaat Korea die Betriebsstätten deutscher Körperschaften von der Gewährung der Investitionsgarantien und Steuervergünstigungen nach dem STTCL ausschließt und hierdurch nicht die gleichen Wettbewerbsbedingungen gewährleistet wie für die steuerlich begünstigten koreanischen Körperschaften mit ausländischer Kapitalisierung bzw. koreanischen Tochtergesellschaften ausländischer Körperschaften.

Ein Verstoß gegen das Verbot der Betriebsstättendiskriminierung ist jedoch nur dann gegeben, wenn die finanzielle Belastung (Gesamtsteuerbelastung) der Betriebsstätte im Vergleich zu den Unternehmen des Betriebsstättenstaates höher ist[420]. Hierbei ist ausschließlich auf die Geldzahlungslast abzustellen, so daß rein verfahrensrechtliche „Diskriminierungen"[421] als zulässig anzusehen sind[422]. Die Feststellung der Diskriminierung verlangt somit einen hypothetischen Vergleich zwischen der Besteuerung der im Betriebsstättenstaat gelegenen Betriebs-

---

416 Im Sinne von Art. 5 RevDBA.

417 Im Sinne von Art. 4 RevDBA. Siehe dazu die obigen Ausführungen unter Kapitel 2, A II.

418 Im Sinne von Art. 4 RevDBA.

419 Vgl. auch OECD-MK zum OECD-MA, Art. 24, Nr. 20, abgedruckt in: Debatin/Wassermeyer, DBA, Bd. I, MK Art. 24; *Frotscher*, Internationales Steuerrecht, § 5, Rdnr. 18; *Schaumburg*, Internationales Steuerrecht, § 4, Rdnr. 4.44; *Vogel*, DBA, Art. 24, Rdnr. 119; *Wassermeyer* in: Debatin/Wassermeyer, DBA, Bd. I, MA Art. 24, Rdnr. 42.

420 Vgl. auch OECD-MK zum OECD-MA, Art. 24, Nr. 20, abgedruckt in: Debatin/Wassermeyer, DBA, Bd. I, MK Art. 24; *Schaumburg*, Internationales Steuerrecht, § 4, Rdnr. 4.46; *Vogel*, DBA, Art. 24, Rdnr. 126; *Wassermeyer* in: Debatin/Wassermeyer, DBA, Bd. I, MA Art. 24, Rdnr. 49.

421 Beispiel: Quellensteuerabzug- anstelle Veranlagungsverfahren.

422 Vgl. auch OECD-MK zum OECD-MA, Art. 24, Nr. 20, abgedruckt in: Debatin/Wassermeyer, DBA, Bd. I, MK Art. 24; *Schaumburg*, Internationales Steuerrecht, § 4, Rdnr. 4.46; *Vogel*, DBA, Art. 24, Rdnr. 126; *Wassermeyer* in: Debatin/Wassermeyer, DBA, Bd. I, MA Art. 24, Rdnr. 49.

stätte des ausländischen Unternehmens und der Besteuerung eines dort ansässigen Unternehmens, wobei für die Zwecke des Vergleichs von der fiktiven Selbständigkeit der Betriebsstätte auszugehen ist[423]. Ergibt der hypothetische Vergleich, daß die Gesamtsteuerbelastung der Betriebsstätte im Ergebnis belastender ist als bei dem in Korea ansässigen Vergleichsunternehmen, ist ein Verstoß gegen das in Art. 24 Abs. 3 Satz 1 RevDBA niedergelegte Verbot der Betriebsstättendiskriminierung zu bejahen. Allerdings begründet Art. 24 Abs. 3 Satz 1 RevDBA keinen allgemeinen Anspruch auf Gleichbehandlung, so daß die Betriebsstätte aufgrund der Verletzung des Diskriminierungsverbotes die steuerliche Gleichbehandlung im Betriebsstättenstaat geltend machen könnte. Die Abkommensbestimmung zielt in ihrer Rechtsfolge nur auf eine Nichtdiskriminierung. Kann die Nichtdiskriminierung demnach auch ohne Gleichbehandlung mit dem in dem Betriebsstättenstaat ansässigen Vergleichsunternehmen erreicht werden, so muß sich die Betriebsstätte hiermit begnügen[424].

b) Zuschlagsteuer

Auf die so festgesetzte Körperschaftsteuer kommt die lokale Einwohnersteuer (Inhabitant Tax) hinzu, die als Zuschlag zur Körperschaftsteuer erhoben wird[425]. Ihr Steuertarif beträgt 10 % der festgesetzten Körperschaftsteuerschuld. Die Einwohnersteuer unterfällt ausdrücklich dem sachlichen Geltungsbereich des Revisionsabkommens vom 10. März 2000, Art. 2 Abs. 3 Buchst. b) RevDBA[426].

c) Steuerfestsetzung

Grundsätzlich gilt das Prinzip der Selbstveranlagung (self-assessment), da die Steuervorschriften für die koreanischen Körperschaften analoge Anwendung finden, Art. 97 CTA. Die Betriebstätten haben daher selbständig für die frist- und formgemäße Abgabe ihrer Steuererklärungen Sorge zu tragen wie auch für deren inhaltliche Richtigkeit, Art. 97 Abs. 1 CTA i.V.m. Art. 60 CTA.

---

[423] Zu dem durchzuführenden Vergleich im einzelnen *Vogel*, DBA, Art. 24, Rdnr. 122 ff.

[424] Vgl. auch *Wassermeyer* in: Debatin/Wassermeyer, DBA, Bd. I, MA Art. 24, Rdnr. 26.

[425] Zur Einteilung der Einzelsteuern des koreanischen Steuersystems in nationale und lokale Steuern vgl. oben Teil 2, Kapitel 1, A I.

[426] Vgl. oben Kapitel 2, B.

Soweit hiergegen verstoßen wird, erfolgt die steuerliche Veranlagung durch die koreanischen Finanzbehörden, die berechtigt sind, zuzüglich zur Zahlung des eigentlichen Steuerbetrages die Zahlung einer Strafsteuer – unter Umständen in Höhe von 20 % des von der Finanzverwaltung festgesetzten Betrages - festzusetzen, Art. 97 Abs. 1 CTA i.V.m. Art. 66 CTA. Darüber hinaus ist die Festsetzung weiterer Strafsteuern nicht ausgeschlossen. Für deren Festsetzung ist nicht etwa erforderlich, daß ein etwaiger Vorsatz des Steuersubjektes hinsichtlich der Unrichtigkeit der Steuererklärung gegeben ist. Es genügt die objektive Fehlerhaftigkeit der Steuererklärung, wobei dies die unvollständige Abgabe der notwendig mit einzubringenden Dokumente[427] einbezieht[428]. Die Abgabe der Steuererklärung muß grundsätzlich binnen drei Monaten nach Abschluß eines Wirtschaftsjahres erfolgen, Art. 97 Abs. 1 CTA i.V.m. Art. 60 Abs. 1 CTA, und zu diesem Zeitpunkt ist auch die Entrichtung des Steuerbetrages fällig, Art. 97 Abs. 1 CTA i.V.m. Art. 64 Abs. 1 CTA. Die Steuerzahlung ist somit spätestens bei Ablauf der Abgabefrist zu entrichten.

2. Steuer auf bestimmte Veräußerungsgewinne

Erzielt die koreanische Betriebsstätte Gewinne aus der Veräußerung von Grundvermögen (Grundstücke und Gebäude), das in bestimmten Gebieten gelegen ist[429], so wird auf die Veräußerungsgewinne ein Körperschaftsteuerzuschlag erhoben (Corporate Tax on Gains from Land and Building), Art. 95-2 CTA i.V.m. Art. 91 Abs. 1 CTA[430]. Hiervon ausgenommen sind Gewinne, die anläßlich einer Veräußerung unter bestimmten Umständen - wie beispielsweise anläßlich eines Konkursverfahrens - erzielt werden, Art. 95-2 Satz 1 CTA i.V.m. Art. 55-2 Abs. 2 CTA. Die Gewinnermittlung erfolgt nicht nach den Vorschriften für das Einkommen des Wirtschaftsjahres einer Körperschaft[431], sondern diesbezüglich kommt die besondere Regelung in Art. 95-2 Satz 1 CTA i.V.m. Art. 55-2 Abs. 4

---

427 Dies sind insbesondere die Unternehmensbilanz, eine Erklärung über die Einkünfte und eine Erklärung über die Verwendung etwaiger Überschüsse, vgl. Art. 60 Abs. 2 CTA.

428 Vgl. auch *MOFE*, Korean Taxation, S. 95.

429 Die Spezifikation der betreffenden Gebiete ist gesetzlich festgelegt, vgl. auch Art. 55-2 Abs. 1 CTA.

430 Diesem Körperschaftsteuerzuschlag unterliegen auch ausländische Körperschaften, die weder über eine in Korea gelegene Betriebsstätte noch über Einkünfte aus Forstwirtschaft oder Grundvermögen in Korea verfügen, Art. 95-2 CTA i.V.m. Art. 91 Abs. 2 CTA.

431 Vgl. oben Kapitel 3, B III 1.

CTA zum Tragen. Gemäß Art. 55-2 Abs. 4 CTA errechnet sich der Veräußerungsgewinn aus dem tatsächlichen Veräußerungspreis abzüglich des Buchwertes des übertragenen Grundstückes bzw. Gebäudes zum Zeitpunkt der Veräußerung. Der Steuersatz beträgt regelmäßig 10 %; im Fall der Veräußerung von Grundvermögen, dessen Übertragung nicht in das Grundbuch eingetragen wird, beträgt der Steuersatz dagegen 20 %, Art. 95-2 Satz 1 CTA i.V.m. Art. 55-2 Abs. 1 CTA.

Weitere Sondersteuern, wie sie vergleichsweise die koreanischen Körperschaften zusätzlich treffen, werden nicht erhoben. Dies gilt insbesondere für die Erhebung der Zusatzsteuer auf Liquidationsgewinne (Corporate Tax on Liquidation Income) gemäß Art. 77 ff. CTA. Diese scheitert daran, daß die Betriebsstätten nicht gemäß den koreanischen Vorschriften liquidiert werden können. Aus diesem Grunde beschränkt sich auch das steuerpflichtige Einkommen der Betriebsstätten auf das Einkommen eines Wirtschaftsjahres nach Art. 3 Abs. 1 Nr. 2 CTA[432] und erfaßt nicht die Liquidationsgewinne nach Art. 3 Abs. 1 Nr. 1 CTA, welche die koreanischen Körperschaften im Falle ihrer Auflösung, wenn auch nicht uneingeschränkt, zu versteuern haben[433].

3. Betriebsstättengewinnsteuer

Vereinzelt erhebt der koreanische Staat eine Betriebsstättengewinnsteuer (Branch profit tax) als Zuschlag zur Körperschaftsteuer, Art. 96 CTA. Voraussetzung ist, daß Korea bilaterale Vereinbarungen mit den jeweiligen Sitzstaaten der Stammhäuser getroffen hat, Art. 96 Abs. 1 CTA. Eine solche Vereinbarung ist im Revisionsabkommen vom 10. März 2000 zwischen den Vertragsstaaten Deutschland und Korea nicht getroffen worden, so daß die Erhebung einer Betriebsstättengewinnsteuer auf die in Korea gelegenen Betriebsstätten deutscher Unternehmen ausscheidet.

---

432 Vgl. oben Kapitel 3, B III 1.

433 Die maßgeblichen Auflösungsgründe finden sich in den Art. 79 bis 81 CTA, wie beispielsweise die Auflösung zum Zwecke der Umstrukturierung, Art. 78 CTA, eines Mergers, Art. 80 CTA, etc.

Abschließend bleibt festzuhalten, daß das Vorliegen einer Betriebsstätte[434] keinerlei Auswirkungen auf die beschränkte Steuerpflicht nach Art. 3 Abs. 1 Nr. 1 CTA i.V.m. Art. 93 CTA als solche hat, sondern vielmehr die Frage nach der Besteuerung der gewerblichen Einkünfte nach Art. 93 Nr. 5 CTA wie auch das anzuwendende Steuererhebungsverfahren beeinflußt. Die Besteuerung der ausländischen Körperschaften erfolgt mittels Veranlagung der Betriebsstätte, wobei diese in ihrer steuerlichen Behandlung den koreanischen Körperschaften grundsätzlich gleichgestellt ist. Die analoge Anwendung der Steuervorschriften gilt insbesondere für die Gewinnermittlung, den Steuertarif, die Steuerfestsetzung sowie für den Körperschaftsteuerzuschlag auf bestimmte Veräußerungsgewinne. Soweit keine Gleichbehandlung erfolgt, ist die Ungleichbehandlung regelmäßig mit der zwingenden Berücksichtigung des Inlandsprinzips bzw. des Prinzips der wirtschaftlichen Zugehörigkeit zu begründen. Im Ergebnis stellt sich die Betriebsstättenbesteuerung in Korea aufgrund ihres Betriebsvermögensvergleiches als eine reine Gewinnbesteuerung dar.

C. Besteuerung von Gewinnen aus dem Betrieb von Seeschiffen und Luftfahrzeugen

Das Revisionsabkommen vom 10. März 2000 enthält in Art. 8 RevDBA eine Sonderregelung betreffend die Besteuerung von Unternehmensgewinnen[435], die ein Unternehmen eines Vertragsstaates oder dessen grenzüberschreitende Zusammenschlüsse[436] aus dem Betrieb eines im internationalen Verkehr eingesetzten Seeschiffes oder Luftfahrzeuges erzielt. Abweichend von den Vorgaben des Art. 8 OECD-MA enthält das Revisionsabkommen vom 10. März 2000 keine Regelung hinsichtlich der Besteuerung von Gewinnen, die aus dem Betrieb von Binnenschiffen erzielt werden. Der Grund hierfür ist in der geographischen Lage der Vertragsstaaten zu sehen, die ursächlich dafür ist, daß zwischen den Vertragsstaaten keine wirtschaftlichen Beziehungen bestehen, welche die Binnenschiffahrt zum Gegenstand haben. Doch auch in weiteren Punkten weicht die Besteuerung der Unternehmensgewinne aus Seeschiff- und Luftfahrt von den Vorgaben des OECD-Musterabkommens ab, und es stellt sich die Frage, worin diese inhaltliche Abweichungen des Revisionsabkommens vom 10. März 2000

---

[434] Im Sinne von Art. 94 CTA.
[435] Zum Begriff der Unternehmensgewinne allgemein, vgl. oben Kapitel 3, B I.
[436] Im Sinne von Art. 8 Abs. 3 RevDBA.

begründet sind. Es gilt daher, dieser Fragestellung verbunden mit einer Analyse der Besteuerung nach Art. 8 RevDBA im einzelnen nachzugehen.

I. Erweiterung der „Beförderungsgewinne"

Grundsätzlich erfaßt Art. 8 Abs. 1 RevDBA die Gewinne eines Unternehmens aus dem Betrieb von Seeschiffen oder Luftfahrtzeugen im internationalen Verkehr, das heißt - nach der abkommensrechtlichen Definition des „internationalen Verkehrs" in Art. 3 Abs. 1 Buchst. g) RevDBA - die Beförderungsgewinne eines in Deutschland bzw. in Korea ansässigen[437] Seeschiffahrt- oder Luftfahrtunternehmens, einschließlich der mit dem internationalen Betrieb verbundenen Vorbereitungs- und Hilfstätigkeiten[438]. Art. 8 Abs. 2 RevDBA *erweitert* die Beförderungsgewinne um die Einkünfte aus der Vermietung von vollständig ausgestatteten, bemannten und versorgten Schiffen oder Luftfahrzeugen, Art. 8 Abs. 2 Buchst. a) RevDBA, und um die Einkünfte aus der gelegentlichen Vercharterung von leeren Seeschiffen oder Luftfahrzeugen[439], Art. 8 Abs. 2 Buchst. b) RevDBA. Darüber hinaus unterfallen auch die Einkünfte aus der Nutzung, Unterhaltung oder Vermietung von Containern den Beförderungsgewinnen nach Art. 8 Abs. 1 RevDBA, Art. 8 Abs. 2 Buchst. c) RevDBA.

Fraglich ist nun, worin die von Art. 8 OECD-MA abweichende Erweiterung der Beförderungsgewinne durch Art. 8 Abs. 2 RevDBA begründet liegt. Der Katalog der Einkunftsarten der beschränkten (Körperschaft-)Steuerpflicht in Korea sieht in Nr. 4 die Einkünfte aus der Vermietung von Schiffen, Flugzeugen, Fahrzeugen etc. vor. Demzufolge besteht nach Art. 93 Nr. 4 CTA ein erweiterter Steueranspruch Koreas auf die Einkünfte einer ausländischen Körperschaft, die diese aus der Vermietung von Schiffen, Flugzeugen, Fahrzeugen etc. im Inland erzielt. Denn grundsätzlich sind die Einkünfte aus der Vermietung von registrierten Schiffen, Flugzeugen, Fahrzeugen etc. zu den Einkünften aus Grundvermögen nach Art. 18 Abs. 1 Nr. 1 ITA zu zählen. Würde das Revisionsab-

---

437 Im Sinne von Art. 4 RevDBA. Siehe dazu die obigen Ausführungen unter Kapitel 2, A II.

438 Vgl. OECD-MA zum OECD-MK, Art. 8, Nr. 4, abgedruckt in *Vogel*, DBA, Art. 8, Rdnr. 4; *Kluge*, Internationales Steuerrecht, Rdnr. S 110; *Schaumburg*, Internationales Steuerrecht, § 16, Rdnr. 16.279; *Vogel*, DBA, Art. 8, Rdnr. 30; *Wassermeyer* in: Debatin/Wassermeyer, DBA, Bd. I, MA Art. 8, Rdnr. 21.

439 Sog. „Bare-boat"-Charter, vgl. *Schaumburg*, Internationales Steuerrecht, § 16, Rdnr. 16.281.

kommen vom 10. März 2000 den Begriff der Beförderungsgewinne nicht um die vorgenannten Einkünfte erweitern, wäre dieser erweiterte Steueranspruch nach Art. 3 Abs. 1 Nr. 1, Abs. 3 CTA i.V.m. Art. 93 Nr. 4 CTA in seiner Anwendung durch die Schrankenwirkung des Revisionsabkommens nicht beschränkt, obgleich nach international üblichem Verständnis die aus dem Betrieb eines Seeschiff- oder Luftfahrtunternehmens im internationalen Verkehr erzielten Unternehmensgewinne von *jeglicher* Quellenbesteuerung zu befreien sind. Der Grund hierfür liegt darin, daß das Betriebsstättenprinzip als nicht sachgerechte Verteilungsregel angesehen wird[440]. Die Erweiterung des Art. 8 Abs. 2 RevDBA dient somit der ausdrücklichen Klarstellung, daß auch die nach koreanischem Steuerrecht zur Begründung einer beschränkten (Körperschaft-)Steuerpflicht führenden Einkünfte aus der Vermietung von Schiffen, Flugzeugen, Fahrzeugen etc. der abkommensrechtlichen Sonderregelung des Art. 8 RevDBA unterfallen. Die Wirkung des Revisionsabkommens vom 10. März 2000 zeigt sich diesbezüglich in der Einschränkung des Steueranspruchs Koreas, mithin ist das koreanische (Steuer-)Recht als Ursache dafür anzusehen, daß in Art. 8 Abs. 2 RevDBA von Art. 8 Abs. 1 OECD-MA Abweichendes vereinbart worden ist.

II. Ausschließliche Besteuerung im Sitzstaat

Art. 8 Abs. 1 RevDBA weist dem Sitzstaat des Seeschiff- oder Luftfahrtunternehmens die ausschließliche Besteuerungskompetenz hinsichtlich der Beförderungsgewinne nach Art. 8 Abs. 1, 2 und 3 RevDBA zu. Mit der abschließenden Regelung der Rechtsfolge ist Art. 8 RevDBA eine vollständige Verteilungsnorm, welche das Doppelbesteuerungsproblem bereits auf der Ebene der Verteilungsnormen einer Lösung zuführt[441]. Die abschließende Zuweisung der Besteuerungskompetenz an den Sitzstaat entspricht der Verpflichtung des anderen Vertragsstaates, die Beförderungsgewinne grundsätzlich steuerfrei zu stellen. Insoweit statuiert Art. 8 Abs. 1 RevDBA eine Ausnahme zu dem in Art. 7 RevDBA hinsichtlich der Besteuerung der Unternehmensgewinne niedergelegten Betriebsstättenprinzip[442]. Damit wird sichergestellt, daß die Gewinne nur in einem Staat und nicht überall dort besteuert werden, wo Betriebsstätten in Form

---

440 Wie im folgenden noch weiter auszuführen sein wird.

441 Der entscheidende Wortlaut ist hierbei „können nur in diesem Staat besteuert werden".

442 Vgl. auch *Kluge*, Internationales Steuerrecht, Rdnr. S 110; *Schaumburg*, Internationales Steuerrecht, § 16, Rdnr. 16.278; *Vogel*, DBA, Art. 8, Rdnr. 26; *Wassermeyer* in: Debatin/Wassermeyer, DBA, Bd. I, MA Art. 8, Rdnr. 1.

von Agenturen, Anlegeplätzen usw. bestehen[443]. Anderenfalls, sprich im Falle eines Festhaltens einer Besteuerung nach dem Betriebsstättenprinzip, würde die Zuordnung des Gewinnes auf die einzelnen Betriebsstätten nicht nur auf erhebliche praktische Schwierigkeiten stoßen, sondern auch Zweifel an einer rechtssicheren und –fehlerfreien Besteuerung begründen. Statt direkte Gewinnermittlungen vornehmen zu können, wären die Finanzverwaltungen nämlich oftmals gehalten, die erzielten Gewinne im Wege von Schätzungen zu ermitteln, was im Vergleich zu direkten Gewinnermittlungen als problemanfälliger und ebenso in der Sache störanfälliger anzusehen ist[444]. Das Betriebsstättenprinzip ist hinsichtlich der Beförderungsgewinne folglich keine sachgerechte Verteilungsregel[445]. Im Ergebnis dient Art. 8 RevDBA damit auch der Vereinfachung der Steuerpraxis, indem auf die Aufteilung des Gesamtgewinnes auf die verschiedenen Staaten, die von den Seeschiffen angesteuert bzw. von den Luftfahrzeugen angeflogen werden, verzichtet wird - und damit einhergehend auf eine Gewinnabgrenzung zwischen Stammhaus und den Betriebsstätten insgesamt.

Anzumerken bleibt, daß Art. 8 Abs. 1 RevDBA von den inhaltlichen Vorgaben des Art. 8 OECD-MA auch insoweit abweicht, als nicht der Ort der tatsächlichen Geschäftsleitung als maßgeblich erachtet wird, sondern der Vertragsstaat, in welchem das die Schiffahrt oder die Luftfahrt betreibende Unternehmen ansässig[446] ist (Wohnsitzprinzip). Diese Abweichung des Revisionsabkommens vom 10. März 2000 von dem OECD-Musterabkommen ist auf systematische Gründe zurückzuführen und nicht durch einen etwaigen Einfluß innerstaatlichen Steuerrechts der Vertragsstaaten zu begründen. Der OECD-Musterkommentar selbst sieht das Wohnsitzprinzip als mögliches alternatives Anknüpfungskriterium der Besteuerung nach Art. 8 OECD-MA vor, wodurch es regelmäßig im Belieben der (Vertrags-)Staaten steht, für die ungeteilte Freistellung der Gewinne eines Unternehmens aus dem Betrieb von Seeschiffen oder Luftfahrzeugen im internationalen Verkehr den Ort der tatsächlichen Geschäftsleitung oder den Staat der Ansässigkeit zu wählen[447]. Gewöhnlich wählen die Vertragsstaaten den Bezug zum Sitz der Unternehmen, wenn es gilt, die Abkommensbestimmung in Übereinstimmung mit dem Aufbau der übrigen Abkommensregelungen zu brin-

---

443 Vgl. auch *Kluge*, Internationales Steuerrecht, Rdnr. S 110.

444 Vgl. auch *Wolfgang Ritter*, Neugestaltung der beschränkten Steuerpflicht für ausländische Schiff- und Luftfahrtunternehmen, DStZ/A 1971, S. 16 – 18 (17).

445 Ebenso *Schaumburg*, Internationales Steuerrecht, § 16, Rdnr. 16.278.

446 Im Sinne von Art. 4 RevDBA. Siehe dazu die obigen Ausführungen unter Kapitel 2, A II.

447 Vgl. auch OECD-MK zum OECD-MA, Art. 8, Nr. 2, abgedruckt in *Vogel*, DBA, Art. 8, Rdnr. 2 a; *Vogel*, DBA, Art. 8, Rdnr. 50.

gen[448]. Wie oben bereits ausgeführt, entspricht das Revisionsabkommen vom 10. März 2000 dem modernen Abkommensverständnis Deutschlands, so daß bei der Besteuerung von einer dem Wohnsitzstaat eingeräumten Vorrangstellung auszugehen ist, auch wenn sich der Wortlaut der Verteilungsnormen zunächst an den Quellenstaat richtet[449]. Diesem im Revisionsabkommen vom 10. März 2000 grundsätzlich vorgesehenen Vorrang des Wohnsitzstaates würde eine an den Ort der Geschäftsleitung knüpfende Regelung des Art. 8 RevDBA nicht gerecht. Denn der Vertragsstaat, in dem sich der Ort der tatsächlichen Geschäftsleitung befindet, braucht nicht immer der Staat zu sein, in dem das Unternehmen, das die Schiffe oder Luftfahrzeuge betreibt, ansässig ist[450]. Im übrigen stellt bereits die Definition des internationalen Verkehrs in Art. 3 Abs. 1 Buchst. g) RevDBA auf den Staat der Ansässigkeit des Unternehmens ab, auf welche die Vorschrift des Art. 8 RevDBA ausdrücklich Bezug nimmt[451]. Auch hieraus läßt sich im Interesse eines übereinstimmenden Abkommensaufbaus der Sitzstaat als Anknüpfungspunkt der Besteuerung gemäß Art. 8 RevDBA erklären.

Schließlich kann in dem Verzicht auf den Ort der Geschäftsleitung als maßgebliches Kriterium der Grund dafür gesehen werden, daß das Revisionsabkommen vom 10. März 2000 die Sonderregelung des Art. 8 Abs. 3 OECD-MA nicht übernommen hat. Art. 8 Abs. 3 OECD-MA bestimmt für den Fall, daß sich der Ort der tatsächlichen Geschäftsleitung des Unternehmens an Bord eines Schiffes befindet, dieser Ort als in dem (Vertrags-)Staat gelegen gilt, in dem der Heimathafen des Schiffes liegt. Diese Regelung des OECD-Musterabkommens erübrigt sich, eben weil Art. 8 RevDBA die Zuweisung der Besteuerungskompetenz an das Wohnsitzprinzip knüpft.

Damit ist festzuhalten, daß die von einem mit Sitz in Deutschland erwirtschafteten Gewinne eines Luftfahrtunternehmens, das mehrere Fluglinien nach Korea unterhält, ausschließlich der Besteuerung im Sitzstaat des Unternehmens, hier Deutschland, unterliegen, Art. 8 Abs. 1 RevDBA[452]. Dies gilt unabhängig davon, ob das deutsche Unternehmen über Zweigniederlassungen, in denen bei-

---

448 Vgl. OECD-MK zum OECD-MA, Art. 8, Nr. 5, abgedruckt in *Vogel,* DBA, Art. 8, Rdnr. 5.

449 Vgl. oben Kapitel 3, A II.

450 So auch die Begründung des OECD-MK zum OECD-MA, Art. 8, Nr. 2, abgedruckt in *Vogel,* DBA, Art. 8, Rdnr. 2 a.

451 Vgl. oben Kapitel 3, C I.

452 Beachte: Die Besteuerung der Einkünfte von an Bord solcher Fahrzeuge tätigen Personals erfolgt nicht nach Art. 8 RevDBA, sondern nach Art. 15 RevDBA. Weitere Ausführungen erfolgen an späterer Stelle der Untersuchung.

spielsweise entsprechende Tickets verkauft werden, und damit in Korea über abkommensrechtliche Betriebsstätten gemäß Art. 5 Abs. 2 Buchst. b) RevDBA verfügt. Es bedarf daher auch keiner Gewinnabgrenzung zwischen dem deutschen Stammhaus und den koreanischen Betriebsstätten; die Gewinnermittlung nach deutschem Steuerrecht ist allein maßgebend. Die ausschließliche Besteuerung im Sitzstaat Deutschland scheidet aus, soweit es sich bei den von dem deutschen Unternehmen erwirtschafteten Gewinnen um Gewinne aus ausschließlich auf das staatliche Hoheitsgebiet Koreas beschränkten Beförderungsgeschäften handelt. In diesen Fällen mangelt es an dem Betrieb eines im internationalen Verkehr gemäß Art. 3 Abs. 1 Buchst. g) RevDBA eingesetzten Fahrzeugs mit der Folge, daß statt dessen Art. 7 RevDBA zur Anwendung gelangt.

D. Besteuerung von Dividenden und den ihnen zugrunde liegenden Beteiligungen

Art. 10 RevDBA regelt die Besteuerung von Dividenden, die eine in einem Vertragsstaat ansässige[453] Gesellschaft[454] an eine im anderen Vertragsstaat ansässige[455] Person[456] zahlt. Da Art. 10 Abs. 1 RevDBA den Blick auf die Besteuerung des Dividendenempfängers richtet, ist als Quellenstaat mithin der Vertragsstaat anzusehen, in welchem die ausschüttende Gesellschaft ansässig[457] ist[458]. Die im Quellenstaat erfolgte Besteuerung der Gewinne der Gesellschaft, aus denen die Dividenden gezahlt werden, findet bei der Besteuerung des Dividendenempfängers allerdings keine Berücksichtigung, Art. 10 Abs. 2 Satz 3 RevDBA. Weder in Art. 10 RevDBA noch an einer anderen Stelle sieht das Revisionsabkommen vom 10. März 2000 ein Instrumentarium vor, mittels welchem die Körperschaftsteuerzahlung der ausschüttenden Gesellschaft auf Abkommensebene Berücksichtigung fände. Im Hinblick darauf wird die Körperschaftsteuer, obwohl sie eine Vorbelastung der Dividende darstellt, nicht in die Besteuerung des Di-

---

453 Im Sinne von Art. 4 RevDBA. Siehe dazu die obigen Ausführungen unter Kapitel 2, A II.

454 Im Sinne von Art. 3 Abs. 1 Buchst. e) RevDBA. Siehe dazu die obigen Ausführungen unter Kapitel 2, A I.

455 Im Sinne von Art. 4 RevDBA.

456 Im Sinne von Art. 3 Abs. 1 Buchst. d) RevDBA. Siehe dazu die obigen Ausführungen unter Kapitel 2, A I.

457 Im Sinne von Art. 4 RevDBA. Siehe dazu die obigen Ausführungen unter Kapitel 2, A II.

458 Vgl. auch OECD-MK zum OECD-MA, Art. 10, Nr. 9, abgedruckt in *Vogel*, DBA, Art. 10, Rdnr. 29; *Kluge*, Internationales Steuerrecht, Rdnr. S 170.

videndenempfängers nach Art. 10 RevDBA mit einbezogen[459]. Art. 10 RevDBA – als unvollständige Verteilungsnorm i.V.m. mit dem Methodenartikel - beantwortet allein die Frage der Vermeidung der Doppelbesteuerung des Dividendenempfängers; hierüber hinausgehende Regelungen im Verhältnis zur Gesellschaftsbesteuerung erfolgen nicht.

Das Revisionsabkommen vom 10. März 2000 enthält in Art. 10 Abs. 3 RevDBA eine eigene autonome Definition des Dividendenbegriffs, die nach dem Grundsatz der Spezialität[460] für die Abkommensanwendung vorrangig zu beachten ist. Damit trifft das Revisionsabkommen vom 10. März 2000 eine für beide Vertragsstaaten verbindliche Entscheidung dessen, was unter Dividenden im abkommensrechtlichen Sinne zu verstehen ist. Hierin erschöpft sich aber auch der Zweck der Sonderdefinition. Denn keinesfalls entstehen aus der auf Abkommensebene erfolgten Definition Auswirkungen auf die innerstaatliche Behandlung der Dividenden. Einem solch durchgreifenden Einfluß steht die Eigenständigkeit der verschiedenen Rechtskreise des Abkommensrechts und des innerstaatlichen Rechts der Vertragsstaaten konsequent entgegen[461]. Angesichts der zentralen Bedeutung des Dividendenbegriffs, insbesondere mit Blick auf die Abgrenzung der Besteuerungskompetenzen zwischen Wohnsitz- und Quellenstaat, erfolgt anschließend eine detaillierte Analyse des Art. 10 Abs. 3 RevDBA.

I. Dividendenbegriff des Revisionsabkommens

Art. 10 Abs. 3 RevDBA umschreibt im Rahmen eines dreigliedrigen Aufbaus die Einkünfte, die zu den abkommensrechtlichen Dividenden zu zählen sind. Die erste Gruppe des Art. 10 Abs. 3 Satz 1 1. Halbsatz RevDBA enthält die konkrete Einzelaufzählung der Einkünfte aus Aktien, Genußrechten oder Genußscheinen[462], Kuxen und Gründeranteilen, während die zweite Gruppe generalklausel-

---

459 Vgl. *Frotscher*, Internationales Steuerrecht, § 9, Rdnr. 9; *Kluge*, Internationales Steuerrecht, Rdnr. S 170; *Schaumburg*, Internationales Steuerrecht, § 16, Rdnr. 16.324; *Wassermeyer* in: Debatin/Wassermeyer, DBA, Bd. I, MA Art. 10, Rdnr. 12.

460 Vgl. oben Kapitel 3, B I.

461 Vgl. oben Kapitel 3 A.

462 Zur Frage, wann „Ausschüttungen" auf Genußrechte deutschen Rechts Dividendeneinkünfte im abkommensrechtlichen Sinne vermitteln können, vgl. auch *Gerhard Laule*, Genußschein, Doppelbesteuerungsabkommen und die Praxis der deutschen Finanzgerichte, IStR 1997, S. 577 – 582 (581 f.).

artig die Einkünfte aus anderen Rechten mit Gewinnbeteiligung, ausgenommen Forderungen, erfaßt.

Beide Gruppen entsprechen den inhaltlichen Vorgaben des Art. 10 Abs. 3 OECD-MA, so daß als Dividenden im Sinne des Revisionsabkommens vom 10. März 2000 zunächst solche Einnahmen anzusehen sind, die einer anderen Person aufgrund eines Gesellschaftsanteiles zufließen. Entscheidend sind die Beteiligung der Person an Gewinn und Liquidationserlös einer Gesellschaft[463], wohingegen die Beteiligung an einer Mitunternehmerschaft nicht ausreichend ist[464].

1. Rückgriff auf das Steuerrecht des Quellenstaates

Die dritte Gruppe des Art. 10 Abs. 3 RevDBA nennt die sonstigen Einkünfte, die nach dem Recht des Staates, in dem die ausschüttende Gesellschaft ansässig[465] ist, den Einkünften aus Aktien steuerlich gleichgestellt sind, Art. 10 Abs. 3 Satz 1 2. Halbsatz RevDBA. Der Dividendenbegriff des Revisionsabkommens vom 10. März 2000 wird somit um die Zahlungen von Gesellschaften erweitert, die aufgrund von Umqualifizierungen nach dem innerstaatlichen Steuerrecht des Quellenstaates wie Ausschüttungen behandelt werden. Wenn das Revisionsabkommen vom 10. März 2000 in seinem Rückgriff auf das Steuerrecht des Quellenstaates mit den Empfehlungen des OECD-Musterabkommens auch grundsätzlich übereinstimmt, so gilt dies nicht hinsichtlich der sonstigen Einkünfte. Denn diesbezüglich stellt das OECD-Musterabkommen in Art. 10 Abs. 3 OECD-MA ausdrücklich auf die aus sonstigen Gesellschaftsanteilen stammenden Einkünfte ab und hält damit, wie bereits bei den Einkünften der ersten beiden Gruppen des Art. 10 Abs. 3 OECD-MA, an der grundlegenden Vorausset-

---

463 Im Sinne von Art. 3 Abs. 1 Buchst. e) RevDBA. Siehe dazu die oben unter Kapitel 2, A I erfolgen Ausführungen.

464 Vgl. auch OECD-MK zum OECD-MA, Art. 10, Nr. 25, abgedruckt in *Vogel,* DBA, Art. 10, Rdnr. 176; *Kluge,* Internationales Steuerrecht, Rdnr. S 185; *Schaumburg,* Internationales Steuerrecht, § 16, Rdnr. 16.331; *Vogel,* DBA, Art. 10, Rdnr. 190; *Wassermeyer* in: Debatin/Wassermeyer, DBA, Bd. I, MA Art. 10, Rdnr. 92 a.

465 Im Sinne von Art. 4 RevDBA. Siehe dazu die obigen Ausführungen unter Kapitel 2, A II.

zung des Gesellschaftsanteiles fest[466]. Dieser Einschränkung folgt Art. 10 Abs. 3 Satz 1 2. Halbsatz RevDBA nicht[467].

Worauf ist die abweichende Besonderheit des Revisionsabkommens vom 10. März 2000 zurückzuführen? Mit der Verweisung auf den Quellenstaat ohne die vorgenannte Einschränkung des OECD-Musterabkommens überwindet das Revisionsabkommen vom 10. März 2000 die Hindernisse, die einer abkommensrechtlichen Dividendenbesteuerung der innerstaatlich umqualifizierten Kapitalerträge ansonsten entgegenstehen. Denn die Verweisung auf das Steuerrecht des Quellenstaates läßt die Abgrenzungsfrage der Einkünfte unberührt, und nach der abkommensrechtlichen Einkünftezuordnung handelt es sich bei den innerstaatlich umqualifizierten Kapitalerträgen regelmäßig um Einkünfte aus Forderungen, mithin um Zinsen, und nicht um Einnahmen, die der Person des Anteilseigners aufgrund seines Gesellschaftsanteiles zufließen[468]. Besonders deutlich zeigt sich dies im Fall der sogenannten verdeckten Gewinnausschüttungen, welche das koreanische Steuerrecht u.a. in Art. 17 Abs. 1 Nr. 3 ITA bzw. das deutsche Recht in § 20 Abs. 1 Nr. 1 Satz 2 EStG erfaßt[469]. Diese werden sowohl nach koreanischem als auch nach deutschem Steuerrecht den Einkünften aus Aktien steuerlich gleichgestellt, obwohl diese im Grunde als Einkünfte aus Forderungen des Anteilseigners gegenüber der Gesellschaft, insofern als Zinsen, angesehen werden können, die ihre Wurzel mithin in den gesellschaftsrechtlichen Beziehungen haben[470]. Indem das Revisionsabkommen vom 10. März 2000 auf die vorstehend genannte Einschränkung des Art. 10 Abs. 3 OECD-MA verzichtet, bezieht es die innerstaatliche Umqualifizierung der Kapitalerträge und deren Gleichstellung mit den Einkünften aus Aktien – insbesondere die der verdeckten Gewinnausschüttung - vorbehaltlos in den abkommensrechtlichen Dividenden-

---

466 Der genaue Wortlaut lautet: „(...) sowie aus sonstigen Gesellschaftsanteilen stammende Einkünfte, die nach dem Recht des Staates, in dem die ausschüttende Gesellschaft ansässig ist, den Einkünften aus Aktien steuerlich gleichgestellt sind".

467 Der genaue Wortlaut lautet: „(...) sowie sonstige Einkünfte, die nach dem Recht des Staates, in dem die ausschüttende Gesellschaft ansässig ist, den Einkünften aus Aktien steuerlich gleichgestellt sind".

468 Vgl. auch *Kluge*, Internationales Steuerrecht, Rdnr. S 197 f.; *Ernst Weber*, Ist eine steuerliche Umqualifizierung der Erträge aus Fremdfinanzierungen in verdeckte Gewinnausschüttungen gegenüber Doppelbesteuerungsabkommen wirksam ?, Bonn 1981, S. 38.

469 Aus Sicht des koreanischen Steuerrechts fallen unter verdeckte Gewinnausschüttungen u.a. Kapitalherabsetzungen, die mit entsprechenden Ausschüttungen an den Gesellschafter über den anteiligen Wert der Einlage hinaus verbunden sind, Kapitalerhöhungen aus Gesellschaftsmitteln, Erlöse aus der Übertragung von Gesellschaftsmitteln, soweit sie die Einlage übersteigen etc., vgl. Art. 17 Abs. 2 ITA.

470 Vgl. auch *Hans-Jörg Aigner*, Die verdeckte Gewinnausschüttung im DBA-Recht, IStR 2003, S. 154 – 157 (154).

begriff mit ein mit der Folge, daß diese auch auf Abkommensebene Wirkung entfaltet. Dies bewirkt die Sicherstellung der abkommensrechtlichen Dividendenbesteuerung nach Art. 10 RevDBA. Hierin liegt auch die Besonderheit des Art. 10 Abs. 3 Satz 1 2. Halbsatz RevDBA begründet, die damit keineswegs darauf ausgerichtet ist, aus Sicht des Quellenstaates den Kreis der Dividenden ausschüttenden Gesellschaften über Art. 3 Abs. 1 Buchst. e) RevDBA hinausgehend zu erweitern[471].

Die Verweisung auf das Steuerrecht des Quellenstaates führt dazu, daß aus Sicht des Quellenstaates Korea die sonstigen Einkünfte des Art. 10 Abs. 3 Satz 1 2. Halbsatz RevDBA inhaltlich mit den Dividendeneinkünften des koreanischen Einkommensteuerrechts gemäß Art. 17 ITA zu lesen sind. Abgesehen von den verdeckten Gewinnausschüttungen nach Art. 17 Abs. 1 Nr. 3 ITA erstreckt sich der abkommensrechtliche Dividendenbegriff somit auf die Dividenden, Gewinnausschüttungen und Überschüsse aus Beteiligungen an koreanischen oder ausländischen Körperschaften, Art. 17 Abs. 1 Nr. 1 und 6 ITA, auf die Gewinnanteile an den als Körperschaften anzusehenden Personenvereinigungen oder Vermögensmassen, Art. 17 Abs. 1 Nr. 2 ITA, auf die Kapitalerträge, die nach dem CTA als Dividenden angesehen werden, Art. 17 Abs. 1 Nr. 4 ITA, und auf die Ausschüttungen von Wertpapier-Trusts, Art. 17 Abs. 1 Nr. 5 ITA. Ausnahmsweise ist Deutschland als Wohnsitzstaat bei der innerstaatlichen Rechtsanwendung an die Beurteilung Koreas gebunden. Die Verbindlichkeit folgt daraus, daß anders als im Fall einer Verweisung nach Art. 3 Abs. 2 RevDBA der autonome Dividendenbegriff des Revisionsabkommens vom 10. März 2000 inhaltlich nicht abschließend definiert wird, sondern dieser selbst auf das Steuerrecht des Quellenstaates verweist und das innerstaatliche Recht unmittelbar hierdurch zum Abkommensbestandteil erklärt wird. Die Folge dessen ist die verbindliche Beachtung durch beide Vertragsstaaten[472]. Dies gilt insbesondere für die Ausschüttungen der koreanischen Personengesellschaften Hapmyong-hoesa und Hapja-hoesa, die nach der Rechtsordnung des koreanischen (Einkommen-)Steuerrechts als Dividenden zu qualifizieren sind, Art. 17 Abs. 1 Nr. 2 CTA[473]. Deutschland ist somit gehalten, die Ausschüttungen dieser Personengesellschaften bei der Besteuerung des in Deutschland ansässigen Anteilseigners als Dividenden im abkommensrechtlichen Sinne zu behandeln, auch wenn derar-

---

471 Vgl. auch *Kluge*, Internationales Steuerrecht, Rdnr. S 193; *Helmut Krabbe*, Maßnahmen gegen unangemessene Gesellschafterfremdfinanzierung und das Recht der Doppelbesteuerungsabkommen, RIW 1984, S. 127 - 130 (130).

472 Vgl. oben Kapitel 3, B I.

473 Zu dem Status dieser Gesellschaften als juristische Personen, vgl. oben Kapitel 1, B IV.

tige Gewinnanteile aus Sicht des deutschen Steuerrechts grundsätzlich nach den Grundsätzen der Mitunternehmerschaft[474] besteuert werden[475]. Insoweit vermeidet die autonome Abkommensdefinition in Art. 10 Abs. 3 RevDBA die Entstehung von Qualifikationskonflikten, die anderenfalls nur im Wege eines abkommensrechtlichen Verständigungsverfahrens nach Art. 25 RevDBA zu lösen wären, da sie trotz der vorgenannten Differenzen im innerstaatlichen Recht der Vertragsstaaten zu einer einheitlichen - weil für beide Vertragsstaaten verbindlichen - Abkommensanwendung in beiden Vertragsstaaten führt[476].

2. Erweiterung auf deutscher Seite

Aufgrund einer ausdrücklichen Vereinbarung erfährt der Dividendenbegriff des Revisionsabkommens vom 10. März 2000 eine Erweiterung, die indes nur für die deutsche Seite von Bedeutung ist. Danach erfaßt der abkommensrechtliche Dividendenbegriff auf deutscher Seite auch die Einkünfte eines stillen Gesellschafters[477] aus seiner Beteiligung als stiller Gesellschafter[478], die Einkünfte aus partiarischen Darlehen[479], die Gewinnobligationen[480], ähnliche gewinnabhängige Vergütungen wie auch die Ausschüttungen auf Anteilscheine an einem Invest-

---

474 Vgl. oben Kapitel 2, A I.

475 Vgl. auch *Knobbe-Keuk,* Qualifikationskonflikte, RIW 1991, S. 314.

476 Zur besonderen Bedeutung autonomer Abkommensdefinitionen auch *Vogel,* DBA, Einl., Rdnr. 100.

477 Nach deutschem Gesellschaftsrecht wird die stille Gesellschaft als eine Beteiligung an dem Handelsgewerbe eines anderen eingeordnet, bei welcher der Beteiligte nicht nach außen hervortritt und kein gemeinsames Gesellschaftsvermögen begründet wird, da die Einlage in das Vermögen des aktiven Gesellschafters übergeht, vgl. § 230 ff. HGB, siehe auch *Wassermeyer* in: Debatin/Wassermeyer, DBA, Bd. I, MA Art. 10, Rdnr. 115.

478 Ungeachtet der mangelnden Differenzierung werden hierunter nur die Einkünfte als typisch stiller Gesellschafter gezählt, da die Einkünfte aus der Beteiligung als atypisch stiller Gesellschafter als Einkünfte aus Mitunternehmerschaft grundsätzlich zu den Unternehmensgewinnen zu zählen sind, siehe auch *BMF*-Schreiben vom 28. Dezember 1999, IV D 3 – S 1300 – 25/99 in: IStR 2000, S. 23.

479 Das partiarische Darlehen (Beteiligungsdarlehen) ist nach deutschem Recht ein gegenseitiger Vertrag über ein Darlehen, für das der Darlehensgeber (häufig neben festen Zinsen) einen Gewinnanteil an dem Geschäft erhält, dem das Darlehen dient. Ein Mindestgewinnanteil kann garantiert sein. Seiner zivilrechtlichen Natur nach ist das partiarische Darlehen kein Gesellschaftsanteil, sondern eine Forderung. Dies gilt unabhängig davon, welche Rechtsform der Schuldner des partiarischen Darlehens hat, siehe auch *Wassermeyer* in: Debatin/Wassermeyer, DBA, Bd. I, MA Art. 10, Rdnr. 117.

480 Gewinnobligationen sind Schuldverschreibungen, die eine Forderung auf eine gewinnabhängige Verzinsung und auf Rückzahlung des geleisteten Kapitals begründen, siehe auch *Wassermeyer* in: Debatin/Wassermeyer, DBA, Bd. I, MA Art. 10, Rdnr. 116.

mentvermögen, Art. 10 Abs. 3 Satz 2 RevDBA. Dieser ausdrücklichen Erweiterung mit konstitutiver Wirkung bedarf es, weil eine Dividendeneigenschaft der vorgenannten Kapitalerträge im Sinne von Art. 10 Abs. 3 RevDBA grundsätzlich zu verneinen ist. Insoweit verfolgt die Erweiterung, die zweifelsohne von den Empfehlungen des OECD-Musterabkommens abweicht, den Zweck, die Einkünfte aus diesen unternehmerähnlichen Beteiligungen den Dividenden gleichzustellen und auf diesem Wege die Erhebung der deutschen Kapitalertragsteuer[481] abzusichern[482]. Hierin folgt die Vereinbarung in Art. 10 Abs. 3 Satz 2 RevDBA der gegenwärtigen deutschen Abkommenspolitik[483].

II. Besteuerung im Quellenstaat

Art. 10 Abs. 1 RevDBA weist dem Wohnsitzstaat des Dividendenempfängers die Besteuerungskompetenz hinsichtlich der Dividenden zu, während Art. 10 Abs. 2 RevDBA zugleich dem Quellenstaat eine Steuerkompetenz zuspricht. Art. 10 RevDBA ist somit Ausdruck einer Kompromißlösung, um im Wege der Steueraufteilung zwischen Wohnsitz- und Quellenstaat den gegensätzlichen Ansprüchen beider Vertragsstaaten gerecht zu werden[484]. Während der Quellenstaat durch die Erbringung öffentlicher Leistungen die Erzielung von Dividendeneinkünften erst ermöglicht und ihm insoweit ein vorrangiger Zugriff gebührt[485], wehrt sich der Wohnsitzstaat gegen zu große Gewinnabschöpfungen bei den Dividendenzahlungen, um nicht um die Erträge der Investitionsbereitschaft und des Investitionsrisikos gebracht zu werden[486].

Dieser Interessengegensatz ist naturgemäß zwischen typischen Kapitalgläubigerländern und typischen Kapitalschuldnerländern besonders ausgeprägt, da die Kapitalschuldnerländer schon aus fiskalischen Gründen oftmals nicht bereit

---

481 Nach § 43 Abs. 1 Nr. 2 und 3 EStG.

482 Vgl. auch *Bernhard Riegler/Klaus Salomon*, Der Dividenden- und der Zinsbegriff nach den Doppelbesteuerungsabkommen der Bundesrepublik Deutschland, DB 1991, S. 2205 – 2208 (2208); *Wassermeyer* in: Debatin/Wassermeyer, DBA, Bd. I, MA Art. 10, Rdnr. 55.

483 Siehe dazu auch die Abkommensübersicht in *Vogel*, DBA, Art. 10, Rdnr. 229.

484 Vgl. auch OECD-MK zum OECD-MA, Art. 10, Nr. 4 und 5, abgedruckt in *Vogel*, DBA, Art. 10, Rdnr. 12 und 13.

485 Zur Opfertheorie und Nutzentheorie als Maßstab der Verteilungsgerechtigkeit siehe auch *Klaus Vogel*, Die Besteuerung von Auslandseinkünften, in: Grundlagen des Internationalen Steuerrechts, hrsg. v. Klaus Vogel, Köln 1985, S. 3 – 31 (27).

486 Vgl. auch *Vogel*, DBA, Vor Art. 10 - 12, Rdnr. 2.

sind, auf die Besteuerung der von Nichtansässigen empfangenen Dividenden zu verzichten. Dies ist auch für das Wirtschaftsverhältnis zwischen Deutschland und Korea anzunehmen. Denn ein Vergleich der wirtschaftlichen Verhältnisse Deutschlands mit anderen, insbesondere westlichen, Industriestaaten zeigt im Verhältnis zu Korea eine starke Polarisierung des Kapitalflusses, so daß Deutschland aufgrund seines vermehrten Kapitalexportes als Kapitalgläubigerland anzusehen ist, während Korea als Zielort der Investitionen eher die Stellung eines Kapitalschuldnerlandes zukommt. Dem trägt das Revisionsabkommen mit der in Art. 10 Abs. 2 RevDBA vereinbarten Aufrechterhaltung der Dividendenbesteuerung im Quellenstaat Rechnung.

1. Steuersätze

Die dem Quellenstaat nach dem Revisionsabkommen vom 10. März 2000 gewährte Steuerkompetenz ist indes begrenzt, Art. 10 Abs. 2 2. Halbsatz RevDBA. Der Quellenstaat ist lediglich dazu berechtigt, die Dividenden einer der Höhe nach begrenzten Steuer zu unterwerfen, wobei in Abhängigkeit von der Höhe der Beteiligung des Dividendenempfängers unterschiedliche Steuersätze zur Anwendung gelangen.

Im Fall von Schachtelbeteilungen beträgt der Steuersatz 5 % auf den Bruttobetrag[487] der Dividenden, Art. 10 Abs. 2 2. Halbsatz Buchst. a) RevDBA, in allen übrigen Fällen der Beteiligungen dagegen 15 %, Art. 10 Abs. 2 2. Halbsatz Buchst. b) RevDBA. Bei beiden Steuersätzen handelt es sich um Höchststeuersätze, so daß es dem Quellenstaat verwehrt ist, den jeweiligen Steuersatz auch im Fall der Erhebung von mehreren Steuern zu überschreiten[488]. Dies gilt es besonders für die Körperschaftsteuer in Korea, zu welcher die lokale Einwohnersteuer als Zuschlag erhoben wird, zu berücksichtigen[489]. Die für die Annahme einer Schachtelbeteiligung erforderlich qualifizierte Beteiligung ist gegeben, wenn es sich bei dem Dividendenempfänger um eine selbständig steuerpflichti-

---

487 D.h. ein Abzug von Betriebsausgaben, Werbungskosten kommt nicht in Betracht, vgl. auch *Bernhard Riegler*, *Klaus Salomon*, Begrenzung des Besteuerungsrechts von Deutschland als Quellenstaat bei Dividenden und Zinsen, DB 1990, S. 2550 – 2556 (2550); *Wassermeyer* in: Debatin/Wassermeyer, DBA, Bd. I, MA Art. 10, Rdnr. 67.

488 Vgl. auch *Wassermeyer* in: Debatin/Wassermeyer, DBA, Bd. I, MA Art. 10, Rdnr. 59.

489 Vgl. oben Kapitel 3, B III 1 b).

ge Gesellschaft[490] handelt, die über mindestens 25 % des (Nominal-)Kapitals[491] der ausschüttenden Gesellschaft[492] unmittelbar verfügt, Art. 10 Abs. 2 2. Halbsatz Buchst. a) RevDBA. Dies gilt nicht, soweit es sich bei dem Dividendenempfänger um eine Personengesellschaft handelt, da in diesen Fällen die in der Privilegierung der Schachteldividenden zum Ausdruck kommende Vermeidung der wirtschaftlichen Mehrfachbelastung von Konzerndividenden nicht zum Tragen kommt[493].

Ungeachtet der in Art. 10 Abs. 2 RevDBA festgelegten Steuerbeschränkung bleibt die Besteuerung im Quellenstaat uneingeschränkt aufrechterhalten, soweit es sich bei den Dividenden um Einkünfte aus Rechten oder Forderungen mit Gewinnbeteiligung handelt, die bei der Gewinnermittlung des Schuldners abzugsfähig sind, Art. 10 Abs. 4 RevDBA. Diese Regelung erscheint widersprüchlich, da Dividenden gerade nicht von der Bemessungsgrundlage abzugsfähig sind[494], ist jedoch im Zusammenhang mit dem auf Abkommensebene erweiterten Dividendenbegriff zu sehen. Danach erstreckt sich der Dividendenbegriff des Art. 10 Abs. 3 RevDBA auch auf gewinnabhängige Vergütungen, wie beispielsweise die Einkünfte aus typischen stillen Beteiligungen, partiarischen Darlehen etc.[495] Dahinter steht die Vorstellung, daß Vergütungen auf gewinnabhängige Finanzierungsinstrumente[496], die unabhängig von der Höhe des Kapitels und seiner Bedeutung für den Kapitelnehmer allein auf dem Erfolg des Kapitelnehmers beruhen, eine unternehmerische Bindung vermitteln[497]. Da die auf sie entfallenden Zahlungen als Vergütungen auf Forderungen im Rahmen eines Gläubiger-Schuldner-Verhältnisses bei der Gewinnermittlung des Schuldners innerstaatlich grundsätzlich abzugsfähig sind, wird dem Quellenstaat nunmehr die uneingeschränkte Besteuerungskompetenz zugestanden, um einen doppelten

---

490 Im Sinne von Art. 3 Abs. 1 Buchst. e) RevDBA. Siehe dazu die obigen Ausführungen unter Kapitel 2, A I.

491 Vgl. auch *Vogel*, DBA, Art. 10, Rdnr. 77.

492 Im Sinne von Art. 3 Abs. 1 Buchst. e) RevDBA.

493 Vgl. auch *Kluge*, Internationales Steuerrecht, Rdnr. S 173; *Schaumburg*, Internationales Steuerrecht, § 16, Rdnr. 16.350; *Vogel*, DBA, Art. 10, Rdnr. 76.

494 Siehe dazu auch Art. 19 Abs. 1 CTA, § 8 Abs. 3 KStG.

495 Siehe dazu im einzelnen den auf deutscher Seite erweiterten abkommensrechtlichen Dividendenbegriff unter Kapitel 3, D I 2.

496 Finanzierungsformen dieser Art werden auch als „hybride Finanzierungsinstrumente" bezeichnet, vgl. auch *Rosemarie Portner*, Doppelbesteuerungsabkommen - Uneingeschränktes Quellenbesteuerungsrecht bei Abzugsfähigkeit von Vergütungen auf gewinnabhängige Finanzierungsinstrumente, IStR 1996, S. 409 - 411 (410).

497 Vgl. auch *Portner*, Uneingeschränktes Quellenbesteuerungsrecht, IStR 1996, S. 410.

Besteuerungsverzicht zu vermeiden[498]. Hierin folgt die Vereinbarung in Art. 10 Abs. 4 RevDBA der gegenwärtigen deutschen Abkommenspolitik[499]. Der Quellensteuersatz darf den Höchststeuersatz von 25 % indes nicht übersteigen, Art. 10 Abs. 4 Satz 2 RevDBA[500].

2. Person des Nutzungsberechtigten

Die Quellensteuerreduktion des Revisionsabkommens vom 10. März 2000 gilt nur für den Fall, daß es sich bei dem Dividendenempfänger zugleich auch um den im Wohnsitzstaat ansässigen[501] Nutzungsberechtigten handelt, Art. 10 Abs. 2 2. Halbsatz RevDBA. Fraglich ist, welche Personen hierunter zu erfassen sind.

Das Revisionsabkommen vom 10. März 2000 enthält keine Begriffsbestimmung, so daß den allgemeinen Auslegungsregeln folgend die Auslegung zunächst aus dem Abkommenszusammenhang zu erfolgen hat[502]. Der dementsprechend heranzuziehende OECD-Musterkommentar enthält eine Erläuterung zur Person des Nutzungsberechtigten dahingehend, daß die Quellensteuerreduktion grundsätzlich nicht gelten soll, wenn zwischen Empfänger und Schuldner der Dividende ein – nach innerstaatlichem (Zivil-)Recht der Vertragsstaaten formal berechtigter[503] - Dritter eingeschaltet wird[504]. Demnach soll die Quellensteuerreduktion nicht schon dadurch erreicht werden, daß eine dritte Person als formaler Zahlungsempfänger, wie z.B. ein Vertreter oder sonstiger Beauftragter, zwischengeschaltet wird. Hieraus folgt, daß Nutzungsberechtigter nur sein kann, wem die Dividendenzahlung auch wirtschaftlich zusteht – eben weil dieser Person auch die mitgliedschaftlichen Rechte an der ausschüttenden Gesellschaft zukommen -, nicht jedoch die Person des formal berechtigten Zahlungsempfängers, der die Dividendenzahlung tatsächlich erhält.

---

498 Vgl. auch *Riegler/Salomon*, Dividenden- und Zinsbegriff nach den Doppelbesteuerungsabkommen, DB 1991, S. 2208.

499 Dazu auch *Kluge*, Internationales Steuerrecht, Rdnr. S 179.

500 Siehe dazu auch oben die Erhebung deutscher Kapitalertragsteuer nach § 43 Abs. 1 Nr. 2, 3 EStG unter Kapitel 3, D I 2.

501 Im Sinne von Art. 4 RevDBA. Siehe dazu die obigen Ausführungen unter Kapitel 2, A II.

502 Vgl. oben Kapitel 3, B I.

503 Vgl. auch *Vogel*, DBA, Vor Art. 10 - 12, Rdnr. 8.

504 Vgl. auch OECD-MK zum OECD-MA, Art. 10, Nr. 12, abgedruckt in *Vogel*, DBA, Art. 10, Rdnr. 32.

Besteht zwischen beiden eine Personendivergenz, kommt eine Quellensteuerreduktion grundsätzlich nicht in Betracht, es sei denn, die Dividendenzahlung an den formal berechtigten Zahlungsempfänger ist zugleich als Zahlung an den im anderen Vertragsstaat ansässigen[505] Nutzungsberechtigen, wie etwa im Falle der Zahlung an einen Treuhänder, anzusehen[506]. Hierdurch soll vermieden werden, daß nicht abkommensberechtigte Personen sich abkommensberechtigter Personen bedienen, um ungerechtfertigt Abkommensvorteile in Anspruch nehmen zu können[507]. Im Ergebnis dient die auf den Nutzungsberechtigten abstellende benefiaciary-Klausel dem Zweck, den Mißbrauch des Revisionsabkommens vom 10. März 2000 zu verhindern[508].

3. Durchführung der Besteuerung in Korea

Bezieht ein deutsches Unternehmen Dividenden[509] aus Korea, unterliegen diese der - begrenzten - Besteuerung im Quellenstaat, hier Korea, Art. 10 Abs. 2 RevDBA. Die Höhe des Steuersatzes bestimmt sich in Abhängigkeit von der Höhe der Beteiligung des Dividendenempfängers[510].

Grundsätzlich unterliegen die in Korea erzielten Dividendeneinkünfte[511] ausländischer Körperschaften der beschränkten Steuerpflicht nach Art. 3 Abs. 1 Nr. 1, Abs. 3 CTA i.V.m. Art. 93 Nr. 2 CTA. Gemäß dem zwingend zu beachtenden Inlandsprinzip[512] kommen nur die von koreanischen und nicht von ausländischen Körperschaften ausgeschütteten Dividenden und Überschüsse aus Beteiligungen in Betracht. Stehen diese Einkünfte in keinem wirtschaftlichen Zusammenhang mit einer in Korea gelegenen Betriebsstätte[513], erfolgt die Besteuerung grund-

---

505 Im Sinne von Art. 4 RevDBA. Siehe dazu die obigen Ausführungen unter Kapitel 2, A II.

506 Vgl. auch *Schaumburg*, Internationales Steuerrecht, § 16, Rdnr. 16.347; *Vogel*, DBA, Art. 10, Rdnr. 67; *Wassermeyer* in: Debatin/Wassermeyer, DBA, Bd. I, MA Art. 10, Rdnr. 62.

507 Sog. „Treaty-shopping".

508 Vgl. auch *Kluge*, Internationales Steuerrecht, Rdnr. S 25; *Schaumburg*, Internationales Steuerrecht, § 16, Rdnr. 16.347; *Vogel*, DBA, Art. 10, Rdnr. 68; *Wassermeyer* in: Debatin/Wassermeyer, DBA, Bd. I, MA Art. 10, Rdnr. 62.

509 Im Sinne von Art. 10 Abs. 3 RevDBA.

510 Vgl. oben Kapitel 3, D II 1.

511 Im Sinne von Art. 17 ITA.

512 Vgl. oben Kapitel 3, B III 1.

513 Im Sinne von Art. 94 CTA.

sätzlich durch Quellensteuerabzug und nicht mittels Veranlagung der Betriebsstätte[514], Art. 98 CTA. Die Dividendeneinkünfte sind somit getrennt von den übrigen Einkunftsarten des Art. 93 CTA und nicht in der Summe aller Einkünfte zu versteuern. Der (Quellen-)Steuersatz für Dividendeneinkünfte beträgt 25 %, Art. 98 Abs. 1 Nr. 3 CTA. Bemessungsgrundlage ist der volle (Brutto-)Betrag der Dividenden, Art. 91 Abs. 2 CTA. Damit zeigt sich die Schrankenwirkung des Revisionsabkommens vom 10. März 2000 im Fall der Dividendenbesteuerung effektiv in der Reduktion des koreanischen (Quellen-)Steuersatzes von 25 % auf 5 % (Schachteldividenden) bzw. auf 15 % (Streubesitzdividenden). Die Inanspruchnahme dieser durch das Revisionsabkommen vom 10. März 2000 gewährten Steuervergünstigung bedarf der entsprechenden Antragstellung bei der zuständigen Finanzbehörde in Korea, Art. 98-4 CTA.

Soweit die Besteuerung durch Quellensteuerabzug erfolgt, obliegt dem Zuwendenden die Pflicht, bei Zuwendung der Dividenden an den Nutzungsberechtigten die hierauf zu erhebende Quellensteuer abzuziehen und fristgemäß[515] an die zuständigen Finanzbehörden weiterzuleiten, Art. 98 Abs. 1 CTA. Der Zuwendende hat der ausländischen Körperschaft als der eigentlichen Steuerschuldnerin hierüber eine schriftliche Bestätigung zu erteilen, Art. 98 Abs. 9 CTA. Bei Pflichtverstoß seinerseits obliegt dem Zuwendenden die Verpflichtung zur Entrichtung einer Strafsteuer, Art. 98 Abs. 2 CTA.

4. Betriebsstättenvorbehalt

Das Revisionsabkommen vom 10. März 2000 enthält in Art. 10 Abs. 5 RevDBA den sogenannten Betriebsstättenvorbehalt, welcher den Grundsatz der Spezialität der Verteilungsnormen[516] zugunsten des Betriebsstättenprinzips wieder umkehrt. Danach finden Art. 10 Abs. 1 und 2 RevDBA keine Anwendung, wenn der Nutzungsberechtigte aufgrund seiner Unternehmenstätigkeit eine Betriebsstätte[517] im Quellenstaat unterhält und dieser die Beteiligungen, die den Dividendenzahlungen zugrunde liegen, auch tatsächlich gehören, mithin zuzurechnen sind, Art. 10 Abs. 5 Satz 1 RevDBA. Der Betriebsstättenvorbehalt setzt somit voraus, daß die Kapitalbeteiligungen Teil des Betriebsvermögens sind oder der Betriebsstät-

---

514 Vgl. oben Kapitel 3, B III 1 a).
515 Bis zum Zehnten des Folgemonats.
516 Vgl. oben Kapitel 3, B I.
517 Im Sinne von Art. 5 RevDBA.

te derart dienen, daß sie in einem funktionalen Zusammenhang zu der in der Betriebsstätte ausgeübten Tätigkeit stehen, sprich die Beteiligungserträge sich bei funktionaler Betrachtungsweise als Nebenerträge der aktiven Betriebsstättentätigkeit darstellen[518]. Ist ein solch funktionaler Zusammenhang gegeben, unterliegen die Dividendeneinkünfte - auf Ebene der Betriebsstätte - als Unternehmensgewinne uneingeschränkt der Besteuerung nach Art. 7 RevDBA, Art. 10 Abs. 5 Satz 2 RevDBA[519]. Hierdurch erhält der Betriebsstättenstaat die Möglichkeit, von der Bruttobesteuerung der Dividenden, die von festen Quellensteuerhöchstsätzen geprägt ist, zur Nettobesteuerung der Unternehmensgewinne zu wechseln. Umgekehrt kann das Unternehmen nicht geltend machen, eine Besteuerung der aus dem Quellenstaat bezogenen Dividenden scheide aus, weil es sich bei diesen um Teile des Unternehmensgewinns handele und eine Quellenbesteuerung mangels einer dort belegenen Betriebsstätte entfalle. Der Geltendmachung dieses Mangels steht der Grundsatz der Spezialität, konkretisiert durch Art. 10 RevDBA, entgegen, so daß Dividenden gewöhnlich nicht quellensteuerfrei bezogen werden können.

Gleiches gilt für den Fall, daß die Kapitalbeteiligungen zu einer im abkommensrechtlichen Sinne anzusehenden festen Einrichtung[520] gehören, durch welche ein Freiberufler oder sonst Selbständiger seine Tätigkeit im anderen Vertragsstaat ausübt. Denn soweit die den Ausschüttungen zugrunde liegenden Kapitalbeteiligungen von einer festen Einrichtung[521] gehalten werden, können die aus ihnen fließenden Einkünfte sinnvoll nicht anders behandelt werden als die entsprechenden Einkünfte einer Betriebsstätte mit der Folge, daß die Einkünfte fortan der Besteuerung nach Art. 14 RevDBA unterliegen, Art. 10 Abs. 5 Satz 2 RevDBA[522].

---

518 Vgl. auch OECD-MK zum OECD-MK, Art. 10, Nr. 31, abgedruckt in *Vogel,* DBA, Art. 10, Rdnr. 238; *Vogel,* DBA, Vor Art. 10 – 12, Rdnr. 25 a.

519 Vgl. auch OECD-MK zum OECD-MK, Art. 10, Nr. 31, abgedruckt in *Vogel,* DBA, Art. 10, Rdnr. 238; *Frotscher,* Internationales Steuerrecht, § 13, Rdnr. 28; *Kluge,* Internationales Steuerrecht, Rdnr. S 201; *Schaumburg,* Internationales Steuerrecht, § 16, Rdnr. 16.325; *Vogel,* DBA, Vor Art. 10 - 12, Rdnr. 15; *Wassermeyer* in: Debatin/Wassermeyer, DBA, Bd. I, MA Art. 10, Rdnr. 139.

520 Im Sinne von Art. 14 RevDBA. Weitere Ausführungen hierzu erfolgen bei der Besteuerung der Einkünfte aus selbständiger Arbeit.

521 Im Sinne von Art. 14 RevDBA.

522 Vgl. auch OECD-MK zum OECD-MA, Art. 10, Nr. 32, abgedruckt in *Vogel,* DBA, Art. 10, Rdnr. 239; *Vogel,* DBA, Vor Art. 10 – 12, Rdnr. 16.

III. Verbot der extraterritorialen Besteuerung

Das Revisionsabkommen vom 10. März 2000 enthält in Art. 10 Abs. 6 RevDBA das sogenannte „Verbot der extraterritorialen Besteuerung". Danach dürfen weder Deutschland noch Korea als Nichtsitzstaat[523] einer Gesellschaft[524] die Ausschüttungen dieser Gesellschaft gegenüber ihren Gesellschaftern besteuern, nur weil die den Ausschüttungen zugrunde liegenden Gesellschaftsgewinne auf dem Gebiet des Nichtsitzstaates erwirtschaftet worden sind, Art. 10 Abs. 6 1. Halbsatz RevDBA[525]. Der Umstand, daß die Gewinne auf dem Gebiet des Nichtsitzstaates erwirtschaftet worden sind, reicht für sich alleine genommen demnach nicht für eine Begründung der Besteuerung aus, wenngleich dies nicht für die Besteuerung gegenüber der Gesellschaft[526] gilt[527]. Im Hinblick hierauf kann sich eine Besteuerungskompetenz des Nichtsitzstaates aus anderen Verteilungsnormen des Revisionsabkommens vom 10. März 2000 ergeben, so insbesondere im Fall der Betriebsstättengewinne, die der Nichtsitzstaat als Betriebsstättenstaat unter den Voraussetzungen des Art. 7 Abs. 1 RevDBA besteuern darf[528]. Auch ist es dem Nichtsitzstaat nicht gestattet, die Gewinne der nicht ansässigen[529] Gesellschaft[530] einer Steuer für nicht ausgeschüttete Gewinne zu unterwerfen, Art. 10 Abs. 6 3. Halbsatz RevDBA.

Beide Regelungen des Art. 10 Abs. 6 RevDBA gelten selbst dann, wenn die gezahlten Dividenden[531] oder die nicht ausgeschütteten Gewinne nur teilweise

---

523 D.h. als Vertragsstaat, in welchem die ausschüttende Gesellschaft nicht im Sinne des Art. 4 RevDBA ansässig ist.

524 Im Sinne von Art. 3 Abs. 1 Buchst. e) RevDBA. Siehe dazu die obigen Ausführungen unter Kapitel 2, A I.

525 Vgl. auch OECD-MK zum OECD-MA, Art. 10, Nr. 33, abgedruckt in *Vogel*, DBA, Art. 10, Rdnr. 243; *Kluge*, Internationales Steuerrecht, Rdnr. S 203; *Schaumburg*, Internationales Steuerecht, § 16, Rdnr. 16.354; *Vogel*, DBA, Art. 10, Rdnr. 251; *Wassermeyer* in: Debatin/Wassermeyer, DBA, Bd. I, MA Art. 10, Rdnr. 145.

526 Im Sinne von Art. 3 Abs. 1 Buchst. e) RevDBA. Siehe dazu die obigen Ausführungen unter Kapitel 2, A I.

527 Hieraus läßt sich aber aufgrund eines Rückschlusses vom Mehr zum Weniger auch der Schluß ziehen, daß das Verbot der extraterritorialen Besteuerung erst recht gelten muß, wenn dem anderen Vertragsstaat – Nichtsitzstaat - für Gewinne bzw. Einkünfte der Gesellschaft nicht einmal eine Steuerbefugnis gegenüber der Gesellschaft zusteht, vgl. auch *Wassermeyer* in: Debatin/Wassermeyer, DBA, Bd. I, MA Art. 10, Rdnr. 148.

528 Zur Besteuerung der Betriebsstättengewinne vgl. oben Kapitel 3, B II.

529 Im Sinne von Art. 4 RevDBA. Siehe dazu die obigen Ausführungen unter Kapitel 2, A II.

530 Im Sinne von Art. 3 Abs. 1 Buchst. e) RevDBA.

531 Im Sinne von Art. 10 Abs. 3 RevDBA.

aus Gewinnen oder Einkünften bestehen, welche die im anderen Vertragsstaat ansässige[532] Gesellschaft[533] im Nichtsitzstaat erzielt hat, Art. 10 Abs. 6 a.E. RevDBA.

Vom Verbot der extraterritorialen Besteuerung ist ausdrücklich ausgenommen die Besteuerung von Dividenden, welche die nicht ansässige[534] Gesellschaft[535] an eine im anderen Vertragsstaat ansässige[536] Person[537] zahlt, Art. 10 Abs. 6 2. Halbsatz 1. Variante RevDBA, oder, sofern diese nicht in dem Vertragsstaat ansässig[538] ist, die Besteuerung von Dividenden aus Kapitalbeteiligungen, die tatsächlich zu einer im anderen Vertragsstaat gelegenen Betriebsstätte[539] oder einer festen Einrichtung[540] gehören (Betriebsstättenvorbehalt), Art. 10 Abs. 6 2. Halbsatz 2. Variante RevDBA. Indes ergibt sich die Steuerberechtigung des Quellenstaates in den vorgenannten Fällen bereits aus Art. 10 Abs. 1 RevDBA bzw. aus Art. 7 RevDBA oder Art. 14 RevDBA, so daß beide Einschränkungen des Verbots lediglich als Klarstellungen angesehen werden können[541]. Soweit sich das Verbot auf die Besteuerung der Gesellschaft durch den Nichtsitzstaat erstreckt, bleibt die Möglichkeit der sogenannten „Hinzurechnungsbesteuerung" nach §§ 7 ff. des Außensteuergesetzes (AStG) durch den *Sitzstaat* der Gesellschaft, hier Deutschland, erhalten[542], die durch Regelungsgehalt des Art. 10 Abs. 6 RevDBA regelmäßig nicht berührt wird[543]. Abschließend bleibt somit festzuhalten, daß Art. 10 Abs. 6 RevDBA mit seinen Tatbestandsvoraussetzungen, insbesondere durch seine Geltung für nicht ausgeschüttete Gewinne, über den sonstigen Regelungsbereich des Art. 10 RevDBA hinausgreift; insoweit kann

---

532 Im Sinne von Art. 4 RevDBA.

533 Im Sinne von Art. 3 Abs. 1 Buchst. e) RevDBA.

534 Im Sinne von Art. 4 RevDBA.

535 Im Sinne von Art. 3 Abs. 1 Buchst. e) RevDBA.

536 Im Sinne von Art. 4 RevDBA.

537 Im Sinne von Art. 3 Abs. 1 Buchst. d) RevDBA. Siehe dazu die obigen Ausführungen unter Kapitel 2, A I.

538 Im Sinne von Art. 4 RevDBA.

539 Im Sinne von Art. 5 RevDBA.

540 Im Sinne von Art. 14 RevDBA.

541 Ähnlich *Vogel*, DBA, Art. 10, Rdnr. 254.

542 Vgl. auch Art. 27 Abs. 1 Buchst. b) RevDBA: Danach ist das Revisionsabkommen nicht so auszulegen, als hindere es Deutschland, „die Beträge zu besteuern, die nach dem Vierten Teil des deutschen Außensteuergesetzes in die Einkünfte einer in der Bundesrepublik Deutschland ansässigen Person einzubeziehen sind".

543 Vgl. auch *BFH*, BStBl. II 1990, S. 113; *Harald Schaumburg*, Der Bezug von Dividenden aus dem Ausland, in: Internationales Steuerrecht, hrsg. v. Michael Streck , Deutsches Steuerberaterinstitut, Bonn, Berlin 2000, S. 13- 93 (84); *Wassermeyer* in: Flick/Wassermeyer/Baumhoff, Außensteuerrecht, Bd. I, § 7 AStG, Rdnr. 4 ff.

die Abkommensbestimmung auch als eine Ergänzung zur Verteilungsnorm für Unternehmensgewinne[544] angesehen werden.

E. Besteuerung von Zinsen

Die Besteuerung von Zinsen bestimmt sich nach Art. 11 RevDBA. Ebenso wie im Fall der Dividendenbesteuerung sieht das Revisionsabkommen vom 10. März 2000 eine Steueraufteilung zwischen Wohnsitz- und Quellenstaat vor, welche sich als Kompromiß zwischen den gegensätzlichen Interessen beider Vertragsstaaten versteht; Art. 11 Abs. 1 RevDBA ist insofern nicht anders zu lesen als Art. 10 Abs. 1 RevDBA[545]. Aber auch im übrigen zeichnen sich beide Verteilungsnormen durch wesentliche Übereinstimmungen aus. Dies gilt insbesondere für die unter dem Aspekt der Abwehr des Treaty-shopping zu sehende in Art. 11 Abs. 2 RevDBA vorausgesetzte Ansässigkeit des Nutzungsberechtigten im anderen Vertragsstaat (beneficiary-Klausel), den auf den Bruttobetrag abstellenden (Höchst-)Steuersatz des Art. 11 Abs. 2 RevDBA und den in Art. 11 Abs. 6 RevDBA niedergelegten Betriebsstättenvorbehalt. Auf deren Bedeutung kann daher auf die im Rahmen der Erörterung der Dividendenbesteuerung bereits erfolgten Ausführungen verwiesen werden, soweit nicht ein anderes gilt. Nachfolgend soll die Analyse der Besteuerung nach Art. 11 RevDBA mit dem abkommensrechtlichen Zinsbegriff beginnen, weil das Revisionsabkommen vom 10. März 2000 in Art. 11 Abs. 5 RevDBA entsprechend der Dividendenbesteuerung eine autonome Definition der Zinsen enthält, deren Vereinbarung auf Abkommensebene die Verbindlichkeit für beide Vertragsstaaten zur Folge hat[546].

I. Zinsbegriff des Revisionsabkommens

Der Zinsbegriff des Revisionsabkommens vom 10. März 2000 umfaßt die Einkünfte aus „Forderungen jeder Art“ ohne Rücksicht darauf, ob die Forderungen dinglich gesichert oder mit einer Beteiligung am Gewinn des Schuldners ausgestattet sind, Art. 11 Abs. 5 RevDBA. Beispielhaft benennt das Steuerabkommen die Einkünfte aus öffentlichen Anleihen, Obligationen, einschließlich der damit

---

[544] Art. 7 RevDBA.
[545] Vgl. oben Kapitel 3, D II.
[546] Vgl. oben Kapitel 3, B I.

verbundenen Aufgelder, und die Gewinne aus Anleihen, Art. 11 Abs. 5 Satz 1 RevDBA.

Die beispielhafte Aufzählung hindert jedoch nicht, den Begriff der Forderung *weit* auszulegen[547] – wenngleich auch insoweit teleologisch reduziert, als unter Forderungen nur solche auf Rückzahlung von überlassenem Kapital verstanden werden können[548]. Demnach können die Forderungen zivil-, bilanz- oder öffentlich-rechtlichen Charakter haben[549]; entscheidend ist, daß sich die Forderungen auf die Rückzahlung von Kapital beziehen und die Zinszahlungen als Vergütung dafür erfolgen, daß der „Gläubiger" dem „Schuldner" die zeitweilige Nutzung des Kapitals überlassen hat[550]. Der abkommensrechtliche Zinsbegriff erweist sich daher als erschöpfend und abschließend, da Art. 11 Abs. 5 RevDBA anders als der Dividendenbegriff gemäß Art. 10 Abs. 3 RevDBA keinen ergänzenden Verweis auf das Steuerrecht des Quellenstaates enthält[551]. Ein Rückgriff auf das innerstaatliche Recht zum Zwecke der Begriffsbestimmung scheidet somit aus. Der fehlende Verweis schadet jedoch insoweit nicht, als die aus der Sicht Koreas als Quellenstaats den koreanischen Zinseinkünften des Art. 16 Abs. 1 Nr. 1 – 13 ITA zugrunde liegenden Forderungen als Kapitalforderungen regelmäßig den vorgenannten abkommensrechtlichen Forderungen jeder Art unterfallen[552]; genau genommen zeigt sich gerade an dieser Stelle die erschöpfende Bestimmung des abkommensrechtlichen Zinsbegriffs.

Dies gilt nicht, soweit bestimmte Zinseinkünfte innerstaatlich wie Gewinnausschüttungen behandelt werden. Hierzu folgt aus der Regelung des Art. 11

---

547 Vgl. auch OECD-MK zum OECD-MA, Art. 11, Nr. 18, abgedruckt in *Vogel*, DBA, Art. 11, Rdnr. 50; *Kluge*, Internationales Steuerrecht, Rdnr. S 212; *Vogel*, DBA, Art. 11, Rdnr. 59; *Wassermeyer* in: Debatin/Wassermeyer, DBA, Bd. I, MA Art. 11, Rdnr. 74.

548 Vgl. auch *Michael Lang*, Hybride Finanzierungen im Internationalen Steuerrecht, Wien 1991, S. 94 ff.

549 Wobei davon ausgegangen werden kann, daß die zivilrechtlichen Ansprüche wohl im Vordergrund stehen.

550 Vgl. auch *Kluge*, Internationales Steuerrecht, Rdnr. S 212; *Schaumburg*, Internationales Steuerrecht, § 16, Rdnr. 16.362; *Vogel*, DBA, Art. 11, Rdnr. 56; *Wassermeyer* in: Debatin/Wassermeyer, DBA, Bd. I, MA Art. 11, Rdnr. 79.

551 Vgl. oben Kapitel 3, D I 1.

552 Zu den Zinseinkünften sind u.a. die Zinseinkünfte und Diskontbeträge für staatliche Schuldverschreibungen oder Wertpapiere bzw. Schuldverschreibungen und Wertpapiere, welche von koreanischen Körperschaften emittiert wurden, Zinseinkünfte und Diskontbeträge für Schuldverschreibungen und Wertpapieren ausländischer Körperschaften, Zinseinkünfte und Diskontbeträge für Einlagen und aus Fonds, bestimmte Erträge aus Versicherungen mit Sparcharakter, Gewinne aus nicht-geschäftlichen Darlehen etc. zu zählen.

Abs. 5 Satz 3 RevDBA, daß der Ausdruck „Zinsen“ sich nicht auf die in Art. 10 RevDBA behandelten Einkünfte erstreckt. Das Revisionsabkommen vom 10. März 2000 trägt mit dieser Regelung dem besonderen Dividendenbegriff des Art. 10 Abs. 3 RevDBA Rechnung, der die nach dem innerstaatlichen Steuerrecht des Quellenstaates umqualifizierten Kapitalerträge abkommensrechtlich als Dividenden berücksichtigt wie auch die besonderen Erweiterungen des Dividendenbegriffs auf Abkommensebene. Hierbei sind die aus der Sicht Deutschlands als Quellenstaats in Art. 10 Abs. 3 Satz 2 RevDBA erfolgten Erweiterungen besonders zu nennen. Durch diese erstreckt sich der Dividendenbegriff des Revisionsabkommens vom 10. März 2000 auch auf Einkünfte aus Forderungen aufgrund von unternehmerähnlichen Beteiligungen, wie beispielsweise Zinsen aus partiarischem Darlehen etc. Seine eigentliche Kontur erlangt der Zinsbegriff des Revisionsabkommens vom 10. März 2000 daher *stets* aus der Abgrenzung zum abkommensrechtlichen Dividendenbegriff.

Verzugszinsen als Zuschläge für verspätete Zahlungen werden hingegen ausdrücklich vom abkommensrechtlichen Zinsbegriff ausgenommen, Art. 11 Abs. 5 Satz 2 RevDBA.

II. Besteuerung im Quellenstaat

Wie eingangs bereits ausgeführt, sieht Art. 11 Abs. 1 RevDBA eine Steueraufteilung für die Zinsen vor, die aus einem Vertragsstaat stammen und an eine im anderen Vertragsstaat ansässige[553] Person[554] gezahlt werden.

Während Art. 10 RevDBA die Frage des Quellenstaates mit der Ansässigkeit der ausschüttenden Gesellschaft beantwortet, kommt es bei der Zinsbesteuerung auf die Herkunft der Zinsen an. Fraglich ist damit, wann die Zinsen aus einem Vertragsstaat „*stammen*“. Nach Art. 11 Abs. 7 Satz 1 1. Halbsatz RevDBA gelten Zinsen als aus einem der Vertragsstaaten stammend, wenn der Schuldner der Zinsen eine in diesem Staat ansässige[555] Person[556] ist. Quellenstaat ist demnach

---

553 Im Sinne von Art. 4 RevDBA. Siehe dazu die obigen Ausführungen unter Kapitel 2, A II.

554 Im Sinne von Art. 3 Abs. 1 Buchst. d) RevDBA. Siehe dazu die obigen Ausführungen unter Kapitel 2, A I.

555 Im Sinne von Art. 4 RevDBA.

556 Im Sinne von Art. 3 Abs. 1 Buchst. d) RevDBA.

grundsätzlich der Vertragsstaat, in welchem der Zinsschuldner ansässig[557] ist[558]. Art. 11 Abs. 7 Satz 1 2. Halbsatz RevDBA stellt klar, daß Zinsschuldner auch der eine Vertragsstaat selbst, eines seiner Länder oder eine seiner Gebietskörperschaften sein kann. Der Klarstellung bedarf es insofern, als der Vertragsstaat, die Länder oder die Gebietskörperschaften nicht der Definition einer „*in einem Vertragsstaat ansässigen Person*" nach Art. 4 Abs. 1 RevDBA unterfallen[559].

Unterhält der Zinsschuldner in einem Vertragsstaat eine Betriebsstätte[560] oder eine feste Einrichtung[561], ist für die Bestimmung des Quellenstaates dessen Ansässigkeit nicht von Belang, Art. 11 Abs. 7 Satz 2 RevDBA. Das Unterhalten einer solchen festen Geschäftseinrichtung führt dazu, daß die Regel des Art. 11 Abs. 7 Satz 1 RevDBA eine Ausnahme erfährt und die Quelle der Zinsen sich nunmehr in dem Vertragsstaat befindet, in welchem die (Schuldner-)Einrichtung belegen ist. Voraussetzung ist, daß die Darlehensaufnahme für Zwecke der Geschäftseinrichtung erfolgt ist und auch von dieser die Zinsschuld getragen wird, Art. 11 Abs. 7 Satz 2 2. Halbsatz RevDBA. Ob dies der Fall ist, bestimmt sich nach der nutzungsmäßigen Verwendung des Kapitals für Zwecke der Einrichtung. Dies ist unter Veranlassungsgesichtspunkten zu beurteilen; indiziell kann darauf abgestellt werden, ob die Kapitalschuld als Verbindlichkeit dem Betriebsstättenvermögen bzw. dem Vermögen der festen Einrichtung zuzurechnen ist[562]. Die Zuweisung der Besteuerungskompetenz dient demzufolge als Ausgleich dafür, daß die von der Einrichtung getragenen Zinsen regelmäßig das Betriebsstättenergebnis mindern und damit das zu versteuernde Steuergut im Betriebsstättenstaat[563].

---

557 Im Sinne von Art. 4 RevDBA.

558 Vgl. OECD-MK zum OECD-MA, Art. 11, Nr. 26, abgedruckt in *Vogel*, DBA, Art. 11, Rdnr. 81; *Frotscher*, Internationales Steuerrecht, § 13, Rdnr. 41; *Kluge*, Internationales Steuerrecht, Rdnr. S 222; *Schaumburg*, Internationales Steuerrecht, § 16, Rdnr. 16.368; *Wassermeyer* in: Debatin/Wassermeyer, DBA, Bd. I, MA Art. 11, Rdnr. 122.

559 Vgl. oben Kapitel 2, A.

560 Im Sinne von Art. 5 RevDBA.

561 Im Sinne von Art. 14 RevDBA.

562 Vgl. auch *Frotscher*, Internationales Steuerrecht, § 13, Rdnr. 41; *Kluge*, Internationales Steuerrecht, Rdnr. S 222; *Schaumburg*, Internationales Steuerrecht, § 16, Rdnr. 16.368; *Vogel*, DBA, Art. 11, Rdnr. 96; *Wassermeyer* in: Debatin/Wassermeyer, DBA, Bd. I, MA Art. 11, Rdnr. 133.

563 Siehe dazu auch OECD-MK zum OECD-MA, Art. 11, Nr. 27, abgedruckt in *Vogel*, DBA, Art. 11, Rdnr. 82.

1. Einheitlicher Steuersatz

Aus der vereinbarten Steueraufteilung folgt, daß die Besteuerungskompetenz des Wohnsitzstaates grundsätzlich uneingeschränkt aufrechterhalten bleibt, Art. 11 Abs. 1 RevDBA, während die Besteuerungskompetenz des Quellenstaates der Höhe nach begrenzt wird, Art. 11 Abs. 2 RevDBA. Im Rahmen der nach der Höhe begrenzten Quellenbesteuerung gelangt anders als nach Art. 10 Abs. 2 RevDBA ein einheitlicher Höchststeuersatz in Höhe von 10 % zur Anwendung. Soweit sich dieser Steuersatz auf den Bruttobetrag der Zinseinkünfte bezieht, dürfen diese nicht um etwaige Betriebsausgaben oder Werbungskosten gekürzt werden[564].

Die Quellensteuerreduktion Art. 11 Abs. 2 RevDBA setzt voraus, daß es sich bei dem Zinsgläubiger um den im anderen Vertragsstaat ansässigen[565] Nutzungsberechtigten der Zinsen handelt, Art. 11 Abs. 2 2. Halbsatz RevDBA. Hinsichtlich der Begriffsbestimmung des Nutzungsberechtigten und deren Zweck, den Mißbrauch des Revisionsabkommens vom 10. März 2000 zu verhindern, ist auf die oben bereits im Rahmen der Dividendenbesteuerung erfolgten Ausführungen zu verweisen[566]. Nutzungsberechtigt ist damit die Person, der die Gläubigerrechte im Zeitpunkt der Entstehung der Zinsforderung an der Forderung, für welche die Zinsen bezahlt werden, zustehen [567]. Unerheblich ist, wem die Zinszahlungen tatsächlich zufließen. Besteht zwischen beiden eine Personendivergenz, kommt eine Quellensteuerreduktion grundsätzlich nicht in Betracht, es sei denn, die Zinszahlungen an den formalen Zahlungsempfänger sind auch als Zahlung an den im anderen Vertragsstaat ansässigen[568] Nutzungsberechtigten anzusehen[569].

---

564 Vgl. oben Kapitel 3, D II 1.
565 Im Sinne von Art. 4 RevDBA. Siehe dazu die obigen Ausführungen unter Kapitel 2, A II.
566 Vgl. oben Kapitel 3, D II 2.
567 Vgl. auch *Wassermeyer* in: Debatin/Wassermeyer, DBA, Bd. I, MA Art. 11, Rdnr. 57.
568 Im Sinne von Art. 4 RevDBA.
569 Vgl. oben Kapitel 3, D II 2.

2. Durchführung der Besteuerung in Korea

Bezieht ein deutsches Unternehmen Zinsen[570] aus Korea bzw. trägt die in Korea gelegene Betriebsstätte[571] oder feste Einrichtung[572] die Zinsen für eine für ihre Zwecke aufgenommene Darlehensschuld, unterliegen die Zinszahlungen der begrenzten Quellenbesteuerung in Korea, Art. 11 Abs. 2 RevDBA i.V.m. Art. 11 Abs. 7 Satz 2 RevDBA. Hierbei gelangt ein einheitlicher Höchststeuersatz in Höhe von 10 % zur Anwendung.

Grundsätzlich unterliegen die in Korea erzielten Zinseinkünfte[573] ausländischer Körperschaften der beschränkten Steuerpflicht nach Art. 3 Abs. 1 Nr. 1, Abs. 3 CTA i.V.m. Art. 93 Nr. 1 CTA. Gemäß dem zwingend zu beachtenden Inlandsprinzip[574] kommen nur die in Korea erfolgten Zinszahlungen in Betracht. Stehen diese Einkünfte in keinem wirtschaftlichen Zusammenhang mit einer in Korea gelegenen Betriebsstätte[575], erfolgt die Besteuerung regelmäßig durch Quellensteuerabzug und nicht im Wege des Veranlagungsverfahrens[576], Art. 98 CTA. Die Zinseinkünfte sind somit getrennt von den übrigen Einkunftsarten und nicht in der Summe aller Einkünfte zu versteuern. Der (Quellen-)Steuersatz für Zinseinkünfte beträgt 25 %, Art. 98 Abs. 1 Nr. 3 CTA. Im Ergebnis zeigt sich die Schrankenwirkung des Revisionsabkommens vom 10. März 2000 in der Reduktion des koreanischen Quellensteuersatzes von 25 % auf 10 %. Um Wiederholungen zu vermeiden, ist hinsichtlich der Durchführung der Besteuerung in Korea im übrigen auf die bei der Dividendenbesteuerung erfolgten Ausführungen zu verweisen. Dies gilt insbesondere für die Berechnung des steuerpflichtigen Einkommens, den Quellensteuerabzug durch den Zuwendenden und die notwendige Antragsstellung nach Art. 98-4 CTA etc.[577]

---

570 Im Sinne von Art. 11 Abs. 5 RevDBA.
571 Im Sinne von Art. 5 RevDBA.
572 Im Sinne von Art. 14 RevDBA.
573 Im Sinne von Art. 16 ITA.
574 Vgl. oben Kapitel 3, B III 1.
575 Im Sinne von Art. 94 CTA.
576 Vgl. oben Kapitel 3, B III 1 a).
577 Vgl. oben Kapitel 3, D II 3.

3. Befreiung von Quellenbesteuerung

Abweichend von den Empfehlungen des OECD-Musterabkommens enthält das Revisionsabkommen vom 10. März 2000 in Art. 11 Abs. 3 und 4 RevDBA Sonderregelungen, durch welche bestimmte Zinsempfänger steuerlich begünstigt werden und zwar dergestalt, daß die an sie erfolgenden Zinszahlungen von der Besteuerung im Quellenstaat befreit sind. Beide Ausschlußtatbestände gehen als leges speciales der Quellenbesteuerung nach Art. 11 Abs. 2 RevDBA vor[578]. Es gilt nun, die Ausschlußtatbestände der Quellenbesteuerung in Korea zu erörtern.

a) Zinszahlungen an die öffentliche Hand in Deutschland

Art. 11 Abs. 3 Buchst. b) RevDBA befreit die Zinszahlungen, die an die öffentliche Hand in Deutschland geleistet werden. Hierzu zählen nach dem Wortlaut der Bestimmung - neben dem Vertragsstaat selbst - die Deutsche Bundesbank, die Kreditanstalt für Wiederaufbau und die Deutsche Finanzierungsgesellschaft für Beteiligungen in Entwicklungsländern. Diese Aufzählung ist keinesfalls abschließend, sondern den zuständigen Behörden der Vertragsstaaten[579] bleibt es unbenommen, weitere Finanzinstitute in gegenseitigem Einvernehmen zu benennen, Art. 11 Abs. 3 Buchst. b) 2. Halbsatz RevDBA.

Die Befreiung von der koreanischen Quellenbesteuerung gilt zudem für Zinsen, die für ein durch HERMES-Deckung verbürgtes Darlehen gezahlt werden, Art. 11 Abs. 3 Buchst. b) a.E. RevDBA. Die Vereinbarung dieser Quellensteuerbefreiung folgt dem wirtschaftspolitischen Zweck, die staatliche Entwicklungshilfe zwischen Deutschland und Korea zu fördern[580]. Damit entspricht das Revisionsabkommen vom 10. März 2000 an dieser Stelle der DBA-Vertragspolitik, die Deutschland gegenwärtig im Verhältnis zu Entwicklungsländern verfolgt[581].

---

578 Der entsprechende Wortlaut lautet: „Ungeachtet des Absatzes 2 (...)".

579 Nach Art. 3 Abs. 1 Buchst. i) RevDBA. Vgl. oben Kapitel 2, A II.

580 Vgl. auch *Wolff* in: Debatin/Wassermeyer, DBA, Bd. III, Länderteil Korea, Art. 11, Rdnr. 25.

581 Siehe dazu die Abkommensübersicht bei *Vogel*, DBA, Art. 11, Rdnr. 48.

b) Zinszahlungen auf Kreditverkäufe

Art. 11 Abs. 4 RevDBA befreit darüber hinaus die Zinszahlungen von der Besteuerung im Quellenstaat, die auf Kredite gezahlt werden, die im Zusammenhang mit dem Verkauf von gewerblicher, kaufmännischer oder wissenschaftlicher Ausrüstung, Art. 11 Abs. 4 Buchst. a) RevDBA, oder mit dem Verkauf von Waren durch ein Unternehmen an ein anderes stehen, Art. 11 Abs. 4 Buchst. b) RevDBA. Das Revisionsabkommen vom 10. März 2000 nimmt mit dieser Regelung Bezug auf die internationalen Kreditverkäufe, deren Charakteristikum in der Verbindung von Kredit und Verkauf zu sehen ist, bei denen mithin die Kredite zur Finanzierung der Ausrüstung bzw. der Waren gewährt werden[582]. Insoweit stellen sich die hierauf zu zahlenden Zinsen eher als Teil des Verkaufspreises denn als Ertrag aus Kapitalanlagen dar, wobei es nicht von Bedeutung ist, ob die Zinsen offen ausgewiesen und als Aufschlag vereinbart sind oder ob sie von vorneherein in die Ratenzahlungen einbezogen werden[583]. Hierbei ergibt sich das Problem, daß sich in der Praxis die Lieferanten in Fällen der Kreditverkäufe bei Anlagegütern und anderen gewerblichen Kreditverkäufen oftmals refinanzieren, das heißt diese nehmen zur Finanzierung der Transaktion, aus welcher sie die Zinsen beziehen, selbst Geld auf. Infolge der Refinanzierungskosten sind die Gewinnmargen der Lieferanten, gemessen am Bruttobetrag der Zinsen, vielfach nur sehr gering; ist der Zinsaufwand gleich dem Zinsertrag, entsteht überhaupt kein Gewinn[584]. Folglich kann die im Quellenstaat erhobene Steuer im Sitzstaat des Lieferanten nur teilweise - oder mitunter überhaupt nicht - nach Art. 23 Abs. 1 Buchst. b) RevDBA[585] bzw. Art. 23 Abs. 2 RevDBA[586] angerechnet werden, woraus sich für den Lieferanten eine fiskalische Mehrbelastung und in diesem Ausmaß eine Überbesteuerung ergibt[587].

---

582 Vgl. auch *Siegers* in: Debatin/Wassermeyer, Bd. II, Länderteil Estland, Art. 11, Rdnr. 19 zur vergleichbaren Regelung des Art. 11 Abs. 3 DBA-Estland.

583 Vgl. auch OECD-MK zum OECD-MA, Art. 11, Nr. 16, abgedruckt in *Vogel*, DBA, Art. 11, Rdnr. 32.

584 Oftmals überwälzen die Lieferanten auf die Kunden ohne jeden Aufschlag nur den Betrag, den die Lieferanten selbst an eine Bank oder ein Exportfinanzierungsinstitut zu zahlen haben, um die Mittel der Kreditfinanzierung zu erhalten, vgl. OECD-MK zum OECD-MA, Art. 11, Nr. 14, abgedruckt in *Vogel*, DBA, Art. 11, Rdnr. 30.

585 Für Deutschland als Wohnsitzstaat; weitere Ausführungen hierzu erfolgen später.

586 Für Korea als Wohnsitzstaat.

587 Überbesteuerung wegen Bruttobesteuerung, vgl. auch OECD-MK zum OECD-MA, Art. 11, Nr. 13, abgedruckt in *Vogel*, DBA, Art. 11, Rdnr. 29; *Kluge*, Internationales Steuerrecht, Rdnr. S 210.

Das Revisionsabkommen vermeidet derartige Überbesteuerungen, indem es in Art. 11 Abs. 4 RevDBA die Zinszahlungen auf die vorgenannten Kreditverkäufe von der Besteuerung im Quellenstaat befreit und hierdurch den Besonderheiten der internationalen Kreditverkäufe Rechnung trägt.

Zu berücksichtigen ist, daß Art. 11 Abs. 4 RevDBA in seinem Wortlaut dem Wohnsitzstaat die ausschließliche Besteuerungskompetenz zuweist[588]. Diese in der Systematik der Verteilungsnormen als Systembruch anzusehende Formulierung bringt indessen nichts anderes als die Befreiung von der Besteuerung im Quellenstaat zum Ausdruck. Aufgrund der abschließenden Regelung der Rechtsfolge ist Art. 11 Abs. 4 RevDBA als vollständige Verteilungsnorm anzusehen, welche dem Wohnsitzstaat des nutzungsberechtigten Zinsempfängers die ausschließliche Besteuerung der Zinszahlungen vorbehält.

4. Betriebsstättenvorbehalt

In Art. 11 Abs. 6 RevDBA findet sich der bereits im Rahmen der Dividendenbesteuerung erörterte Betriebsstättenvorbehalt[589]. Dieser bezieht sich nicht nur auf die Zinsbesteuerung nach Art. 11 Abs. 1 und 2 RevDBA, sondern bezieht die Quellensteuerbefreiung nach Art. 11 Abs. 4 RevDBA mit ein, Art. 11 Abs. 6 Satz 1 RevDBA. Demnach tritt die Besteuerung nach Art. 11 Abs. 1 und 2 RevDBA wie auch die Steuerbefreiung nach Art. 11 Abs. 4 RevDBA gegenüber der Unternehmensbesteuerung nach dem Betriebsstättenprinzip zurück, soweit der nutzungsberechtigte Zinsempfänger eine Betriebsstätte[590] bzw. eine feste Einrichtung[591] im Quellenstaat unterhält und zu dieser die Kapitalforderung, welche den Zinseinkünften zugrunde liegt, tatsächlich gehört, Art. 11 Abs. 7 Satz 1 RevDBA. Voraussetzung ist damit, daß die Kapitalforderung Teil des Vermögens der Betriebsstätte darstellt oder der Betriebsstätte in dem Sinne dient, daß zwischen beiden ein funktionaler Zusammenhang besteht, sprich die Zinseinkünfte sich bei funktionaler Betrachtungsweise als Nebenerträge der ak-

588 Der entsprechende Wortlaut des Art. 11 Abs. 4 RevDBA lautet: „Ungeachtet des Absatzes 2 können Zinsen im Sinne des Absatzes 1 nur in dem Vertragsstaat besteuert werden, in dem der Empfänger ansässig ist (...)".

589 Vgl. oben Kapitel 3, D II 4.

590 Im Sinne von Art. 5 RevDBA.

591 Im Sinne von Art. 14 RevDBA.

tiven Betriebsstättentätigkeit erweisen[592]. Ist ein solcher funktionaler Zusammenhang zu bejahen, unterliegen die Zinseinkünfte auf Ebene der Betriebsstätte als Teil des Betriebsstättengewinnes der uneingeschränkten Besteuerung durch den Quellenstaat, Art. 7 RevDBA. Hierdurch erhält der Quellenstaat die Möglichkeit, von der Bruttobesteuerung der Zinsen, die von einem festen Höchststeuersatz bei der Quellenbesteuerung geprägt ist, zur Nettobesteuerung der Unternehmensgewinne zu wechseln[593].

F. Besteuerung von Lizenzgebühren einschließlich der Vergütungen für Know-how

Die Besteuerung von Lizenzgebühren bestimmt sich nach Art. 12 RevDBA. Wie in den Fällen der Dividendenbesteuerung nach Art. 10 RevDBA und der Zinsbesteuerung nach Art. 11 RevDBA sieht das Revisionsabkommen vom 10. März 2000 für die Besteuerung der Lizenzgebühren eine Steueraufteilung zwischen Wohnsitz- und Quellenstaat vor, um den gegensätzlichen Interessen der beiden Vertragsstaaten als kapitalexportierende bzw. -importierende Länder Rechnung zu tragen[594]. Darüber hinaus findet sich in Art. 12 Abs. 3 RevDBA eine autonome Definition der Lizenzgebühren, die aufgrund ihrer Vereinbarung auf Abkommensebene Verbindlichkeit für beide Vertragsstaaten entfaltet, in ihrem Zweck aber auf die Abkommensanwendung beschränkt bleibt. Art. 12 Abs. 3 RevDBA beinhaltet keinen Verweis auf das innerstaatliche Steuerrecht des Quellenstaates mit der Folge, daß ein Rückgriff auf das innerstaatliche Steuerrecht regelmäßig nicht in Betracht kommt[595].

---

592 Vgl. auch OECD-MK zum OECD-MA, Art. 11, Nr. 24, abgedruckt in *Vogel*, DBA, Art. 12, Rdnr. 74; *Frotscher*, Internationales Steuerrecht, § 13, Rdnr. 41; *Kluge*, Internationales Steuerrecht, Rdnr. S 221; *Schaumburg*, Internationales Steuerrecht, § 16, Rdnr. 16.359; *Vogel*, DBA, Art. 11, Rdnr. 7 a; *Wassermeyer* in: Debatin/Wassermeyer, DBA, Bd. I, MA Art. 11, Rdnr. 101.

593 Vgl. oben Kapitel 3, D II 4.

594 Vgl. oben Kapitel 3, D II.

595 Vgl. auch *Kluge*, Internationales Steuerrecht, Rdnr. S 231; *Schaumburg*, Internationales Steuerrecht, § 16, Rdnr. 16.374; *Vogel*, DBA, Art. 12, Rdnr. 38; *Wassermeyer* in: Debatin/Wassermeyer, DBA, Bd. I, MA Art. 12, Rdnr. 55.

I. Lizenzgebühren im Sinne des Revisionsabkommens

Bei den Lizenzgebühren handelt es sich grundsätzlich um Vergütungen jeder Art, die als wirtschaftliche Gegenleistungen für die zeitlich begrenzte Nutzungsüberlassung („*Benutzung*“ oder „*Recht auf Benutzung*“) bestimmter Rechte oder Vermögenswerte (Lizenzgegenstände) gezahlt werden[596]. Für den Begriff der Lizenzgebühren im Sinne des Revisionsabkommens ist somit entscheidend auf die in Art. 12 Abs. 3 RevDBA genannten Lizenzgegenstände abzustellen, da deren Nutzungsüberlassung – als Teilrechtsabspaltung abzugrenzen von der Vollrechtsübertragung, sprich Veräußerung[597] - regelmäßig geeignet ist, Lizenzgebühren im abkommensrechtlichen Sinne auszulösen. Diese bilden den Kern der Definition[598]. Eine Begrenzung erfährt der abkommensrechtliche Lizenzgebührenbegriff insbesondere nicht durch das Merkmal der „*Vergütung*“. Denn das vorgenannte Definitionsmerkmal „*Vergütung jeder Art*“ dient lediglich einer Klarstellung dahingehend, daß die Lizenzgebühren im Sinne des Revisionsabkommens jede geldwerte Leistung umfassen, die als Gegenleistung für die Nutzungsüberlassung gezahlt werden[599].

Die Lizenzgebühren können sich aus verschiedenen Komponenten zusammensetzen, die alternativ oder kumulativ vereinbart werden können[600]. Häufig entrichtet der Lizenznehmer an den Lizenzgeber eine einmalige pauschale Zahlung[601]. Diese Pauschale dient gewöhnlich der Risikobegrenzung für den Lizenzgeber und der Finanzierung seiner mit dem Vertragsabschluß unmittelbar zusammenhängenden Kosten. Indes ist auch denkbar, daß der Lizenznehmer über die Dauer der Lizenzbeziehung hinweg periodische Zahlungen leistet, die

---

596 Vgl. auch OECD-MK zum OECD-MA, Art. 12, Nr. 8, abgedruckt in *Vogel*, DBA, Art. 12, Rdnr. 29; *Frotscher*, Internationales Steuerrecht, § 13, Rdnr. 43; *Kluge*, Internationales Steuerrecht, Rdnr. S 234; *Schaumburg*, Internationales Steuerrecht, § 16, Rdnr. 16.374; *Vogel*, DBA, Art. 12, Rdnr. 39.

597 Vgl. auch *Kluge*, Internationales Steuerrecht, Rdnr. S 234.

598 Vgl. auch *Gerd Morgenthaler*, Die Lizenzgebühren im System des internationalen Einkommensteuerrechts, Heidelberg 1992, S. 22; *Vogel*, DBA, Art. 12, Rdnr. 40.

599 Vgl. auch *Frotscher*, Internationales Steuerrecht, § 13, Rdnr. 43; *Kluge*, Internationales Steuerecht, Rdnr. S 236; *Morgenthaler*, Lizenzgebühren im System des internationalen Einkommensteuerrechts, S. 25; *Schaumburg*, Internationales Steuerrecht, § 16, Rdnr. 16.374; *Wassermeyer* in: Debatin/Wassermeyer, DBA, Bd. I, MA Art. 12, Rdnr. 57.

600 Einen Überblick über die grundsätzlich möglichen Arten der Lizenzgebühren geben *Ralph Berndt/Matthias Sander*, Betriebswirtschaftliche, rechtliche und politische Probleme der Internationalisierung durch Lizenzerteilung, in: Handbuch Internationales Management, hrsg. v. Klaus Macharzina, Michael-Jörg Oesterle, 2. Auflage 2002, Wiesbaden, S. 602 – 624 (610).

601 Sog. „Pauschallizenz“.

im allgemeinen als bestimmter Prozentsatz auf eine vertraglich festgesetzte Bemessungsgrundlage berechnet werden[602]. Als Basis können Verkaufserlöse, Stückzahlen oder der Gewinn des Lizenznehmers dienen. Außerdem kann der Lizenznehmer dem Lizenzgeber eine Reihe anderer geldwerter Vorteile gewähren, von denen verdeckte Zahlungen im Preis für Güter, die vom Geber geliefert werden und deren Abnahme der Nehmer in sogenannten „tie in"-Klauseln zugesagt hat, und Vorteile aus „grant backs", zu denen sich der Nehmer im Lizenzvertrag verpflichtet hat, am häufigsten sind[603]. Während es sich bei erstgenannten Klauseln um Koppelungsklauseln für intermediäre Güter, Maschinen und Ausrüstungen handelt, stellen sich letztere als Bestimmungen dar, nach denen der Lizenznehmer alle Weiterentwicklungen der ihm überlassenen Technologie mit dem Lizenzgeber zu teilen hat, und zwar in der Regel kostenlos[604]. Üblich ist auch die Vergütung durch „Technologieaustausch", bei dem der Lizenznehmer dem Geber eigene Lizenzen zur Nutzung überläßt, oder durch die Gewährung von Beteiligungsrechten am Unternehmen des Lizenznehmers[605].

Ein bestimmter Maßstab hinsichtlich der Art der Vergütung besteht folglich nicht, und obschon Lizenzgebühren stets als wirtschaftliche Gegenleistungen anzusehen sind, bedarf es keines zivilrechtlichen synallagmatischen Verhältnisses von Leistung und Gegenleistung[606]. Der Lizenzgebührenbegriff im Sinne des Revisionsabkommens vom 10. März 2000 umfaßt daher auch die Entschädigungen, die eine Person für die unerlaubte Nachahmung oder die Verletzung eines der in Art. 12 Abs. 3 RevDBA genannten Wirtschaftsgüter zu leisten hat[607] sowie jeden Ersatz wegen ungerechtfertigter Bereicherung[608]. Im Anschluß erfolgt nun eine ausführliche Analyse der in Art. 12 Abs. 3 RevDBA genannten Lizenzgegenstände.

---

602 Sog. „laufende" Lizenzgebühren

603 Dazu auch *Gerhard Dauner*, Grundsätze der internationalen Besteuerung von Lizenzeinkünften, München 1984, S. 24 f.

604 Vgl. auch *Dauner*, Besteuerung von Lizenzeinkünften, S. 22.

605 Sog. „cross licensing".

606 Vgl. auch *Vogel*, DBA, Art. 12, Rdnr. 41.

607 Vgl. auch OECD-MK zum OECD-MA, Art. 12, Nr. 8, abgedruckt in *Vogel*, DBA, Art. 12, Rdnr. 29; *Kluge*, Internationales Steuerrecht, Rdnr. S 236; *Morgenthaler*, Lizenzgebühren im System des internationalen Einkommensteuerrechts, S. 26; *Schaumburg*, Internationales Steuerrecht, § 16, Rdnr. 16.374; *Vogel*, DBA, Art. 12, Rdnr. 42.

608 Vgl. auch *Vogel*, DBA, Art. 12, Rdnr. 42.

1. Urheberrechte, gewerbliche Schutzrechte

Art. 12 Abs. 3 RevDBA zählt zu den Lizenzgegenständen zunächst die Urheberrechte an literarischen, künstlerischen oder wissenschaftlichen Werken, einschließlich der kinematographischen Filme, und die – unter dem Oberbegriff „gewerbliche Schutzrechte" zu fassenden - Warenzeichen/Marken[609], Patente, Pläne, Muster und Modelle, Art. 12 Abs. 3 1. Gruppe RevDBA. Letztere dienen dem Schutz der geistigen Leistung auf gewerblichem Gebiet, worin sie sich deutlich von den Urheberrechten unterscheiden, deren Zweck in der Sicherstellung des Schutzes kultureller Geistesschöpfungen zu sehen ist[610].

2. Know-how

Darüber hinaus erfaßt das Revisionsabkommen vom 10. März 2000 die gewerblichen, kaufmännischen oder wissenschaftlichen Erfahrungen, das sogenannte Know-how im weiteren Sinne, Art. 12 Abs. 3 3. Gruppe RevDBA, und die als Know-how im engeren Sinne anzusehenden geheimen Formeln und Verfahren, Art. 12 Abs. 3 1. Gruppe a.E. RevDBA. Zu diesen gehören alle nicht zu Immaterialgütern erstarkten Betriebsgeheimnisse[611], während es sich bei dem Know-how im weiteren Sinne um nicht geschütztes Spezialwissen über technische, wissenschaftliche, kaufmännische, gewerbliche oder ähnliche Erfahrungen handelt, das durch praktische Erprobung gewonnen wird und Außenstehenden nicht allgemein zugänglich ist[612].

Die Überlassung von solchem Spezialwissen führt jedoch nur dann zur Entrichtung von Lizenzgebühren, wenn durch dessen Mitteilung der Empfänger in die Lage versetzt wird, mit Hilfe des ihm vermittelten Know-hows die anstehenden technischen, wirtschaftlichen oder ähnlichen Fragen eigenständig zu beant-

---

609 In Deutschland ist zum 1. Januar 1995 das sog. Warenzeichengesetz durch das sog. Markengesetz vom 25. Oktober 1994, BGBl. I 1994, S. 3082, ersetzt worden. An die Stelle des früheren Warenzeichens ist somit der Markenname oder das Markenzeichen getreten, dazu auch *Wassermeyer* in: Debatin/Wassermeyer, DBA, Bd. I, MA Art. 12, Rdnr. 68.

610 Vgl. auch *Morgenthaler*, Lizenzgebühren im System des internationalen Einkommensteuerrechts, S. 22 f.

611 Vgl. auch *Wassermeyer* in: Debatin/Wassermeyer, DBA, Bd. I, MA Art. 12, Rdnr. 77 f.

612 Vgl. auch OECD-MK zum OECD-MA, Art. 12, Nr. 11, abgedruckt in *Vogel*, DBA, Art. 12, Rdnr. 33; *Kluge*, Internationales Steuerrecht, Rdnr. S 235; *Wassermeyer* in: Debatin/Wassermeyer, DBA, Bd. I, MA Art. 12, Rdnr. 81.

worten[613]. Keinesfalls ausreichend ist die Mitteilung von Erfahrungen, welche durch Ausübung beispielsweise eines typischen Beratungsberufes übertragen werden; in diesen Fällen teilt der Berater kein besonderes Erfahrungswissen mit, sondern verwendet lediglich sein eigenes Wissen[614]. Die hierfür erlangten Vergütungen sind folglich nicht als Lizenzgebühren anzusehen, sondern als Dienstleistungshonorare, deren Besteuerung sich konsequenterweise nach Art. 7 RevDBA bzw. Art. 14 RevDBA bestimmt, nicht aber nach Art. 12 RevDBA[615]. Art. 7 RevDBA gelangt insoweit zur Anwendung, als die erbrachten Serviceleistungen gemäß Art. 5 RevDBA betriebsstättenbegründend wirken[616], während Art. 14 RevDBA zur Anwendung gelangt, soweit anläßlich der Tätigkeitsausübung im anderen Vertragsstaat eine dort gelegene feste Einrichtung[617] zur Verfügung steht[618].

In der Praxis wird die Vermittlung von Spezialwissen oftmals als zusätzliche Serviceleistung im Rahmen von Großprojekten - beispielsweise in Form von technischen oder kaufmännischen Dienstleistungen zur Unterstützung im Anlagen-, Bau- oder Montagebereich - erbracht, da solche Projekte ohne umfassende Beratungsleistungen selten ökonomisch effizient realisiert werden können. Vereinzelt hat sich die deutsche Abkommenspraxis daher für die ausdrückliche Aufnahme der Honorare für kaufmännische und technische Dienstleistungen u.ä. in den abkommensrechtlichen Lizenzgebührenbegriff entschieden[619]. Das Revisionsabkommen vom 10. März 2000 hat diesbezüglich jedoch keine Regelung getroffen, so daß sich an dieser Stelle die Frage nach der steuerlichen Behandlung der für die Serviceleistungen erlangten Vergütungen stellt. Hierfür ist auf die Bedeutung der im Rahmen des gemischten Vertrages erbrachten Einzeltätigkeiten im Verhältnis zur Gesamtleistung abzustellen. Handelt es sich bei den Serviceleistungen um Nebenleistungen, die im Verhältnis zur Hauptleistung, mithin zur Nutzungsüberlassung sprich Lizenzvergabe, eine nur untergeordnete

613 Vgl. *Robert Amann*, Dienstleistungen im internationalen Steuerrecht, München 1998, S. 145.

614 Vgl. auch OECD-MK zum OECD-MA, Art. 12, Nr. 11, abgedruckt in *Vogel*, DBA, Art. 12, Rdnr. 33; *Kluge*, Internationales Steuerrecht, Rdnr. S 235; *Schaumburg*, Internationales Steuerrecht, § 16, Rdnr. 16.375; *Vogel*, DBA, Art. 12, Rdnr. 51; *Wassermeyer* in: Debatin/Wassermeyer, DBA, Bd. I, MA Art. 12, Rdnr. 81.

615 Vgl. auch OECD-MK zum OECD-MA, Art. 12, Nr. 11, abgedruckt in *Vogel*, DBA, Art. 12, Rdnr. 33; *Amann*, Dienstleistungen, S. 88; *Kluge*, Internationales Steuerrecht, Rdnr. S 235; *Schaumburg*, Internationales Steuerrecht, § 16, Rdnr. 16.375.

616 Vgl. oben Kapitel 3, B II 1.

617 Im Sinne von Art. 14 RevDBA.

618 Weitere Ausführungen hierzu erfolgen an späterer Stelle der Untersuchung.

619 Vgl. auch die Abkommensübersicht bei *Amann*, Dienstleistungen, S. 148.

Bedeutung besitzen – weil bloße Unterstützung -, orientiert sich die steuerliche Behandlung der Vergütungen an der Hauptleistung mit der Folge, daß Art. 12 RevDBA zur Anwendung gelangt[620]. Ist den Serviceleistungen indes eine eigenständige und keine bloß untergeordnete Bedeutung zuzuschreiben, folgt hieraus die Notwendigkeit, die Einkünfte aufzuteilen. Das heißt: Die Gesamtvergütung ist anstelle der Einheitsbeurteilung, in concreto der einheitlichen Beurteilung als Lizenzgebühr insgesamt, nach den einzelnen Tätigkeitsbereichen aufzugliedern und jeder Teilbetrag entsprechend seiner Art steuerlich zu behandeln[621]. Diese Abgrenzung gilt allerdings nur insoweit, als eindeutige vertragliche Regelungen nicht erfolgt sind. Lassen die Vertragsbestimmungen eine klare abkommensrechtliche Zuordnung der Einkünfte zu, dann erfolgt die Besteuerung der Einkünfte auf Ebene des Steuerabkommens entsprechend den vereinbarten Vertragsbestimmungen[622].

3. Filme, Bandaufnahmen für Rundfunk-, Fernsehsendungen, gewerbliche, kaufmännische, wissenschaftliche Ausrüstungen

Die vorgenannten Lizenzgegenstände der 1. und 3. Gruppe des Art. 12 Abs. 3 RevDBA stimmen mit den Empfehlungen des OECD-Musterabkommens überein. Über die Empfehlungen des OECD-Musterabkommens hinausgehend erfaßt das Revisionsabkommen vom 10. März 2000 als konkrete Lizenzgegenstände auch die Filme oder Bandaufnahmen für Rundfunk- und Fernsehsendungen sowie die gewerblichen, kaufmännischen oder wissenschaftlichen Ausrüstungen, Art. 12 Abs. 3 1. und 2. Gruppe RevDBA.

---

620 Vgl. auch OECD-MK zum OECD-MA, Art. 12, Nr. 11, abgedruckt in *Vogel*, DBA, Art. 12, Rdnr. 33; *Amann*, Dienstleistungen, S. 160; *Frank Dubberke*, Die steuerliche Behandlung von Engineering im Zusammenhang mit Großanlageprojekten im Ausland, IStR 1996, S. 662 – 664 (662); *Karl Sonntag*, Die Behandlung von „Engineering im Rahmen der Besteuerung internationaler Großanlagenprojekte", IStR 1996, S. 463 – 465 (464); *Wassermeyer* in: Debatin/Wassermeyer, DBA, Bd. I, MA Art. 12, Rdnr. 85.

621 Vgl. auch *Amann*, Dienstleistungen, S. 160; *Christian Joos*, Die Erbringung von technischen Dienstleistungen unter steuerlichen Gestaltungsüberlegungen, in: Handbuch der internationalen Steuerplanung, hrsg. v. Siegfried Grotherr, Herne, Berlin 2000, S. 481 – 512 (494).

622 Vgl. *Thomas Ebenroth, Moo Seok Ok, Thomas Auer, Matthias Borrmann*, Probleme des Technologietransfers von Deutschland nach Korea, RIW 1994, Beilage Heft 5, S. 2 – 12 (12).

Soweit im Fall der Ausrüstungen – wie regelmäßig - bewegliche Sachen betroffen sind, die für einen bestimmten Nutzungszweck besonders eingerichtet sind und vermietet, verpachtet oder verleast werden, betrifft die Nutzungsüberlassung der Ausrüstungen hauptsächlich das Mobilienleasing[623]. Hieraus folgt, daß das Revisionsabkommen vom 10. März 2000 Leasingraten abweichend vom OECD-Musterabkommen als Lizenzgebühren ansieht[624]. Dies gilt nicht uneingeschränkt, besonders nicht für bestimmte Formen der Nutzungsüberlassung von Schiffen, Flugzeugen und Containern. Denn die hieraus bezogenen Vergütungen unterliegen als Beförderungsgewinne der besonderen Unternehmensbesteuerung nach Art. 8 RevDBA[625].

4. Software

Schließlich erkennt Nr. 2 des Protokolls zum Revisionsabkommen vom 10. März 2000 (Prot. RevDBA), welches Bestandteil des Steuerabkommens ist[626], Software als Lizenzgegenstand an. Software ist jedes Programm oder die Folge von Programmen mit Befehlen für datenverarbeitende Anlagen, die für deren operationelle Prozesse selbst (Systemprogramme) oder für die Durchführung anderer Vorhaben (Anwendungsprogramme) betätigt werden[627]. Die für die Nutzungsüberlassung von Software entrichteten Vergütungen sind allerdings nur insoweit als abkommensrechtliche Lizenzgebühren anzuerkennen, als der Lizenznehmer zusätzlich zur Software deren Quellcode erhält, Nr. 2 Buchst. a) Prot. RevDBA, die Software für den spezifischen Bedarf eines bestimmten Endanwenders entwickelt oder angepaßt wurde, Nr. 2 Buchst. b) Prot. RevDBA, oder die Zahlungen für den Erwerb der Software sich nach deren Rentabilität oder Nutzung bemessen, Nr. 2 Buchst. c) Prot. RevDBA. Die besondere Vereinbarung ist auf die Auffassung der koreanischen Finanzverwaltung zurückzuführen, wonach auch im Fall der Übertragung von Software zum persönlichen oder

---

623 Vgl. auch *Wassermeyer* in: Debatin/Wassermeyer, DBA, Bd. I, MA Art. 12, Rdnr. 84.

624 Das OECD-Musterabkommen ordnet die Leasingraten den Unternehmensgewinnen im Sinne von Art. 7 OECD-MA zu, vgl. auch OECD-MK zum OECD-MA, Art. 12, Nr. 9, abgedruckt in *Vogel*, DBA, Art. 12, Rdnr. 30.

625 Vgl. oben Kapitel 3, C I.

626 Vgl. oben Teil 1, Kapitel 1, A.

627 Vgl. auch OECD-MK zum OECD-MA, Art. 12, Nr. 12.1, abgedruckt in: Debatin/Wassermeyer, DBA, Bd. I, MK Art. 12.

geschäftlichen Gebrauch spezielles Know-how vermittelt wird[628]. Folglich unterliegen die für die Übertragung der Software entrichteten Vergütungen als Lizenzgebühren im Sinne des Art. 12 Abs. 3 RevDBA der abkommensrechtlichen Besteuerung nach Art. 12 RevDBA.

II. Besteuerung im Quellenstaat

Wie eingangs bereits ausgeführt, sieht Art. 12 Abs. 1 RevDBA eine Steueraufteilung für die Lizenzgebühren vor, die aus einem Vertragsstaat stammen und an eine im anderen Vertragsstaat ansässige[629] Person[630] gezahlt werden. In Anlehnung an die Herkunftsbestimmung der Zinsen gelangt Art. 12 Abs. 5 RevDBA zur Anwendung. Daher ist in erster Linie danach zu fragen, ob der Schuldner der Lizenzgebühren, welcher auch der Vertragsstaat selbst, eines seiner Länder oder eine seiner Gebietskörperschaften sein kann, eine Betriebsstätte[631] oder feste Einrichtung[632] in einem Vertragsstaat unterhält und die Verpflichtung zur Zahlung der Lizenzgebühren für Zwecke der Betriebsstätte oder der festen Einrichtung eingegangen worden ist, Art. 12 Abs. 5 Satz 2 RevDBA. Bejahendenfalls stammen die Lizenzgebühren aus dem Vertragsstaat, in dem die Betriebsstätte bzw. die feste Einrichtung belegen ist. Verneinendenfalls ist darauf abzustellen, in welchem Vertragsstaat der Schuldner der Lizenzgebühren ansässig[633] ist, Art. 12 Abs. 5 Satz 1 RevDBA. Im Regelfall kann davon ausgegangen werden, daß als Quellenstaat der Vertragsstaat anzusehen ist, in welchem der Schuldner der Lizenzgebühren ansässig[634] ist[635].

Hinsichtlich der vereinbarten Besteuerung im Quellenstaat ist festzuhalten, daß diese von den Empfehlungen des OECD-Musterabkommens zur Besteuerung der Lizenzgebühren abweicht. Denn Art. 12 Abs. 1 OECD-MA sieht die ausschließliche Besteuerung der Lizenzgebühren im Wohnsitzstaat des Nut-

---

628 Siehe dazu die Bemerkung Koreas im OECD-MK, Art. 12, Nr. 30.1, abgedruckt in: Debatin/Wassermeyer, DBA, Bd. I, MK Art. 12.

629 Im Sinne von Art. 4 RevDBA. Siehe dazu die obigen Ausführungen unter Kapitel 2, A II.

630 Im Sinne von Art. 3 Abs. 1 Buchst. d) RevDBA. Siehe dazu die obigen Ausführungen unter Kapitel 2, A I.

631 Im Sinne von Art. 5 RevDA.

632 Im Sinne von Art. 14 RevDBA.

633 Im Sinne von Art. 4 RevDBA.

634 Im Sinne von Art. 4 RevDBA.

635 Vgl. oben Kapitel 3, E II.

zungsberechtigten vor und führt damit das Problem der Doppelbesteuerung bereits auf Ebene der Verteilungsnorm einer Lösung zu. Demgegenüber bedarf es im Geltungsbereich des Revisionsabkommens vom 10. März 2000 der weiteren Anwendung des Methodenartikels, da Art. 12 RevDBA mit der Zuweisung der Besteuerungskompetenz an den Quellenstaat eine bloß unvollständige Verteilungsnorm darstellt. Fraglich ist nun, worin diese von dem OECD-Musterabkommen abweichende Sonderregelung begründet liegt.

Zwar entspricht die Vereinbarung einer Quellenbesteuerung durchaus der deutschen Abkommenspraxis[636], aus Sicht Koreas als Quellenstaat ist aber anzumerken, daß die infolge von Nutzungsüberlassungen von Immaterialgüterrechten innerhalb Koreas erzielten Lizenzgebühren eine eigenständige Einkunftsart der beschränkten Körperschaftsteuerpflicht bilden. Überläßt ein deutsches Unternehmen daher Patente, Gebrauchsmuster, Geschmacksmuster etc. zur Nutzung und bezieht hierfür Lizenzgebühren innerhalb Koreas, ist im Ergebnis eine koreanische Einkunftsquelle anzunehmen, für welche das deutsche Unternehmen beschränkt (körperschaft-)steuerpflichtig ist, Art. 3 Abs. 1 Nr. 1, Abs. 3 CTA i.V.m. Art. 93 Nr. 9 CTA. Da bei Abschluß eines Steuerabkommens der Blick der Vertragsstaaten naturgemäß zunächst auf die eigenen Steuerrechtsordnungen gerichtet ist, kann davon ausgegangen werden, daß ein Verzicht der Vertragsstaaten ohne die Annahme von besonderen Gründen eher nicht in Betracht kommt[637]. Die Tatsache, daß das Revisionsabkommen vom 10. März 2000 abweichend vom OECD-Musterabkommen eine Quellenbesteuerung der Lizenzgebühren zuläßt, legt den Schluß nahe, daß die Vereinbarung dem wirtschaftspolitischen Interesse Koreas entspricht, an der koreanischen Besteuerung der an ausländische Empfänger gezahlten Lizenzgebühren nach Art. 3 Abs. 1 Nr. 1, Abs. 3 CTA i.V.m. Art. 93 Nr. 9 CTA festzuhalten. Aus der Sicht Koreas bestehen offensichtlich keine besonderen Gründe für einen Verzicht. Vielmehr scheint Korea daran interessiert, auf die Einnahmen aus dem Lizenzverkehr nicht verzichten zu wollen, da sich dieser aufgrund der Stellung Koreas als eines kapitalimportierenden Staates wohl eher einseitig denn als ausgewogen gestalten wird. Diese Feststellung findet m.E. ihre Bestätigung in der Normierung einer selbständigen Einkunftsart „Lizenzgebühren" nach Art. 93 Nr. 9 CTA, während die Lizenzgebühren nach der einkommensteuerrechtlichen Unterscheidung der Einkunftsarten insbesondere den sonstigen Einkünften nach Art. 21 ITA zuzuordnen sind. Im Ergebnis ist somit das koreanische Steuerrecht zur Begründung

---

636 Siehe dazu die Abkommensübersicht bei *Vogel*, DBA, Art. 12, Rdnr. 25.
637 Vgl. auch *Prang*, Vertragspolitik der Bundesrepublik Deutschland, S. 235 ff.

der vom OECD-Musterabkommen abweichenden Sonderregelung des Art. 12 Abs. 2 RevDBA heranzuziehen.

Dessen bedeutsamer Einfluß zeigt sich auch an der zusätzlichen Aufzählung der Lizenzgegenständen in Art. 12 Abs. 3 1. Gruppe und 2. Gruppe RevDBA[638]. Danach handelt es sich bei den Vergütungen für die Nutzungsüberlassung u.a. von Filmen und Bandaufnahmen für Rundfunk und Fernsehsendungen nach koreanischen Steuerrecht ebenso um Lizenzgebühren, Art. 93 Abs. 1 Nr. 9 Buchst. a) CTA, wie bei den Vergütungen für die Nutzungsüberlassung von gewerblicher, kaufmännischer oder wissenschaftlicher Ausrüstung u.ä., Art. 93 Abs. 1 Nr. 9 Buchst. c) CTA. Die Übernahme dieser Qualifikationen in den abkommensrechtlichen Begriff der Lizenzgebühren verdeutlicht die oben getroffene Feststellung, nämlich, daß der Vertragsstaat Korea an der Sicherstellung seiner koreanischen Besteuerung interessiert ist. Diese Intention hat in Form der vereinbarten Quellenbesteuerung Eingang in das Revisionsabkommen vom 10. März 2000 gefunden, welche der in Nr. 1 Prot. RevDBA vereinbarten Meistbegünstigung nicht entgegensteht[639].

1. Steuersätze

Aus der vereinbarten Steueraufteilung zwischen Wohnsitz- und Quellenstaat folgt, daß die Besteuerungskompetenz des Wohnsitzstaates grundsätzlich uneingeschränkt aufrechterhalten bleibt, Art. 12 Abs. 1 RevDBA, während die Besteuerungskompetenz des Quellenstaates der Höhe nach begrenzt wird, Art. 12 Abs. 2 RevDBA. Dieser ist lediglich dazu berechtigt, die Lizenzgebühren einer der Höhe nach begrenzten Steuer zu unterwerfen, wobei unterschiedliche Steuersätze in Abhängigkeit von den Lizenzgegenständen zur Anwendung gelangen. Im Fall der Nutzungsüberlassung gewerblicher, kaufmännischer oder wissenschaftlicher Ausrüstungen beläuft sich der Steuersatz auf 2 % vom Bruttobetrag der Lizenzgebühren, Art. 12 Abs. 2 Buchst. a) RevDBA, in allen anderen Fällen beträgt der Steuersatz 10 % vom Bruttobetrag der Lizenzgebühren, Art. 12 Abs. 2 Buchst.. b) RevDBA. Bei beiden Steuersätzen handelt es sich um Höchststeuersätze, so daß auf die bereits bei der Dividenden- und Zinsbesteuerung erfolgten Ausführungen verwiesen werden kann[640].

---

638 Vgl. oben Kapitel 3, F I 3.
639 Weitere Ausführungen hierzu finden sich an späterer Stelle der Untersuchung.
640 Vgl. oben Kapitel 3, D II.

Die Quellensteuerreduktion des Art. 12 Abs. 2 RevDBA setzt voraus, daß es sich bei der Person, welche die Lizenzgebühren erzielt, um einen im anderen Vertragsstaat ansässigen[641] Nutzungsberechtigten handelt. Unter dem Aspekt der Abwehr des Treaty-shopping folgt Art. 12 Abs. 2 RevDBA damit wiederum der abkommensrechtlichen Dividenden- und Zinsbesteuerung. Für die Person des Nutzungsberechtigten und dessen Ansässigkeit ist entscheidend auf diejenige Person abzustellen, welcher die den Lizenzgebühren zugrunde liegenden Rechte und Vermögenswerte im Zeitpunkt ihrer Entstehung zustehen. Unerheblich ist, wem die Lizenzgebühren tatsächlich zufließen bzw. wer zur Nutzung der Forderung auf diese berechtigt ist[642]. Besteht zwischen beiden eine Personendivergenz, kommt eine Quellensteuerreduktion grundsätzlich nicht in Betracht, es sei denn, die vom Schuldner erbrachten Lizenzzahlungen an den formalen Zahlungsempfänger sind gleichzeitig auch als Zahlung an den im anderen Vertragsstaat ansässigen Nutzungsberechtigten anzusehen[643].

2. Durchführung der Besteuerung in Korea

Überläßt ein deutsches Unternehmen Patente, Gebrauchsrechte, Geschmacksmuster, Marken, Know-how u.a. zur Nutzung und bezieht hierfür Lizenzgebühren[644] innerhalb Koreas, unterliegen die Vergütungen der begrenzten Quellenbesteuerung in Korea, Art. 12 Abs. 2 RevDBA. Hierbei gelangen in Abhängigkeit von den Lizenzgegenständen unterschiedliche Steuersätze – 2 % bzw. 10 % - zur Anwendung[645].

Grundsätzlich unterliegen die in Korea erzielten Lizenzgebühren ausländischer Körperschaften der beschränkten Steuerpflicht nach Art. 3 Abs. 1 Nr. 1, Abs. 3 CTA i.V.m. Art. 93 Nr. 9 CTA. Stehen diese Einkünfte in keinem wirtschaftlichen Zusammenhang mit einer in Korea gelegenen Betriebsstätte[646], erfolgt die Besteuerung regelmäßig im Wege des Quellensteuerabzuges und nicht durch Veranlagung[647], Art. 98 CTA. Die Lizenzgebühren sind somit getrennt

---

641 Im Sinne von Art. 4 RevDBA. Siehe dazu die unter Kapitel 2, A II erfolgten Ausführungen.
642 Vgl. auch *Wassermeyer* in: Debatin/Wassermeyer, DBA, Bd. I, MA Art. 12, Rdnr. 33.
643 Vgl. oben Kapitel 3, D II 2.
644 Im Sinne von Art. 12 Abs. 3 RevDBA.
645 Vgl. oben Kapitel 3, F II 1.
646 Im Sinne von Art. 94 CTA.
647 Vgl. oben Kapitel 3, B III 1 a).

von den übrigen Einkunftsarten und nicht in der Summe aller Einkünfte zu versteuern. Der (Quellen-)Steuersatz beträgt 25 %, Art. 98 Abs. 1 Nr. 3 CTA. Im Ergebnis zeigt sich die Schrankenwirkung des Revisionsabkommens vom 10. März 2000 effektiv in der Reduktion des koreanischen Quellensteuersatzes von 25 % auf 2 % bzw. 10 %. Um Wiederholungen zu vermeiden, ist auf die bei der Dividenden- und Zinsbesteuerung erfolgten Ausführungen zu verweisen. Dies gilt insbesondere für die Berechnung des steuerpflichtigen Einkommens, den Quellensteuerabzug durch den Zuwendenden und die notwendige Antragsstellung nach Art. 98-4 CTA etc.[648]

3. Betriebsstättenvorbehalt

In Art. 12 Abs. 4 RevDBA findet sich der bereits im Rahmen der Dividenden- und der Zinsbesteuerung erörterte Betriebsstättenvorbehalt[649]. Danach finden die Regelungen des Art. 12 Abs. 1 und 2 RevDBA keine Anwendung, wenn der nutzungsberechtigte Empfänger eine Betriebsstätte bzw. feste Einrichtung im Quellenstaat unterhält und zu dieser die Rechte oder die Vermögenswerte, für welche die Lizenzgebühren gezahlt werden, tatsächlich gehören, Art. 12 Abs. 4 Satz 1 RevDBA. In diesem Fall unterliegen die Lizenzgebühren als Teil des Betriebsstättengewinns auf Ebene der Betriebsstätte der Besteuerung nach Art. 7 RevDBA, und damit tritt an die Stelle der Bruttobesteuerung der Lizenzgebühren, die von festen Höchststeuersätzen geprägt ist, die Nettobesteuerung der Unternehmensgewinne[650], Art. 12 Abs. 4 Satz 2 RevDBA. Voraussetzung ist jedoch, daß die Rechte oder Vermögenswerte Teile des Betriebsstättenvermögens darstellen oder der Betriebsstätte in dem Sinne dienen, daß zwischen ihnen und der Betriebsstätte ein funktionaler Zusammenhang besteht[651]. Dies kann insoweit angenommen werden, wie sich bei funktionaler Betrachtungsweise die Lizenzgebühren als Nebenerträge der aktiven Betriebsstättentätigkeit darstellen[652].

---

648 Vgl. oben Kapitel 3, D II 3.

649 Vgl. oben Kapitel 3, D II 4.

650 Vgl. oben Kapitel 3, D II 4.

651 Vgl. OECD-MK zum OECD-MA, Art. 12, Nr. 20, abgedruckt in *Vogel*, DBA, Art. 12, Rdnr. 74; *Frotscher*, Internationales Steuerrecht, § 13, Rdnr. 43; *Kluge*, Internationales Steuerrecht, Rdnr. S 238; *Schaumburg*, Internationales Steuerrecht, § 16, Rdnr. 16.372; *Wassermeyer* in: Debatin/Wassermeyer, DBA, Bd. I, MA Art. 12, Rdnr. 102.

652 Vgl. auch *Vogel*, DBA, Vor Art. 10 - 12, Rdnr. 25 a.

III. Meistbegünstigungsklausel des Protokolls

Mit der in Art. 12 RevDBA vereinbarten Steueraufteilung wendet sich das Revisionsabkommen gegen die vom OECD-Musterabkommen von 1992 empfohlene ausschließliche Besteuerung im Wohnsitzstaat, mittels welcher ein steuerlicher Ausgleich für die der Lizenz vorangegangenen Entwicklungs- und Forschungskosten zu Gunsten dieses Staates gewährt werden soll[653].

Allerdings verschließt sich das Revisionsabkommen vom 10. März 2000 diesen Erwägungen nicht ganz und bestimmt diesbezüglich in Nr. 1 Prot. RevDBA, daß für den Fall, daß Korea zukünftig[654] mit einem anderen OECD-Mitgliedsstaat, nicht Deutschland, abkommensrechtlich die ausschließliche Besteuerung der Lizenzgebühren im Wohnsitzstaat vereinbart, die Besteuerung im Quellenstaat nach Art. 12 Abs. 2 RevDBA entfällt (Meistbegünstigung[655]). Anstelle einer Quellenbesteuerung erfolgt die Besteuerung der Lizenzgebühren im Sinne des Art. 12 Abs. 3 RevDBA nur in dem Vertragsstaat, in welchem der nutzungsberechtigte Empfänger ansässig[656] ist. Der Verzicht Koreas auf die abkommensrechtliche Quellenbesteuerung der Lizenzgebühren im Verhältnis zu anderen DBA-Vertragsstaaten soll sich folglich ohne weiteres[657] auch zu Gunsten Deutschlands auswirken, da kein Grund besteht, das DBA-Vertragsverhältnis zu Deutschland hinsichtlich der Annahme eines gleichwertigen Lizenzverkehrs anders bzw. nicht gleich zu behandeln. Unter den Voraussetzungen der Meistbegünstigungsklausel des Protokolls scheidet eine Quellenbesteuerung der Lizenzgebühren, die ein deutsches Unternehmen innerhalb Koreas bezieht, aus[658]. In diesen Fällen ist die Schrankenwirkung des Revisionsabkommens vom 10. März 2000 nicht bloß in der Reduktion des koreanischen Quellensteuersatzes zu sehen[659], sondern hierüber hinausgehend in der Aufhe-

---

653 Dazu auch *Vogel*, DBA, Art. 12, Rdnr. 7 b.

654 Das heißt nach Unterzeichnung des Revisionsabkommens.

655 Als Meistbegünstigung wird die Einräumung einer Position bezeichnet, die nicht weniger günstig sein darf als die beste Position, die in vergleichbarer Lage anderen Beteiligten eingeräumt ist. Insoweit bestimmt die Meistbegünstigungsklausel eines völkerrechtlichen Vertrages (auch most-favored nation-clause), daß sich die Vertragsstaaten gegenseitig jene Rechte einräumen, die sie einem dritten Staat zugestanden haben oder während der Geltungsdauer des Vertrages zugestehen werden, siehe dazu auch *Verdross/Simma*, Völkerrecht, S. 485.

656 Im Sinne von Art. 4 RevDBA. Siehe dazu die obigen Ausführungen unter Kapitel 2, A II.

657 Vgl. auch *Verdross/Simma*, Völkerrecht, S. 485.

658 Vgl. oben Kapitel 3, F II.

659 Vgl. oben Kapitel 3, F II 1.

bung des koreanischen Steueranspruches für die von ausländischen Körperschaften innerhalb Koreas bezogenen Lizenzgebühren nach Art. 3 Abs. 1 Nr. 1, Abs. 3 CTA i.V.m. Art. 93 Nr. 9 CTA[660].

G. Besteuerung von Einkünften und Vergütungen aus Arbeit

Das Revisionsabkommen vom 10. März 2000 differenziert hinsichtlich der Besteuerung von Einkünften und Vergütungen aus Arbeit zwischen *selbständig* und *unselbständig* verrichteter Arbeit. In Übereinstimmung mit dem OECD-Musterabkommen von 1992 weist das Revisionsabkommen vom 10. März 2000 in Art. 14 RevDBA die Besteuerung der Einkünfte aus selbständiger Arbeit in einer eigenständigen Verteilungsnorm aus, während hiervon getrennt die Regelung der Besteuerung der Vergütungen aus unselbständiger Arbeit in Art. 15 RevDBA erfolgt[661]. Beiden Verteilungsnormen ist gemeinsam, daß sie sich in ihrem persönlichen Anwendungsbereich ausschließlich auf natürliche Personen beziehen. Für Art. 14 RevDBA folgt dies aus dem eindeutigen Wortlaut des Art. 14 Abs. 1 Satz 1 RevDBA[662]; für Art. 15 RevDBA aus der eingeschränkten Auslegung des Personenbegriffs des Art. 15 RevDBA, weil nach dem innerstaatlichen Recht beider Vertragsstaaten nur natürliche Personen in der Lage sind, unselbständige Arbeit zu verrichten. Dementsprechend bedarf es der eingeschränkten abkommensrechtlichen Auslegung[663]. Das Revisionsabkommen vom 10. März 2000 stellt hierdurch ausdrücklich klar, daß es nicht-natürliche Personen, i.e. juristische Personen, insbesondere Kapitalgesellschaften, und sonstige Personenvereinigungen grundsätzlich als Personen ansieht, die zwar abkommens-

---

660 Vgl. oben Kapitel 3, F II 2.

661 Es sei an dieser Stelle der Hinweis erlaubt, daß Art. 14 OECD-MA am 29. April 2000 im Wege der Revision des OECD-Musterabkommens ersatzlos gestrichen und in die Bestimmung des Art. 7 OECD-MA überführt worden ist. Diese Änderung konnte bei Abschluß des Revisionsabkommens am 10. März 2000 noch nicht berücksichtigt werden, jedoch ergeben sich hieraus keine Besonderheiten in der Abkommensanwendung. Vielmehr bringt die Zusammenfassung beider Einkunftsarten nun auch formell zum Ausdruck, daß Art. 7 OECD-MA und Art. 14 OECD-MA weitgehend nach einheitlichen Grundsätzen zu behandeln sind. Daher bleibt abzuwarten, ob Deutschland zukünftig in seiner Abkommenspolitik dem neu gefaßten OECD-Musterabkommen folgen oder an der bisherigen und im Prinzip bewährten Praxis festhalten wird, vgl. *Wassermeyer* in: Debatin/Wassermeyer, DBA, Bd. I, MA Art. 14, Rdnr. 8.

662 Der entscheidende Wortlaut lautet: „Einkünfte, die eine in einem Vertragsstaat ansässige natürliche Person aus einem freien Beruf oder aus sonstiger selbständiger Tätigkeit bezieht (...)".

663 Vgl. auch *Wassermeyer* in: Debatin/Wassermeyer, DBA, Bd. I, MA Art. 15, Rdnr. 57.

rechtlich Arbeit erbringen lassen, keinesfalls aber selbst ausführen können. Sofern die nicht-natürlichen Personen Einkünfte aus Dienstleistungen bzw. entsprechenden Tätigkeiten erzielen, unterliegen diese als Unternehmensgewinne der Besteuerung nach Art. 7 RevDBA und nicht nach Art. 14 RevDBA[664]. Fraglich ist nun, unter welchen Voraussetzungen die von natürlichen Personen erbrachten Dienstleistungen oder Tätigkeiten als selbständige bzw. unselbständige Arbeit im Sinne des Revisionsabkommens vom 10. März 2000 zu qualifizieren sind.

I. Arbeit im Sinne des Revisionsabkommens

1. Definition der selbständigen Arbeit

Die selbständige Arbeit im Sinne des Art. 14 RevDBA umfaßt einerseits die freiberuflichen Tätigkeiten und andererseits die sonstigen selbständigen Tätigkeiten, Art. 14 Abs. 1 Satz 1 RevDBA, demzufolge der Ausdruck „*selbständige Arbeit*" auch als Oberbegriff angesehen werden kann[665]. Während die freiberuflichen Tätigkeiten anhand der in Art. 14 Abs. 2 RevDBA aufgezählten Berufe eine Teildefinition erfahren, das heißt die dort aufgeführten Katalogberufler (Ärzte, Zahnärzte, Rechtsanwälte, Ingenieure, Architekten, Buchsachverständige etc.) in jedem Fall selbständige Arbeit im abkommensrechtlichen Sinne ausüben[666], bleiben die „*sonstigen selbständigen Tätigkeiten*" abkommensrechtlich undefiniert. Deshalb kann, soweit sich aus dem Abkommenszusammenhang nicht ein anderes ergibt, für die Auslegung auf innerstaatliches Recht des Anwendestaates zurückgegriffen werden, Art. 3 Abs. 2 RevDBA[667].

Aus der Sicht Koreas als Anwendestaates ist daher auf Art. 19 ITA zurückzugreifen. Art. 19 Abs. 1 Nr. 13 bis 16 ITA regelt die selbständigen Tätigkeiten freiberuflicher Art[668], die allerdings nicht mit den persönlichen Dienstleistungen nach Art. 119 Nr. 6 ITA gleichgesetzt werden dürfen. Der Rückgriff auf das ko-

---

664 Vgl. auch *Vogel*, DBA, Art. 14, Rdnr. 41.

665 Vgl. auch *Maximilian Görl*, Die freien Berufe im Internationalen Steuerrecht der Bundesrepublik Deutschland, München 1983, S. 35.

666 Der Charakter der Teildefinition kommt in dem Wort „insbesondere" zum Ausdruck, siehe auch *Wassermeyer* in: Debatin/Wassermeyer, DBA, Bd. I, MA Vor Art. 6 – 22, Rdnr. 36.

667 Vgl. oben Kapitel 3, B I.

668 So die Lehrtätigkeiten, Tätigkeiten im Rahmen der Gesundheitsfürsorge, der öffentlichen Wohlfahrt etc.

reanische Steuerrecht zum Zwecke der abkommensrechtlichen Auslegung scheitert auch nicht daran, daß das koreanische Einkommensteuerrecht die Einkünfte aus selbständigen Tätigkeiten freiberuflicher Art innerstaatlich den Einkünften aus Gewerbebetrieb[669] zuordnet; diesbezüglich nimmt das koreanische Steuerrecht eine nur wenig differenzierte Einkünfteeinteilung vor[670]. Das Revisionsabkommen vom 10. März 2000 bezieht ausweislich seines Wortlautes die Einkünfte aus sonstigen selbständigen Tätigkeiten neben den Einkünften aus einem freien Beruf in den Anwendungsbereich des Art. 14 RevDBA ausdrücklich mit ein. Hierdurch vermeidet das Steuerabkommen auch die Entstehung von Qualifikationskonflikten, die anderenfalls im abkommensrechtlichen Verständigungsverfahren nach Art. 25 RevDBA zu lösen wären[671]. Denn der Qualifikation der Einkünfte aus freiberuflichen Tätigkeiten als Einkünfte aus Gewerbebetrieb durch Korea steht auf Seiten Deutschlands regelmäßig die Qualifikation der Einkünfte als Einkünfte aus selbständiger Arbeit nach § 18 EStG gegenüber[672].

2. Definition der unselbständigen Arbeit

Anders als im Fall der selbständigen Arbeit nach Art. 14 RevDBA, deren Definition insbesondere durch den Katalog des Art. 14 Abs. 2 RevDBA[673] erfolgt, enthält das Revisionsabkommen vom 10. März 2000 keine autonome Definition der unselbständigen Arbeit. Insoweit bedarf es des Rückgriffs auf das innerstaatliche Recht des Anwendestaates, sofern der Abkommenszusammenhang nicht ein anderes erfordert, Art. 3 Abs. 2 RevDBA[674].

Aus Sicht des Anwendestaates Korea ist mit unselbständiger Arbeit ein abhängiges Beschäftigungsverhältnis gemeint[675]. Entscheidend ist, daß der Arbeitnehmer seine gesamte Arbeitskraft einer anderen Person - dem Arbeitgeber - zur Verfügung stellt und bei Ausführung seiner Tätigkeit den Anordnungen und

---

669 Vgl. oben Kapitel 3, B I 2.

670 Art. 19 ITA ist allgemein mit der Überschrift „business income" versehen.

671 Vgl. auch OECD-MK zum OECD-MA, Art. 14, Nr. 2, abgedruckt in *Vogel*, DBA, Art. 14, Rdnr. 51; *Görl*, Freie Berufe, S. 36 f.

672 Vgl. auch *Görl*, Freie Berufe, S. 36 f.

673 Vgl. oben Kapitel 3, G I 1.

674 Vgl oben Kapitel 3, B I.

675 Vgl. auch *Wolff* in: Debatin/Wassermeyer, DBA, Bd. III, Länderteil Korea, Art. 14, Rdnr. 9.

Weisungen des Arbeitgebers zu folgen verpflichtet ist[676]. Übt eine natürliche Person[677] unselbständige Arbeit aus, ist jede hierfür erlangte Gegenleistung, ungeachtet ihrer Bezeichnung, Vergütung im Sinne des Art. 15 RevDBA. Daß Art. 15 RevDBA einen umfassenden sachlichen Anwendungsbereich bezweckt, belegt die beispielhafte, als nicht abschließend anzusehende Aufzählung der Löhne, Gehälter und ähnlicher Vergütungen in Art. 15 Abs. 1 Satz 1 RevDBA[678]. Dem Anwendungsbereich des Art. 15 RevDBA unterliegen daher nicht nur die – einmaligen oder laufenden – (Bar-)Zahlungen, sondern auch alle Sachbezüge und sonstigen geldwerten Vorteile. Ausreichend ist ein innerer Zusammenhang zwischen der erlangten Vergütung und der ausgeübten Tätigkeit, der grundsätzlich anzunehmen ist, wenn das Beschäftigungsverhältnis der jeweiligen Vergütung als Zahlungsgrund zugrunde liegt[679]. Unerheblich ist, in welcher Währung die Vergütung ausgezahlt wird[680]. Ebenso unerheblich ist, wann und wo die Vergütung dem Arbeitnehmer zufließt[681]. Einzig entscheidend ist, daß die gesamten Vergütungen für den Zeitraum der (Auslands-)Tätigkeit gezahlt werden, allerdings nicht notwendigerweise während desselben[682].

Es gilt zu beachten, daß Art. 15 RevDBA nicht zur Anwendung gelangt, wenn sich die unselbständige Arbeit als Tätigkeit eines Aufsichts- oder Verwaltungsrats[683] darstellt, im Rahmen des öffentlichen Dienstes[684] erfolgt oder die Vergütungen an Professoren, Lehrer oder Studenten[685] gezahlt bzw. als Ruhegehälter oder Renten[686] ausgezahlt werden. Die Verteilungsnormen der Art. 16, 18, 19 RevDBA und Art. 20 RevDBA sind insofern leges speciales gegenüber Art. 15 RevDBA mit der Folge, daß die Besteuerung nach Art. 15 RevDBA gegen-

---

676 Siehe dazu auch Art. 14 des Labor Standards Act (Act No. 5510 vom 20. Februar 1998): „Definition of Worker: The term „worker" in this Act means a person engaged in whatever occupation offering work to a business or workplace for the purpose of earning wages".

677 Zum eingeschränkten persönlichen Anwendungsbereich des Art. 15 RevDBA siehe oben Kapitel 3, G.

678 Vgl. OECD-MK zum OECD-MA, Art. 15, Nr. 2.1, abgedruckt in: Debatin/Wassermeyer, DBA, Bd. I, MK Art. 15.

679 Vgl. auch *Wassermeyer* in: Debatin/Wassermeyer, DBA, Bd. I, MA Art. 15, Rdnr. 54.

680 Vgl. auch *Vogel*, DBA, Art. 15, Rdnr. 14 b.

681 Vgl. auch *Wassermeyer* in: Debatin/Wassermeyer, DBA, Bd. I, MA Art. 15, Rdnr. 55.

682 Vgl. auch *Vogel*, DBA, Art. 15, Rdnr. 14; *Wassermeyer* in: Debatin/Wassermeyer, DBA, Bd. I, MA Art. 15, Rdnr. 55.

683 Im Sinne von Art. 16 RevDBA; weiteres hierzu bei der Analyse von Art. 16 RevDBA.

684 Im Sinne von Art. 19 RevDBA; weiteres hierzu bei der Analyse von Art. 19 RevDBA.

685 Im Sinne von Art. 20 RevDBA; weiteres hierzu bei der Analyse von Art. 20 RevDBA.

686 Im Sinne von Art. 18 RevDBA; weiteres hierzu bei der Analyse von Art. 18 RevDBA.

über einer Besteuerung nach Art. 16, 18, 19 RevDBA oder Art. 20 RevDBA zurücktritt, Art. 15 Abs. 1 Satz 1 RevDBA[687].

II. Besteuerung im Quellenstaat

1. Einkünfte aus selbständiger Arbeit

Art. 14 RevDBA weist zunächst dem Vertragsstaat, in welchem der Freiberufler oder der sonst selbständig Tätige ansässig[688] ist, die ausschließliche Besteuerungskompetenz an dessen Einkünften aus selbständiger Arbeit zu, und zwar grundsätzlich auch dann, wenn die Ausübung der Tätigkeit im anderen Vertragsstaat erfolgt ist, Art. 14 Abs. 1 Satz 1 1. Halbsatz RevDBA. Gleich der abkommensrechtlichen Besteuerung der Unternehmensgewinne soll die selbständige Arbeit erst dann von dem anderen Vertragsstaat zum Anknüpfungspunkt seiner Besteuerung gemacht werden, wenn diese zu einer intensiven geschäftlichen Bindung an den Quellenstaat geführt hat. Die Besteuerung im Quellenstaat kommt daher nur insoweit in Betracht, wie dem Freiberufler für die Ausübung seiner Tätigkeit gewöhnlich eine feste Einrichtung zur Verfügung steht, Art. 14 Abs. 1 Satz 1 2. Halbsatz RevDBA[689]. Hierbei erstreckt sich die Besteuerungskompetenz des Quellenstaates nur auf die Einkünfte, die der festen Einrichtung zugerechnet werden können, Art. 14 Abs. 1 Satz 2 RevDBA. Auch hierin folgt Art. 14 RevDBA der Besteuerung der Unternehmensgewinne nach Art. 7 RevDBA, so daß die zur Gewinnabgrenzung zwischen dem Stammhaus und Betriebsstätte ausgeführten Grundsätze (Dealing at arm's length)[690] gleichfalls Geltung für die Aufteilung der Einkünfte zwischen Wohnsitz- und Quellenstaat, in welchem die feste Einrichtung belegen ist, beanspruchen[691].

---

687 Der entscheidende Wortlaut lautet: Vorbehaltlich der Artikel 16, 18, 19 und 20 können Gehälter, Löhne und ähnliche Vergütungen (...)".

688 Im Sinne von Art. 4 RevDBA. Siehe dazu die obigen Ausführungen unter Kapitel 2, A II.

689 Vgl. auch *Frotscher*, Internationales Steuerrecht, § 5, Rdnr. 6; *Kluge*, Internationales Steuerrecht, Rdnr. S 270; *Roland Krüger*, Die feste Einrichtung bei der Ausübung der selbständigen Arbeit, IStR 1998, S. 104 – 109 (105); *Schaumburg*, Internationales Steuerrecht, § 16, Rdnr. 16.412; *Vogel*, DBA, Art. 14, Rdnr. 3; *Wassermeyer* in: Debatin/Wassermeyer, DBA, Bd. I, MA Art. 14, Rdnr. 67.

690 Vgl. oben Kapitel 3, B II 2 a.

691 Vgl. auch OECD-MK zum OECD-MA, Art. 14, Nr. 3, abgedruckt in *Vogel*, DBA, Art. 14, Rdnr. 3; *Görl*, Freie Berufe, S. 104 ff.

Der in Korea gelegenen festen Einrichtung sind somit nur die Gewinne zuzurechnen, die sie hätte erzielen können, wenn sie als ausländische feste Einrichtung des Freiberuflers mit seiner inländischen wie mit der festen Einrichtung eines Dritten in Beziehung gestanden hätte[692]. Darüber hinaus sind die für eine feste Einrichtung entstandenen Aufwendungen, einschließlich der Geschäftsführungskosten und der allgemeinen Kosten, bei der Ermittlung der einer festen Einrichtung zuzurechnenden Einkünfte in gleicher Weise zum Abzug zuzulassen wie derartige Aufwendungen, die für eine Betriebsstätte[693] entstanden sind[694]. Handelt es sich bei den vereinnahmten Einkünften um Dividenden, Zinsen oder Lizenzgebühren, erfolgt deren Besteuerung nach Art. 14 RevDBA unter der Voraussetzung, daß diese einer festen Einrichtung tatsächlich gehören (Betriebsstättenvorbehalt); anderenfalls tritt die Besteuerung nach Art. 14 RevDBA aufgrund des Vorranges der besonderen Verteilungsnormen (Grundsatz der Spezialität) gegenüber der Besteuerung nach Art. 10 oder 11 RevDBA bzw. Art. 12 RevDBA zurück[695].

Ob ein in Deutschland ansässiger[696] Freiberufler für die von ihm in Korea ausgeübte selbständige Arbeit mit der Festsetzung koreanischer Steuern rechnen muß oder nicht, hängt somit entscheidend davon ab, ob ihm für die Ausübung seiner Tätigkeit gewöhnlich eine feste Einrichtung zur Verfügung steht, Art. 14 Abs. 1 Satz 1 2. Halbsatz RevDBA.

a) *Feste Einrichtung nach Art. 14 RevDBA*

Das Revisionsabkommen vom 10. März 2000 enthält keine Definition der festen Einrichtung, und auch dem OECD-Musterkommentar ist eine entsprechende Begriffsbestimmung nicht zu entnehmen[697]. Der OECD-Fiskalausschuß hielt eine Definition für nicht erforderlich, da Art. 14 OECD-MA im wesentlichen auf

---

692 Vgl. auch *Görl*, Freie Berufe, S. 105.

693 Vgl. oben zur Aufwandszurechnung bei der Betriebsstätte Kapitel 3, B II 2.

694 Vgl. auch *Kluge*, Internationales Steuerrecht, Rdnr. S 272.

695 Gemäß Art. 10 Abs. 5 RevDBA für die Dividenden, Art. 11 Abs. 6 RevDBA für die Zinsen und Art. 12 Abs. 4 RevDBA für die Lizenzgebühren.

696 Im Sinne von Art. 4 RevDBA. Siehe dazu die obigen Ausführungen unter Kapitel 2, A II.

697 Statt dessen beschränkt sich der OECD-MK auf die beispielhafte Aufzählung von Einrichtungen, die als feste Einrichtungen angesehen werden können, z.B. die Praxisräume eines Arztes, das Büro eines Architekten, Rechtsanwalts etc. Dazu OECD-MK zum OECD-MA, Art. 14, Nr. 4, abgedruckt in *Vogel*, DBA, Art. 14, Rdnr. 4.

denselben Grundsätzen wie Art. 7 OECD-MA beruhe[698] und somit für die abkommensrechtliche Begriffsbestimmung der festen Einrichtung auf die abkommensrechtliche Definition der Betriebsstätte zurückgegriffen werden könne[699]. Im Hinblick hierauf kann in einer festen Einrichtung regelmäßig *„die Betriebsstätte des freien Berufes"* gesehen werden, so daß für die Begriffsbestimmung des Art. 14 RevDBA auf die zum Betriebsstättenbegriff des Art. 5 RevDBA erfolgten Ausführungen verwiesen werden kann[700]. Für die Annahme einer festen Einrichtung ist folglich entscheidend, daß es sich um eine Gesamtheit von Sachen handelt, die der freiberuflichen oder sonst selbständigen Tätigkeit dienen[701]. Diese müssen eine feste Beziehung zur Erdoberfläche aufweisen, ohne daß die Geschäftseinrichtung oder Anlage zu einem Bestandteil des Grundstücks werden muß[702]. Darüber hinaus muß die feste Geschäftseinrichtung in der Verfügungsgewalt des Freiberuflers stehen und zwar dergestalt, daß er über diese entweder rechtlich oder tatsächlich verfügen kann[703]. Ein wesentlicher Unterschied zur Betriebsstätte besteht darin, daß die feste Einrichtung nur gewöhnlich zur Verfügung stehen muß, Art. 14 Abs. 1 Satz 1 2. Halbsatz RevDBA. Eine regelmäßige Nutzung ist daher bereits ausreichend, es bedarf keiner dauerhaften[704]. Des weiteren ist der Bauausführungs- und Montagetatbestand[705] nicht auf die feste Einrichtung übertragbar, wie gleichfalls auch die Begründung einer festen Einrichtung durch einen Abschlußvertreter[706] nicht in Betracht kommt[707].

Das Revisionsabkommen vom 10. März 2000 gelangt zusätzlich zur Annahme einer festen Einrichtung im Sinne von Art. 14 RevDBA, wenn sich der

---

698 Aus diesem Grunde erfolgte auch die Zusammenlegung von Art. 14 OECD-MA und Art. 7 OECD-MA im OECD-Musterabkommen 2000, vgl. auch OECD-MK in OECD-MA, Art. 14, abgedruckt in: Debatin/Wassermeyer, DBA, Bd. I, MK Art. 14.

699 Vgl. auch OECD-MK zum OECD-MA, Art. 14, Nr. 4, abgedruckt in *Vogel*, DBA, Art. 14, Rdnr. 4; *Frotscher*, Internationales Steuerrecht, § 13, Rdnr. 16; *Kluge*, Internationales Steuerrecht, Rdnr. S 270; *Krüger*, Feste Einrichtung, IStR 1998, S. 105; *Schaumburg*, Internationales Steuerrecht, § 16, Rdnr. 16.416; *Vogel*, DBA, Art. 4, Rdnr. 22; *Wassermeyer* in: Debatin/Wassermeyer, DBA, Bd. I, MA Art. 14, Rdnr. 66.

700 Vgl. oben Kapitel 3, B II 1.

701 Vgl. auch *Görl*, Freie Berufe, S. 93; *Krüger*, Feste Einrichtung, IStR 1998, S. 105.

702 Vgl. auch *Görl*, Freie Berufe, S. 95; *Krüger*, Feste Einrichtung, IStR 1998, S. 105.

703 Vgl. auch *Görl*, Freie Berufe, S. 98; *Krüger*, Feste Einrichtung, IStR 1998, S. 106.

704 Vgl. auch *Görl*, Freie Berufe, S. 97; *Krüger*, Feste Einrichtung, IStR 1998, S. 109.

705 Im Sinne von Art. 5 Abs. 3 RevDBA.

706 Im Sinne von Art. 5 Abs. 5 RevDBA.

707 Vgl. auch OECD-MK zum OECD-MA, Art. 14, Nr. 4, abgedruckt in *Vogel*, DBA, Art. 14, Rdnr. 4; *Amann*, Dienstleistungen, S. 137 f.; *Görl*, Freie Berufe, S. 101.

Freiberufler im Rahmen seiner Tätigkeit für insgesamt 183 Tage[708] oder länger innerhalb eines Zeitraumes von zwölf Monaten - der während des betreffenden *Steuer*jahres beginnt oder endet - im Quellenstaat aufhält, Art. 14 Abs. 1 Satz 3 1. Halbsatz RevDBA. Anknüpfend an die tatsächliche Aufenthaltsdauer im anderen Vertragsstaat fingiert das Revisionsabkommen vom 10. März 2000 das Bestehen einer festen Einrichtung, die dem Freiberufler für gewöhnlich im Quellenstaat zur Verfügung steht, und geht in diesen Fällen überdies davon aus, daß die in dieser Zeit erzielten Einkünfte der festen Einrichtung auch zuzurechnen sind, Art. 14 Abs. 1 Satz 3 2. Halbsatz RevDBA. Hierdurch eröffnet das Revisionsabkommen vom 10. März 2000 dem Quellenstaat eine weitere Möglichkeit der (Quellen-)Besteuerung nach Art. 14 Abs. 1 Satz 1 2. Halbsatz RevDBA.

b) Durchführung der Besteuerung in Korea

Grundsätzlich unterliegen Non-Residents, die persönliche Dienstleistungen[709] in Korea erbringen und hierfür Vergütungen beziehen, der beschränkten (Einkommen-)Steuerpflicht nach Art. 1 Abs. 1 Nr. 2 ITA i.V.m. Art. 119 Nr. 6 ITA (Inlandsprinzip)[710]. Damit zeigt sich Schrankenwirkung des Revisionsabkommens vom 10. März 2000 im Fall der Besteuerung von Vergütungen eines Freiberuflers oder sonst selbständig Tätigen effektiv in der Anknüpfung der abkommensrechtlichen Quellenbesteuerung an das Vorhandensein einer im Quellenstaat gelegenen festen Einrichtung[711] bzw. an die tatsächliche Aufenthaltsdauer im Quel-

---

708 Zur Berechnung des Zeitraums, vgl. auch OECD-MK zum OECD-MA, Art. 15, Nr. 5, abgedruckt in *Vogel*, DBA, Art. 15, Rdnr. 4 b: Die Zählung erfolgt nach den Tagen physischer Anwesenheit.

709 Nach Art. 179 Abs. 5 Nr. 1 bis 4 PED-ITA. Hierunter fällt die Erbringung von Dienstleistungen der folgenden Personen: Rechtsanwälte, Wirtschaftsprüfer, Steuerberater, Architekten, Patentanwälte und anderer Beraterberufe, Nr. 1, Personen mit Expertenwissen und besonderen Fähigkeiten in Wissenschaft und Technologie, Management und anderen Bereichen, Nr. 2 u.a.

710 Wie oben bereits ausgeführt, stimmt der Katalog der Einkunftsarten der beschränkten Einkommensteuerpflicht, Art. 119 ITA, grundsätzlich mit dem Katalog der beschränkten Körperschaftsteuerpflicht nach Art. 93 CITA überein, so daß hinsichtlich der Aufteilung und Klassifizierung der Einkünfte auch auf diesen verwiesen werden kann, vgl. oben Kapitel 1, B IV. Dies gilt indes nicht für die Lohn- und Gehaltseinkünfte bzw. Ruhestandsbezüge für in Korea ausgeübte Tätigkeiten, Art. 119 Nr. 7 und 8 ITA, da diese Tätigkeiten wesensgemäß nur von natürlichen Personen ausgeübt werden können, nicht dagegen von Körperschaften.

711 Im Sinne von Art. 14 RevDBA.

lenstaat von insgesamt 183 Tagen oder länger, Art. 14 Abs. 1 Satz 2 und 3 RevDBA. Fehlt es an einer festen Einrichtung[712] im Quellenstaat oder beträgt die Aufenthaltsdauer dort weniger als 183 Tage, verbleibt die Besteuerungskompetenz ausschließlich beim Wohnsitzstaat des Freiberuflers und damit im vorliegenden Fall bei Deutschland, Art. 14 Abs. 1 Satz 1 1. Halbsatz RevDBA. Als Quellenstaat ist Korea verpflichtet, die für die auf dem eigenen Territorium ausgeübte selbständige Arbeit erzielten Einkünfte steuerfrei zu stellen. Im Ergebnis wird hierdurch der koreanische Steueranspruch nach Art. 1 Abs. 1 Nr. 2 ITA i.V.m. Art. 119 Nr. 6 ITA aufgehoben. Mit dieser abschließenden Besteuerung der Vergütungen des Freiberuflers in Deutschland erfährt das Problem der Doppelbesteuerung seiner Einkünfte bereits auf der Ebene der Verteilungsnorm seine Lösung.

Sind die Voraussetzungen einer abkommensrechtlichen Besteuerung im Quellenstaat Korea hingegen erfüllt, bestimmt sich die Durchführung der inländischen Besteuerung nach koreanischem Steuerrecht („Wie")[713]. Danach wird die Einkommensteuer auf die Einkünfte koreanischer Herkunft gemäß Art. 119 ITA eines Non-Residents, der weder über eine in Korea gelegene Betriebsstätte[714] noch über in Korea gelegenes Grundvermögen[715] verfügt, durch Abzug an der Quelle abgegolten, nicht dagegen im Wege der gesonderten Veranlagung, Art. 121 Abs. 4 ITA i.V.m. Art. 156 ITA. Diese sind somit getrennt nach Arten und nicht gemeinsam in ihrer Summe zu versteuern, Art. 121 Abs. 3 ITA[716]. Bemessungsgrundlage ist der jeweils volle (Brutto-)Betrag jeder Einnahmeart; der Quellensteuersatz im Fall der Einkünfte aus persönlichen Dienstleistungen beträgt 20 %, Art. 156 Abs. 1 Nr. 2 ITA. Hierzu kommt die als Zuschlag zur Einkommensteuer erhobene lokale Einwohnersteuer (Inhabitant Tax) in Höhe von 10 % auf die festgesetzte Einkommensteuerschuld hinzu. Diese unterliegt ausdrücklich dem sachlichen Geltungsbereich des Revisionsabkommens[717]. Dem die Vergütung Zuwendenden obliegt die Pflicht, bei Leistung an den Freiberufler den auf die Einkünfte zu erhebenden Steuerbetrag abzuziehen und fristgemäß

---

712 Im Sinne von Art. 14 RevDBA.

713 Vgl. oben Kapitel 3, B III.

714 Im Sinne von Art. 120 ITA.

715 Im Sinne von Art. 23 ITA.

716 Soweit der Non-Resident über Einkünfte aus einer inländischen Betriebsstätte im Sinne von Art. 120 ITA oder über Einkünfte aus in Korea gelegenem Grundvermögen verfügt, erfolgt die Besteuerung im Wege der Globalbesteuerung. Weitere Ausführungen hierzu erfolgen an späterer Stelle unter „Einkommensteuer für das globale Einkommen des Non-Residents".

717 Vgl. oben Kapitel 2, B.

an die zuständigen Finanzbehörden abzuführen, Art. 156 Abs. 1 ITA. Die Tilgung der Steuerschuld hat spätestens bis zum Zehnten des auf den Abzug folgenden Monats zu erfolgen, Art. 156 Abs. 1 ITA, anderenfalls der Zuwendende zur Zahlung einer Strafsteuer in Höhe von 10 % der Steuerschuld verpflichtet ist, Art. 158 Abs. 1 ITA.

2. Vergütungen aus unselbständiger Arbeit

Art. 15 RevDBA weist grundsätzlich dem Vertragsstaat, in welchem der Arbeitnehmer ansässig[718] ist, die ausschließliche Besteuerungskompetenz hinsichtlich der Vergütungen aus unselbständiger Arbeit zu (Wohnsitzprinzip), Art. 15 Abs. 1 Satz 1 RevDBA[719].

Die Besteuerung nach dem Wohnsitzprinzip findet ihre Ablösung durch eine Besteuerung nach dem Arbeitsortprinzip, wenn der Arbeitnehmer die unselbständige Arbeit im anderen Vertragsstaat ausübt[720] und sich im Quellenstaat an mehr als 183 Tagen[721] innerhalb eines Zeitraumes von zwölf Monaten - der während des betreffenden *Steuer*jahres beginnt oder endet - aufgehalten hat, Art. 15 Abs. 2 Buchst. a) RevDBA. Die Aufenthaltsdauer von 183 Tagen im anderen Vertragsstaat stellt somit die entscheidende Intensitätsgrenze dar, mittels welcher die für die Quellenbesteuerung der Arbeitseinkünfte erforderliche Verwurzelung mit dem Quellenstaat begründet wird[722]. Infolgedessen scheidet die Besteuerung im Quellenstaat aus, wenn die Beschäftigungsdauer dort zeitlich we-

---

718 Im Sinne von Art. 4 RevDBA: Siehe dazu die obigen Ausführungen unter Kapitel 2, A II.

719 Beachte: Der Normaufbau des Art. 15 Abs. 2 RevDBA ist insoweit mißglückt, als entgegen der allgemeinen Systematik der Verteilungsnormen das Wohnsitzprinzip anstelle des Arbeitsortprinzips in den Vordergrund gestellt wird. Art. 15 Abs. 2 RevDBA darf somit nicht so gelesen werden, als bedürfte es der kumulativen Erfüllung der genannten Voraussetzungen, um die Wohnsitzbesteuerung zu begründen, sondern Art. 15 Abs. 2 Buchst. a) bis c) RevDBA beschreibt die Merkmale, welche eine Anknüpfung an den Quellenstaat bewirken.

720 Zur Definition der Personalentsendung siehe auch *Christian Recknagel*, Zur Einkunftsabgrenzung zwischen international verbundenen Unternehmen in Fällen der Arbeitnehmerentsendung, Hamburg 2002, S. 5 ff.

721 Zur Berechnung des Zeitraums, vgl. auch OECD-MK zum OECD-MA, Art. 15, Nr. 5, abgedruckt in *Vogel*, DBA, Art. 15, Rdnr. 4 b: Die Zählung erfolgt nach den Tagen physischer Anwesenheit.

722 In Anlehnung an die Besteuerung der Unternehmensgewinne, siehe oben Kapitel 3, G II 1.

niger aufwendig ist[723]. Hieraus erklärt sich auch die zusätzliche Möglichkeit des Quellenstaates, die Einkünfte aus *selbständiger* Arbeit in den Fällen, in denen sich der Freiberufler oder sonst selbständig Tätige für insgesamt länger als 183 Tage im Quellenstaat aufhält, zu besteuern, Art. 14 Abs. 1 Satz 3 RevDBA[724]. Die Regelung des Art. 14 Abs. 1 Satz 3 1. Halbsatz RevDBA lehnt sich an die 183-Tage-Klausel des Art. 15 RevDBA wohl in der Annahme an, daß mit dem Überschreiten der Intensitätsgrenze die erforderliche Verwurzelung mit dem Quellenstaat gegeben ist.

Darüber hinaus kann der Quellenstaat Einkünfte aus unselbständiger Arbeit, die innerhalb seiner Grenzen ausgeübt wird und bei der der Arbeitnehmer sich nicht länger als 183 Tage aufhält – oder: ohne, daß es auf die Dauer seiner Anwesenheit ankommt - besteuern, wenn die Vergütung von einem Arbeitgeber oder für einen Arbeitgeber gezahlt wird, der im Quellenstaat ansässig[725] ist, Art. 15 Abs. 2 Buchst. b) RevDBA, oder wenn die Vergütung von einer Betriebsstätte[726] oder festen Einrichtung[727] des Arbeitgebers im Quellenstaat getragen wird, Art. 15 Abs. 2 Buchst. c) RevDBA. Die Besteuerung nach dem Arbeitsortprinzip in diesen Fällen rechtfertigt sich daraus, daß die für die Besteuerung im Quellenstaat erforderliche Verwurzelung gegeben ist, weil andere Umstände als die reine Beschäftigungsdauer zu einer besonderen Verknüpfung mit der Volkswirtschaft des Quellenstaates geführt haben, nämlich, weil die Vergütungen für die unselbständige Arbeit Betriebsausgaben im Quellenstaat sind[728].

a) Sonderfälle des Art. 15 RevDBA

Das Revisionsabkommen enthält in Art. 15 Abs. 3 RevDBA einen Sonderfall, nach welchem dem Quellenstaat die Besteuerungskompetenz für die Vergütungen von Arbeit im Rahmen der gewerbsmäßigen Arbeitnehmerüberlassung zukommt. Hintergrund dieser Regelung ist die Vermeidung von Steuerumgehun-

723 Vgl. auch *Kluge*, Internationales Steuerrecht, Rdnr. S 280.

724 Vgl. oben Kapitel 3, G II 1 a).

725 Im Sinne von Art. 4 RevDBA. Siehe dazu die obigen Ausführungen unter Kapitel 2, A II.

726 Im Sinne von Art. 5 RevDBA.

727 Im Sine von Art. 14 RevDBA.

728 Vgl. auch *Kluge*, Internationales Steuerrecht, Rdnr. S 280; *Schaumburg*, Internationales Steuerrecht, § 16, Rdnr. 16.438; *Vogel*, DBA, Art. 15, Rdnr. 30.

gen[729], da durch sie verhindert wird, daß die von einer ausländischen Zwischenperson angeworbenen ausländischen Arbeitnehmer, die im Quellenstaat von einem dort ansässigen[730] Arbeitgeber für einen Zeitraum oder mehrere Zeiträumen von weniger als 183 Tagen beschäftigt werden, die Steuerfreistellung im Quellenstaat nach Art. 15 Abs. 2 RevDBA in Anspruch nehmen können[731]. Eine Befreiung von der Quellenbesteuerung nach Art. 15 Abs. 2 RevDBA scheidet grundsätzlich aus. Die Arbeitsentgelte von Leiharbeitnehmern, die in Deutschland wohnhaft, sprich ansässig, sind und die ihre unselbständige Arbeit in Korea ausüben, unterliegen somit stets der Quellenbesteuerung in Korea, Art. 15 Abs. 3 RevDBA.

Darüber hinaus regelt das Revisionsabkommen vom 10. März 2000 in Art. 15 Abs. 4 RevDBA den Sonderfall der Vergütungen für die an Bord eines im internationalen Verkehr eingesetzten Seeschiffes oder Luftfahrzeuges ausgeübte unselbständige Arbeit. In Anlehnung an die ausschließliche Besteuerungskompetenz des Sitzstaates für die Beförderungsgewinne[732], weist Art. 15 Abs. 4 RevDBA dem Sitzstaat die Besteuerungskompetenz für die Arbeitsentgelte der Besatzungsmitglieder zu. Die Gründe, die in Art. 8 RevDBA zu einer Abkehr von der Besteuerung nach dem Betriebsstättenprinzip geführt haben[733], beanspruchen für die Arbeitsentgelte des Bordpersonals gleichfalls Geltung[734]. Insoweit ist Art. 15 Abs. 4 RevDBA lex specialis gegenüber Art. 15 Abs. 1 und 2 RevDBA[735]. Die Abweichung des Art. 15 Abs. 4 RevDBA von den Empfehlungen des Art. 15 Abs. 3 OECD-MA, der diesbezüglich auf den Vertragsstaat abstellt, in dem sich der Ort der tatsächlichen Geschäftsleitung des Unternehmens befindet[736], läßt sich folglich mit der beabsichtigten Gleichbehandlung der Beförderungsgewinne aus dem Betrieb von Seeschiffen und Luftfahrzeugen und

---

729 Der Begriff der Steuerumgehung bezeichnet - in Anlehnung an § 42 AO - den Mißbrauch wirtschaftlicher Gestaltungsmöglichkeiten durch den Steuerpflichtigen, das heißt der Steuerpflichtige wählt eine rechtliche Gestaltungsform, die den angestrebten wirtschaftlichen Zielen nicht angemessen ist, dazu auch *Vogel*, Internationales Steuerrecht, DStZ 1997, S. 274.

730 Im Sinne von Art. 4 RevDBA.

731 Vgl. auch OECD-MK zum OECD-MA, Art. 15, Nr. 8, abgedruckt in *Vogel*, DBA, Art. 15, Rdnr. 4 e.

732 Vgl. oben Kapitel 3, C II.

733 Vgl. oben Kapitel 3, C II.

734 Vgl. auch OECD-MK zum OECD-MA, Art. 15, Nr. 9, abgedruckt in *Vogel*, DBA, Art. 15, Rdnr. 59.

735 Vgl. auch *Vogel*, DBA, Art. 15, Rdnr. 8.

736 Vgl. oben Kapitel 3, C II.

der an Bord beschäftigten Besatzungsmitgliedern durch das Revisionsabkommen vom 10. März 2000 erklären.

b) Durchführung der Besteuerung in Korea

Grundsätzlich unterliegen Non-Residents[737] der beschränkten Einkommensteuerpflicht, wenn diese Vergütungen für die in Korea ausgeübte unselbständige Arbeit beziehen (Inlandsprinzip), Art. 1 Abs. 1 Nr. 2 ITA i.V.m. Art. 119 Nr. 7 ITA. Damit zeigt sich die Schrankenwirkung des Revisionsabkommens im Ergebnis in der Anknüpfung der abkommensrechtlichen (Quellen-)Besteuerung an die Tätigkeitsausübung im Quellenstaat für die Dauer von mindestens 183 Tagen, Art. 15 Abs. 2 Buchst. a) RevDBA, oder – ohne, daß es einer bestimmten Aufenthaltsdauer im Quellenstaat bedarf - in der Anknüpfung der abkommensrechtlichen (Quellen-)Besteuerung an die Zahlung der Vergütungen von einem oder für einen im Quellenstaat ansässigen[738] Arbeitgeber, Art. 15 Abs. 2 Buchst. b) RevDBA, oder durch die im Quellenstaat gelegene Betriebsstätte[739] oder feste Einrichtung[740] des Arbeitgebers, Art. 15 Abs. 2 Buchst. c) RevDBA.

Sind die abkommensrechtlichen Voraussetzungen der Quellenbesteuerung nicht gegeben, verbleibt die Besteuerungskompetenz ausschließlich beim Wohnsitzstaat des Arbeitnehmers und damit im vorliegenden Fall bei Deutschland, Art. 15 Abs. 1 Satz 1 2. Halbsatz RevDBA. Als Quellenstaat ist Korea verpflichtet, die für die auf dem eigenen Territorium ausgeübte unselbständige Arbeit erzielten Arbeitsentgelte steuerfrei zu stellen; die koreanische Besteuerung nach Art. 1 Abs. 1 Nr. 2 ITA i.V.m. Art. 119 Nr. 7 ITA wird somit effektiv aufgehoben. Mit dieser ausschließlichen und damit abschließenden Besteuerung der Vergütungen in Deutschland erfährt das Problem der Doppelbesteuerung bereits auf der Ebene der Verteilungsnorm seine Lösung.

---

[737] Welche Personen als Non-Residents in Korea anzusehen sind, wurde oben bereits unter Kapitel 1, A II ausführlich erörtert.

[738] Im Sinne von Art. 4 RevDBA. Siehe dazu die obigen Ausführungen unter Kapitel 2, A II.

[739] Im Sinne von Art. 5 RevDBA.

[740] Im Sinne von Art. 14 RevDBA.

aa) Einkommensteuer für das globale Einkommen des Non-Residents

Sind die Voraussetzungen einer abkommensrechtlichen Besteuerung im Quellenstaat Korea hingegen erfüllt, bestimmt sich die Durchführung der inländischen Besteuerung nach koreanischem Steuerrecht („Wie")[741]. Wie bei den Residents[742] erfolgt die Besteuerung der Non-Residents im Rahmen der Einkommensteuer nach dem System der Globalbesteuerung (global taxation) für das globale Einkommen[743] (global income) oder nach dem Schedulensystem (schedular taxation) für das nicht-globale Einkommen[744], Art. 121 Abs. 1 ITA. Grund für die verschiedenartige Einteilung der Einkünfte ist die Tatsache, daß die Bemessungsgrundlagen für die jeweiligen Einkunftsarten unterschiedlich ermittelt und diese darüber hinaus auch unterschiedlich besteuert werden[745]. Vergütungen, welche ein Non-Resident für die in Korea ausgeübte unselbständige Arbeit bezieht, sind dem globalen Einkommen nach Art. 4 Abs. 1 ITA zuzuordnen, so daß das System der Globalbesteuerung zur Anwendung gelangt, Art. 121 Abs. 2 ITA[746]. Bemessungsgrundlage ist regelmäßig der Gesamtbetrag der Einkünfte, wobei sich der Non-Resident grundsätzlich auf die Geltendmachung der in Art. 50 bis 51-2 ITA gewährten Freibeträge berufen kann. Dies gilt jedoch nur insoweit, wie die Freibeträge zu Gunsten der Person des Non-Residents gewährt werden, Art. 122 ITA. Dem Non-Resident ist es somit gestattet, insbesondere den Grundfreibetrag in Höhe von einer Mio. Won geltend zu machen, Art. 50 Abs. 1 Nr. 1 ITA, nicht aber die zu Gunsten von Ehegatten[747] oder Familienmitgliedern[748] gewährten Freibeträge.

---

741 Vgl. oben Kapitel 3, B III.

742 Welche Personen als Residents anzusehen sind, ist oben bereits unter Kapitel 1, B III erörtert worden.

743 Nach Art. 4 Abs. 1 ITA. Das globale Einkommen findet nochmals eine Unterteilung in die Zins- und Dividendeneinkünfte, die Einkünfte aus Vermietung und Verpachtung, die gewerblichen Einkünfte, die Lohn- und Gehaltseinkünfte, die einmaligen Vermögenseinkünfte sowie die sonstigen Einkünfte.

744 Nach Art. 4 Abs. 1 Nr. 2 bis 4 ITA. Das nicht-globale Einkommen bezieht sich auf die Renteneinkünfte, die Veräußerungsgewinne und die Einkünfte aus Forstwirtschaft.

745 Vgl. Art. 14 Abs. 1 ITA bzw. Art. 92 Abs. 1 ITA.

746 Dieses gelangt auch insoweit zur Anwendung, als der Non-Resident über Einkünfte aus in Korea gelegenem Grundvermögen verfügt, Art. 4 Abs. 1 Nr. 2 ITA i.V.m. Art. 119 Nr. 3 ITA, oder Einkünfte aus einer inländischen Betriebsstätte im Sinne von Art. 120 ITA bezieht, Art. 4 Abs. 1 Nr. 2 ITA i.V.m. Art. 119 Nr. 5 ITA, Art. 121 Abs. 2 ITA.

747 Nach Art. 50 Abs. 1 Nr. 2 ITA.

748 Nach Art. 50 Abs. 1 Nr. 3 Buchst. a) bis d) ITA.

Der einkommensteuerliche Grundtarif des Art. 55 Abs. 1 ITA findet Anwendung, Art. 122 ITA. Bei diesem handelt es sich um einen progressiven vierstufigen Tarif mit einem Höchststeuersatz von 36 %, der sich wie folgt zusammensetzt:

Zu versteuerndes Einkommen	Grundbetrag plus Steuersatz
bis 10 Mio. Won	9 %
über 10 Mio. Won bis 40 Mio. Won	900.000 Won plus 18 % des Betrages, der 10 Mio. Won übersteigt
über 40 Mio. Won bis 80 Mio. Won	6.3 Mio. Won plus 27 % des Betrages, der 40 Mio. Won übersteigt
über 80 Mio. Won	17.1 Mio. Won plus 36 % des Betrages, der 80 Mio. Won übersteigt

Auf die festgesetzte Einkommensteuer tritt die lokale Einwohnersteuer (Inhabitant Tax) hinzu, die als Zuschlag zur Einkommensteuer erhoben wird. Der Steuertarif beträgt 10 % auf die Steuerschuld der festgesetzten Einkommensteuer. Wie oben bereits dargestellt, unterliegt die lokale Einwohnersteuer dem sachlichen Geltungsbereich des Revisionsabkommens vom 10. März 2000[749].

bb) Steuerfestsetzung

Die Erhebung der Einkommensteuer erfolgt grundsätzlich im Wege der Veranlagung. Wie anläßlich der Veranlagung der in Korea gelegenen Betriebsstätte eines deutschen Unternehmens ausgeführt, erfolgt die Steuerveranlagung in Korea nach einem Selbstveranlagungssystem[750]. Der (Einkommen-)Steuerschuldner ist daher verpflichtet, eigenständig Sorge für die frist- und formgemäße Abgabe der Steuererklärung wie auch deren inhaltliche Richtigkeit zu tragen, Art. 76 Abs. 1 ITA. Die Abgabe der Jahressteuererklärung hat in der Zeit vom 1. Mai bis 31. Mai des Jahres, welches auf den Veranlassungszeitraum folgt, zu erfolgen, Art. 70 Abs. 1 ITA i.V.m. Art. 124 ITA.

749 Vgl. oben Kapitel 2, B.
750 Vgl. oben Kapitel 3, B III 1 b).

Indes gilt es zu berücksichtigen, daß die Einkommensteuer bei Arbeitnehmern, die nur Lohn- und Gehaltseinkünfte der Klasse A (class A income[751]) und keine Einkünfte aus anderen Quellen beziehen, im Wege des monatlichen Abzugs durch den Arbeitgeber erhoben wird, Art. 127 Abs. 1 Nr. 4 ITA. Der Quellensteuersatz entspricht regelmäßig dem vorgenannten einkommensteuerlichen Grundtarif des Art. 55 ITA, Art. 129 Abs. 1 Nr. 4 ITA, es sei denn, die Entlohnung des Arbeitnehmers erfolgt auf Tageslohnbasis. In diesen Fällen beträgt der Quellensteuersatz 9 % des Tagelohnes, Art. 129 Abs. 1 Nr. 5 ITA. Der Abgabe einer Steuererklärung bedarf es demzufolge nicht, Art. 73 Abs. 1 Nr. 1 ITA i.V.m. Art. 124 ITA.

H. Besteuerung von Aufsichtsrats- und Verwaltungsratsvergütungen

Art. 16 RevDBA regelt die Besteuerung von Vergütungen, die eine in einem Vertragsstaat ansässige natürliche Person[752] von einer im anderen Vertragsstaat ansässigen Gesellschaft[753] als Mitglied des Aufsichts- oder Verwaltungsrats bezieht. Quellenstaat ist somit der Vertragsstaat, in welchem die vergütende Gesellschaft ansässig[754] ist[755]. Als Sondertatbestand gegenüber Art. 15 RevDBA erfaßt diese Verteilungsnorm nur die in der Eigenschaft als Aufsichts- oder als Verwaltungsratsmitglied ausgeübte Tätigkeit. Das heißt: Wird die natürliche Person aufgrund gesondert bestehender Rechtsbeziehungen tätig, erfolgt die Besteuerung regelmäßig nach Art. 15 RevDBA[756]. Gleich dem weiten Vergütungsbegriff des Art. 15 RevDBA[757] ist der Begriff der Vergütungen in Art. 16 RevDBA *weit* auszulegen. Dieser erstreckt daher auf jedweden geldwerten Vor-

---

751 Das Einkommen der Klasse A umfaßt regelmäßig Einkünfte wie Löhne, Gehälter, Bonuszahlungen, Gratifikationen, Tantiemen und andere Vergütungen, die als Entgelt für unselbständige Dienste zu Gunsten eines in Korea ansässigen Arbeitgebers geleistet werden, Art. 20 Abs. 1 Nr. 1 ITA.

752 Zum eingeschränkten Personenbegriff des Art. 15 RevDBA, vgl. oben Kapitel 3, G.

753 Im Sinne von Art. 3 Abs. 1 Buchst. e) RevDBA. Siehe dazu die obigen Ausführungen unter Kapitel 2, A I.

754 Im Sinne von Art. 4 RevDBA. Siehe dazu die obigen Ausführungen unter Kapitel 2, A II.

755 Vgl. auch *Kluge*, Internationales Steuerrecht, Rdnr. S 300.

756 Vgl. oben Kapitel 3, G I 2.

757 Vgl. oben Kapitel 3, G I 2.

teil, der als Entgelt für die Tätigkeit als Mitglied des Aufsichts-, Verwaltungsrats oder eines ähnlichen Gremiums gezahlt wird[758].

I. Mitgliedschaft in einem Kontrollorgan

Problematisch ist, daß Art. 16 RevDBA die Mitgliedschaft in einem Aufsichts- oder Verwaltungsrat voraussetzt, während das koreanische Gesellschaftsrecht die Einrichtung von derartigen Kontrollorganen nicht zwingend vorschreibt. Zentrales Organ der koreanischen Kapitalgesellschaften, insbesondere der Yuhan-hoesa[759], ist der „*Board of Directors*", dessen Mitgliederanzahl sich in Abhängigkeit vom Grundkapital bestimmt. Das koreanische Gesellschaftsrecht folgt hierin dem amerikanischen Recht, welches regelmäßig in dem Board of Directors das für die Geschäftsführung zentral verantwortliche Organ sieht. Dem Board steht für gewöhnlich der „*Representative Director*" vor, der in seiner Funktion einem Vorstandsmitglied einer deutschen Aktiengesellschaft entspricht. Allenfalls die verbleibenden „*Directors*" sind in ihrer Funktion dem deutschen Aufsichtsrat vergleichbar. Art. 16 RevDBA trägt den Unterschieden im Gesellschaftsrecht beider Vertragsstaaten Rechnung, indem es im deutschen Abkommenstext auf den Aufsichts- oder Verwaltungsrat, im koreanischen auf die Versammlung der Abteilungsleiter[760] und im englischen Abkommenstext auf den Board of Directors abstellt. Sämtliche Begriffe beanspruchen in gleicher Weise Verbindlichkeit, obwohl diese nach dem Vorgesagten nicht deckungsgleich sind. Um Konflikten vorzubeugen, erscheint es daher sachgerecht, auf das Gesellschaftsrecht des jeweiligen Sitzstaates abzustellen[761]; nämlich bei deutschen Gesellschaften auf den deutschen und bei koreanischen Gesellschaften auf den koreanischen Wortlaut des Revisionsabkommens[762]. Entscheidend ist, daß es sich um Überwachungs- und Kontrolltätigkeiten, verbunden mit der notwendi-

---

758 Vgl. OECD-MK zum OECD-MA, Art. 16, Nr. 1.1, abgedruckt in: Debatin/Wassermeyer, DBA, Bd. I, MK Art. 16.

759 Vgl. oben Kapitel 1, B IV.

760 Koreanisch: I-Sa.

761 Bei den angesprochenen Konflikten handelt es sich nicht um Qualifikationskonflikte, die auf einer unterschiedlichen Auslegung eines einheitlichen abkommensrechtlichen Begriffes beruhen, sondern um solche, die dadurch entstehen, daß die einzelnen Vertragstexte voneinander abweichen. Art. 3 Abs. 2 RevDBA gelangt somit nicht zur Anwendung. Statt dessen ist gemäß Art. 33 Abs. 4 WÜRV die Bedeutung anzunehmen, welche die Texte unter Berücksichtigung des Gegenstandes und Zweckes des Vertrags am besten miteinander in Einklang bringt, siehe auch *Vogel*, DBA, Art. 16, Rdnr. 13.

762 Vgl. auch *Vogel*, DBA, Art. 16, Rdnr. 13.

gen Beratung, gegenüber der Geschäftsführung handelt, da Art. 16 RevDBA auf die Tätigkeiten zur Überwachung von Gesellschaften abstellt und nicht die Geschäftsführung als solche betrifft[763].

II. Durchführung der Besteuerung in Korea

Art. 16 RevDBA weist dem Quellenstaat die Besteuerungskompetenz an den gezahlten Vergütungen zu ohne Berücksichtigung des Ortes, an welchem die Ausübung der Tätigkeit erfolgt[764]. Das in Deutschland wohnhafte Mitglied des „Aufsichtsrates" eines koreanischen Unternehmens mit Sitz in Seoul unterliegt somit für die in seiner Funktion als Aufsichtsratsmitglied bezogenen Vergütungen der koreanischen Quellenbesteuerung, Art. 16 RevDBA. Entscheidend ist der bloße Zahlungsvorgang in Korea, nicht erforderlich die Tätigkeitsausübung im Inland[765]. Das Revisionsabkommen bestätigt insoweit den koreanischen Steueranspruch für Einkünfte eines Non-Residents[766] aus der Tätigkeit als Aufsichtsratsmitglied nach Art. 1 Abs. 1 Nr. 2 ITA i.V.m. Art. 119 Nr. 6 ITA[767]. Die Einkommensteuer wird im Abzugsverfahren erhoben, so daß auf die oben bereits erfolgten Ausführungen zur Durchführung der Besteuerung verwiesen werden kann, Art. 121 Abs. 4 ITA i.V.m. Art. 156 ITA[768]. Der Quellensteuersatz beträgt bei den Aufsichtsratsvergütungen 20 %, Art. 156 Abs. 1 Nr. 2 ITA.

I. Besteuerung von Ruhegehältern, Renten und ähnlichen Vergütungen

Die Regelung der Besteuerung von Versorgungsbezügen erfolgt in Art. 18 RevDBA. Inhaltlich folgt Art. 18 Abs. 1 RevDBA weitgehend den Empfehlun-

---

763 Vgl. *Kluge*, Internationales Steuerrecht, Rdnr. S 300; *Schaumburg*, Internationales Steuerrecht, § 16, Rdnr. 16.454; *Vogel*, DBA, Art. 16, Rdnr. 14; *Wassermeyer* in: Debatin/Wassermeyer, DBA, Bd. I, MA Art. 16, Rdnr. 13.

764 Vgl. OECD-MK zum OECD-MA, Art. 16, Nr. 2, abgedruckt in *Vogel*, DBA, Art. 16, Rdnr. 3; *Kluge*, Internationales Steuerrecht, Rdnr. S 300; *Schaumburg*, Internationales Steuerrecht, § 16, Rdnr. 16.452; *Vogel*, DBA, Art. 16, Rdnr. 8; *Wassermeyer* in: Debatin/Wassermeyer, DBA, Bd. I, MA Art. 16, Rdnr. 13.

765 Vgl. auch *Kluge*, Internationales Steuerrecht, Rdnr. S 300.

766 Welche Personen als Non-Residents anzusehen sind, ist unter Kapitel 1, B III ausführlich erörtert worden.

767 I.V.m. Art. 179 Abs. 5 Nr. 1 PED-ITA.

768 Vgl. oben Kapitel 3, G II 1 b).

gen des OECD-Musterabkommens, während Art. 18 Abs. 2 bis 4 RevDBA ohne entsprechendes Vorbild ist. Diesen Abweichungen gilt es im folgenden nachzugehen. Zunächst sind jedoch die einzelnen Versorgungsbezüge des Revisionsabkommens vom 10. März 2000 zu erörtern.

I. Versorgungsbezüge im Sinne des Revisionsabkommens

Art. 18 Abs. 1 RevDBA zählt hierzu zunächst Ruhegehälter und ähnliche Vergütungen. Die Worte des Art. 18 OECD-MA *„für frühere unselbständige Arbeit“* finden sich nicht, so daß das Revisionsabkommen vom 10. März 2000 den sachlichen Anwendungsbereich des Art. 18 RevDBA keinesfalls auf Ruhegehälter und ähnliche Vergütungen aus früherer unselbständiger Arbeit[769] beschränkt[770]. Entscheidend ist, daß es sich um nach dem Eintritt in den Ruhestand gezahlte Bezüge handelt, die zwar nicht ausschließlich, aber doch in erster Linie der Versorgung des Empfängers dienen[771].

Darüber hinaus erstreckt sich der Anwendungsbereich des Art. 18 RevDBA auch auf Renten, deren autonome Definition in Art. 18 Abs. 4 RevDBA erfolgt. Mit der aus der Vereinbarung auf Abkommensebene folgenden Verbindlichkeit für beide Vertragsstaaten sind als Renten grundsätzlich anzusehen Bezüge, die regelmäßig zu festgesetzten Zeitpunkten lebenslänglich (Fall der Leibrente) oder während eines bestimmten oder bestimmbaren Zeitabschnitts (Fall der Zeitrente) als Gegenleistung für in Geld oder Geldeswert bewirkte Leistungen gezahlt werden. Mit dieser Definition greift das Revisionsabkommen vom 10. März 2000 den Rentenbegriff des deutschen Rechts nach § 22 EStG auf; im Unterschied zu diesem muß die Rentenzahlung als Gegenleistung für in Geld oder in Geldeswert bewirkte Leistungen erfolgen, während nach deutschem Recht unbeachtlich ist, ob das Stammrecht entgeltlich, unentgeltlich oder teilentgeltlich erworben worden ist[772].

---

[769] Im Sinne von Art. 15 RevDBA.

[770] Vgl. OECD-MK zum OECD-MA, Art. 18, Nr. 1, abgedruckt in *Vogel*, DBA, Art. 18, Rdnr. 2.

[771] Vgl. *Kluge*, Internationales Steuerrecht, Rdnr. S 310; *Schaumburg*, Internationales Steuerrecht, § 16, Rdnr. 16.464; *Vogel*, DBA, Art. 18, Rdnr. 11; *Wassermeyer* in: Debatin/Wassermeyer, DBA, Bd. I, MA Art. 18, Rdnr. 17.

[772] Vgl. auch *Krabbe* in: Debatin/Wassermeyer, Bd. II, Länderteil Dänemark, Art. 18, Rdnr. 30.

Der sachliche Anwendungsbereich des Art. 18 RevDBA erstreckt sich zudem auf die Bezüge einer - natürlichen - Person aus der gesetzlichen Sozialversicherung, Art. 18 Abs. 2 RevDBA, wie auch auf die – einmaligen oder wiederkehrenden - Vergütungen für Schäden, die infolge von Kriegshandlungen, politischer Verfolgung oder des Wehr- oder Zivildienstes (einschließlich Wiedergutmachungsleistungen) entstanden sind, Art. 18 Abs. 3 RevDBA. Die Rechtfertigung der Erweiterung in Art. 18 Abs. 2 RevDBA folgt aus der Ähnlichkeit der Sozialversicherungsleistungen bzw. Ruhegehälter, die aufgrund eines öffentlichen Sozialversicherungssystems gezahlt werden, mit den staatlichen Ruhegehältern[773]. Die Frage, ob die besonderen Bezüge des Art. 18 Abs. 2 RevDBA als auch des Art. 18 Abs. 3 RevDBA als Ruhegehälter, ähnliche Vergütungen oder Renten im abkommensrechtlichen Sinne zu qualifizieren sind, bedarf für die Anwendung des Revisionsabkommens vom 10. März 2000 keiner Entscheidung.

II. Besteuerung im Wohnsitzstaat

Art. 18 Abs. 1 RevDBA weist dem Vertragsstaat, in welchem der Ruhegehalts- oder Rentenempfänger ansässig[774] ist, die ausschließliche Besteuerungskompetenz hinsichtlich der vorgenannten Ruhegehälter, ähnlichen Vergütungen und Renten zu (Wohnsitzprinzip). Aufgrund der abschließenden Regelung ihrer Rechtsfolge ist Art. 18 Abs. 1 RevDBA als vollständige Verteilungsnorm anzusehen mit der Folge, daß die abkommensrechtlichen Versorgungsbezüge im Quellenstaat steuerfrei zu stellen sind[775]. Die abkommensrechtlichen Versorgungsbezüge eines in Deutschland wohnhaften Rentners werden daher ausschließlich in Deutschland besteuert und zwar grundsätzlich auch dann, wenn der Rentner diese aus Korea erhält, Art. 18 Abs. 1 RevDBA. Der Umstand, daß Korea gegebenenfalls die Besteuerungskompetenz als Quellenstaat nach Art. 15 Abs. 1 Satz 2 RevDBA zukam, weil der Rentner seine frühere unselbständige Arbeit dort ausgeübt hat, ist für die Besteuerung der Versorgungsbezüge nicht von Bedeutung[776].

---

[773] Vgl. auch OECD-MK zum OECD-MA, Art. 18, Nr. 2, abgedruckt in *Vogel*, DBA, Art. 18, Rdnr. 2 a; *Vogel*, DBA, Art. 18, Rdnr. 18.

[774] Im Sinne von Art. 4 RevDBA. Siehe dazu die obigen Ausführungen unter Kapitel 2, A II.

[775] Der entscheidende Wortlaut lautet: „(...) können nur im erstgenannten Staat besteuert werden".

[776] Vgl. auch *Vogel*, DBA, Art. 18, Rdnr. 7.

III. Besteuerung im Kassenstaat

1. Leistungen aus der gesetzlichen Sozialversicherung, öffentliche Schadensersatzleistungen

Das Wohnsitzprinzip findet hingegen keine Anwendung bei der Besteuerung der aus der gesetzlichen Sozialversicherung gezahlten Bezüge und für die für Schäden aufgrund von Kriegshandlungen, politischer Verfolgung etc. gezahlten Vergütungen, Art. 18 Abs. 2 und 3 RevDBA. In diesen Fällen gelangt das sogenannte Kassenstaatsprinzip Anwendung, nach welchem allein der Staat zur Besteuerung befugt ist, aus dessen öffentlicher Kasse die Zahlungen erfolgen[777]. Demnach erfolgt die Besteuerung der Sozialversicherungsleistungen und der öffentlichen Ersatzleistungen ausschließlich in dem Vertragsstaat, in dem die zahlende Körperschaft ansässig ist mit der Folge, daß die Sonderleistungen im Wohnsitzstaat des Zahlungsempfängers steuerfrei zu stellen sind, Art. 18 Abs. 2 und 3 RevDBA.

Besonderes gilt für Deutschland in seiner Stellung als Quellenstaat[778]: Da Deutschland von der ihm abkommensrechtlich eingeräumten Steuerkompetenz innerstaatlich keinen Gebrauch macht, hat dies die Steuerfreiheit der Sozialversicherungsleistungen[779] und öffentlichen Ersatzleistungen[780] in Deutschland zur Folge. Damit erreicht das Revisionsabkommen vom 10. März 2000 an dieser Stelle auch die Vermeidung der virtuellen Doppelbesteuerung[781], da die fehlende Besteuerung der Sonderleistungen in Deutschland bedingt, daß die Doppelbesteuerung dieses Steuergutes tatsächlich noch nicht eingetreten ist, sich aber noch aktualisieren kann, nämlich dann, wenn der Vertragsstaat Deutschland von der ihm eingeräumten Steuerkompetenz innerstaatlich Gebrauch macht.

---

777 Vgl. auch *Klaus Dieter Müller*, Regelungen nach dem Kassenstaatsprinzip in Doppelbesteuerungsabkommen, IStR 1993, S. 318 – 320 (318); *Michael Rodi*, Das Kassenstaatsprinzip im nationalen und internationalen Steuerrecht, RIW 1992, S. 484 – 490 (484).

778 Sprich der Zahlungsempfänger ist in Korea ansässig, mithin unbeschränkt steuerpflichtig, weil er dort seinen Wohnsitz hat, vgl. auch § 1 ITA.

779 Siehe dazu Hinweis in § 49 Abs. 1 Nr. 7 EStG.

780 Vgl. auch § 3 Nr. 6, 7 und 8 EStG.

781 Zum Begriff der virtuellen Doppelbesteuerung siehe oben Kapitel 1, A I.

2. Ruhegehälter im öffentlichen Dienst

Die Regelung der Besteuerung der Ruhegehälter im öffentlichen Dienst erfolgt gesondert von Art. 18 RevDBA in Art. 19 Abs. 2 RevDBA. Abweichend von der Empfehlung des Art. 18 OECD-MA findet sich der entsprechende Vorbehalt in Art. 19 Abs. 2 Buchst. a) RevDBA[782]. Art. 19 Abs. 2 RevDBA ist somit als lex specialis gegenüber Art. 18 RevDBA anzusehen und insofern Ausdruck des Rechtsgrundsatzes, daß die Ruhegehälter in gleicher Weise wie die übrigen Aktivbezüge des öffentlichen Dienstes besteuert werden sollen[783].

Danach erfolgt die Besteuerung grundsätzlich nach dem Kassenstaatsprinzip[784]: Dem Vertragsstaat, aus dessen öffentlicher Kasse die Ruhegehälter stammen, steht die ausschließliche Besteuerungskompetenz an diesen zu, Art. 19 Abs. 2 Buchst. a) RevDBA. Das Kassenstaatsprinzip findet ausnahmsweise seine Ablösung durch das Wohnsitzprinzip, wenn der ehemalige Arbeitnehmer im Nicht-Kassenstaat ansässig und zudem ein Staatsangehöriger[785] dieses Staates ist, Art. 19 Abs. 2 Buchst. b) RevDBA. Dem Wohnsitzstaat steht in diesen Fällen die ausschließliche Besteuerungskompetenz zu mit der Folge, daß die Ruhegehälter im Kassenstaat steuerfrei zu stellen sind[786].

J. Besteuerung von Vergütungen im öffentlichen Dienst

Die Besteuerung der Löhne, Gehälter und ähnlicher Vergütungen im öffentlichen Dienst bestimmt sich nach Art. 19 RevDBA. Danach unterliegen dem

---

782 Der entscheidende Wortlaut lautet diesbezüglich: „Ungeachtet des Artikels 18 (...)".

783 Vgl. auch *Frotscher*, Internationales Steuerrecht, § 13, Rdnr. 22; *Kluge*, Internationales Steuerrecht, Rdnr. S 310; *Müller*, Regelungen nach dem Kassenstaatsprinzip, IStR 1993, S. 318; *Schaumburg*, Internationales Steuerrecht, § 16, Rdnr. 16.468; *Wassermeyer* in: Debatin/Wassermeyer, DBA, Bd. I, MA Art. 19, Rdnr. 91.

784 Vgl. oben Kapitel 3, I III 1.

785 Der Begriff des „Staatsangehörigen" findet für die Zwecke der Abkommensanwendung seine Definition in Art. 3 Abs. 1 Buchst. h) RevDBA und wird dementsprechend in einem weiteren Sinne gebraucht. Für natürliche Personen wird auf die Staatsangehörigkeit nach den Gesetzen des jeweiligen Staates abgestellt, während bei den juristischen Personen und anderen Personenvereinigungen auf das Recht desjenigen Staates abgestellt wird, nach welchem diese errichtet worden sind, siehe auch *Frotscher*, Internationales Steuerrecht, § 5, Rdnr. 18; *Schaumburg*, Internationales Steuerrecht, § 4, Rdnr. 4.42.

786 Vgl. auch *BMF*-Schreiben vom 18. April 1989, BStBl. I 1989, S. 164 für Lehrkräfte deutscher Auslandsschulen.

sachlichen Anwendungsbereich der Verteilungsnorm, neben den oben bereits genannten Ruhegehältern[787], grundsätzlich die Vergütungen, die einer natürlichen Person für die einem Vertragsstaat, einem seiner Länder oder eine seiner Gebietskörperschaften geleisteten Dienste gezahlt werden, Art. 19 Abs. 1 RevDBA. Hierbei ist nicht von Bedeutung, welcher Art die geleisteten Dienste sind. Entscheidend ist, daß die Dienste für den Vertragsstaat, eines seiner Länder oder eine seiner Gebietskörperschaften erbracht werden und diese folglich Schuldner des Lohnes oder des Gehaltes sind[788]. Nicht erfaßt werden die Vergütungen der Mitglieder diplomatischer Missionen und konsularischer Vertretungen sowie internationaler Organisationen, die der besonderen Regelung des Art. 28 RevDBA unterliegen[789]. Ebenso ausgeschlossen sind die Vergütungen und Ruhegehälter, die im Zusammenhang mit der gewerblichen Tätigkeit eines Vertragsstaates erzielt werden, Art. 19 Abs. 3 RevDBA. Angesprochen sind damit Betriebe gewerblicher Art der öffentlichen Hand, insbesondere staatliche und kommunale Eigenbetriebe, und zwar unabhängig von ihrer Organisationsform und der Beteiligung am allgemeinen Wirtschaftsverkehr mit der Absicht der Gewinnerzielung[790]. Die Besteuerung der in diesem Zusammenhang erlangten Vergütungen u.a. bestimmt sich nach den besonders ausgeführten Verteilungsnormen und damit nach Art. 15 RevDBA für Löhne und Gehälter, nach Art. 16 RevDBA für Aufsichtsrats- und Verwaltungsratsvergütungen, nach Art. 17 RevDBA für Künstler und Sportler und nach Art. 18 RevDBA für Ruhegehälter und ähnliche Vergütungen, Art. 19 Abs. 3 a.E. RevDBA.

Soweit es sich bei den Vergütungen im öffentlichen Dienst um Gegenleistungen für unselbständig erbrachte Dienste handelt, kann zum Zwecke der einheitlichen Abkommensauslegung auf den bei der Besteuerung der Einkünfte aus unselbständiger Arbeit nach Art. 15 RevDBA verwandten Vergütungsbegriff verwiesen werden[791]. Der Vergütungsbegriff des Art. 19 Abs. 1 RevDBA ist so-

---

787 Nach Art. 19 Abs. 2 RevDBA, vgl. oben Punkt Kapitel 3, I III 2.

788 Vgl. auch *Rodi*, Kassenstaatsprinzip, RIW 1992, S. 484.

789 Für die Diplomaten und Konsularbeamten sieht Art. 28 Abs. 1 RevDBA i.V.m. Art. 37 WÜD bzw. Art. Art. 49 und 71 WÜK fiskalische Immunität vor. Siehe dazu auch das Gesetz vom 6. August 1964 zum „Wiener Übereinkommen über diplomatische Beziehungen" vom 18. April 1961, BGBl. II 1964, S. 957; 1965, S. 147 und das Gesetz vom 26. August 1969 zum „Wiener Übereinkommen über konsularische Beziehungen" vom 24. April 1963, BGBl. II 1969, S. 1585; 1971, S. 1285.

790 Vgl. auch *Rodi*, Kassenstaatsprinzip, RIW 1992, S. 487; *Schaumburg*, Internationales Steuerrecht, § 16, Rdnr. 16.484; *Vogel*, DBA, Art. 19, Rdnr. 59; *Wassermeyer* in: Debatin/Wassermeyer, DBA, Bd. I, MA Art. 19, Rdnr. 169.

791 Vgl. auch OECD-MK zum OECD-MA, Art. 19, Nr. 2.1, abgedruckt in *Vogel*, DBA, Art. 19, Rdnr. 3 a.

mit weit auszulegen und umfaßt neben den laufenden Geldzahlungen auch andere Formen steuerbarer Vergünstigungen[792].

I. Besteuerung im Kassenstaat

Da die Vergütungen im Sinne des Art. 19 Abs. 1 RevDBA aus öffentlichen Kassen stammen, soll allein der Vertragsstaat zur Besteuerung befugt sein, der die Löhne, Gehälter und ähnlichen Vergütungen zahlt (Kassenstaatsprinzip), Art. 19 Abs. 1 Buchst. a) RevDBA. Dem Ort der Tätigkeitsausübung ist grundsätzlich keine Bedeutung zuzumessen, statt dessen tritt das Kassenstaatsprinzip an die Stelle des Arbeitsortprinzips[793]. Mit der abschließenden Regelung ihrer Rechtsfolge ist die Verteilungsnorm des Art. 19 RevDBA als eine vollständige anzusehen, so daß das Problem der Doppelbesteuerung bereits auf dieser Ebene seine Lösung findet. Die im öffentlichen Dienst für Deutschland, eines seiner Länder oder Gebietskörperschaften bezogenen abkommensrechtlichen Vergütungen unterliegen der ausschließlichen Besteuerung im Kassenstaat Deutschland, Art. 19 Abs. 1 RevDBA. Dies gilt grundsätzlich auch dann, wenn der Beamte bzw. Angestellte im öffentlichen Dienst seine Tätigkeit in Korea ausübt bzw. dort ansässig ist, da das Arbeitsortprinzip seine Ablösung durch das Kassenstaatsprinzip gefunden hat[794]. Im Ergebnis ist der Wohnsitzstaat Korea von der Besteuerung ausgeschlossen und hat dementsprechend die im abkommensrechtlichen Sinne bezogenen Vergütungen steuerfrei zu stellen.

Über Art. 19 Abs. 1 RevDBA hinausgehend enthält das Revisionsabkommen vom 10. März 2000 weitere Anwendungsbereiche des Kassenstaatsprinzips. Danach besteuert der Kassenstaat einerseits die Vergütungen, die im Rahmen eines Entwicklungshilfeprogramms an die Fachkräfte oder die freiwilligen Helfer gezahlt werden, Art. 19 Abs. 4 RevDBA. Voraussetzung ist, daß die Zahlung der Vergütungen aus Mitteln erfolgt, die ausschließlich vom Vertragsstaat, einem

---

792 Vgl. auch OECD-MK zum OECD-MA, Art. 19, Nr. 2.2, abgedruckt in *Vogel*, DBA, Art. 19, Rdnr. 3 b.

793 Vgl. auch *Frotscher*, Internationales Steuerrecht, § 13, Rdnr. 21; *Kluge*, Internationales Steuerrecht, Rdnr. S 311; *Müller*, Regelungen nach dem Kassenstaatsprinzip, IStR 1993, S. 318; *Schaumburg*, Internationales Steuerrecht, § 16, Rdnr. 16.467; *Wassermeyer* in: Debatin/Wassermeyer, DBA, Bd. I, MA Art. 19, Rdnr. 55.

794 Beachte: Die unbeschränkte – erweiterte – Steuerpflicht in Deutschland der im Ausland ansässigen Personen kann sich aus Art. 19 Abs. 1 RevDBA i.V.m. § 1 Abs. 2 oder 3 EStG bzw. § 1 a EStG ergeben. Dazu auch oben Kapitel 1, B I.

seiner Länder oder einer Gebietskörperschaft bereitgestellt werden, Art. 19 Abs. 4 2. Halbsatz RevDBA. Nur unter diesen engen Voraussetzungen rechtfertigt sich die Anwendung des Kassenstaatsprinzips, da nur in diesen Fällen die natürlichen Personen ihre Einkünfte aus öffentlichen Kassen beziehen[795]. Andererseits besteuert der Kassenstaat die Vergütungen und Ruhegehälter, die von bestimmten, in besonderer Beziehung zum jeweiligen Vertragsstaat stehenden Organisationen gezahlt werden, Art. 19 Abs. 5 RevDBA. Dies sind auf deutscher Seite die Deutsche Bundesbank, das Goethe-Institut und der Deutsche Akademische Austauschdienst (DAAD), Art. 19 Abs. 5 Buchst. a) aa) bis cc) RevDBA. Deren Bedienstete erhalten Zahlungen aus öffentlichen Kassen, die somit nach Art. 19 RevDBA und nicht als Arbeitsentgelte nach Art. 15 RevDBA zu versteuern sind. Die erweiterte Anwendung des Kassenstaatsprinzips durch das Revisionsabkommen vom 10. März 2000 kann in beiden Fällen nicht auf etwaige Empfehlungen des OECD-Musterabkommens von 1992 zurückgeführt werden. Sie entspricht aber der gegenwärtigen deutschen Abkommenspolitik[796]; im Fall der Vergütungen im Rahmen eines Entwicklungsprogramms bemerkenswerterweise der Abkommenspolitik Deutschlands gegenüber Entwicklungsländern[797].

II. Besteuerung im Tätigkeitsstaat

Die Besteuerung nach dem Kassenstaatsprinzip entfällt ausnahmsweise zu Gunsten der ausschließlichen Besteuerung im Tätigkeitsstaat, wenn die natürliche Person ihre Dienste in diesem Vertragsstaat leistet und zudem ein Staatsangehöriger[798] dieses Staates ist, Art. 19 Abs. 1 Buchst. b) aa) RevDBA. Das Zusammentreffen von Arbeitsort und Staatsangehörigkeit wirkt stärker als das Kassenstaatsprinzip, so daß bei der Besteuerung das Arbeitsortprinzip wieder zur Anwendung gelangt[799]. Diesen Personen gleichgestellt sind die sonstigen natürlichen Personen, die im Tätigkeitsstaat ansässig[800] sind, aber nicht ausschließlich deshalb dort ansässig geworden sind, um ihre Dienste zu leisten, Art. 19 Abs. 1 Buchst. b) bb) RevDBA. Hierunter sind vornehmlich die sogenannten Ortskräfte

795 Vgl. auch *Rodi*, Kassenstaatsprinzip, RIW 1992, S. 487; *Wolff* in: Debatin/Wassermeyer, DBA, Bd. III, Länderteil Korea, Art. 17, Rdnr. 13.

796 Siehe dazu die Abkommensübersicht bei *Vogel*, DBA, Art. 19, Rdnr. 17.

797 Vgl. auch *Vogel*, DBA, Art. 19, Rdnr. 36.

798 Im Sinne von Art. 3 Abs. 1 Buchst. h) RevDBA, vgl. oben Kapitel 3, I III 2.

799 Vgl. auch *Frotscher*, Internationales Steuerrecht, § 13, Rdnr. 21.

800 Im Sinne von Art. 4 RevDBA. Siehe dazu die obigen Ausführungen unter Kapitel 2, A II.

zu fassen, beispielsweise das Verwaltungs- oder das technische Personal der Missionen und Botschaften, die keine diplomatische Immunität genießen[801]. Deren Besteuerung ist ausschließlich dem Vertragsstaat, in welchem die natürlichen Personen ansässig[802] sind, vorbehalten und damit im Ergebnis dem Wohnsitzstaat, Art. 19 Abs. 1 Buchst. b) RevDBA.

K. Vergütungen, Zahlungen an Gastprofessoren, Lehrer und Studenten

Art. 20 RevDBA unterscheidet sich von den übrigen Verteilungsnormen insbesondere dadurch, daß entgegen der üblichen Funktion der Verteilungsnormen keine Abgrenzung der Besteuerungskompetenzen zwischen Wohnsitz- und Quellenstaat erfolgt, sondern die Freistellung der Besteuerung in dem anderen Vertragsstaat (Gastland bzw. Studienstaat) angeordnet wird[803]. Die so verbindlich angeordnete Steuerfreistellung ist auf das politische Ziel zurückzuführen, den gegenseitigen Kultur- und Ausbildungsaustausch zwischen Deutschland und Korea zu fördern und zwar dergestalt, daß die anläßlich von Lehr- oder Forschungstätigkeiten erlangten Vergütungen bzw. die Zahlungen für Studium oder Ausbildung grundsätzlich keiner Besteuerung im Gastland unterliegen[804].

I. Lehr- und Forschungstätigkeiten

Die Steuerfreistellung nach Art. 20 Abs. 1 RevDBA setzt zunächst voraus, daß es sich bei den von Professoren oder Lehrern ausgeübten Tätigkeiten um Lehr- oder Forschungstätigkeiten handelt, die diese an einer Universität, Hochschule, Schule, einem Museum oder einer anderen kulturellen Einrichtung des anderen Vertragsstaates vorübergehend – jedoch höchstens für zwei Jahre - erbringen. Insoweit müssen die Lehr- oder Forschungstätigkeiten den Hauptzweck des Aufenthaltes im Gastland bilden und dementsprechend auf Einladungen der vorgenannten Einrichtungen zurückzuführen sein oder anläßlich amtlicher Kul-

---

801 Vgl. auch *Rodi*, Kassenstaatsprinzip, RIW 1992, S. 487.

802 Im Sinne von Art. 4 RevDBA. Siehe dazu die obigen Ausführungen unter Kapitel 2, A II.

803 Vgl. auch *Vogel*, DBA, Art. 20, Rdnr. 7.

804 Vgl. auch *Kluge*, Internationales Steuerrecht, Rdnr. S 312; *Schaumburg*, Internationales Steuerrecht, § 16, Rdnr. 16.474; *Wassermeyer* in: Debatin/Wassermeyer, DBA, Bd. I, MA Art. 20, Rdnr. 1.

turaustausche stattfinden, Art. 20 Abs. 1 1. Halbsatz RevDBA. Wenn Art. 20 RevDBA in seiner Überschrift die Professoren und Lehrer als begünstigte Personen anspricht, so vermeidet Art. 20 Abs. 1 RevDBA eine derartig eindeutige Begrenzung. Dem Wortlaut zufolge erfaßt die Steuerfreistellung *„natürliche Personen"* und trägt dem Umstand Rechnung, daß der Ausbildungsbereich als solcher nicht mehr der im klassischen Sinne geschulten Lehrerschaft vorbehalten ist. Auch private Lehranstalten nehmen Lehrtätigkeiten verstärkt wahr, so daß die an diesen Einrichtungen Lehrenden gleichfalls in den Genuß der Steuerfreistellung gelangen können. Dies setzt jedoch voraus, daß die privaten Lehranstalten in ihrer Struktur und Zielsetzung mit den öffentlichen Anstalten – gleich welchen Typs – vergleichbar sind, um sie als im Sinne des Art. 20 Abs. 1 RevDBA begünstigte Einrichtungen anerkennen zu können[805].

Art. 20 Abs. 1 RevDBA befreit den Verdienst, den die Gastprofessoren und Lehrer für die von ihnen ausgeübten Lehr- oder Forschungstätigkeiten erlangen, von der Besteuerung im Gastland. Dies gilt auch insoweit, als die Professoren oder Lehrer im Gastland ansässig[806] geworden sind. Zwar ist die Ansässigkeit der natürlichen Person im anderen Vertragsstaat (Nicht-Gastland) regelmäßig Voraussetzung der abkommensrechtlichen Steuerfreistellung, Art. 20 Abs. 1 3. Halbsatz RevDBA. Ausreichend ist jedoch, daß diese *unmittelbar* vor Einreise in das Gastland bestanden hat. Denn auf diesem Wege wird die mißbräuchliche Inanspruchnahme der Steuerfreistellung in gleich effektiver Weise verhindert, Art. 20 Abs. 1 3. Halbsatz RevDBA. Schädlich ist daher allein die zwischenzeitliche Ansässigkeit in einem Drittstaat, da der Beendigung der Ansässigkeit im Wohnsitzstaat nicht die unmittelbare Ansässigkeitsbegründung im Gastland folgt[807]. Die abkommensrechtliche Steuerfreistellung bezieht sich nur auf den Verdienst, der außerhalb des Gastlandes stammt, Art. 20 Abs. 1 a.E. RevDBA. Stammen die Vergütungen hingegen aus Quellen des Gastlandes, sind die Voraussetzungen der Steuerfreistellung nicht gegeben, so daß der Verdienst nach den allgemeinen Grundsätzen im Gastland zu versteuern sind. Oftmals kommt dabei eine Besteuerung nach dem Arbeitsortprinzip[808] in Betracht[809].

---

805 Vgl. auch *Vogel*, DBA, Art. 15, Rdnr. 99.

806 Im Sinne von Art. 4 RevDBA. Siehe dazu die obigen Ausführungen unter Kapitel 2, A II.

807 Vgl. auch OECD-MK zum OECD-MA, Art. 20, Nr. 2, abgedruckt in *Vogel*, DBA, Art. 20, Rdnr. 3; *Vogel*, DBA, Art. 20, Rdnr. 13.

808 Insbesondere nach Art. 15 RevDBA, wenn die Vergütungen beispielsweise von der Hochschule im Gastland selbst gezahlt werden.

809 Vgl. auch *Frotscher*, Internationales Steuerrecht, § 13, Rdnr. 46; *Schaumburg*, Internationales Steuerrecht, § 16, Rdnr. 16.478; *Vogel*, DBA, Art. 15, Rdnr. 97 a.

Damit bleibt festzuhalten, daß der Lehrer einer deutschen Hochschule, der sich für die Dauer von sechs Monaten an einem Forschungsprojekt der Korea-Universität auf dem Gebiet des koreanischen Steuerrechts beteiligt und zu diesem Zwecke in Seoul aufhält, von der Besteuerung der hierfür aus Deutschland bezogenen Vergütungen in Korea befreit ist, Art. 20 Abs. 1 RevDBA. Die Einkünfte bleiben der ausschließlichen Besteuerung im Wohnsitzstaat des Lehrers, somit in Deutschland, vorbehalten. Die Steuerfreistellung im Gaststaat gilt selbst dann, wenn der geplante Aufenthalt des Lehrers in Korea von vornherein den Zeitraum von einem Jahr - höchstens aber zwei Jahren - übersteigt. Nach den Vorschriften des koreanischen Steuerrechts ist der deutsche Lehrer mit seinem in Korea über ein Jahr dauernden Aufenthalt als Resident dort ansässig und unterliegt konsequenterweise der unbeschränkten Einkommensteuerpflicht in Korea[810]. Dennoch ist die Freistellung nach Art. 20 Abs. 1 RevDBA zu gewähren, da der Lehrer vor seiner Ansässigkeit in Korea in seinem ursprünglichen Wohnsitzstaat Deutschland ansässig gewesen ist. Ob die begünstigte Person einen Wohnsitz im Gastland begründet oder nicht, ist für die Steuerfreistellung folglich ohne Bedeutung[811]. Diese Unbeachtlichkeit im Fall eines Ansässigkeitswechsels wie auch in den Fällen der Doppelansässigkeit zeichnet die besondere Ansässigkeitsregelung des Art. 20 Abs. 1 RevDBA im Unterschied zur allgemeinen Regelung des Art. 1 RevDBA aus[812].

II. Studium, Ausbildung und Unterhalt

Art. 20 Abs. 2 RevDBA befreit die Zahlungen, die ein Student, ein Praktikant oder ein Lehrling für sein Studium, seine Ausbildung oder seinen Unterhalt erhält, von der Besteuerung im Gastland. Voraussetzung ist, daß das Studium oder die Ausbildung den Hauptzweck des Aufenthaltes im Gaststaat bilden und die Zahlungen aus Quellen außerhalb des Gastlandes stammen, Art. 20 Abs. 2 a. E. RevDBA. Grundsätzlich erfährt die abkommensrechtliche Steuerfreistellung keine Begrenzung, weder der Höhe noch der Dauer nach – abgesehen davon, daß die Steuerfreistellung als solche auf die Dauer des vorübergehenden Studienaufenthalt im Gastland beschränkt ist, Art. 20 Abs. 2 RevDBA. Wie die ab-

---

810 Zur Steuerpflicht in Korea, vgl. oben Kapitel 1, B III.

811 Vgl. auch *Schaumburg*, Internationales Steuerrecht, § 16, Rdnr. 16.449.

812 Vgl. auch *Schaumburg*, Internationales Steuerrecht, § 16, Rdnr. 16.473; *Vogel*, DBA, Art. 15, Rdnr. 98 d; *Wassermeyer* in: Debatin/Wassermeyer, DBA, Bd. I, MA Art. 20, Rdnr. 40.

kommensrechtliche Steuerfreistellung zu Gunsten der Lehrenden[813] setzt Art. 20 Abs. 2 RevDBA weiterhin voraus, daß der Student, Lehrling oder Praktikant in dem anderen Vertragsstaat ansässig[814] war oder unmittelbar vor Einreise in den Gaststaat ansässig[815] gewesen ist, Art. 20 Abs. 2 3. Halbsatz RevDBA[816]. Ist Korea somit Gastland des an einer deutschen Hochschule eingeschriebenen Studenten, sind die Überweisungen, die dieser zur Sicherstellung seines Studiums an der Korea-Universität aus Deutschland erhält, in Korea von der Steuer befreit.

Eine besondere Steuerbegünstigung gewährt das Revisionsabkommen abweichend von den Empfehlungen des OECD-Musterabkommens in Art. 20 Abs. 3 RevDBA: Bezieht der Student, Lehrling oder Praktikant zur Aufbesserung seiner eigenen Mittel Einkünfte aus unselbständiger Arbeit im Gastland, wird er in der Besteuerung der Einkünfte den im Gastland ansässigen[817] Studenten etc. steuerlich gleichgestellt. Demnach werden dem ausländischen Studenten, Lehrling oder Praktikanten die Steuerfreibeträge, -vergünstigungen und Steuerermäßigungen nach dem innerstaatlichen Recht des Gastlandes in gleicher Weise gewährt, soweit er deren innerstaatliche Voraussetzungen erfüllt, Art. 20 Abs. 3 3. Halbsatz RevDBA. Dies gilt auch für die nicht in Art. 20 Abs. 2 RevDBA erfaßten Zuschüsse und Stipendien, wobei dem Wortlaut zufolge keine ausdrückliche Einschränkung dahingehend erfolgt, daß diese aus Quellen außerhalb des Gastlandes stammen müssen[818]. Den Studenten, Lehrlingen, Praktikanten etc. steht ein Anspruch auf die Gewährung der den inländischen natürlichen Personen gewährten Steuervergünstigungen zu. In diesem Sinne ist Art. 20 Abs. 3 RevDBA als eigene Ausprägung des abkommensrechtlichen Gleichbehandlungsgrundsatzes nach Art. 24 RevDBA anzusehen mit dem Ziel, steuerliche Diskriminierungen zu verhindern[819].

---

813 Im Sinne von Art. 20 Abs. 1 RevDBA

814 Im Sinne von Art. 4 RevDBA. Siehe dazu die obigen Ausführungen unter Kapitel 2, A II.

815 Im Sinne von Art. 4 RevDBA.

816 Vgl. oben Kapitel 3, K I.

817 Nach Art. 1 ITA bzw. § 1 EStG.

818 Art. 20 Abs. 3 RevDBA lautet: „Für die Zwecke des Absatzes 2 hat ein Student, (..) während seines Studiums oder seiner Ausbildung außerdem bei nicht in Absatz 2 erfaßten Zuschüssen, Stipendien und Vergütungen aus unselbständiger Arbeit Anspruch auf die gleichen Steuerfreibeträge, -vergünstigungen und –ermäßigungen, die in dem von ihm besuchten Staat ansässigen Personen unter gleichen Verhältnissen gewährt werden."

819 Weitere Ausführungen hierzu finden sich an späterer Stelle der Untersuchung.

L. Besteuerung von Künstlern und Sportlern

Künstler und Sportler unterliegen einer besonderen Besteuerung, die den Eigenheiten dieser Berufsgruppe Rechnung trägt, ohne diese gegenüber anderen Steuerpflichtigen zu privilegieren[820]. Insbesondere die spezifische Mobilität, die vielfältigen Einnahmemöglichkeiten und die Möglichkeit der besonderen Verflechtung von Künstler- und Sportlerverleihgesellschaften gilt es bei dieser Berufsgruppe ausreichend zu berücksichtigen[821]. Im Revisionsabkommen vom 10. März 2000 findet sich die entscheidende Regelung in Art. 17 RevDBA, die den allgemeinen Verteilungsnormen Art. 7, 14 RevDBA und Art. 15 RevDBA als lex specialis vorgeht, Art. 17 Abs. 1 1. Halbsatz RevDBA[822]. Der lex-specialis Charakter reicht allerdings nur soweit, wie sich die in Art. 17 RevDBA angesprochene Person[823] als Künstler oder Sportler persönlich betätigt[824]. Trotz der abkommensrechtlichen Begriffsdefinition der Person unterliegen daher ausschließlich natürliche Personen der Besteuerung nach Art. 17 RevDBA, ohne Rücksicht darauf, ob diese einzeln oder auch als Mitglieder von Orchestern, Chören, Balletten, Theatern etc. gesellschaftsrechtlich verbunden auftreten[825]. Da der Anwendungsbereich des Art. 17 RevDBA entscheidend an den Personenkreis der Künstler und Sportler anknüpft, stellt sich zunächst die Frage, welche Personen hierunter zu fassen sind.

I. Künstler und Sportler im Sinne des Revisionsabkommens

Art. 17 RevDBA verwendet die Ausdrücke „*Künstler*" und „*Sportler*", ohne diese zu definieren. In den Fällen, in denen das Revisionsabkommen vom 10. März 2000 zur Begriffsbestimmung „schweigt", spricht eine Vermutung dafür, daß

820 Vgl. auch *Vogel*, DBA, Art. 17, Rdnr. 8.

821 Vgl. auch *Frotscher*, Internationales Steuerrecht, § 13, Rdnr. 45; *Kluge*, Internationales Steuerrecht, Rdnr. S 301; *Schaumburg*, Internationales Steuerrecht, § 16, Rdnr. 16.456; *Vogel*, DBA, Art. 17, Rdnr. 7.

822 Der entscheidende Wortlaut lautet diesbezüglich: „Ungeachtet der Artikel 7, 14 und 15 können Einkünfte (...) ".

823 Im Sinne von Art. 3 Abs. 1 Buchst. d) RevDBA. Siehe dazu die oben unter Kapitel 2, A I erfolgten Ausführungen.

824 Vgl. OECD-MK zum OECD-MA, Art. 17, Nr. 1, abgedruckt in *Vogel*, DBA, Art. 17, Rdnr. 2.

825 Vgl. auch OECD-MK zum OECD-MA, Art. 17, Nr. 8, abgedruckt in *Vogel*, DBA, Art. 17, Rdnr. 4 e; *Schaumburg*, Internationales Steuerrecht, § 16, Rdnr. 16.458; *Vogel*, DBA, Art. 17, Rdnr. 12.

hierauf die Vertragsstaaten Deutschland und Korea bewußt verzichtet haben[826]. Gemäß Art. 3 Abs. 2 RevDBA gelangt das innerstaatliche Recht des Anwendestaates zur Anwendung, allerdings nur insoweit, als der Abkommenszusammenhang kein anderes erfordert[827].

Art. 17 Abs. 1 RevDBA zeichnet sich dadurch aus, daß die Abkommensbestimmung eine beispielhafte Aufzählung dessen enthält, was unter einem Künstler im abkommensrechtlichen Sinne zu verstehen ist[828]. Diese Aufzählung ermöglicht als Teildefinition eine abkommensrechtliche Bestimmung des Künstlerbegriffes und daher eine Auslegung unmittelbar aus dem (Abkommens-)Zusammenhang, so daß es eines Rückgriffes auf das innerstaatliche Recht regelmäßig nicht mehr bedarf[829]. Gemeinsames Merkmal der beispielhaft aufgeführten Tätigkeiten ist deren vortragender Charakter. Es ist folglich davon auszugehen, daß Art. 17 Abs. 1 RevDBA nur vortragende künstlerische bzw. kunstinterpretierende Tätigkeiten erfaßt, nicht aber Kunstausübungen, die werkschaffender Art sind. Unter den Begriff des Künstlers im abkommensrechtlichen Sinne fallen somit nur solche Personen, die berufsmäßig unmittelbar - oder mittelbar über Medien - in der Öffentlichkeit Darbietungen erbringen, die im weitesten Sinne Unterhaltungscharakter haben[830]. Nicht ausreichend ist die nur mittelbare Mitwirkung anderer Personen an der öffentlichen Darbietung[831].

Auch der abkommensrechtliche Begriff des Sportlers ist ausgerichtet auf dieses Verständnis hin auszulegen. Entgegen der eher engen Auslegung des Künstlerbegriffs ist der Begriff des Sportlers indessen weit auszulegen[832]. Ent-

---

826 Vgl. oben Kapitel 3, B I.

827 Vgl. oben Kapitel 3, B I.

828 Der entscheidende Wortlaut lautet: „(...) wie Bühnen-, Film-, Rundfunk- oder Fernsehkünstler oder Musiker".

829 Vgl. auch *Michael Maßbaum*, Aktuelle Entwicklungen zur Künstler- und Sportlerbesteuerung, in: Nationale und internationale Dimensionen des Steuerrechts, Symposium zum 60. Geburtstag von Professor Dr. Jörg Manfred Mössner, Herne, Berlin 2002, S. 257 – 278 (272); *Franz Wassermeyer*, Der Künstlerbegriff im Abkommensrecht, IStR 1995, S. 553 - 557 (555).

830 Vgl. auch *Frotscher*, Internationales Steuerrecht, § 13, Rdnr. 45; *Kluge*, Internationales Steuerrecht, Rdnr. S 302; *Maßbaum*, Aktuelle Entwicklungen, S. 275; *Schaumburg*, Internationales Steuerrecht, § 16, Rdnr. 16.459; *Vogel*, DBA, Art. 17, Rdnr. 13 a; *Wassermeyer* in: Debatin/Wassermeyer, DBA, Bd. I, MA Art. 17, Rdnr. 21.

831 Vgl. auch *Maßbaum*, Aktuelle Entwicklungen, S. 275.

832 Vgl. auch OECD-MK zum OECD-MA, Art. 17, Rdnr. 5, abgedruckt in *Vogel*, DBA, Art. 17, Rdnr. 4 b; *Frotscher*, Internationales Steuerrecht, § 13, Rdnr. 45; *Kluge*, Internationales Steuerrecht, Rdnr. S 302; *Vogel*, DBA, Art. 17, Rdnr. 14; *Wassermeyer* in: Debatin/Wassermeyer, DBA, Bd. I, MA Art. 17, Rdnr. 26.

scheidend ist der Auftritt in der Öffentlichkeit zu Unterhaltungszwecken, unerheblich, ob im Rahmen der Veranstaltung im anderen Vertragsstaat um Punkte, Meisterschaften oder Pokale gekämpft wird. Danach werden von Art. 17 Abs. 1 RevDBA nicht nur die Athleten im traditionellen Verständnis, sondern auch alle anderen Formen der sportlichen Betätigung erfaßt[833].

II. Besteuerung im Tätigkeitsstaat

Art. 17 Abs. 1 RevDBA weist dem Vertragsstaat, in welchem der Künstler oder der Sportler seine Tätigkeit erbringt, die Besteuerungskompetenz für alle Einkünfte zu, die aus der auftrittsbezogenen, aktiven und persönlich ausgeübten Tätigkeit des Künstlers oder Sportlers stammen[834]. Alleiniger Anknüpfungspunkt ist die persönlich ausgeübte Tätigkeit. Es bedarf weder einer im Tätigkeitsstaat gelegenen Betriebsstätte[835] noch einer dort gelegenen festen Einrichtung[836]. Auch der dortige Aufenthalt ist an keine zeitliche Mindestgrenze im Sinne der 183 Tage-Klausel gebunden. Dies zeichnet Art. 17 RevDBA gegenüber den allgemeinen Verteilungsnormen Art. 7, 14 RevDBA und Art. 15 RevDBA aus[837].

1. Verwertung der künstlerischen oder sportlichen Tätigkeit

Soweit Art. 17 Abs. 1 RevDBA alle Einkünfte aus der auftrittsbezogenen, aktiven und persönlich ausgeübten Tätigkeit des Künstlers oder des Sportlers erfaßt[838], folgt die Regelung des Revisionsabkommens vom 10. März 2000 der Vorgabe des Art. 17 Abs. 1 OECD-MA. In Abweichung zu den Vorgaben des

---

833 Vgl. auch OECD-MK zum OECD-MA, Art. 17, Nr. 6, abgedruckt in *Vogel*, DBA, Art. 17, Rdnr. 4 c; *Kluge*, Internationales Steuerrecht, Rdnr. S 302; *Vogel*, DBA, Art. 17, Rdnr. 14; *Wassermeyer* in: Debatin/Wassermeyer, DBA, Bd. I, MA Art. 17, Rdnr. 27.

834 Vgl. auch *Frotscher*, Internationales Steuerrecht, § 13, Rdnr. 45; *Kluge*, Internationales Steuerrecht, Rdnr. S 304; *Schaumburg*, Internationales Steuerrecht, § 16, Rdnr. 16.460; *Vogel*, DBA, Art. 17, Rdnr. 8; *Wassermeyer* in: Debatin/Wassermeyer, DBA, Bd. I, MA Art. 17, Rdnr. 36.

835 Im Sinne von Art. 5 RevDBA.

836 Im Sinne von Art. 14 RevDBA.

837 Vgl. *Kluge*, Internationales Steuerrecht, Rdnr. S 301; *Schaumburg*, Internationales Steuerrecht, § 16, Rdnr. 16.458; *Vogel*, DBA, Art. 17, Rdnr. 8 a; *Wassermeyer* in: Debatin/Wassermeyer, DBA, Bd. I, MA Art. 17, Rdnr. 16.

838 Vgl. oben Kapitel 3, L II.

OECD-Musterabkommens erfaßt Art. 17 Abs. 2 RevDBA auch die Vergütungen, die für die Benutzung oder das Recht auf Benutzung des Namens, des Bildes oder sonstiger Persönlichkeitsrechte des Künstlers oder des Sportlers gezahlt werden, wenngleich derartige Verwertungseinkünfte grundsätzlich als Lizenzgebühren angesehen werden können[839]. Das Revisionsabkommen vom 10. März 2000 stellt jedoch die Verwertung des Namens, des Bildes oder sonstiger Persönlichkeitsrechte des Künstlers oder Sportlers der persönlich ausgeübten Tätigkeit gleich und ordnet für die - beispielsweise als Werbeträger - erzielten kunst- oder sportfremden Einkünfte die Besteuerung im Tätigkeitsstaat an[840]. Damit knüpft das Steuerabkommen an das deutsche Steuerrecht an, nach welchem die Verwertung künstlerischer oder auch sportlicher Tätigkeiten regelmäßig den Anknüpfungspunkt für die Steuerpflicht nach § 49 Abs. 1 Nr. 3 und 4 EStG bildet[841]. Das innerstaatliche Recht ist somit als maßgeblich für die von den Empfehlungen des OECD-Musterabkommens abweichende Regelung des Art. 17 Abs. 2 RevDBA anzusehen.

2. Beteiligung einer zwischengeschalteten Person

Die Besteuerungskompetenz des Tätigkeitsstaates bleibt auch dann erhalten, wenn die Einkünfte aus der öffentlichen Darbietung einer anderen Person[842] zufließen, Art. 17 Abs. 3 RevDBA. Der Kreis der Steuerschuldner wird somit auf – dritte - Personen ausgedehnt, die zwar nicht als Künstler oder Sportler im abkommensrechtlichen Sinne[843] tätig sind, denen aber die entsprechenden Einkünfte zufließen. Art. 17 Abs. 3 RevDBA ist mit Art. 17 Abs. 2 OECD-MA identisch und dient dem Zweck, Steuerumgehung und Mißbrauch zu verhindern[844].

---

839 Vgl. dazu die Definition der Lizenzgebühren in Art. 12 Abs. 2 OECD-MA, wonach auch die Vergütung für die Benutzung von Urheberrechten an literarischen, künstlerischen oder wissenschaftlichen Werken einschließlich Filmen zu den Lizenzgebühren gehören, siehe *Schaumburg*, Internationales Steuerrecht, § 16, Rdnr. 16.460.

840 Der entscheidende Wortlaut lautet: „Ungeachtet des Art. 12 (...)".

841 Vgl. auch *Vogel*, Art. 17, Rdnr. 20.

842 Im Sinne von Art. 3 Abs. 1 Buchst. d) RevDBA. Siehe dazu die oben unter Kapitel 2, A I erfolgten Ausführungen.

843 Vgl. oben Kapitel 3, L I.

844 Vgl. auch OECD-MK zum OECD-MA, Art. 17, Nr. 11, abgedruckt in *Vogel*, DBA, Art. 17, Rdnr. 38. Der MK benennt drei Hauptfälle, in denen Steuerumgehung und Mißbrauch durch zwischengeschaltete Gesellschaften denkbar sind. Dies sind die Managementgesellschaften, die ausländischen Dachverbände und die Sportorganisationen, welche das Einkommen für die Auftritte der Künstler oder Sportler beziehen.

Ohne diese Sonderbestimmung verbliebe es insbesondere für die in der Praxis nicht selten anzutreffenden, oben genannten Künstlerverleihgesellschaften bei der Besteuerungskompetenz des Sitzstaates der Gesellschaft, da im Tätigkeits- bzw. Quellenstaat regelmäßig keine abkommensrechtliche Betriebsstätte begründet wird[845].

3. Durchführung der Besteuerung in Korea

Art. 17 RevDBA weist grundsätzlich dem Tätigkeitsstaat die Besteuerungskompetenz hinsichtlich der auftrittsbezogenen Einkünfte[846] und der Verwertungseinkünfte[847] der Künstler oder Sportler zu. Tritt ein deutscher Volksmusiker daher im Rahmen einer Tournee mehrmals[848] in Korea auf, können die hierfür bezogenen Einkünfte in Korea besteuert werden, Art. 17 Abs. 1 RevDBA. Dies gilt auch die Vergütungen, die der Volksmusiker aus der zeitversetzten Ausstrahlung seiner aufgezeichneten Konzerte im koreanischen Fernsehen bezieht, Art. 17 Abs. 2 RevDBA. Das Revisionsabkommen bestätigt insoweit den koreanischen Steueranspruch für die Einkünfte ausländischer Künstler und Sportler, die diese aus ihrer persönlichen Tätigkeit in Korea beziehen, Art. 1 Abs. 1 Nr. 2 ITA i.V.m. Art. 119 Nr. 6 ITA[849]. Die Einkommensteuer wird im Abzugsverfahren erhoben, so daß auf die oben bereits erfolgten Ausführungen zur Durchführung der Besteuerung verwiesen werden kann, Art. 121 Abs. 4 ITA i.V.m. Art. 156 ITA[850]. Der Quellensteuersatz beträgt 20 %, Art. 156 Abs. 1 Nr. 2 ITA.

III. Besteuerung im Wohnsitzstaat

Die Besteuerungskompetenz des Tätigkeitsstaates entfällt ausnahmsweise, soweit der Aufenthalt des Künstlers oder Sportlers ganz oder überwiegend aus öffentlichen Mitteln des anderen Vertragsstaates, einem seiner Länder oder einer seiner Gebietskörperschaften finanziert wird, Art. 17 Abs. 4 Satz 1 RevDBA.

---

845 Vgl. auch *Kluge*, Internationales Steuerrecht, S 301; *Vogel*, DBA, Art. 17, Rdnr. 44 e; *Wassermeyer* in: Debatin/Wassermeyer, DBA, Bd. I, MA Art. 17, Rdnr. 59.

846 Im Sinne von Art. 17 Abs. 1 RevDBA.

847 Im Sinne von Art. 17 Abs. 2 RevDBA.

848 Ein einmaliger Auftritt würde genügen, siehe auch *Vogel*, DBA, Art. 17, Rdnr. 20.

849 I.V.m. Art. 179 Abs. 5 Nr. 4 PED-ITA.

850 Vgl. oben Kapitel 3, G II 1 b).

Die Sonderregelung dient der Förderung des Kulturaustausches zwischen beiden Vertragsstaaten, da durch die Freistellung der kulturellen Förderung im anderen Vertragsstaat bezweckt wird, die öffentlichen Zuschüsse wegen der ausländischen Besteuerung nicht erhöhen zu müssen[851].

Voraussetzung ist, daß die Förderung des Aufenthaltes im Quellenstaat in einem wesentlichen Umfang aus öffentlichen Mitteln erfolgen muß. Ein solch wesentlicher Umfang ist insbesondere dann anzunehmen, wenn dieser mindestens ein Drittel der Kosten für den Auslandsaufenthalt des Künstlers oder Sportlers deckt[852]. Dies gilt auch, soweit die Finanzierung durch eine im anderen Vertragsstaat als gemeinnützig anerkannte Einrichtung erfolgt, Art. 17 Abs. 4 Satz 1 RevDBA. Art. 17 Abs. 4 Satz 2 RevDBA weist in diesen Fällen dem Vertragsstaat, in welchem der Künstler oder Sportler ansässig[853] ist, die ausschließliche Besteuerungskompetenz an den Einkünften aus der persönlich ausgeübten Tätigkeit zu. Insoweit ist Art. 17 Abs. 4 RevDBA anders als Art. 17 Abs. 1 RevDBA als vollständige Verteilungsnorm anzusehen, welche das Problem der Doppelbesteuerung bereits auf der Ebene der Verteilungsnorm einer Lösung zuführt[854].

Da Art. 17 Abs. 4 RevDBA auf Art. 17 Abs. 3 RevDBA verweist, sind auch die Fälle mit einbezogen, in denen die Einkünfte aus der Erbringung der künstlerischen oder sportlichen Leistung nicht dem Künstler bzw. Sportler direkt, sondern einer zwischengeschalteten anderen Person zufließen[855]. Insgesamt gesehen entspricht die Regelung des Art. 17 Abs. 4 RevDBA zum Kulturaustausch zwischen Deutschland und Korea der gegenwärtigen deutschen Abkommenspolitik[856].

---

851 Vgl. auch OECD-MK zum OECD-MA, Art. 17, Nr. 14, abgedruckt in *Vogel*, DBA, Art. 17, Rdnr. 4 j.

852 Vgl. auch *Vogel*, DBA, Art. 17, Rdnr. 33.

853 Im Sinne von Art. 4 RevDBA. Siehe dazu die obigen Ausführungen unter Kapitel 2, A II.

854 Der entscheidende Wortlaut lautet diesbezüglich: „In diesem Fall können die Einkünfte nur in dem Vertragsstaat besteuert werden (...)".

855 Vgl. oben Kapitel 3, L II 2.

856 Siehe dazu die Abkommensübersicht bei *Vogel*, DBA, Art. 17, Rdnr. 33.

M. Besteuerung des unbeweglichen Vermögens

Art. 6 RevDBA regelt die Besteuerung der Einkünfte, die eine in einem Vertragsstaat ansässige[857] Person[858] aus dem im anderen Vertragsstaat gelegenen unbeweglichen Vermögen bezieht. Gleich dem OECD-Musterabkommen verwirklicht das Revisionsabkommen vom 10. März 2000 das sogenannte Belegenheitsprinzip, welches sich aus der engen wirtschaftlichen Beziehung des Quellenstaates – enger als zum Wohnsitzstaat - zum unbeweglichen Vermögen als fundierte Einkunftsquelle rechtfertigt[859]. Danach steht dem Quellenstaat – als Belegenheitsstaat - die uneingeschränkte Besteuerungskompetenz an den Einkünften zu, Art. 6 Abs. 1 RevDBA. Nicht von Belang ist, ob das unbewegliche Vermögen dem land- und forstwirtschaftlichen, gewerblichen oder freiberuflichen Betriebsvermögen oder dem privaten Vermögen zuzuordnen ist. Damit kommt Art. 6 RevDBA regelmäßig Anwendungsvorrang vor allen anderen Verteilungsnormen zu[860]. Da der Anwendungsbereich dieser Verteilungsnorm entscheidend an das im Quellenstaat gelegene unbewegliche Vermögen anknüpft, stellt sich zunächst die Frage, was hierunter zu verstehen ist.

I. Begriff des unbeweglichen Vermögens

Das Revisionsabkommen vom 10. März 2000 enthält eine eigene Definition des unbeweglichen Vermögens, die aufgrund ihrer Vereinbarung auf Abkommensebene Verbindlichkeit für beide Vertragsstaaten entfaltet. Ihr Zweck erschöpft sich in der Abkommensanwendung und insofern kommt der autonomen Definition keinesfalls Einfluß auf das innerstaatliche Recht der Vertragsstaaten zu[861].

---

857 Im Sinne von Art. 4 RevDBA. Siehe dazu die obigen Ausführungen unter Kapitel 2, A II.

858 Im Sinne von Art. 3 Abs. 1 Buchst. d) RevDBA. Siehe dazu die obigen Ausführungen unter Kapitel 2, A I.

859 Vgl. OECD-MK zum OECD-MA, Art. 6, Nr. 1, abgedruckt in *Vogel*, DBA, Art. 6, Rdnr. 2; *Kluge*, Internationales Steuerrecht, Rdnr. S 40; *Schaumburg*, Internationales Steuerrecht, § 16, Rdnr. 16.213; *Vogel*, DBA, Art. 6, Rdnr. 4; *Wassermeyer* in: Debatin/Wassermeyer, DBA, Bd. I, MA Art. 6, Rdnr. 1.

860 Vgl. OECD-MK zum OECD-MA, Art. 6, Nr. 4, abgedruckt in *Vogel*, DBA, Art. 6, Rdnr. 43; *Kluge*, Internationales Steuerrecht, Rdnr. S 41; *Schaumburg*, Internationales Steuerrecht, § 16, Rdnr. 16.214; *Vogel*, DBA, Art. 6, Rdnr. 5; *Wassermeyer* in: Debatin/Wassermeyer, DBA, Bd. I, MA Art. 6, Rdnr. 101.

861 Zur insoweit vergleichbaren autonomen Definition der Dividenden in Art. 10 Abs. 3 RevDBA siehe oben Kapitel 3, D I.

Allerdings wird mit der in Art. 6 Abs. 2 RevDBA erfolgten Definition einzig die für die Einkünfteerzielung maßgebliche Erwerbsgrundlage bestimmt, die für die abkommensrechtliche Zuordnung der Einkünfte aus unbeweglichem Vermögen zunächst ohne Bedeutung ist. Daher ist Art. 3 Abs. 2 RevDBA zur Auslegung ergänzend heranzuziehen, wobei die lex-fori-Klausel als Vorbehaltsklausel nur insoweit herangezogen werden kann, wie keine besonderen abkommensrechtlichen Regelungen zu beachten sind[862]. Das Revisionsabkommen vom 10. März 2000 enthält in Art. 6 Abs. 3 RevDBA eine besondere Regelung, aus welcher folgt, daß die Einkünfte im Sinne des Art. 6 Abs. 1 RevDBA durch Nutzung des unbeweglichen Vermögens erzielt werden müssen, wobei jede Art der Nutzung, nicht nur die unmittelbare, sondern auch die bloß mittelbare Nutzung des unbeweglichen Vermögens in Betracht kommt[863]. Als Einkünfte gemäß Art. 6 Abs. 1 RevDBA scheiden daher insbesondere Einkünfte aus der Verwertung der Substanz aus[864]. Folglich bedarf es der Abgrenzung zwischen der Nutzung des unbeweglichen Vermögens und dessen Veräußerung[865]. Hierbei ist entscheidend auf die wirtschaftliche Beurteilung des Sachverhaltes abzustellen ist. Weder die von den Parteien gewählte bürgerlich-rechtliche Form noch die getroffene Vereinbarung als solche sind als maßgeblich zu erachten[866].

Im Grunde ist der Kreis der den Einkünften aus unbeweglichem Vermögen zuzuordnenden Einkunftsquellen damit sehr weit zu ziehen. Hierunter können besonders die Einkünfte gefaßt werden, die sich nach dem jeweiligen innerstaatlichen Recht als Einkünfte aus Vermietung und Verpachtung darstellen, da das unbewegliche Vermögen in diesen Fällen als eigenständige Einkunftsquelle genutzt wird[867]. Ist Korea Belegenheitsstaat, das heißt ist das unbewegliche Vermögen in Korea gemäß seiner geographischen Bestimmung in Art. 3 Abs. 1 Buchst. b) RevDBA belegen, ist koreanisches Steuerrecht, i.e. Art. 18 ITA, er-

---

862 Vgl. oben Kapitel 3, B I.

863 Vgl. OECD-MK zum OECD-MA, Art. 6, Nr. 3, abgedruckt in *Vogel,* DBA, Art. 6, Rdnr. 33; *Kluge,* Internationales Steuerrecht, Rdnr. S 41; *Schaumburg,* Internationales Steuerrecht, § 16, Rdnr. 16.219; *Vogel,* DBA, Art. 6, Rdnr. 35.

864 Deren Besteuerung bestimmt sich nach Art. 13 RevDBA. Weitere Ausführungen hierzu erfolgen an entsprechend späterer Stelle der Untersuchung.

865 Vgl. *Kluge,* Internationales Steuerrecht, Rdnr. S 41; *Schaumburg,* Internationales Steuerrecht, § 16, Rdnr. 16.220; *Vogel,* DBA, Art. 6, Rdnr. 6; *Wassermeyer* in: Debatin/Wassermeyer, DBA, Bd. I, MA Art. 6, Rdnr. 91.

866 Vgl. auch *Wassermeyer* in: Debatin/Wassermeyer, DBA, Bd. I, MA Art. 6, Rdnr. 91; *Wolff* in: Debatin/Wassermeyer, DBA, Bd. III, Länderteil Korea, Art. 6, Rdnr. 18.

867 Vgl. auch *Schaumburg,* Internationales Steuerrecht, § 16, Rdnr. 16.220; *Vogel,* DBA, Art. 6, Rdnr. 36; *Wassermeyer* in: Debatin/Wassermeyer, DBA, Bd. I, MA Art. 6, Rdnr. 15.

gänzend heranzuziehen. Nach Art. 18 Abs. 1 Nr. 1 bis 3 ITA gelten als Einkünfte aus Vermietung und Verpachtung die Einkünfte aus der Verpachtung von Grund und Boden bzw. aus dem Recht zur Verpachtung von Grund und Boden wie auch die Einkünfte aus der Verpachtung von Fabriken oder Bergwerken etc. in Korea. Ferner gelten als abkommensrechtliche Einkünfte aus unmittelbarer Nutzung ausdrücklich die Einkünfte aus der land- und forstwirtschaftlichen Nutzung von Grund und Boden, Art. 6 Abs. 1 Klammerzusatz RevDBA. Diese Einkünfte sind somit mit den koreanischen Einkünften aus Forstwirtschaft nach Art. 23 ITA zu lesen. Schließlich bestimmt das Revisionsabkommen vom 10. März 2000, daß Schiffe und Luftfahrzeuge nicht als unbewegliches Vermögen angesehen werden können, Art. 6 Abs. 2 a.E. RevDBA. Hierdurch erfolgt eine ausdrückliche Klarstellung dahingehend, daß Art. 8 RevDBA hinsichtlich der Besteuerung von Gewinnen aus dem Betrieb von Seeschiffen und Luftfahrzeugen im Verhältnis zu der Verteilungsnorm des Art. 6 RevDBA lex specialis ist. Dies gilt insbesondere für die Einkünfte nach Art. 8 Abs. 2 RevDBA aus dem erweiterten koreanischen Steueranspruch auf die Einkünfte aus der Vermietung von Schiffen, Flugzeugen etc.[868]

Erwirbt demnach ein gewerbliches Unternehmen mit Sitz in Frankfurt ein Grundstück in Seoul, um hierauf eine Einrichtung zur ausschließlichen Lagerung, Ausstellung oder Auslieferung der eigenen Güter oder Waren in Korea zu errichten, unterliegt dieses nicht der Besteuerung nach Art. 6 RevDBA, da mit der Eigennutzung des Grundstücks keine Einkünfte aus Vermietung und Verpachtung gemäß Art. 18 ITA, mithin aus unbeweglichem Vermögen im Sinne des Art. 6 Abs. 1 RevDBA, erzielt werden. Die Besteuerung des deutschen Unternehmens nach Art. 7 RevDBA scheitert daran, daß es sich bei der errichteten Einrichtung nicht um eine Betriebsstätte gemäß Art. 5 Abs. 1 RevDBA, sondern um eine Hilfsbetriebsstätte nach Art. 5 Abs. 4 Buchst. a) RevDBA handelt[869]. Anders verhält es sich, soweit das Unternehmen aus Frankfurt seine Einrichtung in Seoul an einen in Korea ansässigen Dritten vermietet. Mittels der Mieteinnahmen gemäß Art. 18 Abs. 1 Nr. 1 ITA erzielt das Unternehmen in diesem Falle Einkünfte aus unbeweglichem Vermögen im Sinne des Art. 6 Abs. 1 RevDBA und unterliegt der unbeschränkten Besteuerung in Korea. Dem deutschen Unternehmen ist insbesondere der Einwand versagt, wegen Fehlens einer Betriebsstätte im Quellenstaat könne es wegen Art. 7 RevDBA über die Unternehmensbesteuerung Befreiung für die Einkünfte aus dort belegenem unbeweglichen Ver-

[868] Vgl. oben Kapitel 3, C II.
[869] Vgl. oben Kapitel 3, B II 1.

mögen verlangen. Insofern kommt der eingangs bereits ausgeführte ständige Vorrang des Belegenheitsprinzips nach Art. 6 Abs. 4 RevDBA zum Tragen.

II. Durchführung der Besteuerung in Korea

Bezieht ein deutsches Unternehmen Einkünfte aus der Vermietung und Verpachtung von unbeweglichem Vermögen[870], das in Korea gelegen ist, unterliegen diese der uneingeschränkten Besteuerung in Korea (Belegenheitsprinzip), Art. 6 Abs. 1 RevDBA. Als Quellenstaat kann Korea die Besteuerung nach Maßgabe seines innerstaatlichen Rechts in vollem Umfang aufrechterhalten, eine Beschränkung durch das Revisionsabkommen erfolgt nicht[871].

Grundsätzlich unterliegen die in Korea erzielten Einkünfte aus Grundbesitz[872] und Forstwirtschaft[873] ausländischer Körperschaften[874] der beschränkten Steuerpflicht nach Art. 3 Abs. 1 Nr. 1, Abs. 3 CTA i.V.m. Art. 93 Nr. 3 CTA bzw. Art. 93 Nr. 8 CTA. Wie anläßlich der Körperschaftsteuer für ausländische Körperschaften mit in Korea gelegener Betriebsstätte ausgeführt, sieht das Körperschaftsteuerrecht in Korea die analoge Anwendung der Steuervorschriften für koreanische Körperschaften in den Fällen vor, in denen die ausländische Körperschaft eine Betriebsstätte in Korea unterhält, Einkünfte aus Grundvermögen in Korea oder Einkünfte aus Forstwirtschaft in Korea erzielt, Art. 91 Abs. 1 CTA. Demnach kann für das koreanische Steuererhebungsverfahren auf die oben bereits erfolgten Ausführungen verwiesen werden[875]. Zur Anwendung gelangt der körperschaftsteuerliche Tarif nach Art. 95 CTA i.V.m. Art. 55 CTA[876]. Hierzu tritt die Einwohnersteuer in Höhe von 10 % hinzu, die als Zuschlag zur Körperschaftsteuer erhoben wird[877].

---

870 Im Sinne von Art. 6 Abs. 2 RevDBA.

871 Vgl. OECD-MK zum OECD-MA, Art. 6, Nr. 1, abgedruckt in *Vogel*, DBA, Art. 6, Rdnr. 2; *Kluge*, Internationales Steuerrecht, Rdnr. S 40; *Schaumburg*, Internationales Steuerrecht, § 16, Rdnr. 16.212; *Vogel*, DBA, Art. 6, Rdnr. 4; *Wassermeyer* in: Debatin/Wassermeyer, DBA, Bd. I, MA Art. 6, Rdnr. 25 b.

872 Im Sinne von Art. 18 ITA.

873 Im Sinne von Art. 23 ITA.

874 Welche Körperschaften als ausländische anzusehen sind, ist oben unter Kapitel 1, B IV ausführlich erörtert worden.

875 Vgl. oben Kapitel 3, B III 1.

876 Vgl. oben Kapitel 3, B III 1 a).

877 Vgl. oben Kapitel 3, B III 1 a).

N. Besteuerung von Gewinnen aus der Veräußerung von Vermögen

Die Regelung der Besteuerung von Gewinnen aus der Veräußerung von Vermögen erfolgt in Art. 13 RevDBA. Bemerkenswert ist, daß sich die Regelung an die steuerliche Behandlung der laufenden *Erträge* aus den betreffenden Vermögenswerten anlehnt. Im Hinblick hierauf unterscheidet Art. 13 RevDBA zwischen dem unbeweglichem Vermögen, dem beweglichen Betriebsvermögen, den von einer im anderen Vertragsstaat ansässigen[878] Gesellschaft[879] ausgegebenen Aktien sowie den Seeschiffen und Luftfahrzeugen. Während die vorgenannten Vermögenswerte ihre Begriffsbestimmung regelmäßig auf Ebene des Revisionsabkommens vom 10. März 2000 erfahren, gilt dies nicht hinsichtlich der Veräußerungsgewinne, so daß sich an dieser Stelle zunächst die Frage stellt, was unter Veräußerungsgewinnen zu verstehen ist.

I. Begriff der Veräußerungsgewinne

Das Revisionsabkommen vom 10. März 2000 enthält keine Definition der Veräußerungsgewinne, so daß gemäß Art. 3 Abs. 2 RevDBA das innerstaatliche Recht zur Anwendung gelangt[880]. Dieses trifft folglich die Entscheidung darüber, was gegenständlich hierunter zu fassen ist[881]. Gegen die Maßgeblichkeit des innerstaatlichen Rechts wendet sich namentlich *Wassermeyer*, der die im Ergebnis abzulehnende Auffassung vertritt, die eigene Einkunftskategorie spreche für eine abkommensrechtliche Qualifikation der Begriffe, die mit denen des innerstaatlichen Rechts nicht deckungsgleich sei[882]. Zwar steht die Auslegung nach der lex fori unter dem Vorbehalt einer andersartigen Auslegung aus dem Abkommenszusammenhang, doch fordert gerade dieser Zusammenhang die Auslegung nach innerstaatlichem Recht. Dem OECD-Musterkommentar ist erkennbar zu entnehmen, daß der Anwendungsbereich des Art. 13 OECD-MA durch das

---

878 Im Sinne von Art. 4 RevDBA. Siehe dazu die obigen Ausführungen unter Kapitel 2, A II.

879 Im Sinne von Art. 3 Abs. 1 Buchst. d) RevDBA. Siehe dazu die obigen Ausführungen unter Kapitel 2, A I.

880 Vgl. oben Kapitel 3, B I.

881 Vgl. auch *Kluge*, Internationales Steuerrecht, Rdnr. S 251; *Schaumburg*, Internationales Steuerrecht, § 16, Rdnr. 16.382; *Vogel*, DBA, Art. 13, Rdnr. 24.

882 So in: Debatin/Wassermeyer, DBA, Bd. I, MA Art. 13, Rdnr. 3.

jeweilige innerstaatliche Steuerrecht bestimmt wird[883]. Die Maßgeblichkeit des innerstaatlichen Rechts gilt konsequenterweise auch für Art. 13 RevDBA. Aus koreanischer Sicht zählen zu den Veräußerungsgewinnen die Gewinne aus jeder entgeltlichen Übertragung von Vermögen, insbesondere aus Kauf- oder Tauschgeschäften oder der Einbringung in eine Gesellschaft. Nicht von Belang ist, ob der veräußerte Vermögenswert bzw. Vermögensgegenstand[884] amtlich registriert ist, Art. 88 Abs. 1 ITA.

II. Veräußerung von unbeweglichem Vermögen

Art. 13 Abs. 1 RevDBA erfaßt die Gewinne, die eine in einem Vertragsstaat ansässige[885] Person[886] aus der Veräußerung von unbeweglichem Vermögen erzielt, das im anderen Vertragsstaat gelegen ist. Für die Definition des unbeweglichen Vermögens verweist Art. 13 Abs. 1 RevDBA auf Art. 6 RevDBA, wobei der Verweis umfassender Art ist und sich sowohl auf das land- und forstwirtschaftliche[887] wie auch das sonstige unbewegliche Vermögen[888] erstreckt[889]. Das Revisionsabkommen vom 10. März 2000 weist dem Belegenheitsstaat die Besteuerungskompetenz an den Veräußerungsgewinnen zu. Insoweit knüpft die Besteuerung der Veräußerungsgewinne an die Besteuerung der laufenden Einkünfte aus unbeweglichem Vermögen an und verwirklicht in gleicher Weise das Belegenheitsprinzip[890]. Daraus folgt: Ist Korea Belegenheitsstaat, unterliegen die

---

883 Im einzelnen führt der OECD-MK in Art. 13 Nr. 3 Satz 2 folgendes aus: „Ob und gegebenenfalls wie Veräußerungsgewinne besteuert werden sollen, richtet sich nach dem innerstaatlichen Recht eines jeden Vertragsstaates“, abgedruckt in *Vogel*, DBA, Art. 13, Rdnr. 4.

884 Die Aufzählung der relevanten Vermögenswerte bzw. -gegenstände findet sich in Art. 94 ITA. Hierzu zählen u.a. das in Korea gelegene Grundvermögen (Grundstücke und Gebäude), Beteiligungen an Unternehmen, die an der koreanischen Börse gelistet sind etc.

885 Im Sinne von Art. 4 RevDBA. Siehe dazu die obigen Ausführungen unter Kapitel 2, A II.

886 Im Sinne von Art. 3 Abs. 1 Buchst. d) RevDBA. Siehe dazu die obigen Ausführungen unter Kapitel 2, A I.

887 Nach Art. 6 Abs. 1 RevDBA.

888 Nach Art. 6 Abs. 2 RevDBA.

889 Vgl. auch *Wassermeyer* in: Debatin/Wassermeyer, DBA, Bd. I, MA Art. 13, Rdnr. 41.

890 Vgl. auch OECD-MK zum OECD-MA, Art. 13, Nr. 22, abgedruckt in *Vogel*, DBA, Art. 13, Rdnr. 28; *Frotscher*, Internationales Steuerrecht, § 13, Rdnr. 37; *Kluge*, Internationales Steuerrecht, Rdnr. S 251; *Schaumburg*, Internationales Steuerrecht, § 16, Rdnr. 16.384; *Vogel*, DBA, Art. 13, Rdnr. 31.

Gewinne aus der Veräußerung des unbeweglichen Vermögens der Quellenbesteuerung in Korea, Art. 13 Abs. 1 RevDBA.

III. Veräußerung von beweglichem Betriebsvermögen

Getrennt von der Besteuerung der Gewinne aus der Veräußerung von unbeweglichem Vermögen erfaßt das Revisionsabkommen vom 10. März 2000 in Art. 13 Abs. 3 RevDBA die Besteuerung der Gewinne aus der Veräußerung von beweglichem Vermögen. Dementsprechend läßt sich der Begriff des beweglichen Vermögens auch in Abgrenzung zu der in Art. 6 Abs. 2 RevDBA erfolgten Definition des unbeweglichen Vermögens erschließen[891]. Der Ausdruck „*bewegliches Vermögen*" umfaßt somit Vermögen jeder Art mit Ausnahme des unbeweglichen Vermögens im abkommensrechtlichen Sinne[892].

Das Revisionsabkommen vom 10. März 2000 differenziert zwischen dem Betriebsvermögen einer Betriebsstätte[893] und dem beweglichen Vermögen, das zu einer festen Einrichtung[894] gehört, ohne der inhaltlichen Differenzierung verschiedene Steuerfolgen beizumessen. Danach steht die Besteuerungskompetenz hinsichtlich der Veräußerungsgewinne dem Vertragsstaat zu, in welchem die Betriebsstätte[895] oder feste Einrichtung[896] gelegen ist, Art. 13 Abs. 3 RevDBA. Dies gilt auch, wenn die Betriebsstätte oder die feste Einrichtung *insgesamt* veräußert wird, Art. 13 Abs. 3 2. Halbsatz RevDBA. Die Regelung des Art. 13 Abs. 3 RevDBA knüpft damit an das Betriebsstättenprinzip an[897]. Daraus folgt: Ist Korea Betriebsstättenstaat, unterliegen die Gewinne aus der Veräußerung des beweglichen Betriebsvermögens, das der koreanischen Betriebsstätte bzw. der

---

891 Vgl. auch *Schaumburg*, Internationales Steuerrecht, § 16, Rdnr. 16. 388; *Vogel*, DBA, Art. 13, Rdnr. 52; *Wassermeyer* in: Debatin/Wassermeyer, DBA, Bd. I, MA Art. 13, Rdnr. 77.

892 Vgl. auch OECD-MK zum OECD-MA, Art. 13, Nr. 24, abgedruckt in *Vogel*, DBA, Art. 13, Rdnr. 44.

893 Im Sinne von Art. 5 RevDBA.

894 Im Sinne von Art. 14 RevDBA.

895 Im Sinne von Art. 5 RevDBA.

896 Im Sinne von Art. 14 RevDBA.

897 Vgl. auch OECD-MK zum OECD-MA, Art. 13, Nr. 24, abgedruckt in *Vogel*, DBA, Art. 13, Rdnr. 44; *Frotscher*, Internationales Steuerrecht, § 13, Rdnr. 37; *Kluge*, Internationales Steuerrecht, Rdnr. S 251; *Schaumburg*, Internationales Steuerrecht, § 16, Rdnr. 16.388.

festen Einrichtung zuzurechnen ist, der (Quellen-)Besteuerung in Korea, Art. 13 Abs. 3 RevDBA.

IV. Veräußerung von Aktien

Für das bewegliche Vermögen[898] in Form von Aktien, die von einer im anderen Vertragsstaat ansässigen[899] Gesellschaft[900] ausgegeben wurden, trifft das Revisionsabkommen vom 10. März 2000 in der Bestimmung des Art. 13 Abs. 2 RevDBA eine Sonderregelung, welche von den Empfehlungen des OECD-Musterabkommens abweicht. Danach unterliegen die Gewinne aus der Veräußerung von Aktien und sonstigen Anteilen an einer Gesellschaft, deren Aktivvermögen überwiegend[901] aus unbeweglichem Vermögen besteht, das im anderen Vertragsstaat gelegen ist, der Steuerkompetenz des Belegenheitsstaates, Art. 13 Abs. 2 Buchst. b) RevDBA. Die Ausdehnung des Belegenheitsprinzips in diesen Fällen entspricht der gegenwärtigen deutschen Abkommenspolitik und soll vermeiden, daß die im OECD-Musterabkommen vorgesehene Besteuerung von Gewinnen aus der Veräußerung von unbeweglichem Vermögen im Belegenheitsstaat und von beweglichem Vermögen im Sitzstaat durch Zwischenschaltung einer Kapitalgesellschaft gestaltbar wird[902].

Darüber hinaus kommt dem Sitzstaat der Gesellschaft (Quellenstaat) die Besteuerungskompetenz für die Gewinne aus der Veräußerung von Aktien an Gesellschaften zu, an denen der Veräußerer wesentlich beteiligt ist, Art. 13 Abs. 2 Buchst. a) RevDBA. Voraussetzung ist damit, daß der Veräußerer zu irgendeinem Zeitpunkt des Steuerjahres, in welchem die Veräußerung stattfindet, wenigstens 25 % des gesamten Aktienbestandes der Gesellschaft gehalten hat und sämtliche vom Veräußerer während des Steuerjahres veräußerten Aktien wenigstens 5 % des gesamten Aktienbestandes der Gesellschaft ausmachen, Art. 13 Abs. 2 Buchst. a) 2. Halbsatz RevDBA. Hierbei können dem Veräußerer Aktien

---

898 Vgl. zur Begriffsbestimmung Kapitel 3, N III.

899 Im Sinne von Art. 4 RevDBA. Siehe dazu die obigen Ausführungen unter Kapitel 2, A II.

900 Im Sinne von Art. 3 Abs. 1 Buchst. d) RevDBA. Siehe dazu die obigen Ausführungen unter Kapitel 2, A I.

901 Nach dem Wortlaut der Bestimmung verfügt eine Gesellschaft über überwiegendem Grundbesitz, wenn das Gesellschaftsvermögen zu mindestens 50 % aus unbeweglichen Vermögen besteht.

902 Siehe dazu die Abkommensübersicht in *Vogel*, DBA, Art. 13, Rdnr. 38.

hinzugerechnet werden, die von anderen, dem Veräußerer nahestehenden Personen gehalten werden oder diesen gehören, Art. 13 Abs. 2 Buchst. a) Klammerzusatz RevDBA. Eine Person ist als einer anderen Person nahestehend anzusehen, wenn eine der Personen der anderen Person mittelbar oder unmittelbar gehört oder von ihr beherrscht wird, oder wenn beide Personen mittelbar oder unmittelbar einem Dritten oder Dritten gehören oder von ihnen beherrscht werden, Art. 13 Abs. 6 RevDBA.

Ein deutscher Investor hat demnach bei Veräußerung der von ihm gehaltenen Anteile an einer koreanischen Gesellschaft die entstehenden Gewinne in Korea zu versteuern, Art. 13 Abs. 2 RevDBA. Mit der Zuweisung der Steuerkompetenz an den Quellenstaat bestätigt das Revisionsabkommen vom 10. März 2000 den koreanischen Steueranspruch für Einkünfte eines Non-Residents[903] aus der Veräußerung von Wertpapieren, die von koreanischen Körperschaften[904] ausgegeben worden sind (Inlandsprinzip), Art. 1 Abs. 1 Nr. 2 ITA i.V.m. Art. 119 Nr. 12 ITA[905]. Damit kann die vom OECD-Musterabkommen abweichende Sonderregelung des Revisionsabkommens vom 10. März 2000 in Art. 13 Abs. 2 Buchst. b) RevDBA mit der Maßgeblichkeit der vorgenannten koreanischen Quellenbesteuerung begründet werden. Die Einkommensteuer wird im Abzugsverfahren erhoben, so daß auf die oben bereits erfolgten Ausführungen zur Durchführung der Besteuerung verwiesen werden kann, Art. 121 Abs. 4 ITA i.V.m. Art. 156 ITA[906]. Der (Quellen-)Steuersatz beträgt 10 % des Bruttoverkaufspreises oder 25 % des Veräußerungsgewinnes (jeweils der geringere Betrag), Art. 156 Abs. 1 Nr. 4 ITA.

V. Veräußerung von Seeschiffen und Luftfahrzeugen

Wie im Zusammenhang mit der Definition des unbeweglichen Vermögens bereits ausgeführt, gelten Schiffe und Luftfahrzeuge auf Ebene des Steuerabkommens nicht als unbewegliches Vermögen, Art. 6 Abs. 2 a.E. RevDBA[907].

---

[903] Welche Personen als Non-Residents anzusehen sind, ist unter Kapitel 1, B III ausführlich erörtert worden.

[904] Welche Körperschaften als koreanische anzusehen sind, ist unter Kapitel 1, B IV ausführlich erörtert worden.

[905] I.V.m. Art. 94 Abs. 1 Nr. 3 ITA.

[906] Vgl. oben Kapitel 3, G II 1 b).

[907] Vgl. oben Kapitel 3, M I.

Hieraus erklärt sich, daß das Revisionsabkommen vom 10. März 2000 abweichend von der Regelung der Besteuerung der Gewinne aus der Veräußerung von unbeweglichem Vermögen nach Art. 13 Abs. 1 RevDBA[908] eine Sonderregelung für die Besteuerung der Veräußerungsgewinne von Seeschiffen und Luftfahrzeugen trifft. Das Revisionsabkommen weist dem Sitzstaat des Schiff- oder Luftfahrtunternehmens die ausschließliche Besteuerungskompetenz hinsichtlich der Gewinne aus der Veräußerung von den Seeschiffen und Luftfahrzeugen zu, die im internationalen Verkehr betrieben werden[909], Art. 13 Abs. 4 1. Halbsatz RevDBA.

Darüber hinaus erstreckt sich der Anwendungsbereich auch auf die Gewinne, die aus der Veräußerung des beweglichen Vermögens erzielt werden, das dem Betrieb der genannten Schiffe oder Luftfahrzeuge dient, Art. 13 Abs. 4 2. Halbsatz RevDBA. Die Sonderregelung knüpft an die vollständige Verteilungsnorm des Art. 8 RevDBA[910] an und steht mit dieser im Einklang; die Besteuerung nach dem Betriebsstättenprinzip wird verdrängt[911]. Die Veräußerungsgewinne unterliegen der ausschließlichen Besteuerung im Sitzstaat des Unternehmens und sind demzufolge von der Besteuerung im anderen Vertragsstaat regelmäßig freizustellen, Art. 13 Abs. 4 RevDBA[912].

VI. Veräußerung von übrigem Vermögen

Bemerkenswerterweise enthält das Revisionsabkommen vom 10. März 2000 eine Auffangklausel für die Besteuerung der übrigen Veräußerungsgewinne. Danach unterliegen alle Gewinne aus der Veräußerung von übrigem, das heißt dem nicht in Art. 13 Abs. 1 bis 4 RevDBA genannten Vermögen, der Besteuerung im Wohnsitzstaat des Veräußerers, Art. 13 Abs. 5 RevDBA. Hierin knüpft die Auffangklausel an die allgemeine Auffangklausel des Revisionsabkommens

---

908 Vgl. oben Kapitel 3, N II.

909 Im Sinne von Art 3 Abs. 1 Buchst. g) RevDBA; vgl. oben Kapitel 3, G I.

910 Vgl. oben Kapitel 3, C.

911 Vgl. auch OECD-MK zum OECD-MA, Art. 13, Nr. 28, abgedruckt in *Vogel*, DBA, Art. 13, Rdnr. 60; *Frotscher*, Internationales Steuerrecht, § 13, Rdnr. 37; *Kluge*, Internationales Steuerrecht, Rdnr. S 251; *Schaumburg*, Internationales Steuerrecht, § 16, Rdnr. 16.397; *Wassermeyer* in: Debatin/Wassermeyer, DBA, Bd. I, MA Art. 13, Rdnr. 127.

912 Der entscheidende Wortlaut lautet diesbezüglich: „(...) können nur in diesem Vertragsstaat besteuert werden“.

vom 10. März 2000[913] an[914]. Mit der abschließenden Regelung ihrer Rechtsfolge ist die Verteilungsnorm des Art. 13 Abs. 5 RevDBA als vollständige anzusehen, die zur Folge hat, daß die Veräußerungsgewinne mit ihrer abschließenden und ausschließlichen Besteuerung im Wohnsitzstaat des Veräußerers von der Besteuerung im anderen Vertragsstaat regelmäßig ausgenommen sind[915].

Abschließend bleibt festzuhalten, daß die Besteuerung der Veräußerungsgewinne grundsätzlich in dem Vertragsstaat erfolgt, in dem der Veräußerer ansässig[916] ist (Wohnsitzprinzip), Art. 13 Abs. 5 RevDBA. Nur ausnahmsweise kommt eine Quellenbesteuerung in Betracht. Das Revisionsabkommens vom 10. März 2000 weist dem anderen Vertragstaat die nicht abschließende Besteuerungskompetenz für Gewinne aus der Veräußerung von unbeweglichem Vermögen, Art. 13 Abs. 1 RevDBA, von Aktien an Gesellschaften mit überwiegendem Grundbesitz in diesem Staat, Art. 13 Abs. 2 Buchst. b) RevDBA, oder von Aktien an Gesellschaften, an denen der Veräußerer wesentlich beteiligt ist, Art. 13 Abs. 2 Buchst. a) RevDBA, von beweglichem Betriebsstättenvermögen und von beweglichem Vermögen einer der Ausübung einer selbständigen Tätigkeit dienenden festen Einrichtung, Art. 13 Abs. 3 RevDBA, zu.

O. Besteuerung von anderen Einkünften

In Art. 21 RevDBA findet sich eine allgemeine Auffangklausel für die Einkünfte einer in einem Vertragsstaat ansässigen[917] Person[918], die in den vorhergehenden Artikeln nicht behandelt wurden, Art. 21 RevDBA. Die Anwendung der Auffangklausel setzt somit voraus, daß die Einkünfte von den speziellen Vertei-

---

913 Nach Art. 21 RevDBA. Weitere Ausführungen erfolgen an späterer Stelle der Untersuchung.

914 Vgl. auch OECD-MK zum OECD-MA, Art. 13, Nr. 29, abgedruckt in *Vogel*, DBA, Art. 13, Rdnr. 78; *Kluge*, Internationales Steuerrecht, Rdnr. S 251; *Schaumburg*, Internationales Steuerrecht, § 16, Rdnr. 16.403.

915 Der entscheidende Wortlaut lautet diesbezüglich: „(...) können nur in dem Vertragsstaat besteuert werden, in dem der Veräußerer ansässig ist".

916 Im Sinne von Art. 4 RevDBA. Siehe dazu die obigen Ausführungen unter Kapitel 2, A II.

917 Im Sinne von Art. 4 RevDBA. Siehe dazu die obigen Ausführungen unter Kapitel 2, A II.

918 Im Sinne von Art. 3 Abs. 1 Buchst. d) RevDBA. Siehe dazu die obigen Ausführungen unter Kapitel 2, A I.

lungsnormen des Revisionsabkommens vom 10. März 2000 nicht erfaßt worden sind[919].

Die mangelnde Erfassung kann zum einen darauf zurückzuführen sein, daß die Einkünfte ihrer Art nach nicht unter die Art. 6 bis 20 RevDBA zu fassen sind[920]; in diesen Fällen gelangt Art. 21 RevDBA nur insoweit zur Anwendung, als die Auslegung nach Erschöpfung aller Auslegungsmöglichkeiten ergibt, daß keiner der speziellen Verteilungsnormen einschlägig ist[921]. Darüber hinaus kann die mangelnde Erfassung der Einkünfte auch darauf zurückzuführen sein, daß diese nicht den in den speziellen Verteilungsnormen ausdrücklich genannten Herkunftsbedingungen entsprechen; dies ist - soweit die speziellen Verteilungsnormen nur die Besteuerung im Quellenstaat regeln - besonders bei Einkünften aus Drittstaaten als auch bei Einkünften aus dem Ansässigkeitsstaat anzunehmen[922]. Für die Drittstaateneinkünfte[923] gilt es einen besonderen Vorbehalt zu beachten: Danach gelangt die Auffangklausel nur zur Anwendung, wenn die Vertragsstaaten nicht selbst ein Steuerabkommen mit dem betreffenden Drittstaat abgeschlossen haben. Hat ein Vertragsstaat - oder haben beide - ein Steuerabkommen mit dem Drittstaat abgeschlossen, dann werden in der Regel die Drittstaateneinkünfte in dem Abkommen mit dem Drittstaat behandelt sein mit der Folge, daß die Vertragsstaaten die ihnen durch Art. 21 RevDBA überlassene Besteuerung nur nach Maßgabe der mit den Drittstaaten abgeschlossenen Abkommen ausüben dürfen[924]; Art. 21 RevDBA entfaltet seine Wirkung nur für das bilaterale Verhältnis der Vertragsstaaten[925].

---

919 Vgl. auch *Kluge*, Internationales Steuerrecht, Rdnr. S 313; *Schaumburg*, Internationales Steuerrecht, § 16, Rdnr. 16.480; *Vogel*, DBA, Art. 21, Rdnr. 7; *Wassermeyer* in: Debatin/Wassermeyer, DBA, Bd. I, MA Art. 21, Rdnr. 1.

920 Vgl. auch OECD-MK zum OECD-MA, Art. 21, Nr. 1, abgedruckt in *Vogel*, DBA, Art. 21, Rdnr. 2; *Schaumburg*, Internationales Steuerrecht, § 16, Rdnr. 16.480; *Vogel*, DBA, Art. 21, Rdnr. 7; *Wassermeyer* in: Debatin/Wassermeyer, DBA, Bd. I, MA Art. 21, Rdnr. 17.

921 Vgl. auch *Schaumburg*, Internationales Steuerrecht, § 16, Rdnr. 16.480.

922 Vgl. auch OECD-MK zum OECD-MA, Art. 21, Nr. 1, abgedruckt in *Vogel*, DBA, Art. 21, Rdnr. 2; *Schaumburg*, Internationales Steuerrecht, § 16, Rdnr. 16.480; *Vogel*, DBA, Art. 21, Rdnr. 7; *Wassermeyer* in: Debatin/Wassermeyer, DBA, Bd. I, MA Art. 21, Rdnr. 1.

923 Im Geltungsbereich des Revisionsabkommens kommen Drittstaateneinkünfte v.a. in Betracht bei Art. 6 RevDBA, Art. 10 RevDBA, Art. 11 RevDBA, Art. 12 RevDBA, Art. 13 RevDBA, Art. 15 RevDBA, Art. 16 RevDBA, Art. 17 RevDBA, Art. 19 RevDBA.

924 Vgl. auch *Vogel*, DBA, Art. 21, Rdnr. 16.

925 Vgl. auch *Schaumburg*, Internationales Steuerrecht, § 16, Rdnr. 16.481.

Das Revisionsabkommen vom 10. März 2000 weist dem Wohnsitzstaat die ausschließliche Besteuerungskompetenz an den „*anderen Einkünften*“ zu ohne Rücksicht auf deren Herkunft, Art. 21 Abs. 1 RevDBA. Diese sind im anderen Vertragsstaat nicht zu versteuern, sondern von der dortigen Besteuerung regelmäßig freizustellen. Damit vermeidet das Revisionsabkommen vom 10. März 2000 das Problem der Doppelbesteuerung für die nicht von den Art. 6 bis 20 RevDBA erfaßten Einkünfte bereits auf der Ebene der Verteilungsnormen, ohne daß es der Anwendung des Methodenartikels bedarf[926]. Der Quellenstaat behält seine Steuerkompetenz für die Einkünfte, die den Fremdvergleich übersteigen, Art. 21 Abs. 3 Satz 2 RevDBA. Insoweit bestätigt die in Art. 21 Abs. 3 RevDBA festgelegte Regelung die allgemeine Anwendung des Grundsatzes des Fremdvergleiches, wie er insbesondere mit den in den Art. 7 Abs. 2 RevDBA[927], Art. 9 RevDBA[928] etc. niedergelegten Bestimmungen zu besonderen Abhängigkeitsverhältnissen Eingang in das Revisionsabkommen gefunden hat.

P. Besteuerung von Vermögen

Das Revisionsabkommen vom 10. März 2000 enthält eine eigene – spezielle - nur die Besteuerung des Vermögens betreffende Verteilungsnorm. Diese findet sich in Art. 22 RevDBA und ist auf die ausdrückliche Einbeziehung der Vermögensteuer in den sachlichen Geltungsbereich des Steuerabkommens zurückzuführen[929]. Abkommensrechtlich stellt sich die Vermögensbesteuerung als Ergänzung der Besteuerung der *Einkünfte* dar. Im Hinblick hierauf weist Art. 22 RevDBA die Steuerkompetenz für die Vermögensteile grundsätzlich nur dem Vertragsstaat zu, dem auch die Besteuerungskompetenz für die betreffenden Einkünfte *aus* den Vermögensteilen nach dem Belegenheitsprinzip[930], dem Betriebsstättenprinzip[931] oder dem Wohnsitzprinzip[932] zusteht[933].

---

926 Der entscheidende Wortlaut lautet diesbezüglich: „Einkünfte (...), die in den vorstehenden Artikeln nicht behandelt wurden, können (...) nur in diesem Staat besteuert werden“

927 Vgl. oben Kapitel 3, B II 2.

928 Vgl. oben Kapitel 3, B II 3.

929 Vgl. oben Kapitel 2, B.

930 Gemäß Art. 6 RevDBA.

931 Gemäß Art. 7 bzw. 14 RevDBA.

932 Gemäß Art. 8 RevDBA.

933 Vgl. auch OECD-MK zum OECD-MA, Art. 22, Nr. 2, abgedruckt in *Vogel*, DBA, Art. 22, Rdnr. 3; *Schaumburg*, Internationales Steuerrecht, § 16, Rdnr. 16.489; *Wassermeyer* in: Debatin/Wassermeyer, DBA, Bd. I, MA Art. 22, Rdnr. 1.

Hinsichtlich der Vermögensteile unterscheidet das Revisionsabkommen zwischen dem unbeweglichen Vermögen, Art. 22 Abs. 1 RevDBA, dem beweglichen Vermögen, das Betriebsvermögen einer Betriebsstätte[934] ist oder das zu einer festen Einrichtung[935] gehört, Art. 22 Abs. 2 RevDBA, und dem Vermögen in Form von Seeschiffen, Luftfahrzeugen, einschließlich des ihnen dienenden beweglichen Vermögens, Art. 22 Abs. 3 RevDBA. Darüber hinaus enthält das Revisionsabkommen vom 10. März 2000 in Anlehnung an die allgemeine Auffangklausel eine vermögensrechtliche, wonach nicht anderweitig zugewiesenes Vermögen ausschließlich in dem Vertragsstaat besteuert werden darf, in dem die Person, der dieses gehört, ansässig[936] ist, Art. 22 Abs. 4 RevDBA. Das Steuerabkommen weist auch in diesen Fällen dem Wohnsitzstaat die ausschließliche Steuerkompetenz zu und ordnet gleich der allgemeinen Klausel nach Art. 21 RevDBA eine Besteuerung nach dem Wohnsitzprinzip an[937].

Abschließend ist darauf hinzuweisen, daß sich die abkommensrechtliche Regelung der Vermögensbesteuerung in Art. 22 RevDBA in ihrer Bedeutung kaum auswirkt, da einerseits in Korea keine Steuern erhoben werden, die der Vermögensteuer und der Gewerbesteuer in Deutschland vergleichbar sind. Zwar existiert in Korea eine als Vermögensteuer (Property Tax[938]) bezeichnetet lokale Steuer; diese wird jedoch nur auf bestimmte Wirtschaftsgüter erhoben und nicht auf das Gesamtvermögen einer Person. Zudem ist die lokale Steuer auf den Geschäftssitz (Business Place Tax[939]) in ihrer Struktur mit der deutschen Gewerbe-

---

934 Im Sinne von Art. 5 RevDBA.

935 Im Sinne von Art. 14 RevDBA.

936 Im Sinne von Art. 4 RevDBA. Siehe dazu die obigen Ausführungen unter Kapitel 2, A II.

937 Vgl. oben Kapitel 3, O.

938 Steuerpflichtig sind die Eigentümer von bestimmten Wirtschaftsgütern, nämlich Gebäuden, Schiffen, Flugzeugen, deren Eigentümerstellung zum Zeitpunkt der steuerlichen Erhebung auch in die entsprechenden amtlichen Verzeichnisse eingetragen sind. Bemessungsgrundlage ist der aktuelle Standard Value des jeweiligen Vermögensgegenstandes. Der Steuertarif für Gebäude, die nicht zu Wohnzwecken dienen, liegt zwischen 0,3 % und 5 %, wobei in Bezug auf Gebäude zu Wohnzwecken ein sechsstufiger Steuertarif von 0,3 % bis 7 % erhoben wird. Für Flugzeuge und Schiffe beträgt der Steuertarif 5 % bzw. 0,3 %.

939 Steuerpflichtig sind Gewerbetreibende, die über eine inländische Betriebsstätte, die entsprechend amtlich registriert ist, verfügen und/oder zur Entrichtung von Lohn und Gehalt an Beschäftigte verpflichtet sind. Relevanter Stichtag für die Registrierung ist der 1. Juli eines jeden Jahres. Von der Steuerpflicht ausgenommen sind solche Geschäftsstellen, deren Gesamtfläche unter 330 m^2 bzw. bei denen die Anzahl der vom Gewerbetreibenden Beschäftigten weniger als 50 beträgt. Die Bemessungsgrundlage bestimmt sich nach der Gesamtfläche der Geschäftsstelle bzw. der gesamten Lohnsumme. Der Tarif beträgt 250 Won/m^2 bzw. 0,5 % der Lohnsumme aller Beschäftigten.

steuer durchaus zu vergleichen, nicht aber mit ihrem wirtschaftlichen Stellenwert. Andererseits erhebt inzwischen auch Deutschland keine Steuern vom Vermögen mehr, insbesondere keine Vermögensteuer[940] und keine Gewerbekapitalsteuer[941].

Kapitel 4: Vermeidung der Doppelbesteuerung durch Deutschland als Wohnsitzstaat

Erfolgt in den Verteilungsnormen des Revisionsabkommens keine abschließende Regelung der Besteuerung der jeweiligen Einkünfte aufgrund ihrer unvollständig festgelegten Rechtsfolgen, so bedarf es auf einer zweiten Stufe der Anwendung des abkommensrechtlichen Methodenartikels[942], um das vornehmliche Ziel des am 10. März 2000 in Berlin unterzeichneten Revisionsabkommens, die

940 Die Abschaffung der Vermögensteuer, die mit den Einheitswertbeschlüssen des *Bundesverfassungsgerichts* vom 22. Juni 1995 – 2 BVL 37/91 und 2 BVR 552/91 – für verfassungswidrig erklärt wurde, erfolgte zum 1. Januar 1997; zur Forderung nach der Abschaffung jedenfalls der betrieblichen Vermögensteuer vgl. bereits *Rudolf Wendt*, Reform der Unternehmensbesteuerung aus europäischer Sicht, StuW 1992, S. 66 – 80 (78).

941 Abgeschafft durch das Gesetz zur Fortsetzung der Unternehmenssteuerreform mit Wirkung ab 1. Januar 1988; dazu, daß nicht nur die Gewerbekapital-, sondern auch die aufrechterhaltene Gewerbeertragsteuer weder mit dem Äquivalenzprinzip noch mit dem Gleichheitssatz des Art. 3 Abs. 1 GG oder dem Leistungsfähigkeitsprinzip vereinbar und deshalb auch ihre Abschaffung verfassungsrechtlich geboten ist, vgl. *Rudolf Wendt*, Zur Vereinbarkeit der Gewerbesteuer mit dem Gleichheitssatz und dem Prinzip der Besteuerung nach der Leistungsfähigkeit, BB 1987, S. 1257 - 1265 (1264 f.); *ders.*, Abschaffung und Ersetzung der Gewerbesteuer aus verfassungsrechtlicher und verfassungspolitischer Sicht, BB 1987, S. 1677 – 1685 (1677); *ders.*, Reform der Unternehmensbesteuerung, StuW 1992, S. 77; *Rudolf Wendt, Michael Elicker*, Für die volle Einbeziehung der kommunalen Finanzkraft in den Länderfinanzausgleich, DÖV 2001, S. 762 - 771 (770 f.).

942 Die Wahl der Bezeichnung erfolgt in Anlehnung an *Wassermeyer* in: Debatin/Wassermeyer, DBA, Bd. I, MA Art. 23 A, Rdnr. 1, während *Schaumburg*, Internationales Steuerrecht, § 16, Rdnr. 16.524, den Begriff der „Vermeidungsnorm" verwendet, um den Anwendungsbereich von den „Verteilungsnormen" abzugrenzen. Dieser Begriff ermöglicht jedoch keine hinreichende Abgrenzung insoweit, als die Doppelbesteuerung bereits auf der ersten Stufe mittels der Verteilungsnormen vermieden werden kann - nämlich soweit einem Vertragsstaat die ausschließliche Besteuerungskompetenz zugewiesen wird - und es auf der zweiten Ebene darum geht, die „verbliebene" Doppelbesteuerung zu „beseitigen". Dies ist auch der Grund dafür, daß *Vogel* die Überschrift in Abschnitt V des OECD-MA „Methoden zur Vermeidung der Doppelbesteuerung" als irreführend bezeichnet und diese durch „Methoden zur Vermeidung verbleibender Doppelbesteuerung" ersetzen möchte, in: DBA, Art. 23, Rdnr. 36 a.

Vermeidung der Doppelbesteuerung im Verhältnis der beiden Vertragsstaaten Deutschland und Korea, zu erreichen[943].

Der abkommensrechtliche Methodenartikel gelangt demzufolge nur unter der Voraussetzung zur Anwendung, daß *beide* Vertragsstaaten berechtigt sind, Einkünfte bzw. Vermögensteile gemäß den Art. 6 bis 22 RevDBA zu besteuern[944]. Hieraus folgt die Verpflichtung *eines* der beiden Vertragsstaaten, eine Methode[945] zur Vermeidung bzw. Beseitigung der Doppelbesteuerung anzuwenden. Daß dies nur der Wohnsitzstaat sein kann - und damit mit Blick auf das Untersuchungsszenario der Vertragsstaat Deutschland -, folgt aus der Zwei-Stufen-Technik des Revisionsabkommens vom 10. März 2000. Denn es wäre widersprüchlich, dem Quellenstaat auf Ebene der Verteilungsnormen die vorrangige Steuerkompetenz zuzusprechen, um ihm auf nächster Stufe die Beseitigung der verbliebenen Doppelbesteuerung durch Anrechnung oder Freistellung von der eigenen Steuer aufzuerlegen[946].

Der Methodenartikel des Revisionsabkommens vom 10. März 2000 findet sich in Art. 23 RevDBA. In weiten Teilen weicht diese Abkommensbestimmung erheblich von den inhaltlichen Vorgaben des OECD-Musterabkommens[947] ab und trägt hierdurch den Besonderheiten des deutsch-koreanischen Verhältnisses Rechnung. Grundsätzlich unterscheidet das Steuerabkommen bei den anwendbaren Methoden zwischen der Anrechnungs- und der Freistellungsmethode[948]. Mit Bezug auf die Vertragsstaaten trifft das Revisionsabkommen allerdings sehr unterschiedliche Regelungen: Die Vermeidung der Doppelbesteuerung durch Deutschland als Wohnsitzstaat findet sich in Art. 23 Abs. 1 RevDBA, während die Regelung der Vermeidung durch Korea als Wohnsitzstaat in Art. 23 Abs. 2

---

943 Vgl. oben Teil 1, Kapitel 1, A.

944 Vgl. auch OECD-MK zum OECD-MA, Art. 23 Nr, 7, abgedruckt in *Vogel*, DBA, Art. 23, Rdnr. 7, *Frotscher*, Internationales Steuerrecht, § 5, Rdnr. 19; *Kluge*, Internationales Steuerrecht, Rdnr. S 31; *Vogel*, DBA, Art. 23, Rdnr. 65.

945 Zur Terminologie siehe oben Kapitel 1, A.

946 Vgl. *Kluge*, Internationales Steuerrecht, Rdnr. S 31; *Krause*, Internationale Doppelbesteuerung, S. 17; *Schaumburg*, Internationales Steuerrecht, § 16, Rdnr. 16.524; *Vogel*, DBA, Art. 23, Rdnr. 42; *Wassermeyer* in: Debatin/Wassermeyer, DBA, Bd. I, MA Art. 23 A, Rdnr. 4.

947 Vgl. Art. 23 A und B OECD-MA.

948 Allgemein zur Anrechnungs- bzw. Freistellungsmethode und deren Vor- und Nachteilen: *Escher*, Methoden zur Ausschaltung, S. 88 ff.; *Frotscher*, Internationales Steuerrecht, § 4, Rdnr. 1 bis 26; *Knechtle*, Grundfragen, S. 80 ff.; *Kluge*, Internationales Steuerrecht, Rdnr. S 321 ff. und 360 ff.; *Lornsen*, Unilaterale Maßnahmen, S. 38 ff.; *Schaumburg*, Internationales Steuerrecht, § 14, Rdnr. 14.16 ff.; *Vogel*, DBA, Art. 23, Rdnr. 76 ff.

RevDBA erfolgt. Im Vordergrund der sich nachfolgenden Untersuchung steht somit Art. 23 Abs. 1 RevDBA als die für den Wohnsitzstaat Deutschland entscheidende Vorschrift.

Art. 23 Abs. 1 RevDBA zeichnet sich durch eine kombinierte Anwendung der Anrechnungs- und der Freistellungsmethode aus[949]. Entgegen dem Aufbau des Revisionsabkommens kommt der in Art. 23 Abs. 1 Buchst. b) RevDBA festgelegten Anrechnungsmethode grundsätzliche Bedeutung zu, während die Freistellungsmethode des Art. 23 Abs. 1 Buchst. a) RevDBA nur insoweit zur Anwendung gelangt, wie die im Ausland ausgeübte Tätigkeit im Interesse Deutschlands volkswirtschaftlich förderungswürdig erscheint[950]. Damit entspricht Art. 23 Abs. 1 RevDBA der deutschen Vertragspraxis[951]. Diese wird von der Tendenz getragen, den Anwendungsbereich der Anrechnungsmethode zunehmend auszudehnen[952], obwohl die Freistellungsmethode die typisch kontinental-europäische Methode zur Vermeidung bzw. Beseitigung der Doppelbesteuerung ist[953]. Diese Vertragspraxis kann im wesentlichen auf die fiskalischen Interessen Deutschlands zurückgeführt werden, Steuerumgehungen[954] zu Lasten des deutschen Fiskus zu bekämpfen[955]. Im folgenden gilt es nun, die in Art. 23 Abs. 1 RevDBA festgelegten Methoden unter Berücksichtigung ihrer Auswirkungen auf die Besteuerung im Inland zu untersuchen.

A. Anrechnungsmethode

Nach Art. 23 Abs. 1 Buchst. b) RevDBA vermeidet Deutschland die Doppelbesteuerung zunächst durch Anwendung der Anrechnungsmethode. Danach rechnet Deutschland die in Korea gezahlten Steuern auf seine Steuer vom Einkom-

949 Dagegen vermeidet Korea als Wohnsitzstaat die Doppelbesteuerung regelmäßig durch die Anwendung der Anrechnungsmethode, Art. 23 Abs. 2 RevDBA.

950 Vgl. auch *Eduard Lechner*, Befreiungsmethode und Einkommensermittlung, in: Die Methoden zur Vermeidung der Doppelbesteuerung, hrsg. v. Wolfgang Gassner, Michael Lang, Eduard Lechner, Wien 1995, S. 137 - 171 (137).

951 Siehe dazu die Abkommensübersicht in *Vogel*, DBA, Art. 23, Rdnr. 41.

952 Vgl. auch *Wolfhard Tillmanns* in: Steuerrecht international tätiger Unternehmen, hrsg. v. Jörg Manfred Mössner, 2. Auflage 1998, Köln, Rdnr. B 495.

953 Vgl. auch *Mössner*, Methoden zur Vermeidung der Doppelbesteuerung, S. 146.

954 Zum Begriff der Steuerumgehung siehe oben Kapitel 3, G II 2 a).

955 Vgl. auch *Kluge*, Internationales Steuerrecht, Rdnr. B 70; *Schaumburg*, Internationales Steuerrecht, § 16, Rdnr. 16.526; *Vogel*, DBA, Art. 23, Rdnr. 179.

men an, soweit diese auf Einkünfte aus dem Quellenstaat entfallen[956]. Die Anwendung des Art. 23 Abs. 1 Buchst. b) RevDBA setzt somit in Ergänzung zur verbleibenden Doppelbesteuerung[957] voraus, daß die Person[958], welche die Einkünfte erzielt bzw. welcher das Vermögen zuzuordnen ist, in Deutschland ansässig[959] ist, Art. 23 Abs. 1 Einleitungssatz RevDBA. Der Umfang der sachlichen Steuerpflicht des in Deutschland ansässigen[960] Steuerpflichtigen wird durch die Anrechnungsmethode folglich nicht berührt; das auf der Ebene des deutschen Steuerrechts geltende Welteinkommensprinzip findet keine Einschränkung[961]. So gesehen ist die Anrechnungsmethode dem Tarifbereich zuzuordnen. Diese stellt sich als Steuerbetragsermäßigung dar, welche die tarifliche Einkommen- bzw. Körperschaftsteuer des Wohnsitzstaates insgesamt und nicht bloß zu einem Teilbetrag mindert[962]. Die Anrechnung der ausländischen Steuern hat zur Folge, daß das Steuerniveau für die ausländischen Einkünfte mindestens dem inländischen Niveau angepaßt wird, das heißt durch die Anrechnung der koreanischen Steuern wird die Steuerbelastung nach dem deutschen Steuerniveau ermittelt[963].

Im Ergebnis wird hierdurch eine Besteuerung nach Maßgabe des Prinzips der Kapitalexportneutralität[964] verwirklicht, die in der Folge dazu führt, daß sich die Gesamtsteuerbelastung des Steuerpflichtigen am Steuerniveau des Wohnsitzstaates orientiert[965]. Insoweit ist auch regelmäßig von der vollständigen Vermeidung der Doppelbesteuerung auszugehen. Denn, wie oben bereits anläßlich

---

956 Vgl. auch *Gabriele Burmester*, Die Anrechnungsmethode im deutschen Steuerrecht, in: Die Methoden zur Vermeidung der Doppelbesteuerung, Wien 1995, S. 241 – 268 (252).

957 Vgl. oben Kapitel 4, Einleitung.

958 Im Sinne von Art. 3 Abs. 1 d) RevDBA. Siehe dazu die Ausführungen unter Kapitel 2, A I.

959 Im Sinne von Art. 4 RevDBA. Siehe dazu die obigen Ausführungen unter Kapitel 2, A II.

960 Im Sinne von Art. 4 RevDBA.

961 Vgl. auch *Burmester*, Anrechnungsmethode, S. 245.

962 Vgl. auch *Franz Wassermeyer*, Anmerkungen zu einem Grundsatzurteil zu § 34 c EStG, FR 1991, S. 680 - 683 (681).

963 Vgl. auch *Frotscher*, Internationales Steuerrecht, § 4, Rdnr. 14; *Kluge*, Internationales Steuerrecht, Rdnr. B 72; *Lornsen*, Unilaterale Maßnahmen, S. 61; *Vogel*, DBA, Art. 23, Rdnr. 40; *Wassermeyer* in: Debatin/Wassermeyer, DBA, Bd. I, MA Art. 23 A, Rdnr. 3.

964 Zum Begriff der Kapitalexportneutralität, vgl. *Kluge*, Internationales Steuerrecht, Rdnr. B 62.

965 Vgl. auch *Frotscher*, Internationales Steuerrecht, § 4, Rdnr. 14; *Kluge*, Internationales Steuerrecht, Rdnr. B 72; *Lornsen*, Unilaterale Maßnahmen, S. 61; *Mössner*, Methoden zur Vermeidung der Doppelbesteuerung, S. 135 ff.; *Schaumburg*, Internationales Steuerrecht, § 14, Rdnr. 14.27; *Vogel*, DBA, Art. 23, Rdnr. 40; *Wassermeyer* in: Debatin/Wassermeyer, DBA, MA Art. 23 B, Rdnr. 3.

der Bestimmung des Doppelbesteuerungsbegriffs festgestellt[966], aus der Notwendigkeit der quantitativen Begriffsbestimmung folgt, daß die Doppelbesteuerung insofern als vollständig vermieden anzusehen ist, wie die Gesamtsteuerbelastung des Steuersubjektes nicht höher ist als jene Steuerlast, die es zu tragen hätte, wenn es nur einer Steuerhoheit unterläge[967].

I. Kreis der anzurechnenden Einkünfte

Der Kreis der anzurechnenden Einkünfte ist beschränkt, Art. 23 Abs. 1 Buchst. b) aa) bis gg) RevDBA. Mit der Anrechnung eines nur beschränkten Kreises bringt Deutschland deutlich zum Ausdruck, daß es die in Korea ausgeübten Tätigkeiten, die den Anrechnungseinkünften zugrunde liegen, nicht als im volkswirtschaftlichen Interesse förderungswürdig ansieht und daher auf eine Herstellung der Wettbewerbsneutralität auf dem koreanischen Markt verzichtet. Eine Steueranrechnung kommt für folgende Einkünfte in Betracht:

- aus Korea stammende Dividenden, soweit nicht das besondere Schachtelprivileg des Art. 23 Abs. 1 Buchst. a) Satz 3 RevDBA zur Anwendung gelangt, Art. 23 Abs. 1 Buchst. b) aa) RevDBA,
- aus Korea stammende Zinsen, Art. 23 Abs. 1 Buchst. b) bb) RevDBA,
- aus Korea stammende Lizenzgebühren, Art. 23 Abs. 1 Buchst. b) cc) RevDBA,
- Gewinne aus der Veräußerung von Aktien und sonstigen Anteilen an einer Gesellschaft, deren Aktivvermögen überwiegend aus unbeweglichem Vermögen in Korea besteht oder an welcher der Veräußerer wesentlich beteiligt ist, Art. 23 Abs. 1 Buchst. b) dd) RevDBA,
- Einkünfte aus unselbständiger Arbeit im Rahmen der Arbeitnehmerüberlassung, Art. 23 Abs. 1 Buchst. b) ee) RevDBA,
- Aufsichtsrats- oder Verwaltungsratsvergütungen für eine in Korea ansässige Gesellschaft, Art. 23 Abs. 1 Buchst. b) ff) RevDBA,
- Einkünfte von Künstlern und Sportlern, die ihre Tätigkeit in Korea ausgeübt haben, Art. 23 Abs. 1 Buchst. b) gg) RevDBA.

---

[966] Vgl. oben Kapitel 1, A VI.
[967] Vgl. oben Kapitel 1, A VI.

II. Durchführung der Anrechnung

Hieran schließt sich umgehend die Frage der Durchführung der Steueranrechnung an. Dem Wesen als allgemeines DBA entsprechend enthält das Revisionsabkommen vom 10. März 2000 keine Aussagen zur Durchführung, sondern beläßt das „Wie" der Besteuerung dem innerstaatlichen Steuerrecht der Vertragsstaaten[968]. Dies bestätigt nachhaltig der Einleitungssatz von Art. 23 Abs. 1 Buchst. b) RevDBA, nach welchem die Anrechnung der koreanischen Steuer *„unter Beachtung der Vorschriften des deutschen Steuerrechts über die Anrechnung ausländischer Steuern"* zu erfolgen hat. Demnach gilt es bei der abkommensrechtlichen Anrechnung, die Vorschriften der unilateralen Steueranrechnung nach § 34 c EStG bzw. § 26 Abs. 6 Satz 1 KStG i.V.m. § 34 c EStG zu berücksichtigen.

Die Anrechnung in Deutschland ist somit in der Weise durchzuführen, daß die in Korea erhobenen Steuern auf die entsprechenden deutschen Steuern mit Beschränkung bis zum Anrechnungshöchstbetrag[969] angerechnet werden, § 34 c Abs. 6 Satz 2 EStG i.V.m. § 34 c Abs. 1 EStG. Deutschland gewährt demnach keine unbeschränkte Anrechnung (full credit), sondern beschränkt die anrechenbare koreanische Steuer auf die Höhe der anteiligen Inlandssteuer (ordinary credit)[970]. Übersteigt die koreanische Steuer die entsprechenden Steuern des Wohnsitzstaates Deutschlands, finden diese Anrechnungsüberhänge mangels eines im Revisionsabkommen vereinbarten Anrechnungsvor- bzw. -rücktrages[971] abkommensrechtlich keine Berücksichtigung[972].

An dieser Stelle erfolgt seitens des Revisionsabkommens vom 10. März 2000 keine vollständige Beseitigung der Doppelbesteuerung. Die Doppelbesteuerung bleibt ungeachtet der Anwendung des Methodenartikels in Höhe des Anrechnungsüberhanges bestehen. Besonders deutlich zeigt sich dies, wenn et-

---

968 Vgl. oben Kapitel 3, B III.

969 Zur Berechnung des Höchstbetrages, vgl. § 34 c Abs. 1 Satz 2 und 3 EStG i.V.m. § 34 a Abs. 6 Satz 2 und 3 EStG.

970 Vgl. auch *Burmester*, Anrechnungsmethode, S. 253; *Kluge*, Internationales Steuerrecht, Rdnr. S 365; *Schaumburg*, Internationales Steuerrecht, § 16, Rdnr. 16.567; *Wassermeyer* in: Debatin/Wassermeyer, DBA, Bd. I, MA Art. 23 A, Rdnr. 107.

971 Sog. „carry-forward"-Klauseln, vgl. *Schaumburg*, Internationales Steuerrecht, § 16, Rdnr. 16.575; *Vogel*, DBA, Art. 23, Rdnr. 169.

972 Vgl. auch *Frotscher*, Internationales Steuerrecht, § 4, Rdnr. 14; *Schaumburg*, Internationales Steuerrecht, § 16, Rdnr. 16.575; *Vogel*, DBA, Art. 23, Rdnr. 167; *Wassermeyer* in: Debatin/Wassermeyer, DBA, Bd. I, MA Art. 23 A, Rdnr. 108.

waigen ausländischen Einkünften ebenso hohe oder höhere inländische Verluste gegenüberstehen oder die Verluste in dem anderen Staat die inländischen Einkünfte aufwiegen. In diesen Fällen kommt es im Inland zu keiner Besteuerung, so daß eine Anrechnung der ausländischen Steuern auch nicht möglich ist. Die Anrechnung läuft gleichsam „ins Leere“[973].

1. Anrechnungshöchstbetrag

Fraglich ist, ob sich der Anrechnungshöchstbetrag auf die einzelnen Einkünfte bezieht - was angesichts ihrer unterschiedlichen Quellensteuerbelastung erheblich werden kann - oder ob alle zur Anrechnung berechtigenden DBA-Einkünfte mit der für sie gezahlten koreanischen Steuer zusammenzufassen sind.

Die Ermittlung des Höchstbetrages erfolgt auf Basis des in § 34 c Abs. 1 Satz 2 EStG niedergelegten Grundsatzes der sogenannten per-country-limitation, das heißt alle Einkünfte aus einem ausländischen Staat sind zusammenzufassen[974]. Die in der Literatur vertretene Auffassung, der Anrechnungsbetrag sei jeweils getrennt nach Einkunftsarten zu berechnen (limitation per item of income)[975], überzeugt nicht, da diese nicht ausreichend beachtet, daß das Revisionsabkommen vom 10. März 2000 allein Vorgaben hinsichtlich des „Ob“, keinesfalls aber des „Wie“ der Besteuerung macht[976]. Art. 23 Abs. 1 Buchst. b) aa) bis gg) RevDBA ist allein als Einzelaufzählung dessen anzusehen, „was“ anzurechnen ist, und enthält hierüber hinausgehend keine Vorgaben hinsichtlich des Anrechnungsverfahrens. Damit ist für die Berechnung des Anrechungshöchstbetrages auf die Höhe der Einkünfte im Quellenstaat Korea insgesamt abzustellen[977].

---

973 Vgl. auch *Vogel*, DBA, Art. 23, Rdnr. 169.

974 Vgl. auch *BFH*, BStBl. II 1996, S. 261 ff. (263); *Kluge*, Internationales Steuerrecht, S 365; *Schaumburg*, Internationales Steuerrecht, § 16, Rdnr. 16.572; *Vogel*, DBA, Art. 23, Rdnr. 168; *Wassermeyer* in: Debatin/Wassermeyer, DBA, Bd. I, MA Art. 23 A, Rdnr. 103.

975 Dazu *Debatin* in: Korn/Debatin, Systematik III, Rdnr. 105.

976 Vgl. oben Kapitel 3, B III.

977 Zur Berechnung des Höchstbetrages bei der Einkommensteuer siehe *Heinicke* in: EStG, § 34 c, Rdnr. 15; bei der Körperschaftsteuer siehe *Tillmanns*, Steuerrecht international tätiger Unternehmen, Rdnr. B 353.

2. Alternativer Steuerabzug

Anstelle der vorgenannten Steueranrechnung kann der Steuerpflichtige - auf Antrag - den in § 34 c Abs. 2 EStG vorgesehenen Steuerabzug beanspruchen, § 34 c Abs. 6 Satz 2 EStG i.V.m. § 34 c Abs. 2 EStG bzw. § 26 Abs. 6 Satz 1 KStG i.V.m. § 34 c Abs. 2 EStG. Danach fließen im Rahmen der Abzugsmethode die ausländischen Einkünfte in die Bemessungsgrundlage ein, wodurch wiederum das Welteinkommensprinzip verwirklicht wird[978]. Die Summe der Einkünfte im Sinne des § 2 Abs. 3 EStG verringert sich um die koreanische Steuer, da diese wie Betriebsausgaben bzw. Werbungskosten abgezogen werden kann[979]. Der für die abkommensrechtliche Steueranrechnung geltende Grundsatz der per-country-limitation wirkt sich auf die Abzugsmethode derart aus, daß das Wahlrecht des Steuerpflichtigen zwischen Anrechnung und Abzug für alle aus einem Staat stammenden Einkünfte einheitlich auszuüben ist, indes nicht für die ausländischen Einkünfte insgesamt[980]. Die Ausübung des Wahlrechts entfaltet keine Bindungswirkung für die Folgejahre, infolgedessen kann in jedem Jahr erneut darüber entschieden werden, ob die Ausübung der Option zum Steuerabzug für den Steuerpflichtigen von Vorteil ist[981]. Die Abzugsmethode ist vor allem bei Inlandsverlusten oder hohen Auslandssteuern der Vorzug zu geben[982].

III. Fiktive Anrechnung koreanischer Steuern

Die Anrechnungsmethode hat u.a. zur Folge, daß die Steuerbelastung stets auf das im Verhältnis zwischen den beiden Vertragsstaaten höhere Steuerniveau „*heraufgeschleust*" wird. Gewährt der Quellenstaat gebietsfremden Steuerpflichtigen Vergünstigungen steuerlicher Art, folgt aus der Heraufschleusung auf das Steuerniveau des Wohnsitzstaates, daß diese nicht den eigentlich Begünstigten,

---

978 Vgl. *Burmester*, Anrechnungsmethode, S. 255; *Heinicke* in: EStG, § 34 c, Rdnr. 16.

979 Vgl. auch *Burmester*, Anrechnungsmethode, S. 254; *Frotscher*, Internationales Steuerrecht, § 4, Rdnr. 24; *Heinicke* in: EStG, § 34 c, Rdnr. 16; *Lornsen*, Unilaterale Maßnahmen, S. 165 f.; *Schaumburg*, Internationales Steuerrecht, § 16, Rdnr. 16.575; *Vogel*, DBA, Art. 23, Rdnr. 169.

980 Vgl. auch *Heinicke* in: EStG, § 34 c, Rdnr. 22; *Lornsen*, Unilaterale Maßnahmen, S 165; *Schaumburg*, Internationales Steuerrecht, § 15, Rdnr. 15.89.

981 Vgl. auch *Schaumburg*, Internationales Steuerrecht, § 15, Rdnr. 15.89; *Wassermeyer* in: Flick/Wassermeyer/Baumhoff, Außensteuerrecht, Bd. III, § 34 c EStG, Rdnr. 143.

982 Dazu auch *Heiner Richter*, Abrechnung oder Abzug der ausländischen Steuer - Ermittlung kritischer Werte zu § 34 c Abs. 1 und 2 EStG, BB 1999, S. 613 - 616 mit verschiedenen Berechnungsbeispielen.

den Steuerpflichtigen, sondern statt dessen dem Fiskus des Wohnsitzstaates zugute kommen; die Steuervorteile werden durch die Anwendung der Anrechnungsmethode regelrecht „aufgesogen“[983].

Rechtsgrundlage der Steuervergünstigungen zur Wirtschafts- und Investitionsförderung in Korea ist das Gesetz zur Kontrolle der besonderen steuerlichen Behandlung (Special Tax Treatment Control Law, STTCL[984]). Dieses Gesetz gewährt zur Förderung ausländischer Investitionen in Korea umfangreiche Steuerbefreiungen und –ermäßigungen zu Gunsten der Investoren im Bereich der Körperschaftsteuer (Corporation Tax), der Einkommensteuer (Income Tax), der Erwerbsteuer (Acquisition Tax)[985], der Vermögensteuer (Property Tax)[986], der Eintragungsteuer (Registration Tax)[987] etc. Um ein „Aufsaugen“ der den deutschen Investoren gewährten Steuervorteile zu verhindern, hat Deutschland sich bereit erklärt, die Anrechnungsmethode in modifizierter Form anzuwenden (fiktive Steueranrechnung), Art. 23 Abs. 1 Buchst. f) RevDBA. Danach wird für die abkommensrechtliche Anrechnung

- der aus Korea stammenden Dividenden aus Streubesitz,
- der aus Korea stammenden Zinsen,
- der aus Korea stammenden Lizenzgebühren

---

983 Vgl. auch *Burmester*, Anrechnungsmethode, S. 268; *Kluge*, Internationales Steuerrecht, Rdnr. S 366; *Schaumburg*, Internationales Steuerrecht, § 16, Rdnr. 16.576; *Vogel*, DBA, Art. 23, Rdnr. 40; *Wassermeyer* in: Debatin/Wassermeyer, DBA, Bd. I, MA Art. 23 B, Rdnr. 3.

984 Vgl. oben Kapitel 3, B III 1 a).

985 Es handelt sich um eine lokale Steuer. Steuerpflichtig ist der Erwerb bestimmter Arten von Wirtschaftsgütern, darunter u.a. von Grundvermögen, Kraftfahrzeugen, Schiffen, Flugzeugen, etc., sei es im Wege eines Kaufes, im Wege der Erbfolge oder in sonstiger Weise. Bemessungsgrundlage ist grundsätzlich der Erwerbspreis, der Steuertarif beträgt regelmäßig 2 %, Art. 112 Abs. 1 LTL.

986 Vgl. oben Kapitel 3, P.

987 Es handelt sich um eine lokale Steuer. Steuerbegründend ist die Eintragung in ein amtliches Verzeichnis, wobei Eintragungen betreffend Immobilien, Schiffe, Kraftfahrzeuge, Baumaschinen, Luftfahrzeuge, juristische Personen, Firmen-, Bergwerks-, Fischerei-, Urheber-, Verlagsrechte und urheberrechtsähnliche Rechte, Patente, Gebrauchsmuster, Geschmacksmuster, Handels- und Dienstleistungsmarken etc. in Betracht kommen. Bemessungsgrundlage ist grundsätzlich der Wert des betroffenen Wirtschaftsgutes bzw. des Rechts im Zeitpunkt der Eintragung. Der Steuertarif differiert je nach betroffenem Wirtschaftsgut sowie Art der betreffenden Eintragung in der Regel zwischen 0,01 % und 5 %. In einigen Fällen sieht das Gesetz auch Festbeträge vor.

die koreanische Steuer in Höhe des Betrages berücksichtigt, der sich aufgrund der geltenden Quellensteuersätze nach Art. 10 RevDBA[988], Art. 11 RevDBA[989] oder Art. 12 RevDBA[990] ergibt. Dies gilt ungeachtet des tatsächlich in Korea gezahlten Steuerbetrages und damit ohne Berücksichtigung etwaiger Steuervergünstigungen durch den Quellenstaat. Die Anrechnung erfolgt so, als ob die Steuer im Quellenstaat in ihrer unverminderten Höhe erhoben worden wäre. Im Grunde handelt es sich bei der fiktiven Steueranrechnung um einen Steueranreiz zur Förderung der Investitionstätigkeit in Korea, da die deutschen Investoren durch die Anrechnung effektiv nicht gezahlter (fiktiver) Quellensteuer einen steuerlichen Bonus erhalten[991]. Ein Wahlrecht zwischen fiktiver Steueranrechnung und Steuerabzug gemäß § 34 c Abs. 2 EStG wie im Fall der Anrechnung nach § 34 c Abs. 6 Satz 2 1. Halbsatz EStG steht den Investoren allerdings nicht zu, § 34 c Abs. 6 Satz 2 2. Halbsatz EStG.

Die Gültigkeitsdauer der fiktiven Anrechnung ist zeitlich befristet. Diese kommt nicht mehr in Betracht auf Einkünfte, die nach dem 31. Dezember 2003 entstehen oder zufließen, Art. 23 Abs. 1 Buchst. f) Satz 2 RevDBA.

B. Freistellungsmethode

Der abkommensrechtliche Methodenartikel nennt als weitere Maßnahme zur Vermeidung der Doppelbesteuerung durch Deutschland als Wohnsitzstaat die Freistellungsmethode, Art. 23 Abs. 1 Buchst. a) RevDBA. Mit der Freistellung verbindet sich eine sachliche Steuerbefreiung nach Art des § 3 EStG[992], die an die Ebene der Einkünfteermittlung anknüpft. Einkünfte, die in Übereinstimmung mit dem Revisionsabkommen vom 10. März 2000 in Korea besteuert werden können, sind aus der Bemessungsgrundlage für die inländische Besteuerung[993]

---

988 Vgl. oben Kapitel 3, D II 1.

989 Vgl. oben Kapitel 3, E II 1.

990 Vgl. oben Kapitel 3, F II 1.

991 Vgl. auch *Kluge*, Internationales Steuerrecht, Rdnr. S 366.

992 Vgl. *Frotscher*, Internationales Steuerrecht, § 4, Rdnr. 5; *Kluge*, Internationales Steuerrecht, Rdnr. S 322; *Schaumburg*, Internationales Steuerrecht, § 16, Rdnr. 16.534; *Vogel*, DBA, Art. 23, Rdnr. 68; *Wassermeyer* in: Debatin/Wassermeyer, DBA, Bd. I, MA Art. 23 A, Rdnr. 52.

993 Der Wortlaut des Art. 23 Abs. 1 Buchst. a) RevDBA spricht ausdrücklich „von der Bemessungsgrundlage der deutschen Steuer“, dazu auch *Mössner*, Methoden zur Vermeidung der Doppelbesteuerung, S. 148 f.

auszuscheiden[994]. Dies gilt nicht nur für die positiven, sondern auch für die negativen Einkünfte (Kehrseite der Freistellung)[995]. Ein Steuerverzicht in dem Sinne, daß Deutschland die Einkünfte bzw. Vermögenswerte als nicht existent ansieht, soll allerdings nicht erklärt werden. Die Freistellungsmethode berührt demnach grundsätzlich nicht die subjektive Steuerpflicht in Deutschland[996].

Mit der Freistellung in Deutschland kommt bei der Ermittlung der Steuerbelastung nur das Steuerniveau des Quellenstaates, das heißt das koreanische Steuerniveau, zur Anwendung[997]. Hierdurch wird eine Besteuerung nach dem Prinzip der Neutralität des Kapitalimports[998] verwirklicht. Diese rechtfertigt sich daraus, daß Deutschland die den steuerfreien Einkünften zugrunde liegenden Tätigkeiten als volkswirtschaftlich förderungswürdig ansieht und daher bestrebt ist, Wettbewerbsneutralität auf dem koreanischen Markt herzustellen. Die Freistellungsmethode führt zur Vermeidung der Doppelbesteuerung insoweit, als mit der objektiven Steuerbefreiung der koreanischen Einkünfte die Gesamtsteuerbelastung nicht höher ist als jene Steuerlast, die der Steuerpflichtige zu tragen hätte, wenn er nur einer Steuerhoheit unterläge[999].

Ohne Bedeutung ist, ob der Quellenstaat Korea von seinen Steuerkompetenzen auch innerstaatlich Gebrauch gemacht hat. Das Revisionsabkommen enthält keine „Subject-to-tax"-Klausel, nach welcher die Anwendung der Freistellungsmethode die tatsächlich erfolgte Besteuerung im Quellenstaat voraussetzt[1000]; die Freistellung im Wohnsitzstaat erfolgt unbedingt. Hierdurch vermeidet das Steuerabkommen bereits die virtuelle Doppelbesteuerung[1001], da die Freistellung ohne Rücksicht darauf zu gewähren ist, daß die Einkünfte einer Be-

---

994 Vgl. auch *Harald Schaumburg*, Die Befreiungsmethode im deutschen Steuerrecht, in: Die Methoden zur Vermeidung der Doppelbesteuerung, Wien 1995, S. 269 – 306 (278).

995 Vgl. auch *Schaumburg*, Befreiungsmethode, S. 279.

996 Vgl. auch *Mössner*, Methoden zur Vermeidung der Doppelbesteuerung, S 148 f.

997 Vgl. auch *Frotscher*, Internationales Steuerrecht, § 4, Rdnr. 5; *Kluge*, Internationales Steuerrecht, Rdnr. B 72; *Lornsen*, Unilaterale Maßnahmen, S. 64; *Schaumburg*, Internationales Steuerrecht, § 14, Rdnr. 14.24; *Vogel*, DBA, Art. 23, Rdnr. 40; *Wassermeyer* in: Debatin/Wassermeyer, DBA, Bd. I, MA Art. 23 B, Rdnr. 3.

998 Zum Begriff der Kapitalimportneutralität, vgl. *Kluge*, Internationales Steuerrecht, Rdnr. B 62.

999 Vgl. oben Kapitel 1, A VI.

1000 Vgl. auch OECD-MK zum OECD-MA, Art. 23, Nr. 35, abgedruckt in *Vogel*, DBA, Art. 23, Rdnr. 51; *Frotscher*, Internationales Steuerrecht, § 5, Rdnr. 20; *Kluge*, Internationales Steuerrecht, Rdnr. R 129; *Schaumburg*, Internationales Steuerrecht, § 16, Rdnr. 16.533; *Vogel*, DBA, Art. 23, Rdnr. 68.

1001 Zum Begriff der virtuellen Doppelbesteuerung vgl. oben Kapitel 1, A I.

steuerung im Quellenstaat unterlegen haben, mithin eine effektive Doppelbesteuerung der Einkünfte eingetreten ist[1002].

I. Kreis der freizustellenden Einkünfte

Die Freistellungsmethode gelangt nur zur Anwendung, *„sofern keine Steueranrechnung nach Buchst. b) erfolgt"*, Art. 23 Abs. 1 Buchst. a) Satz 1 RevDBA. Somit ergeben sich die Anwendungsfälle der Freistellungsmethode in Abgrenzung von den Anrechnungseinkünften nach Art. 23 Abs. 1 Buchst. b) RevDBA. Vereinzelt steht die Anwendung der Freistellungsmethode auch unter dem Aktivitätsvorbehalt nach Art. 23 Abs. 1 Buchst. c) RevDBA[1003]. Zu den im Wohnsitzstaat Deutschland freizustellenden Einkünften sind insbesondere zu zählen:

- die Einkünfte einer Betriebsstätte deutscher Unternehmen in Korea, die nicht internationale Seeschiffahrt oder Luftfahrt betreiben, Art. 7 Abs. 1 Satz 1 2. Halbsatz RevDBA, ferner die entsprechenden Veräußerungsgewinne, Art. 13 Abs. 4 RevDBA,
- die Dividendenzahlungen einer koreanischen (Tochter-)Gesellschaft, an welcher die deutsche (Mutter-)Gesellschaft zu mindestens 25 % unmittelbar beteiligt ist (Schachteldividenden), Art. 23 Abs. 1 Buchst. a) Satz 3 RevDBA,
- die Einkünfte aus selbständiger Arbeit, die im Rahmen einer in Korea gelegenen festen Einrichtung ausgeübt wird, Art. 14 Abs. 1 Satz 1 2. Halbsatz RevDBA,
- die Einkünfte aus in Korea ausgeübter unselbständiger Arbeit, soweit die 183-Tage-Regel greift, Art. 15 Abs. 1 Satz 1 2. Halbsatz RevDBA,
- die Einkünfte aus in Korea gelegenen unbeweglichem Vermögen, einschließlich der Land- und Forstwirtschaft, Art. 6 RevDBA, wie auch die entsprechenden Veräußerungsgewinne, Art. 13 Abs. 1 RevDBA.

Anzumerken ist für den Fall, daß eine in Deutschland ansässige Gesellschaft[1004] Einkünfte aus Quellen innerhalb Koreas, insbesondere Betriebsstätteneinkünfte und Schachteldividenden, zur Gewinnausschüttung verwendet, besonderes gilt: Wird die Dividende an eine inländische *natürliche* Person ausgeschüt-

---

1002 Vgl. auch *Kluge*, Internationales Steuerrecht, Rdnr. S 333; *Tillmanns*, Steuerrecht international tätiger Unternehmen, Rdnr. B 194.

1003 Weitere Ausführungen hierzu erfolgen an späterer Stelle der Untersuchung.

1004 Nach § 1 Abs. 1 Nr. 1 KStG.

tet, kommt ihr die im Revisionsabkommen vom 10. März 2000 angeordnete Freistellung im Ergebnis nicht zugute. Denn die Dividenden unterliegen als Beteiligungserträge im Sinne von § 20 Abs. 1 Nr. 1 EStG der persönlichen Einkommensteuer des Anteilseigners, wenngleich dieser regelmäßig verpflichtet ist, die Gewinnausschüttung nur zur Hälfte zu versteuern, § 3 Nr. 40 Satz 1 Buchst. d) EStG (Halbeinkünfteverfahren). Ist Anteilseigner dagegen eine *Körperschaft*, kommt ihr die Freistellung zugute. Die Dividende ist steuerbefreit mit dem Ergebnis, daß Durchschüttungen über mehrere Konzernstufen hinweg steuerlich unbelastet bleiben, § 8 b Abs. 1 KStG[1005].

Mit der Freistellung in Deutschland kollidiert auch nicht die Herstellung der Ausschüttungsbelastung nach den Vorschriften des deutschen Steuerrechts[1006]. Dies stellt Art. 23 Abs. 1 Buchst. d) RevDBA als Öffnungsklausel ausdrücklich klar und gestattet damit dem Vertragsstaat Deutschland, ein bestimmtes „Ausschüttungsverhalten" zu besteuern[1007].

1005 Die Besteuerung von Körperschaften hat mit dem Steuersenkungsgesetz vom 23. Oktober 2000 eine grundsätzliche Änderung erfahren, die auch wesentliche Auswirkungen auf die Besteuerung privater Kapitaleinkünfte hat. Dies gilt insbesondere für die Kapitalgesellschaften und Genossenschaften. Für das neue System der Unternehmensbesteuerung hat sich schon im Vorfeld des Gesetzgebungsverfahrens der Begriff „Halbeinkünfteverfahren" eingebürgert. Das seit der Körperschaftsteuerreform 1977 geltende Anrechnungsverfahren wird zukünftig von einem modifizierten klassischen Körperschaftsteuersystem abgelöst. Das Anrechnungsverfahren sah im Falle der Gewinnausschüttung eine Berücksichtigung der auf der Ebene der Körperschaft gezahlten Körperschaftsteuer bei der privaten Einkommensteuer des Gesellschafters vor. Von diesem System wird nunmehr Abstand genommen, und es wird durch das Halbeinkünfteverfahren ersetzt. Danach wird der Gewinn einer Kapitelgesellschaft mit einem einheitlichen Körperschaftsteuersatz von 25 % belegt. Die Steuer wirkt definitiv, weil sich der Anteilseigner diese nicht mehr anrechnen lassen kann. Um dieser Vorbelastung des Gewinns mit Körperschaftsteuer Rechnung zu tragen, muß der Anteilseigner, soweit es sich um eine natürliche Person handelt, die Gewinnausschüttung nur noch zur Hälfte versteuern. Allerdings kann er die mit den Beteiligungserträgen in Zusammenhang stehenden Aufwendungen (Werbungskosten) ebenfalls nur noch zur Hälfte steuermindernd geltend machen. Vgl. dazu auch *Friedrich E. Harenberg/Gisbert Irmer*, Die Besteuerung privater Kapiteleinkünfte, 3. Auflage 2003, Herne/Berlin, S. 81 ff.

1006 Nach § 27 ff. KStG a.F. Aber auch nach der Aufhebung von §§ 27 – 29 KStG a.F. durch das Gesetz zur Senkung der Steuersätze und zur Reform der Unternehmensbesteuerung vom 23. Oktober 2000 (Steuersenkungsgesetz) haben die Regelungen noch Bedeutung für das ab 2001 geltende Halbeinkünfteverfahren; es kann daher während einer Übergangszeit von 15 Jahren zu Körperschaftsteuererhöhungen kommen, vgl. auch *Gerrit Frotscher*, Die körperschaftsteuerliche Übergangsregelung nach dem Steuersenkungsgesetz, BB 2000, S. 2280 – 2292 (2289).

1007 Vgl. auch *Wassermeyer* in: Debatin/Wassermeyer, DBA, Bd. I, MA Art. 23 A, Rdnr. 58.

II. Progressionsvorbehalt

Deutschland gewährt die Freistellung unter Beachtung eines Progressionsvorbehaltes, Art. 23 Abs. 1 Buchst. a) Satz 2 RevDBA. Durch die Verknüpfung mit dem Progressionsvorbehalt soll die Besteuerung nach der Leistungsfähigkeit sichergestellt werden[1008]. Deutschland behält daher das Recht, die freigestellten Einkünfte und Vermögenswerte bei der Festsetzung des Steuersatzes für das übrige inländische Einkommen zu berücksichtigen. Die freigestellten Einkünfte sind bei der Ermittlung der Steuersatz-Bemessungsgrundlage[1009] als steuerpflichtig zu behandeln, wobei die Hinzurechnung der steuerfreien Einkünfte nicht auf die positiven ausländischen Einkünfte beschränkt ist[1010]. Der Progressionsvorbehalt ist auch dann anzuwenden, wenn die ausländischen Einkünfte negativ sind. In diesem Fall vermindern die negativen Einkünfte das im Inland zu versteuernde Einkommen und führen auf diesem Wege zu einer Steuerentlastung (negativer Progressionsvorbehalt). Dieser negativer Progressionsvorbehalt kann zu einer Absenkung des Steuersatzes bis auf Null führen[1011].

Das Revisionsabkommen vom 10. März 2000 enthält in Art. 23 Abs. 1 Buchst. a) Satz 2 RevDBA allein den Vorbehalt zu Gunsten Deutschlands, einen besonderen Steuersatz auf das übrige Einkommen anzuwenden[1012]. Die Rechtsgrundlage des Progressionsvorbehaltes findet sich indessen im deutschen Steuerrecht und damit in § 32 b EStG. Nach § 32 b Absatz 1 Satz 1 EStG findet der Vorbehalt nur bei unbeschränkt steuerpflichtigen natürlichen Personen Anwendung. Eine Anwendung des Progressionsvorbehaltes auf unbeschränkt steuerpflichtige Körperschaftsteuersubjekte erübrigt sich, auch weil bei den Körperschaften ein progressiver Steuertarif nicht existiert[1013]. Zudem gestattet der

---

1008 Vgl. auch *BFH*, BStBl. II 1976, S. 662 m. w. N.; *Frotscher*, Internationales Steuerrecht, § 4, Rdnr. 8; *Lornsen*, Unilaterale Maßnahmen, S. 65; *Jochen Voss/Ursula Voss*, Steuerbelastungsrechnung bei Anwendung des Progressionsvorbehalts, DB 1992, S. 645 – 648 (648); *Wassermeyer* in: Debatin/Wassermeyer, DBA, Bd. I, MA Art. 23 A, Rdnr. 121.

1009 Nicht Steuerbemessungsgrundlage, vgl. auch *Kluge*, Internationales Steuerrecht, Rdnr. S 338.

1010 Vgl. auch *BFH*, BStBl. II 1990, S. 906 ff. (908); *BFH*, BStBl. II 1991, S. 136 ff. (140) m.w.N.; *Kluge*, Internationales Steuerrecht, Rdnr. S 339; *Schaumburg*, Internationales Steuerrecht, § 16, Rdnr. 16.540.

1011 Vgl. auch *BFH*, BStBl. II 1970, S. 660; *Frotscher*, Internationales Steuerrecht, § 4, Rdnr. 9; *Lornsen*, Unilaterale Maßnahmen, S. 65; *Schaumburg*, Internationales Steuerrecht, § 16, Rdnr. 16.547.

1012 Zur Errechnung des besonderen Steuersatzes, vgl. *BFH*, BStBl. II 1990, S. 906.

1013 Vgl. auch *Frotscher*, Internationales Steuerrecht, § 4, Rdnr. 87.

Wortlaut des Art. 23 Abs. 1 Buchst. a) Satz 2 RevDBA, daß in den Progressionsvorbehalt alle nach dem Revisionsabkommen vom 10. März 2000 steuerfreien Einkünfte einzubeziehen sind[1014]. Diese müssen sich nicht allein aus dem Methodenartikel, sondern können sich auch aus den Verteilungsnormen ergeben[1015]. Damit werden Einkünfte, die durch Deutschland als Wohnsitzstaat gemäß Art. 6 bis 22 RevDBA freizustellen sind[1016], vom Progressionsvorbehalt ebenso erfaßt.

III. Aktivitätsvorbehalt

Die Anwendung der Freistellungsmethode wird vereinzelt nur unter den Voraussetzungen des Aktivitätsvorbehaltes gewährt. Dies gilt zunächst für die Betriebsstätteneinkünfte[1017] und die Schachteldividenden[1018], Art. 23 Abs. 1 Buchst. c) 1. Halbsatz RevDBA. Daß sich der Aktivitätsvorbehalt auf die Schachteldividenden und nicht auf die Dividenden aus Streubesitz erstreckt, folgt aus der Bezugnahme des Vorbehalts auf die Steuerfreistellung nach Art. 23 Abs. 1 Buchst. a) RevDBA. Denn von der abkommensrechtlichen Freistellung werden gemäß Art. 23 Abs. 1 Buchst. a) Satz 3 RevDBA nur die Schachteldividenden erfaßt, nicht jedoch die Dividenden aus Streubesitz, die der Anrechnung nach Art. 23 Abs. 1 Buchst. b) aa) RevDBA unterliegen[1019]. Die Freistellung der vorgenannten koreanischen Einkünfte in Deutschland ist somit davon abhängig, daß die in Korea gelegene Betriebsstätte[1020] oder die in Korea ansässige[1021] Gesellschaft[1022] ihre Bruttoerträge ausschließlich oder fast ausschließlich aus sogenannten aktiven

---

1014 Art. 23 Abs. 1 Buchst. a) Satz 2 RevDBA spricht von den „so ausgenommenen Einkünften und Vermögenswerten“ und bezieht sich dabei auf die Einkünfte und Vermögenswerte, die nach Art. 23 Abs. 1 Buchst. a) Satz 1 RevDBA „nach diesem Abkommen in der Republik Korea besteuert werden können“.

1015 Vgl. auch *Frotscher*, Internationales Steuerrecht, § 4, Rdnr. 8; *Schaumburg*, Internationales Steuerrecht, § 16, Rdnr. 16.542; *Wassermeyer* in: Debatin/Wassermeyer, DBA, Bd. I, MA Art. 23 A, Rdnr. 122; *Wolff* in: Debatin/Wassermeyer, DBA, Bd. III, Länderteil Korea, Art. 22, Rdnr. 25.

1016 Vgl. oben Kapitel 3.

1017 Im Sinne des Art. 7 RevDBA.

1018 Im Sinne von Art. 10 Abs. 2 RevDBA.

1019 Vgl. oben Kapitel 4, A.

1020 Im Sinne von Art. 5 RevDBA.

1021 Im Sinne von Art. 4 RevDBA. Siehe dazu die obigen Ausführungen unter Kapitel 2, A II.

1022 Im Sinne von Art. 3 Abs. 1 Buchst. e) RevDBA. Siehe dazu die obigen Ausführungen unter Kapitel 2, A I.

oder produktiven Tätigkeiten bezieht[1023]. Werden die Voraussetzungen nicht erfüllt, tritt an die Stelle der Freistellung die Anrechnung der koreanischen Steuern, Art. 23 Abs. 1 Buchst. c) 1. Halbsatz RevDBA[1024].

Das Revisionsabkommen vom 10. März 2000 erstreckt den Anwendungsbereich des Aktivitätsvorbehaltes zudem auf das unbewegliche Vermögen im Sinne des Art. 6 Abs. 4 RevDBA, das einer Betriebsstätte dient, einschließlich der Veräußerungsgewinne nach Art. 13 Abs. 1 RevDBA, wie auch das bewegliche Vermögen im Sinne des Art. 13 Abs. 3 RevDBA, das als Betriebsvermögen der Betriebsstätte anzusehen ist, Art. 13 Abs. 3 RevDBA, Art. 23 Abs. 1 Buchst. c) 2. Halbsatz RevDBA.

Fraglich ist nun, wann die von der in Korea gelegenen Betriebsstätte oder in Korea ansässigen[1025] (Tochter-)Gesellschaft bezogenen Bruttoerträge wenn schon nicht gänzlich, so doch fast ausschließlich aus aktiven oder produktiven Tätigkeiten stammen. Eine katalogartige Aufzählung derjenigen Tätigkeiten, die als aktiv bzw. produktiv anzusehen sind, enthält Art. 23 Abs. 1 Buchst. c) RevDBA nicht. Statt dessen verweist das Revisionsabkommen vom 10. März 2000 auf das deutsche Außensteuergesetz (AStG), in concreto auf § 8 AStG[1026]. Damit kommt für die Zuordnung von Einnahmen und Aufwendungen zu den aktiven Tätigkeiten ein Rückgriff auf die funktionale Betrachtungsweise des Außensteuergesetzes[1027] in Betracht[1028]. Die Grenze „*fast ausschließlich*" ist im Sinne von mindestens 90 % der Bruttoerträge zu verstehen[1029]. Mit dieser Regelung bezweckt das Revisionsabkommen vom 10. März 2000, eine unangemes-

---

1023 Vgl. auch *Kluge*, Internationales Steuerrecht, Rdnr. 328; *Schaumburg*, Internationales Steuerrecht, § 16.134; *Vogel*, DBA, Art. 23, Rdnr. 88; *Wassermeyer* in: Debatin/Wassermeyer, DBA, Bd. I, MA Art. 23 A, Rdnr. 54.

1024 Auch aus diesem Grunde kann die Anrechungsmethode als „Regelfallmethode" angesehen werden, vgl. oben Kapitel 4, Einleitung.

1025 Im Sinne von Art. 4 RevDBA. Siehe dazu die obigen Ausführungen unter Kapitel 2, A II.

1026 Mit dieser Verweisung entspricht der Aktivitätsvorbehalt des Revisionsabkommens dem Typus 1 der in den derzeit geltenden deutschen DBA vereinbarten Aktivitätsklauseln, siehe dazu Anlage 1 zu *Schieber/Wassermeyer* in: Debatin/Wassermeyer, DBA, Bd. I, MA Art. 23 A / B MA; *Franz Wassermeyer*, Der Wirrwarr mit den Aktivitätsvorbehalten im deutschen Abkommensrecht, IStR 2000, S. 65 - 70 (67).

1027 Dazu im einzelnen siehe auch *Wassermeyer* in: Flick/Wassermeyer/Baumhoff, Außensteuerrecht, Bd. I, § 8 AStG, Rdnr. 31 ff.

1028 Vgl. auch *Vogel*, DBA, Art. 23, Rdnr. 91; *Wassermeyer* in: Debatin/Wassermeyer, DBA, Bd. I, MA Art. 23 A, Rdnr. 54.

1029 Vgl. auch *BFH*, BStBl. II 1996, S. 122; *Kluge*, Internationales Steuerrecht, Rdnr. S 328; *Vogel*, DBA, Art. 23, Rdnr. 93; *Wassermeyer*, Aktivitätsvorbehalte, IStR 2000, S. 66.

sene Freistellung durch das Steuerabkommen zu verhindern. Der wettbewerbspolitischen Zielsetzung Deutschlands entsprechend erfolgt eine Besteuerung nach Maßgabe der Kapitalimportneutralität, wenn zur Beseitigung steuerlicher Wettbewerbsverzerrungen auf dem ausländischen Markt eine Gleichstellung der deutschen Unternehmen mit den dortigen Konkurrenten erforderlich ist. Allein in diesen Fällen rechtfertigt sich aus der Sicht Deutschlands der Vorrang der Besteuerung im Quellenstaat vor der Besteuerung im Inland. Besteht indessen keine genügende Verwurzelung im anderen Vertragsstaat, so ist der Anlaß der Besteuerung nach Maßgabe der Kapitalimportneutralität nicht - mehr - gegeben[1030]. Anstelle der Freistellung erfolgt eine Anrechnung der koreanischen Steuern auf die inländische Steuerlast; im übrigen rechtfertigt sich die Anwendung der Anrechnungsmethode auch aus Gründen der Bekämpfung der Steuerumgehung[1031].

Zusammenfassend bleibt festzuhalten, daß der Aktivitätsvorbehalt einseitig zu Gunsten Deutschlands wirkt. Deutschland beansprucht für sich, selbst darüber entscheiden zu können, wie es die Doppelbesteuerung im Einzelfall vermeidet, und gelangt in den neueren DBA – wie im Fall des Revisionsabkommens vom 10. März 2000 – regelmäßig zu einer Vereinbarung von Aktivitätsvorbehalten[1032]. Mit der Verweisung auf § 8 AStG enthält das Steuerabkommen eine Klausel, die im Interesse der Rechtsklarheit, der Rechtsvereinfachung und der steuerlichen Gleichbehandlung sowohl für die deutsche Finanzverwaltung als auch für alle Rechtsanwender schlüssig und verständlich ist.

C. Switch-over-Klausel

Der Methodenartikel enthält in Art. 23 Abs. 1 Buchst. e) RevDBA eine sogenannte „Switch-over"-Klausel, mit welcher Deutschland sich den Wechsel von der Freistellung zur Anrechnung in Fällen der Nichtbesteuerung[1033] oder der

---

1030 Vgl. auch *Schaumburg*, Befreiungsmethode, S. 278.

1031 Vgl. oben Kapitel 4, Einleitung.

1032 Vgl. auch *Sabine Seibold*, Neuere Entwicklungen auf dem Gebiet der deutschen Steuerabkommen, IStR 1998, S. 629 – 657 (654).

1033 Ein Fall der Nichtbesteuerung liegt vor, wenn die Einkünfte im Quellenstaat bzw. im Wohnsitzstaat nicht besteuert werden, weil sie entweder gar nicht steuerbar oder vollständig steuerbefreit sind. Es handelt sich um Fälle, die als Doppelfreistellung, Doppelnichtbesteuerung oder Keinmalbesteuerung bezeichnet werden und zum Entstehen sog. „weißer Einkünfte" führen, vgl. *Axel Petereit*, Die sog. switch-over-Klausel in den deutschen Doppelbesteuerungsabkommen, IStR 2003, S. 577 – 586 (580).

Minderbesteuerung[1034] aufgrund von Qualifikations- bzw. Zurechnungskonflikten oder nach diplomatischer Notifizierung[1035] vorbehält. Indes werden nicht alle Qualifikationskonflikte erfaßt, sondern nur die, die - nach Anwendung des jeweiligen innerstaatlichen Steuerrechts[1036] - zu einer Einordnung von Einkünften oder Vermögenswerten unter unterschiedliche Verteilungsnormen bzw. zu einer unterschiedlichen Zurechnung zu Personen führen, Art. 23 Abs. 1 Buchst. e) aa) RevDBA. Darüber hinaus bedarf es der erfolglosen Durchführung eines Verständigungsverfahrens nach Art. 25 Abs. 3 RevDBA.

Im Fall von notifizierten Einkünften behält Deutschland sich den Wechsel zur Anrechnung nach Art einer Generalklausel vor, Art. 23 Abs. 1 Buchst. e) bb) RevDBA. Wie in Art. 23 Abs. 1 Buchst. e) aa) RevDBA ist auch diese Ermächtigung an bestimmte Verfahrensregeln gebunden. Voraussetzung ist die Notifikation durch Deutschland nach gehörigen Konsultationen mit den zuständigen Behörden des anderen Vertragsstaates, hier dem Wirtschafts- und Finanzminister oder seinem bevollmächtigten Vertreter in Korea[1037]. Die Steueranrechnung erfolgt ab dem ersten Tag des Kalenderjahres, in dem die Notifikation übermittelt wurde, Art. 23 Abs. 1 Buchst. e) bb) RevDBA. Angesichts der Unbestimmtheit dieser Regelung, die sich vornehmlich auf Verfahrensregelungen bezieht, stellt sich m.E. die Frage nach der rechtsstaatlichen Bestimmtheit und damit nach der verfassungsrechtlichen Zulässigkeit dieser Abkommensbestimmung[1038].

1034 Der Begriff der Minderbesteuerung ist gesetzlich nicht definiert. Grundsätzlich beschreibt dieser die einheitliche Erfassung aller unangemessenen Steuervorteile aus internationaler Wirtschaftstätigkeit, unabhängig von rechtmäßiger oder rechtsmißbräuchlicher Verursachung, die in der Folge zu einer gleichheits- und leistungsfähigkeitswidrigen Besserstellung einzelner Steuerpflichtiger gegenüber den übrigen national und international Erwerbstätigen führt, vgl. *Gabriele Burmester*, Zur Systematik internationaler Minderbesteuerung und ihrer Vermeidung, in: Außensteuerrecht, Doppelbesteuerungsabkommen und EU-Recht im Spannungsverhältnis, Festschrift für Helmut Debatin, hrsg. v. Gabriele Burmester, Dieter Endres, München 1997, S. 55 – 79 (56 f.).

1035 Als Notifikation bezeichnet man die amtliche Verständigung eines Staates durch einen anderen über den bevorstehenden oder erfolgten Eintritt einer rechtserheblichen Tatsache. Die Notifikation kann völkerrechtlich obligatorisch oder fakultativ sein, vgl. auch *Verdross/Simma*, Völkerrecht, S. 426.

1036 Nicht erfaßt werden damit Anwendungskonflikte, die sich bereits auf Abkommensebene ergeben, vgl. *Petereit*, Switch-over-Klausel, IStR 2003, S. 579.

1037 Im Sinne von Art. 3 Abs. 1 Buchst. i) bb) RevDBA; vgl. oben Kapitel 2, A II.

1038 Siehe auch zur Bestimmtheit von Ermächtigungsvorschriften BVerfGE 13, S. 318 ff. (328).

Insgesamt gesehen entspricht die Einfügung der „Switch-over"-Klausel in das Revisionsabkommen vom 10. März 2000 als eigenständige Mißbrauchsklausel – neben den vorgenannten besonderen Mißbrauchsklauseln der Verteilungsnormen, insbesondere der beneficiary-Klausel[1039] - der deutschen Abkommenspolitik[1040]. Dies schließt einen Rückgriff auf die innerstaatlichen Vorschriften zur Verhinderung der Steuerumgehung oder -hinterziehung, insbesondere § 42 AO[1041], nicht aus[1042], vorausgesetzt, sie stehen den Grundsätzen des Steuerabkommens zur Vermeidung des Mißbrauchs nicht entgegen, Art. 27 Abs. 1 Buchst. a) RevDBA.

Kapitel 5: Weitere Zwecke des Revisionsabkommens

Ziel und Zweck des Revisionsabkommens vom 10. März 2000 ist die Vermeidung der Doppelbesteuerung im bilateralen Wirtschaftsverkehr zwischen Deutschland und Korea[1043]. Hierdurch werden jedoch keine weiteren Abkommenszwecke ausgeschlossen, da der komplexe Abkommensinhalt eher ein Zielbündel anstelle eines einzigen Zieles erwarten läßt[1044]. Insofern finden sich im Revisionsabkommen das Diskriminierungsverbot, Art. 24 RevDBA, das Verständigungs- bzw. Konsultationsverfahren, Art. 25 RevDBA, und der gegenseitige Informationsaustausch der Vertragsstaaten bei der Besteuerung, Art. 26 RevDBA. Allen vorgenannten Abkommensbestimmungen ist gemeinsam, daß sie dem Zweck der *„Sicherung der Besteuerungsgerechtigkeit"* dienen[1045]. Im folgenden gilt es, diese Sonderbestimmungen und ihre Bedeutung für die abkommensberechtigten Steuerpflichtigen im jeweiligen Vertragsstaat zu erörtern.

1039 Vgl. auch oben die Besteuerung nach Art. 10 RevDBA, Art. 11 RevDBA und Art. 12 RevDBA.

1040 Vgl. auch *Petereit*, Switch-over-Klausel, IStR 2003, S. 577; *Seibold*, Neuere Entwicklungen, IStR 1998, S. 654.

1041 Als zentrale Vorschrift der Mißbrauchsbestimmungen des deutschen Steuerrechts, siehe dazu auch *Gerhard Laule*, Grenzen internationaler Steuergestaltung im Lichte der Rechtsprechung des EuGH, IStR 2003, S. 217 – 222 (221).

1042 Vgl. auch *Laule*, Domestic Anti-Avoidance Rules, S. 18.

1043 Vgl. oben Teil 1, Kapitel 1, A.

1044 Ähnlich *Kluge*, Internationales Steuerrecht, Rdnr. R 85.

1045 Unterscheidung der Abkommensziele nach *Prang*, Vertragspolitik der Bundesrepublik Deutschland, S. 103 ff.

A. Diskriminierungsverbot

Der mit der Überschrift „Gleichbehandlung“ versehene Art. 24 RevDBA enthält mehrere Diskriminierungsverbote, die selbständig nebeneinander anwendbar sind[1046]; ein Verhältnis der Spezialität oder Alternativität besteht nicht[1047]. Danach dürfen Staatsangehörige[1048] der Vertragsstaaten unter dem Vorbehalt der Gegenseitigkeit[1049] im jeweils anderen Vertragsstaat grundsätzlich steuerlich nicht schlechter behandelt werden als dessen Staatsangehörige (Grundsatz der steuerlichen Nichtdiskriminierung[1050]), Art. 24 Abs. 1 RevDBA. Dies gilt auch für Staatenlose[1051], die in einem der Vertragsstaaten ansässig[1052] sind, Art. 24 Abs. 2 RevDBA. Ein Verstoß gegen das Verbot liegt demzufolge vor, wenn ausschließlich die Staatsangehörigkeit - und kein anderes Merkmal - das nach innerstaatlichem Steuerrecht ausschlaggebende Merkmal für die Schlechterstellung des Steuerschuldners ist[1053]. Allerdings kommt dem Verbot der Staatsangehörigkeitsdiskriminierung keine besondere Bedeutung insofern zu, als die innerstaatliche Besteuerung sowohl in Deutschland wie auch in Korea regelmäßig nicht an die Staatsangehörigkeit des Steuerschuldners, sondern vornehmlich an

---

1046 Diskriminierungsverbote in DBA gewinnen praktisches Gewicht, vgl. auch Urteil des *Bundesfinanzhofs* v. 29. Januar 2003, I R 6/99 zum Diskriminierungsverbot DBA-USA 1989: Danach kann eine US-Kapitalgesellschaft sich auf die Grundfreiheiten des Binnenmarktes mit der Folge berufen, daß die Organschaft zwischen einer US-Kapitalgesellschaft als Organträger und einer deutschen GmbH als Organgesellschaft anzuerkennen ist; auf die doppelte Inlandsbindung, also Sitz und Geschäftsleitung der US-Kapitalgesellschaft im Inland, kommt es nicht mehr an, sondern es ist vielmehr auf den Verwaltungssitz in Deutschland und die allein dadurch bedingte unbeschränkte Steuerpflicht abzustellen, in: IStR 2003, S. 422 ff. Die *BFH*-Ausführungen lassen sich ohne weiteres auch auf DBA übertragen, die mit dem OECD-MA übereinstimmen, vgl. dazu *Alexander Rust*, Ermöglichen Diskriminierungsverbote eine Organschaft über die Grenze?, IStR 2003, S. 658 – 661 (660).

1047 Vgl. auch *Frotscher*, Internationales Steuerrecht, § 5, Rdnr. 18; *Schaumburg*, Internationales Steuerrecht, § 4, Rdnr. 4.39; *Vogel*, DBA, Art. 24, Rdnr. 2.

1048 Zum Begriff des Staatsangehörigen siehe oben Kapitel 3, I III 2.

1049 Vgl. auch OECD-MK zum OECD-MA, Art. 26, Nr. 1, abgedruckt in: Debatin/Wassermeyer, DBA, Bd. I, MK Art. 26; *Schaumburg*, Internationales Steuerrecht, § 4, Rdnr. 4.39.

1050 Vgl. auch *Vogel/Lehner*, DBA, Art. 24, Rdnr. 2.

1051 Der Begriff des „Staatenlosen“ bestimmt sich nach Art. 1 Abs. 1 des Übereinkommens vom 28. September 1954 über die Rechtsstellung der Staatenlosen, BGBl. II 1976, S. 474, das für die Bundesrepublik Deutschland am 24. Januar 1977 in Kraft getretenen ist (s. Bekanntmachung des Bundesministers des Auswärtigen vom 10. Februar 1977, BGBl. II 1977, S. 235).

1052 Im Sinne von Art. 4 RevDBA. Siehe dazu die obigen Ausführungen unter Kapitel 2, A II.

1053 Vgl. auch *Vogel*, DBA, Art. 24, Rdnr. 29.

dessen (Wohn-)Sitz, an den Ort der Geschäftsleitung, mithin an die Ansässigkeit[1054] anknüpft.

Die weiteren Diskriminierungsverbote schützen grenzüberschreitende Unternehmungen, die Betriebsstätten[1055] in dem anderen Vertragsstaat unterhalten, Art. 24 Abs. 3 RevDBA[1056], die Geltendmachung von Schulden und Betriebsausgaben, soweit Gläubiger oder Empfänger derselben im anderen Vertragsstaat ansässig[1057] sind, Art. 24 Abs. 4 RevDBA, und die steuerliche Benachteiligung von ansässigen[1058] Unternehmen, nur weil deren Kapital ganz oder teilweise in ausländischen Händen liegt, Art. 24 Abs. 5 RevDBA.

Art. 24 RevDBA bezieht sich auf alle Steuern und nicht nur auf diejenigen, die dem sachlichen Geltungsbereich des Revisionsabkommens vom 10. März 2000 unterfallen, Art. 24 Abs. 6 RevDBA. Damit dient die Abkommensbestimmung der Konkretisierung des völkerrechtlichen Diskriminierungsschutzes für den Bereich des Steuerrechts und greift aus diesem Grunde über den engeren Anwendungsbereich der Verteilungsnormen des Revisionsabkommens vom 10. März 2000 hinaus[1059]. Hierin folgt Art. 24 RevDBA der gegenwärtigen deutschen Abkommenspolitik[1060].

B. Verständigungsverfahren

Zur Beseitigung von Schwierigkeiten, die sich aus der Abkommensanwendung im weitesten Sinne ergeben, sieht das Revisionsabkommen vom 10. März 2000 in Übereinstimmung mit dem OECD-Musterabkommen[1061] in Art. 25 RevDBA das sogenannte „Verständigungsverfahren“ vor. Dieses Verfahren tritt neben die innerstaatlichen Steuerfestsetzungs- und Rechtsschutzverfahren, Art. 25 Abs. 1 Satz 1 2. Halbsatz RevDBA, woraus sich der Schluß ziehen läßt, daß es sich bei

1054 Vgl. oben Kapitel 1, B.

1055 Im Sinne von Art. 5 RevDBA.

1056 Siehe oben zur Nichtgewährung der Steuervergünstigungen nach dem FIPA als Verstoß gegen das Diskriminierungsverbot Kapitel 3, B III 1 a).

1057 Im Sinne von Art. 4 RevDBA.

1058 Im Sinne von Art. 4 RevDBA.

1059 Vgl. auch *Helmut Debatin*, Das Verbot steuerlicher Diskriminierung, DStZ/A 1970, S. 129 – 136 (132).

1060 Siehe dazu die Abkommensübersicht in *Vogel*, DBA, Art. 24, Rdnr. 6.

1061 Vgl. Art. 25 OECD-MA.

diesem Verfahren um ein besonderes außerhalb des innerstaatlichen Rechts handelt[1062]. Dementsprechend ist der Antrag auf Einleitung eines Verständigungsverfahrens auch nicht als steuerlicher Rechtsbehelf im Sinne der Abgabenordnung anzusehen[1063]. Die Besonderheit des Verständigungsverfahrens liegt darin, daß die zuständigen Behörden der Vertragsstaaten[1064] zur Beseitigung der bei der Abkommensanwendung aufgetretenen Schwierigkeiten formlos in unmittelbaren Kontakt zueinander treten können, ohne erst die diplomatischen Vertretungen einzuschalten, Art. 25 Abs. 4 RevDBA. Das Revisionsabkommen vom 10. März 2000 stellt folglich mit dem Verständigungsverfahren eine außergewöhnliche Form der Ausübung diplomatischen Schutzes zur Verfügung[1065]. Dieser wird den abkommensberechtigten Steuerpflichtigen[1066] gewährt, soweit diese von Maßnahmen eines oder beider Vertragsstaaten betroffen sind, die *„zu einer Besteuerung führen oder führen werden, die diesem Abkommen nicht entspricht"*, Art. 25 Abs. 1 Satz 1 1. Halbsatz RevDBA. Die Durchführung des Verständigungsverfahrens kommt somit immer dann in Betracht, wenn der Steuerpflichtige bei fehlerfreier Abkommensanwendung anders besteuert werden müßte[1067]. Die abkommenswidrige Besteuerung muß hierbei nicht nur auf die falsche Auslegung und Anwendung des Steuerabkommens zurückzuführen sein, sondern kann auch in der unrichtigen Würdigung des relevanten Sachverhaltes sowie in der falschen Anwendung des innerstaatlichen Rechts begründet liegen; diesbezüglich jedoch nur, soweit das Steuerabkommen auf das innerstaatliche Recht Bezug nimmt[1068]. Des Nachweises einer eingetretenen Doppelbesteuerung bedarf es nicht[1069].

1062 Vgl. auch OECD-MK zum OECD-MA, Art. 25, Nr. 7, abgedruckt in: Debatin/Wassermeyer, DBA, Bd. I, MK Art. 25.

1063 Vgl. auch *Karl Teichner*, Die Verständigung - Ein Versuch zu ihrer rechtssystematischen Einordung, StuW 1965, S. 343 - 358 (345).

1064 Nach Art. 3 Abs. 1 Buchst. i) RevDBA; vgl. oben Kapitel 2, A II.

1065 Vgl. auch Gloria, Verständigungsverfahren, S. 207.

1066 Vgl. oben zum persönlichen Geltungsbereich Kapitel 2, A.

1067 Vgl. auch *Vogel*, DBA, Art. 25, Rdnr. 35, der verlangt, daß eine Steuerpflicht geltend gemacht oder durchgesetzt wird, die sich bei richtiger Auslegung und Anwendung auf den richtig festgestellten Sachverhalt so nicht ergibt.

1068 Vgl. auch OECD-MK zum OECD-MA, Art. 25, Nr. 8, abgedruckt in: Debatin/Wassermeyer, DBA, Bd. I, MK Art. 25; *Gloria*, Verständigungsverfahren, S. 153; *Schaumburg*, Internationales Steuerrecht, § 16, Rdnr. 16.94.

1069 Vgl. auch OECD-MK zum OECD-MA, Art. 25, Nr. 14, abgedruckt in: Debatin/Wassermeyer, DBA, Bd. I, MK Art. 25; *Frotscher*, Internationales Steuerrecht, § 20, Rdnr. 2; *Gloria*, Verständigungsverfahren, S. 135; *Kluge*, Internationales Steuerrecht, Rdnr. R 80.

Darüber hinaus kommt eine Durchführung des Verständigungsverfahrens auch dann in Betracht, soweit Staatsangehörige[1070], ohne abkommensberechtigt zu sein, eine Staatsangehörigkeitsdiskriminierung[1071] rügen, Art. 25 Abs. 1 Satz 1 2. Halbsatz RevDBA.

Zu berücksichtigen ist, daß die Stellung des Steuerpflichtigen bzw. des Staatsangehörigen allein auf die Stellung des Antrags auf Einleitung eines Verständigungsverfahrens beschränkt ist, Art. 25 Abs. 1 Satz 1 RevDBA. Der Rechtsnatur des Verständigungsverfahrens als Verwaltungsverfahren entsprechend ist der Steuerpflichtige weder Partei noch hat er ein Recht auf Gehör oder sonstige Beteiligung[1072]. Dies schließt nicht aus, daß der Steuerpflichtige regelmäßig über den Verfahrensverlauf unterrichtet wird und hierzu Stellungnahmen abgeben kann[1073][1074].

I. Antragstellung

Der Antrag auf Einleitung des abkommensrechtlichen Verständigungsverfahrens ist innerhalb einer Frist von *drei* Jahren nach der ersten Mitteilung der Maßnahme, die zu einer abkommenswidrigen Besteuerung geführt hat, zu stellen, Art. 25 Abs. 1 Satz 2 RevDBA. Grundsätzlich ist der Antrag der Finanzbehörde des Vertragsstaates, in welchem der abkommensberechtigte Steuerpflichtige ansässig[1075] ist, zu unterbreiten und nicht der Behörde des Staates, der sich (angeblich) abkommenswidrig verhalten hat, Art. 25 Abs. 1 2. Halbsatz RevDBA. Im Fall Deutschlands als Wohnsitzstaat ist das Bundesfinanzministerium zuständige Finanzbehörde, Art. 3 Abs. 1 Buchst. i) aa) RevDBA[1076]. Im Hinblick hierauf

---

1070 Vgl. oben Kapitel 3, I III 2.

1071 Vgl. oben Kapitel 5, A.

1072 Vgl. auch *Helmut Krabbe*, Verständigungsverfahren, IStR 2002, S. 548 – 551 (550).

1073 Vgl. auch *Krabbe*, Verständigungsverfahren, IStR 2002, S. 550.

1074 Die deutsche Finanzverwaltung wird diesen Anforderungen gerecht. Nach Tz. 3.3.1 des *BMF*-Merkblattes zum internationalen Verständigungsverfahren und Schiedsverfahren in Steuersachen sollen die zuständigen deutschen Behörden den Abkommensberechtigten über den Stand und den Fortgang des Verfahrens unterrichten. Der Abkommensberechtigte hat das Recht, Anträge zu stellen, sich zu den für die Verständigung erheblichen Tatsachen und Rechtsfragen zu äußern und sich durch einen Bevollmächtigten vertreten zu lassen, in: BStBl. I 1997, S. 717 – 722.

1075 Im Sinne von Art. 4 RevDBA. Siehe dazu die obigen Ausführungen unter Kapitel 2, A II.

1076 Siehe auch *BMF*-Merkblatt zum Verständigungsverfahren, BStBl. I 1993, S. 332 - 336.

könnte der Antrag auch beim örtlich zuständigen Finanzamt eingereicht werden, welches den Antrag über die Oberfinanzdirektion und das Landesfinanzministerium an das Bundesfinanzministerium weiterleitet[1077]. Hingegen ist bei Verstößen gegen das Verbot der Staatsangehörigkeitsdiskriminierung der Antrag bei der Finanzbehörde desjenigen Staates zu stellen, dessen Staatsangehörigkeit der Steuerpflichtige besitzt, Art. 25 Abs. 1 Satz 1 2. Halbsatz a.E. RevDBA.

II. Abhilfeverfahren

Die angerufene Finanzbehörde prüft in einem ersten Verfahrensabschnitt, ob die Einwendungen des Steuerpflichtigen gerechtfertigt erscheinen und ob ihnen durch innerstaatliche Maßnahmen abgeholfen werden kann (Vorprüfungs- und Abhilfeverfahren), Art. 25 Abs. 2 Satz 1 RevDBA. Das Abhilfeverfahren spielt sich somit zwischen dem Steuerpflichtigen und der zuständigen Behörde seines Wohnsitzstaates ab[1078]. Lehnt die Behörde eine Abhilfe ab, weil beispielsweise der abkommenswidrige Zustand auf eine Maßnahme des anderen Vertragsstaates zurückzuführen ist, tritt das Verfahren in ein zweites Stadium ein, in welchem sich die Behörde des Wohnsitzstaates nunmehr bemüht, den Fall durch Verständigung mit der zuständigen Behörde des anderen Vertragsstaates zu regeln. Dieser Schritt kennzeichnet den Beginn des eigentlichen Verständigungsverfahrens, welches sich nun zwischen den Vertragsstaaten abspielt[1079]. Die Entscheidung hierüber steht im Ermessen der Antragsbehörde, eine Verpflichtung scheidet in Anbetracht des deutlichen Wortlautes von Art. 25 Abs. 2 Satz 1 RevDBA[1080] aus[1081]. Dem entspricht ein Anspruch des Steuerpflichtigen auf ermessensfehlerfreie Entscheidung[1082]. Entscheidungen, welche die Eröffnung ei-

---

1077 Siehe auch *BMF*-Merkblatt, Internationales Verständigungsverfahren, BStBl. I 1997, S. 717 ff., Tz. 2.1.4.

1078 Vgl. auch OECD-MK zum OECD-MA, Art. 25, Nr. 20, abgedruckt in: Debatin/Wassermeyer, DBA, Bd. I, MK Art. 25; *Frotscher*, Internationales Steuerrecht, § 20, Rdnr. 4; *Gloria*, Verständigungsverfahren, S. 156; *Kluge*, Internationales Steuerrecht, Rdnr. R 82; *Schaumburg*, Internationales Steuerrecht, § 16, Rdnr. 16.100.

1079 Vgl. auch OECD-MK zum OECD-MA, Art. 25, Nr. 23, abgedruckt in: Debatin/Wassermeyer, DBA, Bd. I, MK Art. 25.

1080 Diesbezüglich lautet der entscheidende Wortlaut „(...) wird sie sich bemühen (...)".

1081 Vgl. auch *Frotscher*, Internationales Steuerrecht, § 20, Rdnr. 4; *Kluge*, Internationales Steuerrecht, Rdnr. R 81; *Schaumburg*, Internationales Steuerrecht, § 16, Rdnr. 16.101.

1082 Vgl. auch *Frotscher*, Internationales Steuerrecht, § 20, Rdnr. 4; *Kluge*, Internationales Steuerrecht, Rdnr. R 81; *Schaumburg*, Internationales Steuerrecht, § 16, Rdnr. 16.101; *Vogel*, DBA, Art. 25, Rdnr. 73.

nes Verständigungsverfahrens ablehnen, können von den Finanzgerichten somit daraufhin überprüft werden, ob die zuständige Behörde ihr Ermessen fehlerfrei ausgeübt hat[1083]. Dagegen sind im Rahmen dieses zweiten Verfahrensabschnittes die Vertragsstaaten „nicht verpflichtet", ein Ergebnis zu erzielen, mithin die Doppelbesteuerung zu beseitigen bzw. andere Abkommensverletzungen aufzuheben[1084]. Der Steuerpflichtige hat demzufolge weder einen Anspruch auf Beseitigung der bestehen gebliebenen Doppelbesteuerung noch einen Anspruch auf Abhilfe gegen die Abkommensverletzungen[1085][1086].

Wird eine Einigung zwischen den beteiligten Vertragsstaaten erzielt, ergibt sich hieraus eine völkervertragliche Erfüllungspflicht, die auf deutscher Seite innerstaatlich gemäß § 175 a AO ohne weiteres umzusetzen ist[1087]. Eine Bindungswirkung gegenüber dem Steuerpflichtigen entfaltet diese Einigung jedoch nicht[1088]. Dem Steuerpflichtigen steht an dieser Stelle das innerstaatliche Rechtsschutzverfahren zu, welches durch das abkommensrechtliche Verständigungsverfahren nicht ausgeschlossen ist[1089]. Dieses kann sich gegen den Steuerbescheid richten, der die im abkommensrechtlichen Verständigungsverfahren erzielte Einigung entsprechend umsetzt[1090].

1083 Vgl. *BFH*, BStBl. II 1982, S. 583 ff. (586); *Jürgen Leisig*, Die Klage auf Einleitung eines Verständigungsverfahrens nach Art. 25 Abs. 2 OECD-MA, IStR 2002, S. 114 - 119 (119).

1084 So ausdrücklich das OECD-MK zum OECD-MA, Art. 25, Nr. 26, Satz 1 a.E., abgedruckt in: Debatin/Wassermeyer, DBA, Bd. I, MK Art. 25.

1085 Vgl. auch *Frotscher*, Internationales Steuerrecht, § 20, Rdnr. 5; *Gloria*, Verständigungsverfahren, S. 208; *Kluge*, Internationales Steuerrecht, Rdnr. R 82; *Schaumburg*, Internationales Steuerrecht, § 16, Rdnr. 16.39.

1086 Damit erweist sich das Verständigungsverfahren an dieser Stelle als nicht befriedigend, da die zuständigen Behörden lediglich gehalten sind, eine Lösung anzustreben, nicht jedoch verpflichtet, eine solche zu finden. Aus diesem Grunde finden sich in den neueren DBA zunehmend Schiedsklauseln, sprich Vereinbarungen über die Durchführung von Schiedsverfahren, vorausgesetzt die eingeleiteten Verständigungsverfahren haben zu keiner einvernehmlichen Regelung geführt. Soweit diese Schiedsverfahren zwingend sind, folgt hieraus stets eine den Auslegungskonflikt behebende endgültige Entscheidung, vgl. auch *Vogel/Lehner* DBA, Art. 25, Rdnr. 201 ff.; 204 bis 207; dazu Hinweis auf das EG-Schiedsabkommen, beschränkt auf Gewinnberichtigungen bei verbundenen Unternehmen, Rdnr. 220 ff.

1087 Vgl. auch *Kruse/Loose* in: AO/FGO, Bd. III, § 175 a, Rdnr. 7.

1088 Vgl. auch *BFH*, IStR 1996, S. 589.

1089 Vgl. oben Kapitel 5, B.

1090 Vgl. auch *Frotscher*, Internationales Steuerrecht, § 20, Rdnr. 5; *Kluge*, Internationales Steuerrecht, Rdnr. R 82.

C. Konsultationsverfahren

Das Revisionsabkommen vom 10. März 2000 sieht in Ergänzung zum vorgenannten Verständigungsverfahren das von Amts wegen zu eröffnende[1091] sogenannte „Konsultationsverfahren“ vor, dessen Anwendungsbereich sich nicht wie im Fall des Verständigungsverfahrens auf die abkommenswidrige Besteuerung eines Einzelfalles beschränkt[1092].

Art. 25 Abs. 3 RevDBA unterscheidet hierbei das *konkrete* und das *abstrakte* (allgemeine) Konsultationsverfahren[1093]. Während das konkrete Verfahren der Beseitigung von Schwierigkeiten oder Zweifeln bei der Auslegung oder Anwendung des Revisionsabkommens im gegenseitigen Einvernehmen der Finanzverwaltungen dient, Art. 25 Abs. 3 Satz 1 RevDBA, ist es Ziel des allgemeinen Konsultationsverfahrens, etwaige Regelungslücken des Steuerabkommens zu schließen, Art. 25 Abs. 3 Satz 2 RevDBA. Der Regelungsbereich des Revisionsabkommens vom 10. März 2000 ist somit nicht ausschließlich auf die Vermeidung der insbesondere in den Verteilungsnormen vorausgesetzten Fälle von Doppelbesteuerung beschränkt[1094], sondern erfaßt auch solche, die im Steuerabkommen nicht ausdrücklich geregelt sind. Das allgemeine Konsultationsverfahren gewährleistet hierdurch die gleichmäßige Abkommensauslegung und Abkommensanwendung im Sinne einer Regelungshomogenität zwischen den Vertragsstaaten[1095]. Die auf dieser Grundlage erreichten bilateralen Vereinbarungen können als eine Form der Abkommensergänzung, mithin Rechtsfindung, angesehen werden, die dem abstrakten Konsultationsverfahren eine gesetzesergänzende, also gesetzgeberische Funktion zuweist[1096].

1091 Im Gegensatz zu diesem, vgl. oben Kapitel 5, B I.

1092 Vgl. auch OECD-MK zum OECD-MA, Art. 25, Nr. 32, abgedruckt in: Debatin/Wassermeyer, DBA, Bd. I, MK Art. 25; *Frotscher*, Internationales Steuerrecht, § 20, Rdnr. 7; *Gloria*, Verständigungsverfahren, S. 158; *Kluge*, Internationales Steuerrecht, Rdnr. R 83; *Schaumburg*, Internationales Steuerrecht, § 16, Rdnr. 16.104.

1093 Zur Terminologie siehe auch *Gloria*, Verständigungsverfahren, S. 158 ff.

1094 Vgl. oben Kapitel 3.

1095 Vgl. auch *Frotscher*, Internationales Steuerrecht, § 20, Rdnr. 7; *Gloria*, Verständigungsverfahren, S. 158; *Kluge*, Internationales Steuerrecht, Rdnr. R 83; *Schaumburg*, Internationales Steuerrecht, § 16, Rdnr. 16.104.

1096 Vgl. *Gloria*, Verständigungsverfahren, S. 160; *Kluge*, Internationales Steuerrecht, Rdnr. R 83.

D. Informationsaustausch

I. Große Auskunftsklausel

Das Revisionsabkommen vom 10. März 2000 enthält in Art. 26 RevDBA eine Rechtsgrundlage über den Austausch von Steuerinformationen zwischen den zuständigen Behörden der Vertragsstaaten[1097]. Art. 26 Abs. 1 RevDBA enthält die sogenannte *große* Auskunftsklausel und ermöglicht einen umfangreichen Informationsaustausch zwischen den Finanzverwaltungen. Diese sind nicht nur zu einem Informationsaustausch zum Zwecke der Durchführung des Revisionsabkommens vom 10. März 2000, sondern ebenso zur Durchführung der Besteuerung nach dem jeweiligen innerstaatlichen Recht berechtigt, Art. 26 Abs. 1 Satz 1 RevDBA. Hierdurch werden Auskunftsersuchen eingeschlossen, die der ersuchende Vertragsstaat anläßlich der Ermittlung der eigenen Steueransprüche stellt[1098]. Dies betrifft sowohl die tatsächlichen wie auch die rechtlichen Verhältnisse, die der ersuchende Staat für die Entscheidung über den Steueranspruch dem Grunde und/oder der Höhe nach benötigt[1099]. Dementsprechend sind die Auskünfte auch dann zulässig, wenn eine Doppelbesteuerung nicht droht[1100]. Die Anwendung der Auskunftsklausel setzt voraus, daß die ersuchten Informationen für die Durchführung des Revisionsabkommens vom 10. März 2000 oder des innerstaatlichen Rechts erforderlich sind, Art. 26 Abs. 1 Satz 1 RevDBA. Demnach müssen die begehrten Informationen für die Besteuerung rechtlich erheblich und vom ersuchenden Staat auch nach Ausschöpfung seiner eigenen Auskunftsquellen nicht erreichbar sein[1101]. Dies schließt jedoch keinesfalls den Austausch von Kontrollmitteilungen aus, mithin von Spontanauskünften, die der auskunftgebende Staat ohne ein entsprechendes Ersuchen von sich aus gibt[1102].

1097 Nach Art. 3 Abs. 1 Buchst. i) RevDBA; vgl. oben Kapitel 2, A II.

1098 Vgl. auch *Eilers* in: Debatin/Wassermeyer, DBA, Bd. I, MA Art. 26, Rdnr. 25.

1099 Vgl. auch *Vogel*, DBA, Art. 26, Rdnr. 40.

1100 Vgl. *Thomas Menck*, Internationale Amtshilfe in Steuersachen, DStZ/A 1971, S. 57 - 64 (60).

1101 Vgl. auch *Eilers* in: Debatin/Wassermeyer, DBA, Bd. I, MA Art. 26, Rdnr. 26; *Menck*, Steuerrecht international tätiger Unternehmen, Rdnr. D 82; *Schaumburg*, Internationales Steuerrecht, § 19, Rdnr. 19.72; *Vogel*, DBA, Art. 26, Rdnr. 31.

1102 Vgl. auch OECD-MK zum OECD-MA, Art. 26, Nr. 9, abgedruckt in: Debatin/Wassermeyer, DBA, Bd. I, MK Art. 26; *Frotscher*, Internationales Steuerrecht, § 19, Rdnr. 12; *Menck*, Steuerrecht international tätiger Unternehmen, Rdnr. D 70; *Schaumburg*, Internationales Steuerrecht, § 19, Rdnr. 19.90.

II. Grenzen des Informationsaustausches

Seine Grenzen findet der gegenseitige Informationsaustausch in Art. 26 Abs. 2 RevDBA. Danach dürfen bei der Informationsbeschaffung zunächst keine innerstaatlichen Gesetze bzw. Verwaltungsgrundsätze verletzt werden, Art. 26 Abs. 2 Buchst. a) RevDBA. Insoweit unterliegen alle im internationalen Auskunftsverkehr bekannt gewordenen Verhältnisse von Steuerpflichtigen oder Dritten dem deutschen Steuergeheimnis des § 30 AO, weil der internationale Austausch ein steuerliches Verwaltungsverfahren ist, § 30 Abs. 1 Nr. 2 AO[1103].

Darüber hinaus sind die erteilten Auskünfte bei Auskunftserteilung im ersuchenden Vertragsstaat grundsätzlich geheimzuhalten und nur einem bestimmten Personen- und Behördenkreis zugänglich zu machen (internationales Steuergeheimnis[1104]), Art. 26 Abs. 1 Satz 3 RevDBA. Der nach dem Revisionsabkommen vom 10. März 2000 gewährte Geheimnisschutz ist somit von dem nach dem innerstaatlichen Recht gewährten unabhängig und wirkt nach drei Richtungen: Einmal gilt er gegenüber Einschränkungen des nationalen Steuergeheimnisses, zweitens begründet die abkommensrechtliche Geheimhaltungsklausel ein „*Steuergeheimnis innerhalb des Steuergeheimnisses*", da die gewährten Auskünfte innerhalb der betreffenden Steuerverwaltung nur den mit den betreffenden Steuern befaßten Beamten[1105] zugänglich gemacht werden dürfen. Schließlich folgt aus dem völkerrechtlichen Charakter des Geheimnisschutzes, daß ein Verstoß hiergegen nicht allein innerstaatliches Recht berührt, sondern gleichzeitig als Verletzung der im Revisionsabkommen vom 10. März 2000 vereinbarten völkerrechtlichen Verpflichtung anzusehen ist. Diese kann durch Verweigerung der Auskunftserteilung bei weiteren Ersuchen des verletzenden Staates sanktioniert, nicht aber von dem Betroffenen als Verletzung subjektiver Rechte geltend gemacht werden. Denn insoweit stellt die abkommensrechtliche Geheimhaltungsklausel lediglich eine zwischenstaatliche Vereinbarung der Vertragsstaaten dar

---

1103 Beachte: Dem Steuergeheimnis des deutschen Rechts kommt im internationalen Auskunftsverkehr nach § 117 Abs. 2 AO keine besondere Bedeutung zu, da mit der Transformation der in einem DBA normierten völkerrechtlichen Auskunftsklausel in die deutsche Rechtsordnung ein gesetzlich normierter Offenbarungstatbestand gemäß § 30 Abs. 4 Nr. 2 AO gegeben ist, vgl. auch *Stephan Eilers*, Das Steuergeheimnis als Grenze des internationalen Auskunftsverkehrs, Köln 1987, S. 55 ff. (58).

1104 Vgl. auch *Eilers*, Steuergeheimnis als Grenze, S. 55.

1105 Der entscheidende Wortlaut lautet diesbezüglich: „(...) dürfen nur den Personen oder Behörden (einschließlich der Gerichte und der Verwaltungsbehörden) zugänglich gemacht werden, die mit der Veranlagung oder Erhebung, der Vollstreckung oder Strafverfolgung oder mit der Entscheidung von Rechtsmitteln hinsichtlich der unter das Akommen fallenden Steuern befaßt sind", Art. 26 Abs. 1 Satz 3 a.E. RevDBA.

und schafft kein subjektives Recht des betroffenen Steuerpflichtigen auf Wahrung des internationalen Steuergeheimnisses[1106].

Keine Auskunftsverpflichtung besteht für Steuerinformationen, die ein Handels-, Industrie-, Gewerbe-, oder Berufsgeheimnis oder ein Geschäftsverfahren preisgeben, Art. 26 Abs. 2 Buchst. c) RevDBA. Der Begriff des Geschäfts- und Betriebsgeheimnisses ist hierbei *restriktiv* auszulegen[1107]. Schließlich besteht nach Art. 26 Abs. 2 Buchst. c) RevDBA keine Verpflichtung zur Durchführung des Auskunftsverkehrs, wenn die Erteilung mit den grundlegenden Wertungen des innerstaatlichen Rechts (ordre public) des ersuchten Vertragsstaates nicht zu vereinbaren wäre. Dies ist aus Sicht Deutschlands insbesondere dann anzunehmen, wenn ein dem ausländischen Verfahren entsprechendes Verfahren in Deutschland gegen Grundrechte verstieße[1108] oder die erteilten Informationen im ersuchenden Empfängerstaat nicht in ausreichendem Maße geheimgehalten werden[1109].

III. Datenschutz

Soweit die abkommensrechtliche Geheimhaltungsklausel dem Zweck dient, die durch den Austausch der Steuerinformationen berührten Rechte des betroffenen Steuerpflichtigen zu schützen, gilt es Nr. 3 des Protokolls des Revisionsabkommens ergänzend zu berücksichtigen. Die Protokollvereinbarung enthält Regelungen zum Datenschutz bei der Übermittlung personenbezogener Daten. Danach sind die Vertragsstaaten grundsätzlich verpflichtet, die Übermittlung und den Empfang der personenbezogenen Daten aktenkundig zu machen, Nr. 3 Buchst. c) Prot. Der übermittelnden Stelle obliegt es, sich um die Richtigkeit der zu übermittelnden Daten zu bemühen und auf die Erforderlichkeit wie auch die Angemessenheit in bezug auf den mit der Übermittlung verfolgten Zweck zu achten, Nr. 3 Buchst. a) Satz 1 Prot. Dem Betroffenen steht grundsätzlich – auf Antrag - das Recht auf Auskunft über die zu seiner Person übermittelten Daten und über den vorgesehenen Verwendungszweck zu, es sei denn, eine Abwägung zwischen dem Interesse des Betroffenen an der Auskunftserteilung und dem öf-

---

1106 Vgl. auch *Eilers*, Steuergeheimnis als Grenze, S. 57.

1107 Vgl. auch OECD-MK zum OECD-MA, Art. 26, Nr. 19, abgedruckt in *Vogel*, DBA, Art. 26, Rdnr. 93.

1108 Vgl. auch *Vogel*, DBA, Art. 26, Rdnr. 112.

1109 Vgl. auch *Eilers* in: Debatin/Wassermeyer, DBA, Bd. I, MA Art. 26, Rdnr. 47.

fentlichen Interesse, die Auskunft nicht zu erteilen, ergibt ein Überwiegen des öffentlichen Interesses, Nr. 3 Buchst. b) Prot. Da das Protokoll Bestandteil des Steuerabkommens ist, entfaltet Nr. 3 Prot. in gleicher Weise Verbindlichkeit wie das Revisionsabkommen[1110]. Die besondere Vereinbarung dieser umfangreichen Datenschutzklausel entspricht der neueren deutschen Abkommenspolitik[1111].

Im Ergebnis ist festzuhalten, daß mit der vereinbarten großen Auskunftsklausel des Art. 26 RevDBA den Finanzverwaltungen beider Vertragsstaaten ein wirksames Instrument zur Aufklärung grenzüberschreitender Sachverhalte und der ordnungsgemäßen Abgrenzung der nationalen Steueransprüche zur Verfügung gestellt wird. In diesem Sinne ist Art. 26 RevDBA ebenso wie die für die Durchführung des Verständigungsverfahrens erhebliche Rechtsgrundlage des Art. 25 RevDBA zu denjenigen Vorschriften zu zählen, welche die gleichmäßige Anwendung und den Vollzug des Revisionsabkommens vom 10. März 2000 entscheidend bestimmen.

Kapitel 6: Änderungen gegenüber dem DBA-Korea von 1976

Wie bereits im ersten Teil dieser Untersuchung ausgeführt, ist das Revisionsabkommen vom 10. März 2000 mit seinem Inkrafttreten am 31. Oktober 2002 an die Stelle des bisherigen DBA-Korea von 1976 getreten[1112]. Hierdurch erfolgten Änderungen, die sich erheblich auf die Besteuerung deutscher Geschäftsaktivitäten und der Arbeitsausübung in Südkorea auswirken. Da die Besteuerung der Geschäftsaktivitäten und der Arbeitsausübung den Schwerpunkt dieser Untersuchung bilden, sollen die wesentlichen Änderungen unter Zugrundelegung der in den vorangegangenen Untersuchungsabschnitten gewonnenen Erkenntnisse nachfolgend dargestellt werden. Dies geschieht auch, um abschließend auf die allgemeine Bedeutung des Steuerabkommens für den bilateralen Handels- und Wirtschaftsverkehr zwischen Deutschland und Korea schließen zu können.

- Nach Art. 5 Abs. 3 RevDBA gilt eine Bauausführung, Montage oder Aufsichtstätigkeit im anderen Vertragsstaat als Betriebsstätte, wenn deren Dauer

---

1110 Vgl. auch oben Teil 1, Kapitel 1, B.

1111 Vgl. auch *Seibold*, Neuere Entwicklungen, IStR 1998, S. 653.

1112 Vgl. oben Teil 1, Kapitel 1, B.

zwölf Monate überschreitet[1113]; das alte DBA-Korea sah hierfür noch eine Frist von sechs Monaten vor, Art. 5 Abs. 2 Buchst. h) DBA-Korea.

- Neu ist die Regelung des Art. 9 Abs. 2 RevDBA und damit die Befugnis des anderen Vertragsstaates, den Gewinn des dort ansässigen verbundenen Unternehmens korrespondierend zur Erstberichtigung zu berichtigen[1114]; das vorangegangene DBA-Korea sah die Befugnis zur Gegenberichtigung nicht vor, so daß eine korrespondierende Gewinnberichtigung nur im Rahmen des Verständigungsverfahrens nach Art. 24 DBA-Korea in Betracht kam.
- Der Höchststeuersatz bei der Quellenbesteuerung der Dividenden beträgt im Fall der Schachtelbeteiligungen 5 % bzw. in allen übrigen Fällen von Beteiligungen 15 %, Art. 10 Abs. 2 RevDBA[1115]; das alte DBA-Korea hatte für die Schachteldividenden noch einen Quellensteuerhöchstsatz von 10 % vorgesehen.
- Der Höchststeuersatz bei der Quellenbesteuerung der Zinsen beträgt nunmehr einheitlich 10 %, Art. 11 Abs. 2 RevDBA[1116]; Art. 11 Abs. 2 des vorangegangenen DBA-Korea hatte unterschiedliche Höchststeuersätze in Höhe von 10 % und 15 % vorgesehen.
- Die Höchststeuersätze bei der Quellenbesteuerung der Lizenzgebühren betragen nunmehr 2 % und 10 %, Art. 12 Abs. 2 RevDBA[1117], das alte DBA-Korea hatte Höchststeuersätze von 10 % und 15 % vorgesehen, Art. 12 DBA-Korea.
- Die Besteuerung der Gewinne aus der Veräußerung von Aktien im Quellenstaat, das heißt in dem Staat, in welchem die ausschüttenden Gesellschaft ansässig ist, setzt nunmehr voraus, daß der Veräußerer zu irgendeinem Zeitpunkt des Steuerjahres, in welchem die Veräußerung stattfindet, wenigstens 25 % des gesamten Aktienbestandes gehalten hat und sämtliche von ihm während des Steuerjahres veräußerten Aktien wenigstens 5 % des gesamten Aktienbestandes der Gesellschaft ausmachen, Art. 13 Abs. 2 Buchst. a) RevDBA[1118], oder das Aktivvermögen der Gesellschaft zu mindestens 50 %, aus unbeweglichem Vermögen besteht, Art. 13 Abs. 2 Buchst. b) RevDBA[1119]; für die Quellenbesteuerung nach Art. 13 Abs. 3 des alten DBA-Korea kam es weder auf eine Mindestbeteiligungsquote noch auf eine Mindesthaltedauer an[1120].

1113 Vgl. oben Kapitel 3, B II 1 b).
1114 Vgl. oben Kapitel 3, B II 3 b).
1115 Vgl. oben Kapitel 3, D II 1.
1116 Vgl. oben Kapitel 3, E II 1.
1117 Vgl. oben Kapitel 3, F II 1.
1118 Vgl. oben Kapitel 3, N IV.
1119 Vgl. oben Kapitel 3, N IV.
1120 Vgl. auch *Wolff* in: Debatin/Wassermeyer, DBA, Bd. III, Länderteil Korea, Art. 13, Rdnr. 23.

- Neu ist die in Art. 13 Abs. 3 RevDBA vereinbarte Regelung hinsichtlich der Veräußerungsgewinne bei festen Einrichtungen[1121]; eine solche Regelung war in Art. 13 Abs. 2 des alten DBA-Korea nicht getroffen worden.
- Ebenso neu ist die in Art. 13 Abs. 5 RevDBA vereinbarte Auffangklausel für sonstige Veräußerungsgewinne[1122]; das vorangegangene DBA-Korea sah keine Auffangklausel vor, so daß die Entstehung von Doppelbesteuerungen in Ausnahmefällen nicht ausgeschlossen war[1123].
- Das Revisionsabkommen weist die Besteuerung der Einkünfte aus selbständiger Arbeit und unselbständiger Arbeit in eigenständigen Verteilungsnormen aus, Art. 14 RevDBA und Art. 15 RevDBA[1124], während Art. 14 des bisherigen DBA-Korea in seinem Anwendungsbereich die Besteuerung der Einkünfte gemeinsam erfaßte. Für beide Einkunftsarten legte Art. 14 des alten DBA-Korea die Besteuerung nach dem Arbeitsortprinzip fest[1125]; dagegen ordnet Art. 14 RevDBA für die Einkünfte aus selbständiger Arbeit die Abkehr vom Arbeitsortprinzip an und setzt für die Quellenbesteuerung das Vorhandensein einer festen Einrichtung voraus[1126].
- Das Revisionsabkommen weist dem Quellenstaat eine zusätzliche Steuerkompetenz zu, wenn sich der Freiberufler oder Arbeitnehmer im anderen Vertragsstaat insgesamt 183 Tage oder länger aufhält[1127]. Eine ähnliche Regelung enthielt bereits das bisherige DBA-Korea; abweichend vom Revisionsabkommen stellte dieses jedoch auf das Kalender- und nicht auf das Steuerjahr ab, Art. 14 Abs. 1 Buchst. a) DBA-Korea a.F.
- Hinsichtlich der Besteuerung der Künstler und Sportler ist gegenüber dem alten DBA-Korea neu, daß eine Besteuerung im Tätigkeitsstaat auch dann in Betracht kommt, wenn die Vergütung nicht dem Künstler oder Sportler selbst, sondern einer dritten zwischengeschalteten Person zufließt, Art. 17 Abs. 3 RevDBA[1128].
- Art. 19 RevDBA ordnet hinsichtlich der aus öffentlichen Kassen gezahlten Ruhegehälter die Besteuerung nach dem Kassenstaatsprinzip an[1129]. Das bisherige DBA-Korea stellte die Ruhegehälter aus öffentlichen Kassen den privaten

---

1121 Vgl. oben Kapitel 3, N III.

1122 Vgl. oben Kapitel 3, N VI.

1123 Vgl. auch *Wolff* in: Debatin/Wassermeyer, DBA. Bd. III, Länderteil Korea, Art. 13, Rdnr. 5.

1124 Vgl. oben Kapitel 3, G.

1125 Vgl. auch *Lothar Hintzen,* Das Doppelbesteuerungsabkommen der Bundesrepublik Deutschland mit der Republik Korea, RIW 1977, S. 695 – 704 (703).

1126 Vgl. oben Kapitel 3, G II 1.

1127 Vgl. oben Kapitel 3, G II 1.

1128 Vgl. oben Kapitel 3, L II 2.

1129 Vgl. oben Kapitel 3, I III 2.

Ruhegehältern gleich und legte für beide die Besteuerung nach dem Wohnsitzprinzip fest, Art. 18 DBA-Korea a.F.[1130]

- Art. 20 RevDBA hat die in Art. 19 DBA-Korea a.F. verankerte Steuerfreiheit von 7200 DM (ca. 3677 €) für Einkünfte von Studenten in den ersten fünf Jahren nicht übernommen[1131].
- Die - einschränkende - Voraussetzung der Steuerfreistellung nach Art. 20 RevDBA, wonach die Vergütungen von außerhalb des Staates bezogen werden müssen, in welchem die Lehr- oder Forschungstätigkeiten ausgeübt werden bzw. in welchem sich der Student, Lehrling etc. zum Zwecke seines Studiums oder seiner Ausbildung aufhält[1132], ist gegenüber dem bisherigen Art. 19 DBA-Korea neu.
- Gleichfalls neu ist allgemeine Auffangklausel für die nicht in den Art. 6 bis 20 RevDBA behandelten *„sonstigen Einkünfte"*, Art. 21 RevDBA[1133].
- Ebenso neu ist die vermögensrechtliche Auffangklausel für das in den Art. 22 Abs. 1 bis 3 RevDBA nicht behandelte Vermögen, Art. 22 Abs. 4 RevDBA[1134].
- Der Antrag auf Einleitung des Verständigungsverfahrens ist innerhalb einer Frist von drei Jahren zu stellen, Art. 25 Abs. 1 Satz 2 RevDBA[1135], dagegen enthielt Art. 24 des bisherigen DBA-Korea keine Fristbestimmung.
- Art. 26 RevDBA enthält die große Auskunftsklausel[1136], während die vorangegangene Bestimmung, Art. 25 DBA-Korea a.F., nur die kleine Auskunftsklausel vorsah. Danach durften nach dem bisherigen DBA-Korea nur solche Informationen ausgetauscht werden, die zur Durchführung des inzwischen außer Kraft getretenen Steuerabkommens erforderlich waren[1137].

1130 Vgl. auch *Vogel*, DBA, Art. 19, Rdnr. 51.
1131 Vgl. oben Kapitel 3, K.
1132 Vgl. oben Kapitel 3, K.
1133 Vgl. oben Kapitel 3, O.
1134 Vgl. oben Kapitel 3, P.
1135 Vgl. oben Kapitel 5, B I.
1136 Vgl. oben Kapitel 5, C.
1137 Vgl. auch *Wolff* in: Debatin/Wassermeyer, DBA, Bd. III, Länderteil Korea, Art. 25, Rdnr. 5.

Teil 3: Zusammenfassung und Schlußwort

Gegenstand der vorliegenden Untersuchung ist das am 10. März 2000 in Berlin unterzeichnete DBA zwischen Deutschland und Südkorea auf dem Gebiet der Steuern vom Einkommen und vom Vermögen, das mit seinem Inkrafttreten am 31. Oktober 2002 an die Stelle des bisherigen DBA-Korea vom 14. Dezember 1976 getreten ist. Ziel war es, den Regelungsgehalt, die Sinnhaftigkeit und die Zweckmäßigkeit des Revisionsabkommens vom 10. März 2000 als bilateraler Maßnahme zur Vermeidung der Doppelbesteuerung und seine hieraus folgende Bedeutung für den deutsch-koreanischen Wirtschaftsverkehr – insbesondere im Vergleich zum DBA-Korea von 1976 - zu prüfen.

Die Untersuchung hat zunächst gezeigt, daß es sich bei dem Revisionsabkommen vom 10. März 2000 um eine völkerrechtlich begründete Modifizierung des deutschen Steuerrechts handelt, welche zu Gunsten der Vertragsstaaten und einzelner Steuerpflichtiger mit einer Vorrangsstellung vor den deutschen Steuervorschriften unmittelbar anwendbar ist.

Die Untersuchung hat weiterhin gezeigt, daß - unter der Zugrundelegung einer Begriffsbestimmung der juristischen Doppelbesteuerung als Heranziehung desselben Steuerschuldners in beiden Vertragsstaaten zur Besteuerung von identischen Steuergegenständen bei identischen Besteuerungszeiträumen, die zu einer erhöhten Gesamtsteuerbelastung führt - das Revisionsabkommen vom 10. März 2000 als zweckmäßige bilaterale Maßnahme insoweit anzusehen ist, als es zur Vermeidung der Doppelbesteuerung die Steuerkompetenzen zwischen Deutschland und Korea auf einer ersten Stufe verteilt bzw. gegenseitig abgrenzt und - soweit in den Verteilungsnormen keine abschließende Regelung der Besteuerung erfolgt - auf einer zweiten Stufe die Gesamtsteuerbelastung des Steuerpflichtigen durch Anwendung des Methodenartikels mildert, und zwar auf das Niveau jener Steuerlast, dem der Steuerpflichtige in nur einem Vertragsstaat ausgesetzt wäre. Ob hierbei das Steuerniveau Deutschlands als Wohnsitzstaat oder das des Quellenstaates Korea zum Tragen kommt, ist von den wettbewerbspolitischen Vorstellungen der Vertragsstaaten abhängig.

Betrachtet man die zur Vermeidung der Doppelbesteuerung den Vertragsstaaten auf erster Stufe, das heißt auf der Ebene der Verteilungsnormen, zugewiesenen Steuerkompetenzen aus einer Gesamtperspektive, so ist festzustellen, daß das Revisionsabkommen vom 10. März 2000 in seinem Geltungsbereich für

Deutschland eine Einschränkung der (Welteinkommens-)Besteuerung bewirkt, und zwar in dem Umfang, der maßgeblich den Wertungen des innerstaatlichen Steuerrechts Koreas als Quellenstaats entspricht. Auf zweiter Stufe, das heißt bei der Anwendung des Methodenartikels, spricht der Wohnsitzstaat Deutschland der Anrechnungsmethode grundsätzliche Bedeutung zu, während die Freistellungsmethode nur insoweit zur Anwendung gelangt, wie die in Korea ausgeübte Tätigkeit im Interesse Deutschlands volkswirtschaftlich förderungswürdig erscheint. Die Anwendung der Anrechnungsmethode hat zur Folge, daß sich die Steuerbelastung in ihrem Gesamtergebnis nach dem inländischen Steuerniveaus ausrichtet. Damit gilt es, die Anwendung der Anrechnungsmethode auch vor dem Hintergrund des Ziels der Verhinderung von Steuerverkürzungen zu sehen. Eine vollständige Vermeidung der Doppelbesteuerung erfolgt jedoch insofern nicht, als die Anrechnungsüberhänge abkommensrechtlich mangels eines vereinbarten Anrechnungsvor- bzw. -rücktrages keine Berücksichtigung finden.

Dem Zusammentreffen der hochkomplizierten Steuersysteme beider Vertragsstaaten trägt das Revisionsabkommen vom 10. März 2000 mit der großen Auskunftsklausel Rechnung. Nunmehr können Auskünfte über alle Tatsachen ausgetauscht werden, die nach dem Steuerrecht des ersuchenden Staates für Entstehung und Höhe einer Steuerschuld rechtserheblich sind, einschließlich der sogenannten Spontanauskünfte, während das bisherige DBA-Korea 1976 nur die kleine Auskunftsklausel enthielt. Der Informationsaustausch zwischen den zuständigen Finanzverwaltungen beider Vertragsstaaten beschränkt sich damit fortan nicht mehr nur auf die Informationen, die zur Durchführung des neuen Steuerabkommens notwendig sind.

Darüber hinaus ist festzustellen, daß das Revisionsabkommen vom 10. März 2000 sich nicht auf die Vermeidung der Doppelbesteuerung im juristischen Sinne beschränkt. Durch die Vereinbarung der abkommensrechtlichen Gegenberichtigung, die im DBA-Korea von 1976 nicht vorgesehen war, bezweckt das neue Steuerabkommen die Vermeidung der wirtschaftlichen Doppelbesteuerung und schützt damit in besonderem Maße die in beiden Vertragsstaaten international operierenden Konzerne. Zudem enthält das Revisionsabkommen vom 10. März 2000 keine Subject-to-tax-Klausel, nach welcher die Steuerfreistellung der ausländischen Einkünfte deren tatsächliche Besteuerung im Quellenstaat voraussetzt. Die Freistellung im Wohnsitzstaat erfolgt unbedingt, weshalb die Vermeidung der Doppelbesteuerung auch unabhängig vom innerstaatlichen Recht des Quellenstaates – und etwaigen zukünftigen Änderungen – erreicht wird. Das Revisionsabkommen vom 10. März 2000 vermeidet hierdurch bereits die virtuelle Doppelbesteuerung, während die eröffnete Möglichkeit des Wechsels von der Freistellung zur Anrechnung auf deutscher Seite („Switch-over") im Interesse der Vermeidung der mißbräuchlichen Inanspruchnahme der Freistellungsmethode und damit im Zusammenhang mit der Vermeidung der Minderbesteuerung zu sehen ist. Bedeutsam ist auch die Vereinbarung des allgemeinen Konsultationsverfahrens. Dieses Verfahren ermöglicht den Finanzverwaltungen beider Vertragsstaaten die gemeinsame Beratung über die Vermeidung von Doppelbesteuerungen in den Fällen, die im Revisionsabkommen vom 10. März 2000 nicht geregelt sind; insofern dient das allgemeine Konsultationsverfahren auch der Schließung etwaiger Regelungslücken.

Die insbesondere in der Übernahme des Abkommensaufbaus und der Aufteilung des zu besteuernden Einkommens in die 15 Einkunftsarten zum Ausdruck kommende Anlehnung des Revisionsabkommens an das OECD-Musterabkommen von 1992 belegt deutlich, daß die Zielvorstellungen der Vertragsstaaten sich angenähert haben. Ausgehend von einem Anpassungsbedarf, der sich aus der wirtschaftlichen Entwicklung Koreas seit Abschluß des ersten Steuerabkommens im Jahre 1976 ergibt, betrachtet Deutschland den Vertragsstaat Korea nicht mehr als klassisches Entwicklungsland. Im Hinblick hierauf werden durch das Revisionsabkommen vom 10. März 2000 die Investitionshindernisse, die sich aus der Anwendung des DBA-Korea von 1976 ergeben haben, weitgehend beseitigt. Im besonderen gilt dies für die nach dem DBA-Korea von 1976 umfangreich aufrechterhaltene Quellenbesteuerung in Korea, die als Ausdruck eines chronischen Kapitalbedarfs angesehen werden konnte. Hierfür galt es von Seiten Koreas, alle Quellen zur Beschaffung von Auslandskapital auszuschöpfen, darunter die private Hilfe in Form von Direktinvestitionen. Aus diesem Grunde erfolgte auch die weitgehende Anlehnung der Quellenbesteuerung des DBA-Korea von 1976 an das im Jahr 1971 als Gegenentwurf zum OECD-Musterabkommen konzipierte „Anden-Modell" der Vereinten Nationen (UN), welches die traditionellen Anliegen der Entwicklungsländer, insbesondere das Quellenprinzip, berücksichtigt. Das Revisionsabkommen vom 10. März 2000 reduziert nun nicht nur die Quellensteuerhöchstsätze bei der Besteuerung der Erträge aus der Anlage von Kapital, sondern verbindet die Quellenbesteuerung der Lizenzgebühren mit einer Meistbegünstigungsklausel und schränkt den Zugriffszeitpunkt bei der Betriebsstättenbesteuerung sowie bei der Besteuerung der Einkünfte und Vergütungen aus unselbständiger wie auch selbständiger Arbeit im Quellenstaat ein. Darüber hinaus kommt eine Quellenbesteuerung der Gewinne aus der Veräußerung von Aktien nur unter eingeschränkten Voraussetzungen in Betracht. Zudem folgt aus der Einfügung einer allgemeinen Auffangklausel, die im bisherigen DBA-Korea von 1976 noch nicht enthalten war, daß die in den Verteilungsnormen des Revisionsabkommen vom 10. März 2000 nicht besonders behandelten Einkünfte im Quellenstaat regelmäßig freizustellen sind.

Im Vergleich zum DBA-Korea von 1976 stellt das neue Steuerabkommen vom 10. März 2000 dem bilateralen Wirtschaftsverkehr zwischen Deutschland und Korea verbesserte Rahmenbedingungen zur Verfügung. Insbesondere aus der Sicht Deutschlands als eines Kapitalexportlands werden Investitionen in Korea wesentlich erleichtert bzw. wird ihnen umfangreich Schutz gewährt, denn die Abkommensanwendung gibt den abkommensberechtigten Steuerpflichtigen einen Entlastungsanspruch darauf, daß ihnen die im bilateralen Steuerabkommen vorgesehenen Steuerbegünstigungen und Steuerentlastungen auch tatsächlich gewährt werden. Im Ergebnis werden die wirtschaftlichen Beziehungen zu Korea, das sich in den letzten Jahren zu einem bedeutenden Wirtschaftszentrum in Ostasien entwickelt hat, in steuerlicher Hinsicht in ihrer Gesamtheit dauerhaft auf eine sichere Grundlage gestellt.

Mit der Vermeidung der fiskalischen Mehrbelastung für die grenzüberschreitenden Geschäftsbetätigungen und der Koordination der wirtschaftlichen Rahmenbedingungen im übrigen trägt das Revisionsabkommen vom 10. März 2000 dem Bedürfnis der deutschen Wirtschaft nach Rechts- und Planungssicherheit herausragend Rechnung. Hierdurch werden die bilateralen Wirtschaftsbeziehungen in hohem Maße gefördert.

Abschließend bleibt auf die Ablehnung der Gewährung von Steuervergünstigungen in Korea im Fall der von ausländischen Körperschaften gewählten Handlungsalternative „Betriebsstätte" hinzuweisen. Die Nichtgewährung trotz der Erfüllung aller sachlichen Voraussetzungen der Steuervergünstigung durch eine Betriebsstätte verstößt gegen das im Revisionsabkommen vom 10. März 2000 niedergelegte abkommensrechtliche Diskriminierungsverbot. Eine solche Steuerpolitik entspricht regelmäßig der Steuerpolitik eines Entwicklungslandes, das zur Überwindung seines Kapitalbedarfs vornehmlich an der Aufrechterhaltung der Quellenbesteuerung interessiert ist. Korea sollte daher m.E. aufgefordert werden, dem Verstoß gegen das Diskriminierungsverbot in der Besteuerungspraxis abzuhelfen; anderenfalls schließt sich Korea als Vollmitglied der OECD selbst von der erstrebten gleichberechtigten Teilnahme am wirtschaftlichen Verkehr der Industriestaaten aus.

Kolibri 360 GmbH
Ferdinand-Jühlke-Straße 7
99095 Erfurt, Deutschland
produktsicherheit@kolibri360.de

Druck:
CPI Druckdienstleistungen GmbH
im Auftrag der
Kolibri 360 GmbH
Ferdinand-Jühlke-Str. 7
99095 Erfurt